# Fundamentos da psicanálise
# de Freud a Lacan

**Transmissão da Psicanálise**
diretor: Marco Antonio Coutinho Jorge

Marco Antonio Coutinho Jorge

# Fundamentos da psicanálise de Freud a Lacan

Vol.4: O laboratório do analista

*1ª reimpressão*

 ZAHAR

*Grafia atualizada segundo o Acordo Ortográfico da Língua Portuguesa de 1990,
que entrou em vigor no Brasil em 2009.*

*Capa*
Bloco Gráfico

*Imagem de capa*
*Sem título*, 2010, de Maria Lynch. Caneta hidrográfica sobre papel.
Coleção particular.

*Preparação*
Joana Eleonora de Assis
Mariana Rimoli

*Revisão*
Adriana Bairrada
Angela das Neves

Dados Internacionais de Catalogação na Publicação (CIP)
(Câmara Brasileira do Livro, SP, Brasil)

Jorge, Marco Antonio Coutinho
    Fundamentos da psicanálise de Freud a Lacan : Vol. 4 : O labora-
tório do analista / Marco Antonio Coutinho Jorge. — 1ª ed. — Rio
de Janeiro : Zahar, 2022. — (Fundamentos da psicanálise de Freud
a Lacan ; 4)

    ISBN 978-65-5979-088-3

    1. Freud, Sigmund, 1856-1939 2. Lacan, Jacques, 1901-1981 3. Psica-
nálise I. Título. II Série.

22-124392                                    CDD: 150.195

Índice para catálogo sistemático:
1. Psicanálise    150.195

Eliete Marques da Silva – Bibliotecária – CRB-8/9380

Todos os direitos desta edição reservados à
EDITORA SCHWARCZ S.A.
Praça Floriano, 19, sala 3001 — Cinelândia
20031-050 — Rio de Janeiro — RJ
Telefone: (21) 3993-7510
www.companhiadasletras.com.br
www.blogdacompanhia.com.br
facebook.com/editorazahar
instagram.com/editorazahar
twitter.com/editorazahar

Na psicanálise, tratamento e pesquisa coincidem.

SIGMUND FREUD

Freud não fazia ciência, ele produziu uma certa prática
que pode ser caracterizada como a última flor da medicina.

JACQUES LACAN

# Sumário

# Prefácio à série *Fundamentos da psicanálise de Freud a Lacan*

O MOMENTO EM QUE ESTA SÉRIE, *Fundamentos da psicanálise de Freud a Lacan*, se completa, com a publicação de seu quarto volume, coincide com a reedição dos três volumes anteriores em versões inteiramente revistas, ampliadas e com novas ilustrações. Nesses cerca de vinte anos entre o surgimento do primeiro e do último volumes, foi com grande satisfação que vi se firmar a receptividade desta obra junto a psicanalistas e estudantes de psicologia.

Em um processo de ressignificação tão caro à psicanálise, tive oportunidade, assim, de dirigir um novo olhar para o conjunto e revisitar cada volume da série. Há aqui um trabalho construído de acordo com movimentos que nitidamente se impuseram, ao longo do tempo, pelo aprofundamento da pesquisa teórico-clínica. Não por acaso demarquei a obra de Sigmund Freud em períodos que permitem ordenar sua evolução de forma gradativa e rigorosamente obediente ao avanço da experiência analítica: o ciclo do inconsciente, o ciclo da fantasia e o ciclo da técnica. Mostrei que esses três ciclos estão intimamente articulados e seguem um eixo de construção bastante notável, cuja consistência emana certamente da ênfase na soberania da clínica que norteou seus três grandes passos teóricos: pulsão sexual, narcisismo, pulsão de morte.

O primeiro volume trata das bases conceituais da psicanálise, a pulsão e o inconsciente. Com uma revisão minuciosa e completa, seu texto ganhou maior clareza e o sequenciamento das ideias foi aperfeiçoado — elementos importantes para um livro que condensa significativa gama de conteúdos teóricos complexos e consistentes. Nesse *As bases conceituais*, resgatei o esquecido conceito de recalque orgânico na obra de Freud, com o intuito de acrescentar elementos para elucidar o próprio mecanismo do recalque — pedra angular do edifício teórico da psicanálise, segundo seu criador —, e introduzi, como consequência dessa investigação, a noção de pulsão olfativa, única pulsão que não encontrou tematização consistente na psicanálise, embora sua manifestação na clínica e na vida cotidiana seja inegável.

A ordenação dos achados teóricos relativos ao inconsciente e à pulsão, com os múltiplos conceitos deles derivados, visou oferecer com a maior fidedignidade possível um retrato nítido, embora denso, da importância da leitura lacaniana da descoberta freudiana. Sem Lacan, não teríamos hoje tão bem definidas suas concepções absolutamente inéditas da sexualidade humana e do conhecimento sobre o inconsciente a partir da estrutura da linguagem. Um novo anexo foi acrescentado ao volume, em que o jogo de futebol é analisado como paradigma das exigências da pulsão e dos limites da sublimação imposta pela cultura.

O segundo volume, *A clínica da fantasia*, concentrou-se em um dos mais poderosos núcleos temáticos da psicanálise desde sua criação, o conceito freudiano de fantasia (*Phantasie*). Como consequência direta das elaborações do volume anterior, introduzi a definição da fantasia como a articulação entre a pulsão e o inconsciente. Percorri o conceito em suas variadíssimas manifestações e isolei um período de estudo sobre a fantasia na obra de Freud — que denominei ciclo da fantasia —, para demonstrar o lugar central que ele ocupa na maneira singular pela qual a psicanálise concebe o aparelho psíquico.

Isolei no matema lacaniano da fantasia seus dois polos — amor e gozo —, que orbitam em torno do núcleo vazio do desejo, o que nos permitiu detectar as duas fantasias de desejo que norteiam a vida erótica de modo universal. Mostrei como a clínica da separação amorosa, causa frequente das mais variadas formas de profunda desestabilização psíquica, pode ser considerada emblemática da desfusão pulsional produzida quando a fantasia sofre um golpe e sua potência é rarefeita a ponto de abalar, com maior ou menor duração, a estrutura subjetiva.

Criei uma forma inédita de conceber a relação entre a fantasia e a pulsão de morte, que reorganiza de modo fecundo um sem-número de ocorrências clínicas e lhes fornece inteligibilidade analítica. Mostrei como a localização de gozo propiciada pela fantasia fundamental — verdadeiro núcleo do aparelho psíquico — é fonte da realidade psíquica, e como sua ausência, mesmo momentânea, é o fator desencadeante de estados de enlouquecimento, passíveis às vezes de serem considerados erroneamente como psicóticos. A vida e a história clínica do grande dançarino russo Vaslav Nijinsky, um capítulo acrescentado ao volume 2 nesta nova edição, ilustram esse ponto de maneira impressionante.

O terceiro volume, *A prática analítica*, focalizou, especialmente tendo em mente a noção de ciclo da técnica, os elementos que considero os mais relevantes do método psicanalítico criado por Freud. Quis concentrar em uma única obra os termos fortes que definem a especificidade da experiência analítica, tal como construída por Freud, e que foram objeto da atenção de Jacques Lacan ao longo de todo seu ensino. Visitei o período de exatos dez anos em que o jovem neurologista Sigmund, após retornar de seu estágio com Jean-Martin Charcot no hospital da Salpêtrière, em Paris, voltou toda sua atenção para a clínica da histeria, com a qual gestou e erigiu a ciência psicanalítica. Nessa nova edição, acrescentei um capítulo sobre o longo percurso de Freud na criação das balizas de uma clínica estrutural.

Indicando o enraizamento do ciclo da técnica naquele que o antecedeu, percorri-o como a expressão da maturidade alcançada por Freud com o estudo minucioso da estrutura da fantasia em suas várias apresentações. Os conceitos introduzidos por ele para tematizar as questões relativas à direção da análise foram estudados a partir das férteis interrogações e elaborações que o ensino de Lacan forneceu. Assim, apoiado no conceito lacaniano de desejo do analista e na ética que ele implica, acompanhei as principais balizas da prática analítica — a relação entre angústia e desejo, as duas faces da repetição, a distinção entre interpretação e construção em análise, a dialética entre luto e culpa, o lugar do analista e o sujeito suposto saber — e introduzi a noção de deliberação analítica.

O quarto volume, *O laboratório do analista*, além de complementar temas pouco aprofundados nos anteriores — como o estudo da lógica da interpretação e do tempo da sessão analítica a partir de Lacan, assim como a genealogia do objeto *a* e o discurso psicanalítico —, tem o mérito de fornecer a luz mais intensa com a qual passei a conceber a posição do analista em sua prática: entre ciência e arte. Em seu consultório, a cada sessão o analista está em um verdadeiro laboratório, lidando com duas dimensões distintas e ambas imprescindíveis: uma em que o conhecimento teórico e científico se mostra necessário e subjacente à prática em toda a sua extensão; e outra em que a experiência real com seus analisandos o conduz a desenvolver um *savoir-faire* atravessado por seu estilo, mas também comprometido com a marca do encontro singular que cada paciente produz, em suas diversas manifestações transferenciais, e exige como escuta e resposta analítica.

Todo conhecimento é pouco para um analista, assim como toda prudência e humildade também — os analistas, mundialmente, são unânimes em reconhecer isso. Como afirma Lacan, o analista nada sabe do saber que lhe é suposto pelo seu analisando, mas isso não o exime de percorrer continuamente os mais variados saberes dos quais a teoria psicanalítica se nutre. Ao contrário, a posição de não saber ocupada pelo analista na direção do tratamento de seus pacientes só tem legitimidade, e pode produzir as consequências almejadas, quando é construída em uma referência ao saber. É o que Lacan nomeou de douta ignorância.

O relançamento dos três primeiros volumes junto à publicação do mais recente e último volume da série foi uma proposta entusiasmada do editor Ricardo Teperman, a quem devo essa fantástica oportunidade. Pude contar com a experiência de Ana Cristina Zahar, editora apaixonada por seu ofício e pela psicanálise, na leitura e sugestões de cada volume, o que deu à série uma nova vida textual. A eles, não poderia haver agradecimento maior que o da alegria de um autor diante do caloroso acolhimento a uma obra que expressa seu desejo de criar no campo teórico inaugurado por Sigmund Freud e continuado pelo ensino de Jacques Lacan.

*Rio de Janeiro, setembro de 2022*

# Introdução

ESTE VOLUME É UM SUPLEMENTO aos outros três títulos da série *Fundamentos da psicanálise de Freud a Lacan*, cujo sequenciamento temático interno não retomarei aqui, uma vez que já o resumi na introdução ao volume 3, *A prática analítica*. Seguindo a própria lógica da temporalidade inconsciente, este suplemento dá sentido a muitas formulações trazidas nos volumes anteriores, tanto pelos temas que aborda como pelo holofote que ilumina aspectos essenciais ali elaborados. Esse holofote se chama "laboratório do analista", noção que exploramos como uma lente que permite evidenciar e articular muitos elementos que estão em jogo na prática analítica.

Evidenciar a estrutura desse laboratório se mostrou essencial para situar a psicanálise em sua relação com as grandes produções da cultura humana, os assim chamados quatro caminhos clássicos do homem: ciência, arte, filosofia e religião.

Assim, o capítulo inicial abre as portas do laboratório do analista explorando a relação íntima e profunda que Freud muito cedo estabeleceu com a exuberante criatividade de Leonardo da Vinci, para ver nela o paradigma inconsciente que destilará cada vez mais a condição terceira — entre ciência e arte — que é própria à psicanálise. Se a metapsicologia freudiana define as condições científicas da descoberta do inconsciente e constitui o cerne que condensa as bases sobre as quais o edifício psicanalítico se constrói, o método analítico revela que ao analista é requisitado um saber-fazer em sua prática que é tributário do fazer artístico. Diante de Leonardo, Freud viu-se a si mesmo, numa posição dividida entre a universalidade das conquistas da ciência e a arte que requer do operador um estilo singular.

A teorização de Jacques Lacan a respeito do lugar do analista, tema que atravessa sua obra de ponta a ponta, pode ser sintetizada por duas posições distintas, mas complementares, ocupadas pelo psicanalista em sua prática: o lugar do Outro e o lugar do objeto. Explorando-os, eu quis dar relevo ao fato de que o grande caso clínico sobre o qual se concentra o ensino de Lacan é o do próprio psicanalista. É desse caso, considerado como paradigmático, que ele extrai ensinamentos que lhe permitem escanear a experiência psicanalítica e definir, de modo ao mesmo tempo preciso e original, as balizas que a circunscrevem.

Os passos dados por Lacan na trajetória de sua volta a Freud em torno da questão do lugar do analista foram formidáveis, em especial através da fórmula do discurso do psicanalista. Na tentativa de sintetizá-los, distribuí a função do operador da análise com seus dois polos — o lugar do Outro e o lugar do objeto — como os temas centrais das duas primeiras partes deste volume. Além disso, a dupla inscrição da presença do analista, oscilando entre esses dois lugares ao longo das análises que dirige, reflete no fundo os dois segmentos nos quais se reparte a teoria analítica, que podem ser nomeados de múltiplas formas, de acordo com a obra de Freud e o ensino de Lacan: a linguagem e a sexualidade, o significante e o objeto, o simbólico e o real.

No lugar do Outro, o analista aparece como o intérprete: escuta a mensagem singular veiculada na fala do analisando, a qual, embora se valha do código, é porosa à emergência do inconsciente, capturado em suas formações e nos derivados do recalcado pela sensibilidade da escuta analítica. No lugar do objeto, o analista ocupa a função de semblante do objeto causa do desejo, posição a partir da qual imanta a fala do analisando na direção das cadeias significantes enraizadas na fantasia fundamental. Vê-se, portanto, que os dois lugares que o analista ocupa alternadamente estão interligados de forma bastante íntima, numa interdependência idêntica àquela que, na constituição do sujeito, produziu sua divisão estrutural.

O tópico da interpretação em psicanálise merece destaque no laboratório do analista, porque a palavra do analista é essencialmente interpretativa, e sua especificidade é de extrema originalidade: ela surge na fala mesma do analisando, mas através da escuta do analista. Nesse sentido, o analista é apenas um veículo para que o sujeito aceda à sua própria rota, absolutamente original, que leva à estrada perdida do inconsciente. O analista transporta o analisando em sua máquina de movimentar o desejo, mas quem o orienta no caminho a ser percorrido é o próprio saber inconsciente do analisando. Trata-se da estrutura complexa de um mapa que surge a cada etapa do percurso — no qual pesquisa e tratamento coincidem —, nomeado por Freud em seus escritos técnicos de "orientação do inconsciente".

Além de intérprete que ecoa a voz do Outro para que o analisando escute o que o move como sujeito da linguagem, o analista se situa como o objeto *a*, causa do desejo. Se o que opõe sujeito e objeto é a fala que caracteriza o primeiro, mantendo o silêncio de sua subjetividade o analista fomenta a fala do analisando. Se o objeto *a* surge aqui como aquilo que tem o poder de, por si só, conduzir a reestruturação do sujeito até o encontro de seus próprios limites, colocamos a questão sobre o que é o objeto *a* na teoria lacaniana, qual sua genealogia, para descobrirmos o parentesco íntimo que ele mantém com diferentes concepções do objeto na teoria psicanalítica. Veremos que a demonstração da genealogia do objeto *a* importa diretamente na construção do discurso psicanalítico, no qual ele ocupa o lugar dominante, à distinção dos outros discursos — da histérica, do universitário e do mestre —, em que ocupa o lugar da verdade, do outro e da produção, respectivamente.

O estudo da temporalidade particular inerente à sessão analítica desvela usos e abusos que a noção de tempo lógico suscitou na prática analítica depois de Lacan. Impressiona ver como a fértil inovação lacaniana das sessões de duração variável foi traduzida muitas vezes como exigência imperativa de realização de sessões de curta duração, análogas às desempenhadas pelo mestre numa fase de sua prática em que seu laboratório pessoal adquiriu um rumo radical e totalmente experimental.

A terceira e última parte deste volume se empenha em discriminar aspectos da teoria e da prática analíticas que possam ser circunscritos pelos campos da ciência e da arte. Os desenvolvimentos de Thomas Kuhn na epistemologia da ciência — a saber, o conceito de paradigma científico e a noção de tensão essencial — se revelaram surpreendentemente fecundos para emoldurar o âmbito científico no qual a teoria psicanalítica se desdobra. Da mesma forma, os testemunhos de artistas apontam, em seu horizonte, para a incógnita inconsciente que neles mesmos é a responsável pela produção da obra de arte. Encerro o laboratório investigando a afirmação lacaniana "Eu me situo do lado do Barroco". Ela serve de fio condutor para um mergulho pontual, mas espero frutífero, no estilo de Lacan, assim como na estética da psicanálise.

Meus agradecimentos aos psicanalistas do Corpo Freudiano Escola de Psicanálise e do Círculo Psicanalítico de Minas Gerais. Eles estão presentes ao longo deste volume como interlocutores vivazes, que me ensinam continuamente que a reflexão psicanalítica — a que chamo de travessia da teoria — é feita em grande parte no contexto das trocas entre analistas imbuídos do desejo de saber, e constituem uma dimensão essencial do que podemos chamar de laboratório ampliado do psicanalista. À constante e generosa colaboração de Cláudio Piccoli, um agradecimento especial. Agradeço à Uerj pela bolsa de pesquisa da Prociência que me foi dada durante os anos de escrita deste volume. Ana Cristina Zahar contribuiu com muitas ideias para a estruturação geral deste livro, e ainda proporcionou a seu autor o requinte de sua cuidadosa leitura, e Ricardo Teperman incentivou com entusiasmo sua publicação. Tive também o privilégio de, mais uma vez, contar com as indicações essenciais de Clarice Zahar na finalização do texto. Aos três, meu enorme e afetuoso agradecimento.

# PARTE I

# O lugar do Outro

# 1. Freud e Leonardo: Entre ciência e arte

> Esse terceiro [a psicanálise] que ainda não está classificado, fazer
> com ele algo que está inclinado para a ciência, por um lado, que
> colhe uma semente da arte, por outro.
>
> Jacques Lacan

Para abrir as portas que conduzem ao laboratório do analista, nada melhor do que mostrar como o fascínio de Sigmund Freud por Leonardo da Vinci parece ter sido essencialmente inspirado pela identificação que lhe permitiu ver no maior personagem do Renascimento sua própria divisão — entre ciência e arte — ao criar a psicanálise.

No laboratório do analista, ciência e arte são requisitadas, conhecimento e ousadia precisam se dar as mãos e o real da experiência analítica demanda do analista discernimento sobre o grau de experimentação — maior ou menor, mas sempre presente — que lhe é exigido. Assim como Lacan gostava de falar da "experiência analítica", sintagma que se emparelha belamente com a noção de laboratório psicanalítico, não foi outra coisa que Freud enunciou ao falar sobre a técnica analítica: "Na psicanálise, tratamento e pesquisa coincidem". Como veremos adiante, o epistemólogo Thomas Kuhn situou como característica importante para o criador no campo da ciência a condição de associar o profundo conhecimento de determinado campo científico à capacidade de divergir para inovar. Kuhn chamou isso de "tensão essencial", fórmula que parece traduzir na terminologia psicanalítica a capacidade de associar rigor e reinvenção, demandados ao analista na abordagem de cada caso.

## O gênio enigmático

Em outubro de 1909, logo após seu regresso dos Estados Unidos — onde proferiu cinco conferências na Universidade Clark, a mais vanguardista da América naquela época, e que lhe concedeu o título de doutor *honoris causa* —, Sigmund Freud iniciou a escrita de um de seus ensaios mais surpreendentes, "Leonardo da Vinci e uma lembrança de infância". Certamente atravessado pela sensação da conquista triunfante da América que acabara de realizar, Freud volta sua capacidade analítica para Leonardo da Vinci, uma das figuras que integrava "o Panteão dos eleitos aos quais votava uma admiração ilimitada".[1]

Como enfatizou Jacques Lacan numa das poucas passagens em que se referiu ao ensaio sobre Leonardo ao longo de seu seminário, Freud estava nesse momento no "auge da felicidade de sua existência. Ele é reconhecido internacionalmente, ainda não tinha conhecido a tristeza nem o drama das separações de seus discípulos mais estimados".[2] Numa carta dirigida a Carl Gustav Jung em 17 de outubro de 1909, Freud asseverou num tom assumido de desbravador:

> O *domínio* da biografia também deve nos *pertencer*. Desde o meu regresso, uma ideia não me sai da cabeça. *O enigma do caráter de Leonardo da Vinci de repente tornou-se transparente para mim.* Isso seria então um primeiro passo na biografia. *Mas o material sobre Leonardo é tão escasso que não tenho esperanças de descrever de maneira tangível aquilo de que estou persuadido.*[3]

Essa comunicação a Jung tem tudo para ser vista como a confissão de uma considerável confusão entre ele mesmo e Leonardo: como conciliar a decifração do enigma com a escassez do material sobre o biografado? Apenas um mês e meio depois, em 1º de dezembro, Freud faz sua primeira exposição sobre o assunto na Sociedade das Quartas-Feiras, sob um título diferente daquele com o qual seria publicado o ensaio: "Uma fantasia de Leonardo da Vinci".[4]

Sempre se retirando do lugar idealizado em que seus discípulos o colocavam, em 15 de abril de 1910, às vésperas da publicação do ensaio, Freud escreve a Jones em tom bem-humorado: "Você não deve esperar muito do Leonardo, que sai mês que vem, nem o segredo da *Virgem dos Rochedos* nem a solução do enigma da *Mona Lisa*; mantenha suas expectativas num nível mais modesto, para que ele tenha chance de lhe agradar mais".[5] Fato é que Freud sucumbiu à atração que emana desse grande e misterioso homem e citou a famosa e retumbante frase de Jacob Burckhardt sobre Leonardo: "Gênio universal, cujo perfil só é possível conjecturar, jamais compreender".[6] Também a descrição que o artista e historiador da arte Giorgio Vasari faz do personagem Leonardo da Vinci, conhecida por Freud, é a de um personagem espantosamente potente e agalmático, decerto apto a despertar um desejo de gemelaridade num Freud conquistador de terras jamais exploradas:

> Muitas vezes são imensos os dons que, por influxos celestes, chovem naturalmente sobre alguns corpos humanos; outras vezes, de modo sobrenatural, num só corpo se aglomeram superabundantemente beleza, graça e virtude, de tal maneira que, para onde quer que ele se volte, todas as suas ações são tão divinas, que, deixando para trás todos os outros homens, se dão a conhecer como coisas (que de fato são) prodigalizadas por Deus, e não conquistadas pela arte humana. Isso foi visto pela humanidade em Leonardo da Vinci, em quem a beleza do corpo, nunca suficientemente louvada, era acompanhada por uma graça mais que infinita em qualquer de suas ações; era tamanha e de tal índole a sua virtude, que todas as dificuldades para as quais ele voltasse sua atenção se tornavam facilidades absolutas. Nele, foi grande a força unida à destreza, grande o ânimo, sempre nobre e magnânimo o valor. A fama de seu nome espalhou-se tanto, que ele não só foi prezado em sua época, mas conhecido pelos pósteros muito tempo ainda depois de sua morte...[7]

O artigo de Vasari parece ter produzido rica semeadura no terreno fértil constituído pela ambição de Freud. O próprio Vasari narra um fato sumamente surpreendente. Na infância, por meio de seu pai Ser Piero,

Leonardo foi aprender arte com Andrea del Verrocchio, mestre dos maiores pintores da época que, "ao fazer um painel com o batismo de Cristo
por São João, incumbiu Leonardo de pintar um anjo a segurar algumas
vestes. Leonardo, apesar de bem jovem, trabalhou de tal maneira, que ao
fim o seu anjo ficou muito melhor do que as figuras de Andrea. Por isso,
Andrea nunca mais quis tocar nas cores, inconformado pelo fato de um
menino saber mais que ele".[8]

Numa conferência no Museu do Louvre num ciclo sobre Da Vinci,
Elisabeth Roudinesco apresentou a ideia de que a paixão pela decifração,
comum a ambos, teria levado Freud a construir um verdadeiro código Da
Vinci — "Da Vinci Freud" — que o levaria a fazer do pintor um duplo dele
mesmo.[9] Não é exagerado pensar que a vitoriosa expansão da psicanálise
para a América — Vinci significa o vencedor em italiano — possa ter signi-

*O batismo de Cristo*, de Verrocchio.

ficado, para Freud, um salvo-conduto para se embrenhar no vasto e enigmático território mental do pintor mais impressionante da história da arte.

Ao longo do tempo, o ensaio sobre Leonardo atraiu a atenção tanto dos estudiosos de história da arte como dos psicanalistas, por seu arrojo investigativo. Mas nosso objetivo aqui será pontual: revelar uma dimensão pouco evidente do interesse de Freud por Da Vinci. Há uma frase na primeira parte do ensaio, perdida no meio da descrição das atividades de Leonardo, que chama a atenção: "No entanto, o esforço para saber [de Leonardo] foi sempre dirigido ao mundo externo; algo o mantinha afastado da exploração da vida anímica dos seres humanos. Na 'Academia Vinciana' [...] a psicologia tinha pouco espaço".[10] Qual o sentido de pensar que faltava a Leonardo, no século xv, um interesse por psicologia? Não se consegue entender muito bem por que ela aparece ali — senão por um súbito curto-circuito, com o desejo de Freud se sobrepondo ao do mestre do Renascimento.

## Revelações e ilações

É significativa a proximidade da escrita dos ensaios de Freud sobre Leonardo e sobre Schreber. Eles se sucedem numa espécie de ambição de expandir o alcance da análise a terrenos cada vez mais amplos e inexplorados.

Na verdade, ao analisar Leonardo, Freud estava na mesma delicadíssima situação em que se encontrava diante do livro de memórias de Daniel-Paul Schreber ou da novela *Gradiva*, de Wilhelm Jensen: não havia o sujeito em análise, mas um texto, e dados biográficos bastante incompletos. Quando isso ocorre, o analista não tem como dispor da regra fundamental da psicanálise, a associação livre, que dá ao analisando a última palavra na interpretação dos sintomas. Como passa a ser o próprio analista que preenche as inúmeras lacunas que surgem, sua subjetividade encontra caminho aberto para se imiscuir na análise.

O estudo do caso Schreber realizado por Chawki Azouri pode ser utilizado como modelo a ser explorado em toda investigação que pretenda tocar nas questões relativas à dificuldade de discernimento, por parte de Freud, entre ele mesmo e seus "analisandos" biografados. No notável *"Tive êxito onde o paranoico fracassa": Teoria e transferência(s)*, referindo-se aos bastidores desse período através da correspondência de Freud com seus discípulos, Azouri mostrou o quanto o mestre deixou que seus próprios "complexos internos" estivessem presentes na análise de Schreber e como ele se confundiu com este no que tange à questão da homossexualidade.[11] Tal curto-circuito foi apontado indiretamente por Lacan ao mostrar que no caso Schreber não se trata, de fato, em momento algum, de homossexualidade, mas sim de uma "prática transexualista"[12] psicótica. No estudo de Leonardo, tudo leva a crer que Freud projeta igualmente sua própria pessoa na de Da Vinci, para ver nele o criador dotado de uma potente pulsão de investigação que sublima a homossexualidade em prol de elevados fins culturais.

A ideia de que há uma especial capacidade para a sublimação nos homossexuais é bastante recorrente em Freud, por exemplo num artigo de 1908 que dá continuidade aos *Três ensaios sobre a sexualidade*: "A constituição das pessoas que sofrem de inversão — os homossexuais — distingue-se amiúde pela especial aptidão de sua pulsão sexual para a sublimação cultural".[13] Ou ainda no caso Dora, abordando a homossexualidade na histeria:

> As perversões não são nem bestiais, nem degenerações no sentido patético da palavra. São desenvolvimentos de germes os quais são contidos, todos, na disposição sexual indiferenciada da criança e que, suprimidos ou desviados para objetivos assexuais mais elevados — "sublimados" —, destinam-se a fornecer a energia para um grande número de nossas realizações culturais.[14]

No mesmo caso Dora, Freud irá reconhecer que não deu atenção à corrente homossexual de sua paciente e, desse modo, não podendo ajudá-la a reconhecer seu desejo, levou-a a interromper o tratamento.

No caso Schreber e no estudo sobre Leonardo, a homossexualidade latente de Freud, aflorada na relação com seu grande amigo berlinense

Wilhelm Fliess, que tinha "uma afeição por mim que era sem dúvida considerável",[15] parece ter sido o fator principal da dificuldade. Os desenvolvimentos freudianos sobre a sublimação da homossexualidade estão intimamente ligados à análise do próprio Freud, que, numa célebre carta a Sándor Ferenczi de 6 de outubro de 1910, confessou sua superação (entenda-se, sublimação): "Desde o caso Fliess, durante a superação do qual o senhor justamente me viu ocupado, essa necessidade exauriu-se em mim. Uma parte de investimento homossexual foi retirada e empregada na ampliação de meu próprio Eu. Tive sucesso onde o paranoico fracassa".[16] A correspondência de Freud com Abraham, Ferenczi e Jung está igualmente pontilhada de menções à questão dos "componentes homossexuais" existentes na relação entre eles, com todos os seus derivados — resistência, ciúme, sublimação etc.[17]

Freud sempre teve um interesse especial em Leonardo. Antes de partir para a Sicília com Ferenczi, escreveu a Abraham: "Amanhã cedo vamos a Paris, a fim de dar uma olhada no Leonardo, depois seguimos à Itália".[18] Curioso e telegráfico resumo do interesse de Freud pela cidade de Paris: "Leonardo", mencionado com essa intimidade, pelo primeiro nome.

O multifacetado ensaio biográfico de Freud tinha como objetivo, em suas próprias palavras, "explicar as inibições na vida sexual e na atividade artística de Leonardo".[19] Foi escrito no bojo do progresso trazido à construção teórica freudiana pela análise de uma criança — o famoso pequeno Hans, que Freud chegou a denominar de "nosso herói"[20] —, e que surgira de modo consistente no breve e essencial artigo sobre as *Teorias sexuais infantis*, publicado um ano antes. Freud gostava especialmente de seu ensaio sobre Leonardo, e dez anos após tê-lo publicado afirmou em uma carta a Lou-Andreas Salomé que ele era a única coisa verdadeiramente bonita que jamais havia escrito.[21]

O ensaio é bastante surpreendente. Freud avança em diferentes direções, como se Leonardo — o homem, o artista e o cientista — fosse um manancial de revelações do inconsciente. O simples fato de que tenha sido ali a primeira vez que Freud falou do narcisismo, nesse momento homogeneizando-o ao autoerotismo, já dá a esse ensaio um relevo formidável. Além disso, nele Freud esboça a teoria sobre as vicissitudes da pulsão sexual, que só será completada alguns anos depois e na qual a sublimação já encontra esse lugar primordial que jamais perderá; formula hipóteses sobre a gênese da homossexualidade, não sem ressaltar lucidamente que há vários tipos de homossexualidade; e antecipa a relação entre o fetichismo do pé e do calçado como substituto do pênis faltoso da mulher.[22]

Contudo, seus desenvolvimentos penetram num terreno de ilações que se revelaria tão equivocado que leva a pensar se a convivência íntima com Jung naquele momento não teria colaborado para Freud avançar na zona do simbolismo não analítico, da qual sempre tentou manter uma distância saudável.[23]

## A natureza de Leonardo

Daqueles considerados classicamente como os quatro grandes caminhos do ser humano, Freud sempre manteve uma relação conflitiva com a filosofia e a religião. Por outro lado, devido a sua formação universitária e intelectual — estudos médicos e sólida formação clássica[24] —, ele desenvolveu um interesse especial pela ciência e pela arte na construção do saber psicanalítico. Além disso, sempre foi intensamente atraído pelo duplo movimento do Renascimento: o retorno aos ideais da Antiguidade clássica e as conquistas científicas projetando um mundo novo.

A ênfase posta por Freud na capacidade do artista de revelar o saber inconsciente foi explicitada em diversos momentos de sua obra. Colocando-se numa posição de aprender sobre a alma humana com os escritores e artistas, ele almejava extrair da arte ensinamentos para sua ciência.

Algumas referências que Freud faz a Leonardo em sua obra são explícitas e bem conhecidas, como a comparação da técnica da análise com a da escultura, em que declara, no italiano de Leonardo, que o pintor opera *per via di porre* (por meio de acréscimos) e o escultor *per via de levare* (por meio de retiradas). Assim como o escultor, ao analista cabe "apenas" retirar o excesso que encobre a forma oculta no interior da pedra a ser esculpida.[25] Lendo-se os escritos de Da Vinci sobre a arte da pintura, descobrem-se outros trechos que com grande probabilidade serviram de balizas para Freud. Assim, quando menciona a necessidade de o Eu não ser rígido e sim flexível para poder se curvar diante da tempestade pulsional,[26] Freud parece se inspirar claramente na assertiva de Da Vinci de que "as árvores sacudidas pela força dos ventos dobram-se na direção em que o vento sopra, mas, cessado este, retornam à direção contrária, com um movimento reflexo".[27] A menção de Freud ao marcante contraste entre a beleza do rosto humano e a feiura dos genitais pode ser igualmente encontrada no meio de milhares de anotações de Leonardo.

Podemos apreender três canais de forte identificação de Freud com Leonardo: o desejo de saber e a ambição da criação absoluta (Da Vinci imaginou a Academia Vinciana); a homossexualidade (supostamente sublimada); e a divisão intelectual, atravessada pelo desejo de saber, entre ciência e arte. Os dois primeiros, segundo a análise de Da Vinci empreendida por Freud, estão nitidamente relacionados e parecem constituir uma única e poderosa fonte de identificação. Num dos momentos mais importantes do ensaio, Freud enumera as possibilidades para um sujeito lidar com a pulsão sexual do seguinte modo: depois de um período em que a pulsão de investigação da criança pesquisa a sexualidade, advém um poderoso recalque que pode levar a três saídas:

• Inibição neurótica: em que a pulsão de investigação sofre o mesmo destino da pulsão sexual e será poderosamente inibida, tolhida, durante toda a vida;

• Compulsão: quando o desenvolvimento intelectual assume o prazer e a angústia dos processos sexuais e a pesquisa compulsiva, obstinada, se torna uma atividade sexual;

• Sublimação: em que a vida sexual é atrofiada e o desejo de saber se põe a serviço da sublimação, do redirecionamento da libido. Esse seria, para Freud, o caso de Leonardo.

De fato, a identificação com o desejo de saber, presente nas três saídas, é bastante patente. Leonardo nos é apresentado como o exemplo paradigmático da potência da sublimação. Sua capacidade criativa dirigida para incontáveis horizontes, artísticos e científicos, seria tributária de sua aptidão para transformar as pulsões em criação, mais exatamente canalizá-las para um novo caminho pulsional denominado por Freud de pulsão de investigação, *Wissentrieb*. Mais essencialmente ainda, vigoraria em Leonardo a sublimação da homossexualidade, denominada por Freud em determinado momento do ensaio de "homossexualidade ideal":[28]

> Se refletirmos acerca da ocorrência, em Leonardo, dessa poderosa pulsão de pesquisa e da atrofia de sua vida sexual, restrita ao que poderíamos chamar de homossexualidade ideal,[29] nos sentiremos inclinados a proclamá-lo um modelo ideal do nosso terceiro tipo. *A essência e o segredo de sua natureza* parecem derivar do fato de que, depois de sua curiosidade ter sido ativada, na infância, a serviço de interesses sexuais, conseguiu sublimar a maior parte da sua libido em sua ânsia pela pesquisa.[30]

Contudo, uma retificação importante se faz necessária nesse ponto da reflexão freudiana, pois a suposta sublimação da homossexualidade de Leonardo é concebida por Freud com base nas biografias às quais ele teve acesso, que mencionavam essa questão de modo muito indireto ou nem sequer a aventavam.[31] É curioso porque o próprio Freud pondera que não compartilha a certeza de seus biógrafos modernos, que "naturalmente rejeitam a possibilidade da existência de relações sexuais entre ele e seus alunos, considerando-a um insulto grosseiro ao grande homem".[32]

Mas as biografias mais recentes corrigiram esse equívoco. De fato, os relatos da vida de Leonardo consultados por Freud omitiam a homossexualidade do pintor, certamente porque, como assinala Elisabeth Roudinesco, "ousar falar explicitamente da vida sexual de Leonardo ainda era, no início do século xx, um ato de subversão capaz de provocar escândalo".[33] Se o retrato resplandecente de Da Vinci esboçado por Vasari não toca em sua sexualidade, biografias posteriores não temeram fazê-lo. Walter Isaacson, por exemplo, chamando a atenção para a carga homoerótica dos desenhos que Leonardo fez de São Sebastião, dedica um capítulo inteiro à questão da homossexualidade e, além de mostrar como essa prática sexual vigorava na comunidade artística de Florença e no círculo de Verrocchio, ressalta: "*L'amore* masculino, como Lomazzo dizia ter ouvido Leonardo referir-se à prática, era tão comum em Florença que a palavra *Florenzer* acabou virando gíria para gay na Alemanha".[34]

Ainda assim, a ambivalência referente à aceitação da homossexualidade não estava ausente, pois era considerada um crime que podia ser penalizado com prisão, exílio e até mesmo morte. Aos 24 anos, Leonardo foi acusado, juntamente com outros três jovens, de praticar sodomia com um prostituto de dezessete anos chamado Saltarelli, mas como um deles pertencia a uma família que tinha relações de casamento com o clã dos Médici, o caso foi arquivado. A mesma denúncia foi feita quatro semanas mais tarde e novamente retirada.

Fato é que Leonardo se sentia atraído por homens romântica e sexualmente. Sempre compartilhou sua casa e seu ateliê com muitos rapazes bonitos e seus desenhos e esboços mostram um fascínio maior pelo corpo masculino do que pelo feminino: os homens aparecem de corpo inteiro e nus, ao passo que as mulheres são mostradas vestidas e da cintura para cima. Dois anos antes do escândalo com Saltarelli, ele escreveu num caderno a frase: "Fioravante di Domenico de Florença é meu amigo mais amado, bem como já foi meu...", deixando a última palavra censurada.

Em seus cadernos, há evidências de que não se envergonhava de seus desejos sexuais, como numa bem-humorada passagem intitulada "Sobre o pênis", em que diz:

> O pênis às vezes demonstra possuir intelecto próprio. Embora um homem possa desejar ser estimulado, o pênis permanece obstinado e age por sua conta, às vezes até se movendo sozinho, sem a permissão de seu dono. Independentemente de estar acordado ou dormindo, ele faz o que deseja. É comum que o homem deseje usá-lo e ele deseje outra coisa, e é comum que ele queira ser usado e o homem o proíba. Portanto, me parece que essa criatura possui vida e inteligência separadas das do homem.[35]

É preciso lembrar que no período entre 1494 e 1498 Florença foi tomada pela sanha fundamentalista do frei dominicano Girolamo Savonarola, nascido no mesmo ano que Da Vinci, que liderou uma rebelião contra o governo dos Médici e impôs leis rígidas contra a homossexualidade e o adultério; algumas transgressões eram punidas com apedrejamento e fogueira. Por setenta anos, a partir de 1432, uma milícia de jovens denominada Oficiais da Noite patrulhava as ruas velando pela moral e pelos bons costumes: "Na Terça-Feira Gorda de 1497, Savonarola comandou o que ficou conhecido como a 'Fogueira das Vaidades'". Ele convocou crianças para erguer uma gigantesca fogueira para queimar livros, obras de arte, roupas, jogos de cartas, dados, instrumentos musicais, livros de Boccaccio, enfeites, máscaras de carnaval, espelhos, quadros e esculturas. Muitas fogueiras se sucederam. Mas em 1498 a opinião popular se voltou contra Savonarola e, em 23 de maio daquele ano, ele foi enforcado e teve o corpo queimado, junto com dois outros frades seus aliados, na praça central de Florença, diante do Palazzo Vecchio. Quando Leonardo, aos cinquenta anos de idade, retorna para Florença, no final de março de 1500, para viver aquela que será sua fase mais produtiva, a onda reacionária já havia terminado e a cidade voltava a celebrar os clássicos e a arte.

Pouco tempo antes de escrever o ensaio sobre Leonardo, Freud enunciara, ao final da quinta e derradeira conferência americana, que a sublimação das pulsões sexuais não pode ser total, pois elas exigem uma parcela de satisfação direta corporal. Sempre atento a aprender o que mitos, provérbios e narrativas populares tinham a ensinar sobre o inconsciente, ele contara aos norte-americanos uma curiosa fábula do folclore alemão: numa localidade chamada Schilda, o cavalo de tração que realizava os trabalhos para o vilarejo teve sua ração diminuída gradativamente para fins de economia, até o dia em que apareceu morto no estábulo. A metáfora da morte do cavalo — símbolo do vigor da sexualidade — por falta de ração remete à impossibilidade de abolir toda a satisfação corporal direta do sujeito e sublimar todas as pulsões sexuais. Ele escreveria igualmente alguns anos depois, ao abordar questões relativas à técnica da psicanálise, que "muita gente sucumbiu à enfermidade justamente por causa do esforço que lhe custou a sublimação de suas pulsões, que foi maior do que a sua capacidade".[36] Cada sujeito possui um limite em sua capacidade de sublimação, mas sempre há um limite! O caso do famoso bailarino Vaslav Nijinski, que adoeceu severamente e viveu internado a maior parte da vida após ter se casado repentinamente com uma mulher, num arroubo de vingança em relação a seu amante e protetor Serguei Diaghilev, pode ser enfocado por meio dessa impossibilidade de sublimação completa da homossexualidade.[37]

No entanto, os achados de Freud ao se debruçar sobre a história de Leonardo da Vinci parecem contradizer essa fórmula preciosa que dá à sublimação um estatuto ao mesmo tempo relevante e limitado no tratamento do pulsional. Como a própria definição da pulsão implica o estabelecimento de uma verdadeira ponte entre o psíquico e o somático, entre a mente e o corpo — a pulsão é a exigência de trabalho feita à mente pelo corpo —, as vicissitudes da pulsão descritas por Freud compreendem os modos pelos quais o aparelho psíquico pode lidar com essa exigência imperiosa de satisfação corporal: recalcamento, inversão no oposto, retorno ao próprio eu e sublimação.

Assim, o que Freud denomina de vicissitudes da pulsão são as quatro formas de o aparelho psíquico fazer face à exigência incontornável de satisfação originária de fontes somáticas, em especial dos orifícios corporais, mas igualmente do aparelho muscular.[38] Elas são, assim, tipos de defesa psíquica em relação à busca de satisfação corporal da pulsão, o que Lacan transformou no conceito de gozo — verdadeira quinta vicissitude da pulsão, a vicissitude corporal.[39]

Ainda que Freud não tenha publicado um texto metapsicológico sobre a sublimação, é inegável que ela é a vicissitude pulsional que amarra a metapsicologia das pulsões em seu conjunto. Como vicissitude que se produz desobrigando o sujeito do recalque, a sublimação dá à pulsão seu verdadeiro estatuto de força motriz do aparelho psíquico, utilizada nas aquisições da cultura. Embora imponderável, imprevisível, indomável como a própria pulsão, a sublimação permite estabelecer o elo imprescindível entre a sexualidade e a conquista cultural. Se o recalque responde pelas inibições, pelos sintomas e pelas angústias, a sublimação reorienta a pulsão para a ação criativa, seja ela qual for. Mas a hipótese de Freud ilustrada pela narrativa do cavalo de Schilda impede que se conceba uma sublimação absoluta. Como conciliar então essa concepção teórica consistente com suas conjecturas sobre a sexualidade de Leonardo, a não ser situando-as nessa zona de homogeneização subjetiva entre ele próprio e Leonardo?

## Ciência na arte: a perspectiva

A época em que Leonardo viveu foi de enorme florescimento das artes e das ciências. Mais do que isso, o Renascimento — que significou o projeto de renovação total da cultura — fala sobre a relação inclusiva entre ciência e arte, ambas informando uma à outra. Leonardo ilustrou o livro de Luca Pacioli *Sobre a divina proporção*, a respeito da proporção matemática na arte. Ainda que o próprio conceito de Renascimento, determinado por Jacob Burckhardt e Heinrich Wölfflin, tenha sofrido críticas que mostraram a vigência de elementos medievais na Renascença e de elementos renascentistas na Idade Média, Alexandre Koyré, filósofo francês de origem russa, pondera que Leonardo representa os mais significativos dos aspectos fundamentais do Renascimento.[40]

O duplo interesse de Leonardo pela arte e pela ciência é sua característica mais notável, sempre destacada pelos biógrafos e um dos temas centrais da análise de Freud, que sublinha com acuidade que, no fundo, "o artista usara o pesquisador para servir à sua arte".[41] Tudo o que partia da pintura se transformava em interesse em pesquisar os objetos a serem pintados.

De fato, o Renascimento foi o período em que ciência e arte se deram as mãos, especialmente com o surgimento da técnica da perspectiva, que levou à associação entre arte e ciência e produziu violento confronto com a visão religiosa da Idade Média. É conhecida a fascinante interpretação dada por Erwin Panofsky de que a perspectiva matemática é uma forma simbólica à qual está intimamente ligada uma visão desteologizada do mundo. Trata-se de um mundo em que, como sublinha com agudeza Daniel Arasse, "Deus estaria ausente e que se torna um mundo cartesiano, o da matéria infinita. As linhas de fuga de uma perspectiva são paralelas e se reúnem na realidade no infinito; o ponto de fuga reside, portanto, no infinito". Segundo ele, Panofsky considera que "a perspectiva é a forma simbólica de um universo desteologizado, no qual o infinito não mais está apenas em deus, mas realizado na matéria em ato sobre a terra".[42]

Florença é o lugar onde a perspectiva surge (e desloca a pictórica gótica, reinante em Veneza), e onde igualmente a cartografia e a relojoaria adquirem forte impulso.[43] Filippo Brunelleschi, que inventou a perspectiva, era igualmente um importante fabricante de relógios mecânicos. Na primeira fase de sua carreira de arquiteto, ele redescobriu os princípios da perspectiva cônica que, estudados por gregos e romanos, ficaram esquecidos durante toda a Idade Média. Restabeleceu na prática o conceito de ponto de fuga, e a relação entre a distância e a proporção no tamanho dos objetos. Seguindo os princípios ópticos e geométricos enunciados por Brunelleschi, os artistas da época puderam reproduzir objetos tridimensionais no plano com surpreendente verossimilhança.

Mas foi Leonardo da Vinci o pintor que se dedicou a aplicar com afinco as teorias de Leon Battista Alberti, que deram à arte da pintura elementos da óptica que lhe permitiram representar a realidade de maneira até então inédita. É de Leonardo o mais famoso desenho em perspectiva da história, um estudo do início dos anos 1480, em tinta e caneta, para *A adoração dos magos*. Em sua obra *Da pintura*, Alberti afirma: "Escrevendo sobre pintura nestas brevíssimas anotações, tomaremos aos matemáticos aquelas noções que estão particularmente ligadas à nossa matéria".[44] Leonardo enriqueceu sua aplicação da matemática da perspectiva na pintura com a investigação sobre luz e cor, através da qual ele descobriu técnicas para criar uma sensação de profundidade por meio de alterações nas cores e na claridade.

Ele introduziu a noção de perspectiva aérea, que revela que "os objetos se tornam mais indiscerníveis à distância não apenas por seus detalhes desaparecerem à medida que ficam menores, mas também porque a atmosfera suaviza a imagem dos objetos longínquos".[45]

Além disso, o melhor amigo de Leonardo era Luca Pacioli, monge franciscano de sua idade, professor de matemática, que no prefácio de seu *Sobre a divina proporção* louva o amigo com palavras solenes. Uma famosa frase de Pacioli fala da associação íntima que precisa ser buscada entre arte e ciência, a segunda dando precisão à primeira: "Uma obra está completa quando nada pode ser acrescentado, retirado ou alterado, a não ser para pior".

Por intermédio de Pacioli, Leonardo foi levado a pesquisar a proporção do corpo humano e chegou até a escrever que nenhuma análise do homem pode ser chamada de ciência caso não tome o caminho da representação e comprovação matemáticas. Seu desenho célebre *O homem de Vitrúvio* constou em várias obras da época, e Albrecht Dürer o retomou em sua teoria da proporção.

A medição precisa e a construção com o compasso foram igualmente usadas na criação artística de uma nova escrita, feita de letras clássicas, diferentes das góticas que são difíceis de ler, e o tipo latino de impressão foi concebido naqueles anos. As letras desenhadas por Leonardo para a obra de Pacioli são belíssimas e serviram de inspiração para o mestre impressor francês Geoffroy Tory, que arbitrou a vitória da escrita latina na França.[46]

Numa conferência pronunciada na comemoração dos quinhentos anos de nascimento de Da Vinci, Alexandre Koyré ponderou que um grande homem pertence e não pertence a seu tempo, pois o transcende e impõe sua própria marca: "Ele transforma o passado e modifica o futuro".[47] Koyré se detém na obra científica de Leonardo e afirma que sua tendência prática o situa mais como um engenheiro do que como um homem de ciência. Sem uma formação teórica, sua atitude científica é pragmática e a ciência é para ele um instrumento de ação. Essencialmente um inventor, um tecnólogo de gênio para Koyré, Leonardo construiu de tudo: desde máquinas de guerra, perfuratrizes, gruas, teares, pontes, turbinas, tornos para fazer

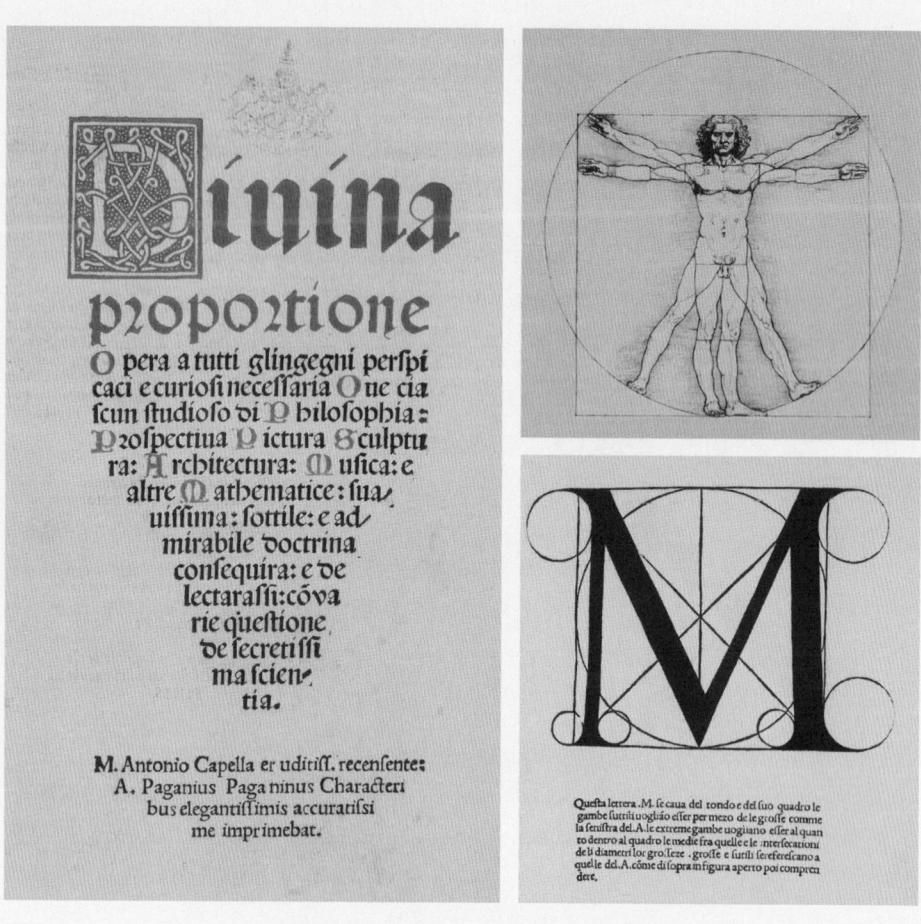

Da Vinci, Pacioli e a proporção divina.

parafusos e polir lentes, até palcos giratórios para espetáculos teatrais, prensas para imprimir, veículos, embarcações, submarinos e máquinas voadoras. Além disso, seus estudos no campo das ciências naturais — geologia, botânica, astronomia — são bem conhecidos.

O biógrafo Serge Bramly observou com pertinência que Leonardo nunca se satisfazia com uma única atividade, nada prendia por completo sua atenção e seu espírito parecia "sempre curioso por outra coisa".[48] Pequenos detalhes de sua obra podem revelar esse traço de seu caráter, esse interesse que se deslocava rapidamente de um objeto para outro: em esbo-ços a bico de pena de gatos nas mais diferentes posições e situações, surge num deles a figura de um dragão; num estudo de cavalos, eis que aparece um gato matizado de tigre. Como salienta ainda Bramly, tudo o atrai, e Leonardo escreveu em um de seus cadernos uma frase que parece ser seu lema: "O desejo de saber é natural aos bons". Lema que será o fulcro da análise que Freud fará dele, ao introduzir a noção de pulsão de investiga-ção, *Wissentrieb*.

Freud verá nessa espécie de divisão acentuada das atividades de Leo-nardo, a qual tinha como efeito deixar muitas obras inacabadas (e não preservadas; muitas desapareceram por isso), um sintoma por detrás do

Um esboço do espírito curioso de Da Vinci.

qual subjaz um conflito sexual: uma inibição na execução definitiva das obras.

> As pesquisas de Leonardo visavam, originalmente, como acredita Solmi, ao interesse de sua arte; dedicou seus esforços a estudar as particularidades e as leis da luz, das cores, das sombras e da perspectiva, a fim de tornar-se exímio em suas imitações da natureza e transmitir aos outros os seus conhecimentos. É provável que nesse tempo ele já superestimasse o valor, para o artista, desses ramos do conhecimento. Sempre seguindo o rumo determinado pelas solicitações de sua pintura, foi levado a estudar os modelos do pintor, animais e plantas, e as proporções do corpo humano; e, depois do conhecimento de sua forma exterior, continuou ainda a estudar-lhe a estrutura interna e as suas funções vitais, coisa que, na verdade, influi também na aparência externa e merece ser considerada nos trabalhos artísticos. E, finalmente, a pulsão [de saber], que se tornara dominante, carregou-o mais longe ainda, fazendo-o ultrapassar as limitações da demanda de sua arte e descobrir as leis gerais da mecânica e adivinhar a história da estratificação e fossilização no vale do Arno, até chegar ao ponto de poder escrever em seu livro, com letras enormes, a sua descoberta: *Il sole non si move* [O sol não se move]. Suas investigações estenderam-se praticamente a quase todos os ramos da ciência natural e em cada um ele foi um descobridor, ou pelo menos um profeta e pioneiro.

E ele prossegue:

> Depois da pesquisa, quando tentou voltar ao seu ponto de partida, o exercício de sua arte, sentiu-se perturbado pelo novo rumo de seus interesses e pela mudança na natureza de sua atividade mental. O que o interessava num quadro era, acima de tudo, um problema: e após o primeiro problema via inúmeros outros que surgiam, como costumava acontecer com suas intermináveis e infatigáveis investigações sobre a natureza. Não conseguia mais limitar suas exigências, ver a obra de arte isoladamente, separando-a da vasta estrutura da qual sabia que ela era parte. Depois de esforços exaustivos para exprimir

numa obra de arte tudo o que tinha em seu pensamento com relação a ela, era forçado a desistir, deixando-a inacabada ou declarando-a incompleta.⁴⁹

Assim, a pintura se tornava para Leonardo uma fonte de investigação científica e só lhe interessava na medida em que pudesse com ela buscar obter a exatidão própria à ambição científica. Freud conclui dizendo: "O artista usara o pesquisador para servir à sua arte; agora o servo tornou-se mais forte que o seu senhor e o dominou".⁵⁰

## O desejo de saber e o inacabado

Esse colossal desejo de saber encarnado por Leonardo da Vinci certamente produziu em Freud uma profunda impressão inconsciente. Pois o interesse disseminado pelas mais diversas ciências e artes não é difícil de ser atribuído igualmente ao homem Freud, assim como à disciplina que ele fundou. Basta ver que ele acreditou ser necessário conceber um instituto de formação psicanalítica imbuído de um projeto tão ambicioso que, como observou a própria Anna Freud, jamais foi realizado.⁵¹

Na conferência "O instituto ideal de psicanálise: uma utopia", proferida a pedido do analista californiano Heinz Kohut, ela relembrou o protocolo de formação, claramente utópico, idealizado por seu pai:

> Juntamente com a psicologia profunda, que continua sempre como a principal disciplina, haveria uma introdução à biologia, o máximo possível de ciência da vida sexual e familiarização com a sintomatologia da psiquiatria. Por outro lado, a instrução analítica abrangeria ramos de conhecimento distantes da medicina e que o médico não encontra em sua clínica: a história da civilização, a mitologia, a psicologia da religião e a ciência da literatura.⁵²

E Freud arremata sua lista com um severo *Diktat*: "A menos que esteja bem familiarizado nessas matérias, um analista nada pode fazer de uma grande massa de seu material".⁵³ Aqui temos o ideal da ciência refratado pelo real — no sentido lacaniano do "impossível de ser simbolizado" — da experiência. É necessário perceber que o inacabamento teórico está presente na formação do analista, sendo que a prática analítica é o âmbito onde esse inacabamento se revela fecundo e a arte do analista colabora com sua ciência.

Na leitura de Freud, a suposta inibição sexual que atingia Leonardo se disseminava em sua vida criativa. Mas, como as hipóteses da inibição sexual e da "homossexualidade sublimada" não mais podem ser sustentadas, devido às posteriores revelações biográficas de Leonardo, uma nova hipótese pode ser feita: o desinteresse do artista por suas obras se produzia na medida em que ele almejava uma perfeição tão grande na arte quanto aquela que ele verificava na ciência! Leonardo desejava extrair da ciência ensinamentos para sua arte. Suas pinturas, magistrais aos olhos de todos, ainda estavam para ele distantes do ideal de perfeição exigido pelo discurso científico. Sua oscilação entre arte e ciência e seu direcionamento cada vez maior, ao longo da vida, para a ciência, talvez possam ser explicados por essa necessidade sempre irrealizada de concretizar com máxima excelência o ideal do Renascimento de conectar ciência e arte.

Freud, por sua vez, chegou a confessar que, com o passar do tempo, foi se tornando cada vez menos interessado na prática analítica e mais desejoso de produzir investigações consistentes sobre metapsicologia, cultura, evolução etc. Como Leonardo, ele também parece ter se desinteressado da arte da prática analítica e se voltado primordialmente para a ciência teórica.

Freud parece ter se identificado com esse homem que, tal como ele na construção do saber e da prática psicanalíticos, se via na impossibilidade de fazer ciência no sentido pleno do termo.[54] Tal como Leonardo, Freud se sentia dividido entre ciência e arte. Não à toa, há em sua obra uma lacuna significativa deixada irrealizada, que, podemos supor, ocupa nela o mesmo lugar que *A última ceia* na obra de Da Vinci: a metapsicologia.

A metapsicologia — termo que ele forjou no ambicioso paralelo com a metafísica — é uma parte da obra de Freud em que a teoria encontra formulações consistentes e articuladas entre si. Uma espécie de núcleo duro da obra freudiana — o *kernel* de seu computador —, o centro da obra, e sobre o qual as conquistas definitivas são depositadas. Ele reservava a metapsicologia para a parcela de sua produção cujo cunho francamente científico fosse inegável. Contudo, o projeto metapsicológico original de Freud consistia na escrita de doze artigos, dos quais apenas cinco vieram à luz: "Pulsões e suas vicissitudes", "Recalcamento", "Inconsciente", "Suplemento metapsicológico à teoria dos sonhos" e "Luto e melancolia". Dos outros sete, apenas um foi encontrado, por Ilse Grubrich-Simitis, em 1983, junto aos papéis de Ferenczi, e publicado.[55] Os restantes, que ao que tudo indica foram escritos e talvez tenham sido destruídos por Freud posteriormente, não deixaram qualquer vestígio; eles tratavam de temas absolutamente centrais à ciência psicanalítica: consciência, angústia, histeria de conversão, neurose obsessiva, sublimação e projeção (ou paranoia). A metapsicologia freudiana é o lugar onde milhares de peças do quebra-cabeça mental se encaixam com harmonia, é o lugar onde a psicanálise se pretende — e consegue ser — científica. Ciência deixada incompleta por desejo de seu próprio criador. Talvez esses exemplos demonstrem que as obras inacabadas são inerentes às produções de gênio.

A psicanálise, passível de ser definida como a ciência do singular, parece ser a disciplina mais propícia para o estabelecimento da associação intrínseca entre arte e ciência. De todo modo, não há como não ver a diferença existente entre a metapsicologia freudiana e seus artigos sobre técnica. Nestes, é invocada com veemência toda a arte da qual o psicanalista é capaz: a necessidade de cada analista construir seu estilo próprio, aprimorar seu saber fazer no caso a caso, um a um, na atenção ao detalhe mais sutil através do qual o inconsciente se manifesta. Suas recomendações técnicas, construídas todas elas em torno do princípio que impõe ao psicanalista que receba cada novo paciente como se fosse o primeiro, são a explicitação do limite da ciência psicanalítica, sua articulação necessária, íntima e profunda com a arte do psicanalista, e o augúrio de uma nova ciência que leve em conta o inconsciente.

É nessa articulação entre ciência e arte que situo esse lugar que denomino de laboratório do psicanalista. O próprio Freud explicitou essa divisão da psicanálise entre ciência e arte, em "Dois verbetes de enciclopédia", artigo no qual segmenta a teoria e a prática analíticas em diversos aspectos que, no fundo, podem ser reunidos em duas grandes regiões: a arte interpretativa e a ciência psicanalítica. Quanto à primeira, Freud deixa claro como cada analista, em seu trabalho de interpretação, tem grande margem de manobra para seu tato e sua perícia.[56] Lacan sublinhou igualmente essa relação, e falou da técnica psicanalítica como derivada "dessa arte fundamental que é a psicanálise".[57] No tocante à ciência, Freud é incisivo ao postular que, não sendo uma filosofia que visa apreender o universo através de alguns conceitos básicos definidos por ela, a psicanálise "se atém aos fatos de seu campo de estudo, procura resolver os problemas imediatos da observação, sonda o caminho à frente com o auxílio da experiência, acha-se sempre incompleta e sempre pronta a corrigir ou a modificar suas teorias".[58]

A relação da psicanálise com a ciência e a arte foi ressaltada por Sándor Ferenczi já no discurso em que propôs a fundação da Associação Psicanalítica Internacional, em 1910, no II Congresso de Psicanálise, realizado em Nuremberg. Manifestando sua preocupação em preservar a psicanálise das ameaças da "pirataria científica", Ferenczi não deixa de indicar a forte contribuição da arte e do meio artístico para a disseminação e a aceitação do pensamento freudiano:

Acrescente-se que, em certas camadas da sociedade, é precisamente esse combate não organizado, quase revolucionário, que nos granjeia muitas simpatias; assim, os temperamentos artísticos, cuja compreensão intuitiva dos problemas que nos ocupam, somada à aversão por tudo o que cheire a escolástica, os fez cerrar fileiras ao nosso lado, contribuíram imensamente para a propagação das ideias de Freud.[59]

Mas ele coloca a ênfase na ciência — usa essa palavra vinte vezes num texto de dez páginas! —, naquele momento em que a psicanálise precisava afirmar suas descobertas e velar por sua existência num ambiente altamente refratário.

Lacan afirmou em 1978 que a psicanálise é intransmissível. Cabe a cada analista reinventá-la. Pode-se entender que a parte científica da psicanálise, denominada por Freud de metapsicológica, é transmissível, ao passo que a parte dita "técnica" exige constante arte e reinvenção. Quanto a esta última, Chawki Azouri ponderou que

> encontrar os caminhos da reinvenção na psicanálise passa pela redescoberta dos ingredientes de que Freud se serviu para inventá-la e de que Lacan, com sua abertura para outras disciplinas, lançou mão para tornar a fundá-la. Se Freud reconhece que os clássicos são nossos verdadeiros mestres, se o Romantismo balizou o terreno da invenção da psicanálise e o Surrealismo foi o primeiro movimento a reconhecer e a transmitir as ideias freudianas na França, pensamos que é renovando laços com a arte e a criação artística que poderemos retomar a via de reinvenção na psicanálise.

Ele conclui:

> A arte e a criação artística são parte de nosso recalcado. Com efeito, a arte e a criação artística são parte do que foi recalcado pela instituição psicanalítica no mesmo diapasão que a loucura, a feminilidade e o fim da análise. Trata-se sempre de uma relação com o furo, com o vazio no Outro, que o artista, o louco, a mulher e o analisando em fim de percurso — cada um deles à sua maneira — podem encontrar e testemunhar.[60]

O desdobramento que tais questões colocam pode ser visto nos trabalhos de Alain Didier-Weill, que aborda o conflito entre o saber constituído e o ato artístico mostrando que a vocação e a força da arte residem em ela perfurar esse absoluto com o incógnito: a imagem pregnante com o invisível; o barulho das mídias com o inaudito musical; o movimento corporal padrão com a dança inimitável.[61]

Junto com a psicanálise surge um terceiro lugar, que não se reduz à ciência nem tampouco à arte, mas se nutre de ambas. Em um de seus seminários tardios, Lacan asseverou:

> Interpretar a arte foi o que Freud sempre afastou, sempre repudiou; o que se chama psicanálise da arte, enfim, deve ser ainda mais afastado que a famosa psicologia da arte, que é uma noção delirante. Da arte, devemos extrair um ensino. Extrair um ensino para outra coisa, isto é, para fazer com ele esse terceiro que ainda não está classificado, fazer com ele esse algo que está inclinado para a ciência, por um lado, que extrai um ensino da arte por outro e — eu irei até mesmo mais longe —, que só pode fazê-lo na espera de dever, ao fim, reconhecer que não possui uma resposta.[62]

Para concluir, relembro a conferência de Elisabeth Roudinesco sobre Da Vinci: "Por que não ver que, se Freud investiu tanto na história de Leonardo, foi porque ele sonhava como fazer surgir o que se vê na vida de todo criador e na sua própria vida: um desejo irreprimível, quase nietzschiano, de se elevar no ar, acima de todos os homens, a fim de lançar um desafio permanente ao conhecimento universal, à natureza e à morte?".[63]

O vigor do desejo de saber parece implicar necessariamente o inacabamento de uma obra. Como sintetizou Lacan, só há desejo na relação com a falta. Nesse sentido, a divisão entre arte e ciência, onipresente no Renascimento e na psicanálise, pode ser considerada uma das formas mais excelsas de manifestação, no sujeito e na cultura, da irredutível insatisfação inerente ao desejo de saber.

## Breve cronologia instrutiva:

27 ago. 1909  Freud chega a Nova York com Ferenczi e Jung.
4 set. 1909  À noite, parte de trem para Boston e Worcester.
6-10 set. 1909  Pronuncia as "Cinco conferências americanas".
13 set. 1909  Visita Niagara Falls, com Jung e Ferenczi.

**19 set. 1909**  Retorna a Nova York.

**21 set. 1909**  Viaja de volta, chegando a Bremen na tarde do dia 27 de setembro.

**17 out. 1909**  Escreve a Jung a "Carta do desbravador".

**1º dez. 1909**  Apresenta "Uma fantasia de Leonardo da Vinci" na Sociedade das Quartas-feiras.

**Jan-mar. 1910**  Escreve o ensaio "Uma lembrança de infância de Leonardo da Vinci".

**Maio 1910**  Publicação do ensaio.

**30 set. 1910**  Na véspera de pegar um trem para a Sicília com Ferenczi, Freud escreve de Noordwijk uma carta a Abraham, referindo-se aos quadros de Da Vinci que estão no Louvre, *Mona Lisa* e *A virgem com o menino e Sant'Anna*: "Amanhã cedo vamos a Paris, a fim de dar uma olhada no Leonardo, depois seguimos à Itália".

# 2. A interpretação em Freud

A interpretação dos sonhos é a via régia que leva ao conhecimento das atividades inconscientes da vida anímica.

SIGMUND FREUD

O TRATAMENTO PSICANALÍTICO SE CARACTERIZA por se dar exclusivamente através da palavra, como ressaltou Lacan em "Função e campo da fala e da linguagem em psicanálise", ensaio que inaugura seu ensino e o retorno à obra de Freud. Não é difícil ver o lugar privilegiado que a interpretação ocupa no tratamento, pois ela é o modo de comparecimento da palavra do analista e, por excelência, a forma de intervenção que deverá desencadear alguma transformação subjetiva.

Mas é preciso entender o que é a interpretação para a psicanálise. Ao mesmo tempo que é o ato fundamental do método analítico, ela possui uma especificidade tão grande no discurso psicanalítico que toda alteração em seu estatuto ejeta a prática para fora da experiência psicanalítica. Como assevera Lacan: "A interpretação não tem que ser mais verdadeira do que falsa, ela deve ser justa".[1] É isso que vamos elaborar neste capítulo e no próximo, dando peso às principais formulações produzidas por Freud e Lacan quanto às questões envolvidas na interpretação.

A partir do que vimos no primeiro capítulo, não será surpreendente afirmar agora que o eixo que norteia o analista em sua prática no tocante à interpretação é constituído de ciência e arte. Por um lado, é requerido do analista o conhecimento do saber psicanalítico sobre a estrutura do inconsciente-linguagem. Tal saber é oriundo essencialmente da conexão, estabelecida muito cedo por Lacan, entre a linguística estrutural e a obra de Freud, e da qual — é preciso que se diga — ele jamais abriu mão. Numa conferência tardia, sublinhando que a psicanálise não é uma ciência, mas uma prática, Lacan colocou os pingos nos is sobre esse assunto ao enunciar com todas as letras: "A linguística é aquilo por meio do que a psicanálise poderia se agarrar na ciência".[2] O próprio Lacan explicita a importância do saber adquirido na conexão entre linguística e psicanálise para a prática da interpretação analítica: "Nossa doutrina do significante é, para começar, disciplina na qual aqueles que formamos se exercitam nos modos de efeito do significante no advento do significado, única via para conceber que, ao se inscrever aí, a interpretação possa produzir algo novo".[3]

Já desenvolvemos, no primeiro volume deste *Fundamentos da psicanálise de Freud a Lacan*, as várias faces desse saber complexo e original, mas apenas para salientar uma vez mais sua importância podemos citar uma dimensão teórica trazida por Freud para falar dele: a *Verneinung*, a denegação. Um enorme capítulo se abriu dentro da conexão entre psicanálise e linguística com as assertivas de Freud sobre a denegação, que foram salientadas por Lacan em diferentes momentos de seu ensino: o valor afirmativo da denegação como etapa inicial do desrecalcamento; o valor constitutivo da partícula negativa, que permitirá a Lacan aproximar o Nome-do-Pai do Não-do-Pai etc.

Além do conhecimento da construção teórica feita por Lacan ao ler Freud munido da ciência da linguística estrutural, é requerido do analista no ato interpretativo o exercício de seu estilo com arte. Pois o saber linguístico não recobre nenhuma das dimensões que precisam ser levadas em conta pelo analista na sua relação transferencial com cada analisando — isso que Lacan nomeia de prática analítica — e, mais do que isso, com os diferentes momentos que cada análise atravessa: tato, ponderação, discernimento e, para utilizar duas noções francamente musicais, *timing* e *feeling*.[4] Acrescento ainda uma outra noção fundamental, que desenvolverei no próximo capítulo: a serendipidade.

Lacan nomeou três dimensões bélicas gerais em jogo na direção do tratamento — tática, estratégia e política —, que devem evidentemente ser compreendidas levando-se em conta a arte da guerra. Pode-se acrescentar que no "vínculo de abnegação"[5] imposto ao analista, que lhe requer um desinteresse por seu próprio ser, se a tática e a estratégia estão submetidas à sua arte, a política se orienta pela ciência da análise.

## Ciência das eróticas do corpo

Talvez a primeira formulação que pode servir como bússola geral para nosso percurso é aquela que situa a experiência analítica numa relação estrita com o sofrimento do sujeito, posto que a análise jamais é sustentada por alguém que queira apenas conhecer melhor a si mesmo numa atitude de curiosidade intelectual, mas sim em função de alguma forma de sofrimento psíquico: "Não tenho, conforme ao pensamento de Freud, nenhuma amizade pela sabedoria. Não faço filosofia porque está muito longe daquele que se dirige a nós para que lhe respondamos pela sabedoria", afirmou Lacan.[6] Freud já expressara algo semelhante ao dizer que o analista não é um sábio porque, segundo Anatole France, "o sábio não é curioso".

A diferença entre psicanálise e hermenêutica, alvo da reflexão crítica lacaniana, se centra precisamente nesse aspecto. "A interpretação em psicanálise não resulta numa visão de mundo, nem numa teoria do conhecimento", como bem lembrou Laéria Fontenele. E ela acrescenta: "A distinção entre a hermenêutica e a psicanálise, em relação ao ofício da interpretação, agrega ainda o princípio de que o inconsciente não é ôntico, e sim ético. O seu modo de enunciação da verdade não remete, como na tradição filosófica, às possibilidades de realização do ser, mas ao que dele se furta negando-lhe a realização".[7]

Esse é o ponto forte da experiência analítica, que implica essencialmente a necessidade de estabelecer uma ligação íntima entre palavra e afeto. Dado que o sujeito não busca análise para se conhecer, perspectiva que implicaria uma atitude intelectual e objetivante, trata-se, ao contrário, de uma verdadeira "luta do sujeito com as palavras para aliviar seu padecer",[8] como aponta igualmente Fontenele, que cita Carlos Drummond de Andrade: "Lutar com palavras/ é a luta mais vã. Entanto, lutamos/ mal rompe a manhã".[9] Como disse Freud, nada a não ser o desejo está em condições de acionar nosso aparelho psíquico. E cabe lembrar aqui a observação feita por Lacan a respeito da intervenção de Erixímaco, no *Banquete* de Platão. Ali fica claro que a experiência da psicanálise inclui o afeto e o corpo: "Erixímaco nos diz, tradução textual, que *a medicina é a ciência das eróticas do corpo, episteme ton tou somatos erotikon*. Parece-me que não se pode dar uma melhor definição da psicanálise".[10]

No cerne da prática psicanalítica encontramos o problema da interpretação. Se a psicanálise é uma prática que produz modificações no sujeito através exclusivamente das manifestações da palavra, a palavra do psicanalista é, por sua vez, uma palavra interpretativa, isto é, ela pretende dar ao sujeito acesso a uma dimensão nova à qual ele não chegaria de outro modo — o inconsciente. Quando Lacan introduz, no seminário *Mais, ainda*, o neologismo *diz-mansão*,[11] ele aponta para essa dimensão que é o lugar privilegiado da experiência psicanalítica na qual a palavra é a via suprema de acesso ao inconsciente.

De saída, é preciso sublinhar que, explorando o terreno científico da psicanálise, as contribuições de Lacan vieram permitir o reordenamento da descoberta freudiana do inconsciente no sentido de extrair a lógica a ela inerente. Lacan se insurgiu desde cedo contra o obscurantismo reinante nas produções teóricas subjacentes às práticas analíticas — obscurantismo que não impediu que a prática continuasse a produzir seus efeitos, às vezes à revelia dos próprios psicanalistas. Como ele observou, "uma prática não precisa ser esclarecida para operar".[12] O exemplo de Melanie Klein sempre surgiu para Lacan como o de uma psicanalista que exercia uma ação clínica precisa do ponto de vista psicanalítico, mas que de algum modo parecia não saber o que fazia. Lacan propôs a via do esclarecimento, do rigor lógico, o que lhe valeu a pecha de "intelectualista" por parte de seus detratores. André Green, por exemplo, seu arquirrival durante parte da vida, escreveu uma volumosa obra especialmente destinada a demonstrar que Lacan se esquecera do afeto e que sua concepção de análise era puramente intelectual.[13] Afirmação equivocada, quando se sabe que poucos analistas se dispuseram a discorrer tão ampla e profundamente sobre a angústia — definida por Lacan como o afeto por excelência — e sobre aquilo que denominou de paixões fundamentais do ser: amor, ódio e ignorância.

Abordaremos nosso tema através da questão do sentido, que é a problemática geral levantada pela interpretação em psicanálise, salientada por Freud logo no início da *Interpretação dos sonhos*. Focalizaremos adiante nossa atenção nas diferentes maneiras pelas quais Lacan veio a cernir e a discernir a interpretação ao longo de seu ensino. Evoquemos, antes de tudo, a formulação de Manoel de Barros que abraça com tranquila intimidade aquilo que, para a psicanálise, é uma conquista decisiva, o reconhecimento do desejo: "A terapia literária consiste em desarrumar a linguagem a ponto que ela expresse nossos mais fundos desejos".[14]

## Freud e a tradição

Como sublinha Charles Melman, a interpretação dos textos ou dos relatos é algo que faz parte de nossa tradição cultural. A hermenêutica — termo oriundo do grego que significa a arte de interpretar — teve início com a interpretação de Homero pela Escola de Alexandria; a Bíblia tornou-se igualmente o objeto da exegese apaixonada dos talmudistas e dos cabalistas. Trata-se, nesses casos, de tentar restituir o sentido original de um texto que, por não existir, por ser no fundo mítico, acaba constituindo escolas e seitas hostis entre si, que rivalizam — frequentemente de modo mortal — pela afirmação da significação última que preconizam. O mesmo se aplica, pode-se dizer, ao texto freudiano, que parece dar continuidade à tradição do Talmude e impõe sempre novas interpretações e mesmo novas escolas. Referindo-se aos efeitos produzidos pela regra geral que postula a ambiguidade como a argamassa da linguagem, Melman salienta com pertinência que "é da essência de um texto divergir entre um excesso e uma carência: superabundância de sentidos possíveis e falta de interpretação conclusiva".[15]

Considerando a própria criação da psicanálise como a expressão maior de uma judeidade, Betty Fuks mapeou de forma inteiramente original as principais linhas de força que permitem que se localize a obra de Freud no interior da tradição judaica. Essa judeidade pode se expressar por dois fatores específicos e interligados: de um lado, o exílio do povo judeu, seu nomadismo, sua errância; de outro, o movimento erradio da letra, presente na própria interpretação contínua do texto sagrado. Fuks demonstra com agudeza que os traços de exílio e de êxodo inscritos na história do povo judeu, bem como a prática de leitura-escritura infinita do "Livro dos livros", tem um papel essencial na descoberta freudiana do inconsciente.[16]

A especificidade da inserção de Freud nessa tradição diz respeito ao fato de que, para a psicanálise, o sentido último é sexual, todos os outros referentes sendo meramente defensivos e no fundo subordinados ao sexual. Há uma relação íntima, indissociável, entre linguagem e sexualidade, que permite que possamos "sexualizar" qualquer enunciado, desde que se introduza nele uma enunciação irônica, que apele a qualquer face de Eros. Por isso sustentamos a hipótese, que se ancora nos trabalhos do filólogo Hans Sperber,[17] de que a linguagem veio se alojar no lugar das trocas sexuais imediatas conduzidas com absoluta simplicidade pelo saber instintual em todas as espécies animais, mas não na nossa. A linguagem se enraizou na falta de saber instintual sexual e retirou dela sua energia inesgotável, a libido. Definida por Freud como a força constante da pulsão, a força da libido é a energia subjacente à linguagem, sempre investindo em todo e qualquer objeto que se coloque no lugar do furo produzido pela perda do objeto originário.

Quando se lê a descrição do sonho da injeção de Irma, o primeiro sonho que Freud submeteu a uma análise detalhada, vê-se que há nele a onipresença de elementos sexuais, muitos deles escamoteados pelo próprio Freud, que acrescenta com alguma ironia numa nota de rodapé de 1909: "Embora se deva compreender que não informei tudo o que me ocorreu durante o trabalho de interpretação".[18] O desejo no sonho era o de ser inocentado da doença de Irma, que vinha povoado de significantes altamente sexualizados: exames da cavidade bucal, seringas sujas, seringas limpas etc. A sensação que permanece ao final do relato de Freud é a de que ele não procedeu à análise dos pontos sexuais mais importantes. Ele mesmo encerra o capítulo desculpando-se por sua "reserva".[19]

Por outro lado, em outra nota de rodapé, afirma que "existe pelo menos um ponto em todo sonho no qual ele é insondável — um umbigo, por assim dizer, que é seu ponto de contato com o desconhecido".[20] A mesma ideia é retomada por Freud detalhadamente mais à frente: "Mesmo nos sonhos mais bem interpretados é preciso frequentemente deixar um lugar em sombras, porque na interpretação se observa que aí começa um novelo de pensamentos oníricos que não se deixam desenredar, mas que tampouco fizeram outras contribuições ao conteúdo do sonho. Então esse é o umbigo do sonho, o lugar em que ele se assenta no não conhecido".[21]

Ou seja, Freud destaca na interpretação dos sonhos duas dimensões, opostas: a do sexual e a do real. A oposição entre real e sexual[22] permite que se destaquem dois grandes segmentos da obra de Freud, tal como se depreende do ensino de Lacan: a linguagem (inconsciente) e o gozo (pulsão), ou, utilizando os conceitos lacanianos, o significante e o objeto $a$. O sexual está na dependência da significação fálica e, portanto, é tributário da aliança S-I — falo simbólico-falo imaginário — que o falo entroniza.

Se Lacan empenhou-se arduamente em construir microteorias para dar conta dos diferentes segmentos da experiência psicanalítica, isso só foi possível graças a uma macroteoria que sustentou desde muito cedo todo o seu processo de teorização. Essa macroteoria, como vimos no primeiro volume desta tetralogia, se chama R.S.I.; ela constitui o paradigma teórico lacaniano por excelência. O paradigma R.S.I. se traduz em Lacan por meio de duas concepções maiores que estão, na verdade, intimamente associadas e que podem ser expressas assim: "O inconsciente é estruturado como uma linguagem" e "A relação sexual é impossível".

Esses dois aforismos afirmam juntos o seguinte: o núcleo do inconsciente é real, ele é constituído pela falta ôntica de objeto e em torno desse núcleo constrói-se o inconsciente enquanto estruturado, ou seja, enquanto linguagem. Porque há uma negatividade fundadora do sujeito — Lacan, por isso mesmo, chegou a denominar o objeto $a$ de objeto "negativo" —, qualquer positividade linguageira é sempre parcial, e a verdade é inevitavelmente não-toda. Os dois aforismos revelam juntos: há uma estrutura que inclui a falta. No próximo capítulo, veremos como é possível conceber uma teoria geral da interpretação a partir do paradigma R.S.I.

## A via régia para o inconsciente

"Ouvir Outra coisa no que está sendo dito" é uma forma de retomar aquilo que Freud concebeu como sendo a oposição entre o conteúdo manifesto e o conteúdo latente na interpretação dos sonhos: para ele, o conteúdo manifesto é o produto do trabalho do sonho e o conteúdo latente é o produto do trabalho inverso, precisamente o da interpretação. Freud inaugurou a psicanálise com o livro dos sonhos, que, embora tenha acabado de ser escrito em novembro de 1899, foi publicado, a pedido dele, com a data de 1900, revelando, assim, que Freud desejava com essa obra inaugurar o novo século. Ele chegou a dizer que descobertas como essa que fizera só ocorrem a um homem uma única vez na vida, e comparou-a à do arqueólogo Heinrich Schliemann, que, em junho de 1873, desenterrou a cidade de Troia, que se acreditava mítica.

Sabe-se que, para alcançar o novo, é necessário percorrer a tradição. Como já indicou Thomas Kuhn, o epistemólogo desse novo século inaugurado por Freud, para criar no campo da ciência não basta possuir um pensamento divergente, que rompe radicalmente com a tradição, mas é necessário igualmente possuir um sólido pensamento convergente, ou seja, conhecer profundamente a tradição clássica que nos antecede.[23] Em sua obra que considerava a mais importante — e não apenas nela —, Freud age desse modo e percorre os autores que o antecederam na abordagem dos sonhos, como Artemidoro de Daldis, mas se afasta da simbólica geral e do caráter profético desses intérpretes. Para Artemidoro e para a Antiguidade em geral, o sonho é premonitório e funciona como um oráculo interior que desvela o futuro para o próprio sonhador.[24] Como sublinha Moustapha Safouan, a novidade da interpretação dos sonhos proposta por Freud é que, se na Antiguidade se acreditava que o sonho era uma mensagem dos deuses, "o alcance revolucionário de Freud é que ele indicou o lugar de onde procede esta mensagem e o nomeou de inconsciente".[25]

Contudo, Freud não deixa de preservar alguns princípios desses intérpretes da Antiguidade e chega a ver neles elaborações propriamente psicanalíticas da interpretação dos sonhos.[26] Quanto ao método da decifração, Freud conserva três ideias: "o sonho é uma escrita cifrada que esconde e preserva sua significação; o trabalho da interpretação não se endereça à totalidade do sonho, mas a cada um de seus fragmentos; cada elemento do sonho significa aquilo que evoca no intérprete".[27]

Para Freud, a análise dos sonhos desempenhou o importante papel de demonstrar a vigência dos processos inconscientes na atividade psíquica chamada normal; com ela, ele estendeu o alcance de sua descoberta do inconsciente do campo do patológico — sintoma neurótico — para o da normalidade. De fato, as três primeiras grandes obras de Freud, consideradas por Lacan como "canônicas em matéria de inconsciente"[28] — *A interpretação dos sonhos, A psicopatologia da vida cotidiana* e *Os chistes e sua relação com o inconsciente* —, foram produzidas num intervalo de apenas alguns anos, e todas elas ampliam a descoberta do inconsciente para novas regiões que ultrapassam os limites da patologia. Das três, a mais emblemática nesse sentido é *A psicopatologia da vida cotidiana*, cujo título já produz em ato a virada que Freud está em vias de promover na fronteira entre normal e patológico: pois como é possível falar de psicopatologia da vida cotidiana, a não ser questionando veementemente a própria noção do que é a patologia? Se a patologia é cotidiana, então será ela tão patológica assim?

Lacan chegou a formular, nesse sentido, que o inconsciente é a verdadeira doença mental do homem. Como diz Paul Groussac em *A viagem intelectual*,

o sonho absorve uma porção considerável de nossa vida e, por outro lado, não parece duvidoso que o ato de sonhar seja uma forma intermitente de loucura, um delírio periódico mais ou menos caracterizado. *Delirar*, segundo a raiz etimológica, significaria propriamente "semear fora do sulco". Essa ideia não implica que o sulco seja mal traçado ou que a semente esteja estragada; assinala simplesmente o fato da inadequação, da direção errada. Assim é o delírio, em sua forma mais comum, uma série de atos ou de palavras incoerentes desprovidas de consequência e propriedade, sem que isso impeça que, separadamente, cada ação possa ser razoável e cada palavra correta. Seria por acaso outra a definição de sonho?[29]

Ele prossegue: "Não vos parece prodigioso que a cada manhã, com a boa e santificada luz do sol, reapareça também a inteligência intacta de suas trevas e fantasmas noturnos?".

Freud atribuía uma importância tal à interpretação dos sonhos que inclusive avaliava a condição de um psicanalista por essa aptidão. Não poderia ser de outro modo, uma vez que a interpretação é o ato mesmo pelo qual se reconhece o analista.[30] E, com efeito, os sonhos são um mundo a ser explorado pelo analisando, um mundo que revela a substância da qual ele mesmo é feito e à qual se referiu Shakespeare — "o grande psicólogo", segundo Freud, e "o poeta que penetrava em maior profundidade que a sabedoria dos sábios", segundo Jorge Luis Borges —, através da boca de Próspero, personagem de *A tempestade*, do seguinte modo: "Somos feitos da mesma substância dos sonhos e, entre um sono e outro, decorre a nossa curta existência".

Nesse sentido, assim como a interpretação dos sonhos inaugurou a descoberta da psicanálise, podemos ressaltar o papel que o estudo dos sonhos desempenha na formação dos analistas. Por isso soa tão ingênuo o comentário feito por Havelock Ellis a Joseph Wortis, jovem norte-americano que se analisou com Freud, de que ele deveria fazer como Freud fez — não se analisar e apenas interpretar os próprios sonhos.[31] Freud analisou-se precisamente ao analisar os seus sonhos! Mas é preciso ressaltar que o que interessa a Freud no sonho é a sua elaboração, isto é, sua estrutura de linguagem, alimentada pelo desejo.[32]

Numa das passagens mais densas do livro sobre a interpretação dos sonhos, após citar — pela segunda vez, pois já o havia feito na epígrafe do livro — o verso de Virgílio *"Flectere si nequeo superos, Acheronta movebo"* (Se não posso dobrar os poderes superiores, moverei as regiões infernais), Freud acrescentou na reedição de 1909 a seguinte frase: "A interpretação dos sonhos é a via régia que leva ao conhecimento das atividades inconscientes da vida anímica".[33] No mesmo momento em que trabalhava sobre o livro dos sonhos, ele atendia suas pacientes histéricas e descobria que, na histeria, os sintomas têm um sentido. É precisamente a ocorrência dessa mesma estrutura de sentido nos sonhos e nos sintomas que Freud irá destacar. A análise do caso Dora, um dos cinco grandes relatos clínicos de Freud, foi muito importante para ele quanto a isso, pois trata-se de uma análise que é balizada pela ocorrência de dois sonhos importantes, conjugada à interpretação de uma sintomatologia histérica superabundante. Freud parte da descoberta de que o sintoma histérico tem sentido e, aos poucos, formula igualmente a hipótese do sentido dos sonhos. É somente porque o sonho tem sentido que ele é passível de ser interpretado. O caso Dora retira sua singularidade do fato de ser a primeira análise na qual Freud interpreta os sonhos dentro do contexto transferencial do tratamento analítico.

Contudo, como já vimos, a originalidade da hipótese freudiana não reside exclusivamente na percepção do sentido dos sonhos, pois isso já havia comparecido na tradição clássica. A originalidade da hipótese freudiana reside no fato de que o sentido que ele desvela nos sonhos apresenta algumas características muito particulares, que podem ser resumidas ao se dizer que ele é um sentido ancorado no sexual. Ou ainda, mais essencialmente, ancorado numa determinada forma de concepção do que é o sexual. Pois o inconsciente ao qual o sonho dá acesso é um saber estruturado em torno do não-saber sobre o enigma da diferença sexual. Além disso, a diferença radical da interpretação para a psicanálise implica que os elementos de linguagem que surgem no relato do sonho não devem ser ouvidos como signos, mas como significantes. Voltaremos a esse ponto adiante. Por ora, deve-se lembrar com Lacan que o sonho é feito para o reconhecimento do desejo, mas o desejo, "se Freud diz a verdade sobre o inconsciente e se a análise é necessária, só é captado na interpretação".[34] E, como Lacan recomenda: quanto ao sonho, Freud deve ser lido, pois de outro modo "não é possível nem compreender o que ele entende por desejo do neurótico, por recalcado, por inconsciente, por interpretação e pela própria análise, nem chegar perto de seja lá o que for de sua técnica ou de sua doutrina".[35]

## A interpretação e a "leitura em voz alta"

O sonho é o relato do sonho, pontuou Lacan, ressaltando aquilo que Freud já havia observado: "Deve ser considerado como sonho tudo aquilo que nos é relatado pela pessoa que sonhou, sem levar em conta o que possa ter esquecido ou possa ter alterado ao recordá-lo".[36] Logo, se no sonho citado há pouco o que importa é o relato do sonho feito pelo analisando, não interessando se o sonho era maior e o que restou é um fragmento mínimo dele, esse fragmento relatado contém todo o sonho compactado. Assim, se o analisando menciona ter "sonhado a noite inteira", mas ter "esquecido tudo" e se lembrar apenas de um pedacinho irrelevante, as associações sobre o pedaço remanescente são o que realmente importa, pois podemos pressupor que ele condensa todo o resto.

Essa situação não é rara. Esse mínimo fragmento do qual o analisando se lembra, submetido à análise, poderá reconstituir os pensamentos oníricos latentes, pois o esquecimento dos sonhos é produzido pela ação da censura psíquica, e a alegação do esquecimento para evitar submeter o sonho à análise é um efeito da resistência. Ao ver o analisando querer se furtar a relatar o sonho, o analista insiste (sendo a insistência uma das traduções do desejo do psicanalista) e pede associações sobre esse tal "ínfimo" pedaço do sonho que restou. Daí poderá ser reconstituído aquilo que estava em jogo no sonho: o sonho importa enquanto relato e não enquanto algo que foi sonhado e perdido, esquecido.

No fundo, é de uma leitura que se trata na interpretação psicanalítica, como formula Lacan: "No discurso analítico é sempre isto — ao que se enuncia de significante, vocês dão sempre uma leitura outra que não o que ele significa".[37] Devemos especificar que se trata de uma leitura feita em voz alta, pois se a escrita estabiliza o sentido, a fala reabre a ambiguidade inerente ao simbólico. A ambiguidade na qual toda fala está imersa é o veículo para a emergência do inconsciente. Como no sonho de um analisando em que ele estava escrevendo uma obra em conjunto com uma escritora chamada Vera Palmedo, cujo nome aparece no sonho por escrito: só a fala descobre os significantes embutidos — "pau", "medo" — que permitem a interpretação pela perfeita homofonia.

Imaginemos uma sessão de análise mais ou menos típica através de três segmentos assim distribuídos: o analisando inicia falando sobre temas variados (1); depois de algum tempo, ele afirma que teve um sonho e narra esse sonho (2); em seguida, continua falando sobre assuntos diversos (3).

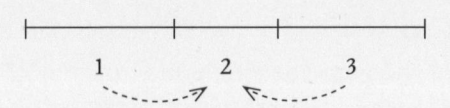

De onde surgirão os elementos que permitem a interpretação do sonho? Precisamente daqueles elementos que o antecederam e o sucederam, como se fossem uma única frase, um único texto. As chaves de leitura, as chaves da decifração desse texto enigmático, desse rébus, surgirão do próprio contexto no qual o relato do sonho é proferido. A interpretação do sonho relatado em (2) provém, em grande medida, daquilo que foi dito antes (1) e do que é dito depois (3); além, é claro, das associações que serão feitas pelo sonhador, muitas vezes a pedido do analista, que teve sua escuta sensibilizada por alguns significantes em especial. Por isso Freud destacou a soberania da regra da associação livre ao longo de toda a experiência analítica, sem exceção: o relato do sonho se inscreve como um elemento significante no interior da associação livre do sujeito. O acesso às formações do inconsciente em geral obedece ao mesmo roteiro estabelecido para o sonho: "Assim é que, se o sintoma pode ser lido, é por já estar inscrito, ele mesmo, num processo de escrita. Como formação particular do inconsciente, ele não é uma significação, mas a relação desta com uma estrutura significante que o determina".[38]

## Uma imagem bloqueia sempre a verdade

Há duas características principais que são comuns a todos os sonhos e cuja constatação parece ser de ridícula obviedade: a primeira é que o sujeito está dormindo e a segunda é que o sonho é constituído predominantemente por imagens.[39] Mas o que é a imagem do sonho?

Ela tem uma característica muito peculiar, a de possuir um valor simbólico — significante — e não um valor imaginário — sígnico. Vimos que o que importa na análise do sonho é o relato do sonho, ou seja, os significantes através dos quais essa imagem se expressa na fala do sujeito. O relato do sonho é para ser lido em voz alta, e sua imagem não é para ser vista. Se nós ficarmos presos à imagem do sonho, estaremos presos a um único sentido, já que o imaginário é o sentido unívoco, o sentido uno. Sendo o simbólico da ordem do duplo sentido, é a ambiguidade o que permite dar ao relato do sonho sua característica eminentemente significante.

Nas *Conferências norte-americanas*, Lacan abala o nosso senso comum — nós que somos tão afeitos às imagens prazerosas, nós que adoramos "em suma uma pura e simples imagem" — ao enunciar que "uma imagem bloqueia sempre a verdade".[40] Como já formulamos ao longo desta obra, se o imaginário é da ordem do sentido, ou seja, da unicidade de sentido, o simbólico é da ordem da ambiguidade, do duplo sentido. Por isso mesmo, a verdade é sempre semidita, na medida em que o duplo sentido escande a significação fechada e a reabre enquanto semidizer. Como Lacan resume de modo retumbante, "o que o inconsciente traz a nosso exame é a lei pela qual a enunciação jamais se reduzirá ao enunciado de qualquer discurso".[41] Isso significa que a verdade se enuncia através do saber inconsciente, que é puramente significante. Um exemplo do valor significante da imagem do sonho pode ser dado pelo analisando que, no relato de um sonho em que surgia um painel, acabou por associar tal imagem à busca por um novo pai, a qual norteou sua vida por muito tempo: *pai neo*.

## Sa-Tyros

*A interpretação dos sonhos* impressiona pela abrangência de suas formulações, porque nele Freud como que esgotou o assunto. Tudo o que se sabe hoje sobre os sonhos está nessa obra, mas sua complexidade pode dificultar a leitura. O leitor iniciante pode contornar essa dificuldade lendo de antemão as conferências introdutórias sobre o tema, proferidas por Freud aos sábados à noite, nos invernos de 1915-6 e 1916-7, na Universidade de Viena, para um público misto de médicos e leigos. Os sonhos ocupam disparado a maior parcela das conferências — dez num total de 35 —, e sua sequência visava permitir ao público acompanhar a exposição passo a passo: primeiro os lapsos, depois os sonhos, e só ao final foram abordados as neuroses e o tratamento analítico.[42] O cuidado com a recepção de quem o ouve ou lê deve orientar o modo como o analista se pronuncia na cultura, pois ele é responsável por suscitar a transferência positiva com a psicanálise. É absolutamente necessário haver transferência com a psicanálise *na* cultura para que, só depois, os sujeitos possam ser levados a buscar análise e localizar a transferência *num* analista.

As *Conferências introdutórias sobre psicanálise* dedicadas ao tema dos sonhos (conferências v a xv) representam o momento em que Freud desenvolve de modo didático a concepção psicanalítica da interpretação dos sonhos. Uma série de ensinamentos fundamentais pode ser apreendida em sua leitura e em cada uma delas Freud se esmera em transmitir alguns elementos essenciais sobre o sonho. Trago em seguida uma seleção pontual dessas indicações freudianas, para abordar, ao final, o seu caráter de não comunicabilidade e sua exigência de interpretação-leitura.

Assim como os sintomas neuróticos têm sentido, os sonhos também têm sentido. Conforme vimos, essa colocação revela a estratégia freudiana de espraiar sua descoberta do inconsciente para além do patológico, até o âmbito da vida psíquica normal. A estratégia de indicar mecanismos idênticos operantes na patologia e na normalidade poderá ser observada ao longo de toda a obra de Freud, por exemplo no tratamento que dará à diferença entre luto e melancolia.

Freud acreditava que o desprezo pelos sonhos nos círculos científicos de sua época decorria de uma espécie de reação contra a supervalorização dos sonhos na Antiguidade, quando eram interpretados inclusive para orientar campanhas militares. Não à toa, ele fornece por duas vezes o célebre exemplo de Alexandre Magno narrado por Artemidoro de Daldis, intérprete de sonhos que viveu na época do imperador Adriano: a tenaz resistência de Tiro à invasão de Alexandre estava quase levando-o a suspender o cerco, quando ele teve um sonho em que via um sátiro que parecia dançar em triunfo.[43] Como os intérpretes de sonhos disseram que o sonho predizia sua conquista da cidade, Alexandre ordenou o assalto e conquistou Tiro. O surpreendente é que a interpretação desse sonho foi o mero corte da palavra "Satyros", corte que extraiu dela uma dimensão puramente significante através de uma perfeita homofonia: *sa-Tyros*, isto é, "Tiro é sua". Freud assinala que essa "interpretação, que possui uma aparência bastante artificial, sem dúvida era a correta".[44]

Esse sonho, narrado por Artemidoro e reproduzido entusiasticamente por Freud ao considerar sua interpretação como paradigmática da interpretação psicanalítica, ilustra de forma cabal a assertiva de Lacan segundo a qual "uma imagem bloqueia sempre a verdade".[45] A interpretação é aqui a rearticulação dos significantes enunciados pelo sonhador e não a hermenêutica do significado das imagens apresentadas. Caso o intérprete tivesse se guiado pelo significado da imagem, e não pela sonoridade do significante, teria interpretado esse sonho numa direção inteiramente diversa, dando valor, por exemplo, ao conteúdo mitológico da figura do sátiro.

Outro exemplo do valor significante da imagem do sonho: no começo da sessão, o analisando conta que sonhou, mas não se lembra do sonho, só de um pedaço, de uma cena. O analista lhe assegura que isso não importa e indaga: qual é essa cena? "Eu só vejo um leão. Mas um leão solto, rugindo, não estava dentro de uma jaula, não!" O analisando frisa essa última frase com certo espanto. A sessão prossegue e ele fala muito da relação com a namorada, que quer se casar e ter filhos e ele não quer, pois já foi casado e tem uma filha adolescente. Fala de seu primeiro casamento, da separação e diz que não quer repetir isso, que quer ficar solteiro, está se sentindo muito bem assim, há muito tempo que não se sentia tão bem. O analista interpreta: "Solteiro, solto, feito o leão do sonho…". A análise ensina o enraizamento significante inconsciente e, através dessas associações, analista e analisando aprendem que a palavra "solteiro" vem de "solto".

Registro outro sonho que considero igualmente paradigmático, em sua simplicidade, desse valor puramente significante das imagens oníricas. O analisando relata que está passando por um momento muito feliz, acabou de ter acesso a um posto na universidade e, além disso, vem obtendo um grande sucesso junto aos alunos, que comentam inclusive com outros professores sobre suas qualidades didáticas. Ele conta que naquela semana teve um sonho que o deixou, nesse contexto, muito perplexo: ele está dando aula e, subitamente, um aluno se levanta, puxa um revólver e, apontando para ele, dá três tiros: Bam! Bam! Bam! O analista interpreta, então: o sonho reflete o momento que você vive, ele está dizendo o que você acaba de dizer, o reconhecimento que está obtendo e que os alunos acham que você é um bam-bam-bam!

E mais um sonho no qual se evidencia de modo exemplar o caráter significante da imagem, que impede que a interpretação seja feita através dos significados imagéticos. A analisanda relata que sonhou "que estava dando para o dentista", e esse sonho a surpreendeu muito, porque nesse dia o dentista não a atendeu, mas "não atendeu assim... sem maiores explicações...". Ela comenta que "isso é masoquismo", pois, diz ela, "no dia em que eu estava mais puta com ele, eu sonho que estava dando para ele!". O analista redargue: "Mas é isso o que diz esse sonho: nesse dia você estava puta com ele!". Só resta à analisanda cair na gargalhada com a interpretação que tem a estrutura de chiste.

De fato, para além da interpretação do sonho, tudo na sessão de análise é significante (no sentido conceitual e literal do termo, algo que possui um alto valor psíquico, portanto ligado à singularidade do sujeito): o analisando bateu à porta e o interfone estava com defeito. Quando alguém, depois de algum tempo, por fim abriu para ele entrar, a sessão transcorreu com ele falando das grandes dificuldades profissionais que enfrenta. Em determinado momento, ele comenta o episódio da espera à porta dizendo que achou que o analista olhou pelo olho mágico, viu que era ele e pensou "é aquele chato, aquele merda", e não abriu a porta. O analista pôde então interpretar: "Você acredita que, porque as pessoas acham que você é um merda, um chato, as portas não vão se abrir para você".

Para a psicanálise, enquanto prática, a comunicação não importa, pois a comunicação é do campo da imagem, ou seja, do campo daquilo que sempre bloqueia a verdade. Por isso os meios de comunicação de massa veiculam essencialmente imagens e a publicidade se baseia nela integralmente — pois a imagem é o que dá unidade ilusória ao que não tem unidade. A etimologia da palavra "comunicação", que provém de *comunicatione*, comunhão, revela, por si só, a ambição de desconhecer aquilo que é da ordem do singular.

Uma ponte fecunda deve ser feita aqui com a teoria lacaniana do estádio do espelho, que revela que o *infans*, entre os seis e os dezoito meses de idade, ao reconhecer sua imagem especular, só confirma essa percepção — e assim só entroniza essa imago — quando o adulto a ratifica com sua palavra de aprovação. A mera percepção da imagem não se sustenta por si mesma e depende da palavra para se afirmar. Para Lacan, essa confirmação que, vinda do simbólico, permite à criança entronizar o que é percebido no imaginário demonstra com simplicidade que o imaginário, no ser humano, está submetido ao simbólico. A imagem especular — cuja função é estabilizar a relação instável e angustiante que a criança mantém com o corpo fragmentado (corpo atravessado pelo real pulsional) e fornecer as bases do narcisismo (corpo próprio) que a partir de então constituirá uma fonte importante de autopreservação — só se sustenta por meio do simbólico e, no entanto, esconde a verdade inerente a ele. Essa precariedade inerente ao imaginário jamais abandonará o sujeito, e será ela que se manifestará nos momentos de angústia, como sinal de que algo vacila no campo da imagem.

Há diferentes relações possíveis entre o conteúdo latente e o conteúdo manifesto dentro da deformação produzida pela elaboração onírica. A substituição por um fragmento ou uma alusão é uma delas. Outro tipo de relação é aquele no qual o conteúdo manifesto não é uma deformação do conteúdo latente, mas sim uma figuração dele — "sua expressão em imagens plásticas, concretas que tomam como ponto de partida a literalidade de certas palavras" —,[46] tipo extremamente importante porque o sonho manifesto é constituído predominantemente de imagens visuais. Essa técnica é a das conhecidas figuras enigmáticas, ou rébus, termo que, oriundo do francês, designa o ideograma no estágio em que deixa de significar o objeto que representa para indicar o fonograma correspondente ao nome desse objeto. Cabe lembrar aqui Augusto de Campos e suas "enigmagens", palavra-valise ou, segundo ele mesmo, "equivocábulo" composto das palavras "enigma" e "imagem" que define a estrutura do rébus, imagem que requer ser decifrada.

As enigmagens não se aplicam, contudo, aos sonhos de crianças, que são breves, claros, coerentes, fáceis de entender — no caso de crianças de até quatro ou cinco anos, às vezes um pouco mais. Entre os cinco e os oito anos, já começa a haver a deformação onírica e as características já são idênticas às dos sonhos de adultos. Esses sonhos são importantes, pois é da análise deles que Freud vai tirar elementos para entender certas características gerais dos sonhos dos adultos. São elas as seguintes: a compreensão do sonho de uma criança não requer associações por parte dela, mas sim o acréscimo de informações sobre algum evento da vida da criança — "invariavelmente existe uma vivência do dia anterior que nos explica o sonho", pois "o sonho é a reação, durante o sono, da vida mental da criança à experiência que teve no dia anterior".[47] Os sonhos de crianças são atos mentais inteligíveis, não são absurdos. Não apresentam qualquer deformação onírica e, portanto, não requerem qualquer interpretação: neles, o conteúdo manifesto e o conteúdo latente coincidem quase inteiramente. Os sonhos de crianças são reações a experiências do dia anterior que deixaram uma mágoa, um desejo que não foi satisfeito. Esses sonhos permitem que se compreenda a função geral do sonho como guardião do sono e representam uma satisfação direta, não disfarçada desse desejo. Nos sonhos dos adultos, mesmo quando parecem expressar um desejo diretamente, esse desejo é consciente e deve estar ligado a um desejo inconsciente.

São duas as características principais e constantes desse tipo de sonho infantil: o que origina um sonho é um desejo e a satisfação desse desejo constitui o conteúdo do sonho; e o sonho representa o desejo sendo satisfeito sob a forma de uma experiência alucinatória. O desejo "gostaria de ir ao lago" é o que origina o sonho. O conteúdo do sonho é "estou indo ao lago". Essa é a diferença entre o conteúdo latente e o conteúdo manifesto nos sonhos de crianças: a transformação de um pensamento em uma vivência onírica.

Também aqui os usos idiomáticos são reveladores de certos fatos que a análise dos sonhos fornece, sobretudo o fato de que o sonho é a realização de um desejo: certos provérbios populares, como "Com que sonham as galinhas? Com milho",[48] revelam que os sonhos, concebidos como sendo a satisfação de uma necessidade, vão além das crianças e chegam até os animais.

Além disso, certas expressões e construções — "lindo como um so-nho", "eu nem sonharia uma coisa dessas", "não imaginei isso nem nos meus sonhos mais ousados" — demonstram que o uso idiomático per-maneceu indiferente ao fato de que também existem sonhos de angústia, pesadelos etc. Com efeito, não existe nenhum provérbio que afirme que os porcos e gansos sonham com a sua matança, o que é sumamente in-teressante porque, quando Freud introduz a pulsão de morte, vai fazê-lo numa referência, entre outras coisas, precisamente aos sonhos traumáticos.

Freud narra o sonho de sua filha Anna com morangos (que Lacan comentará no seminário *As psicoses*, a propósito da linguagem infantil como sendo eminentemente metonímica)[49] e o de sua avó com um convite para comer fora. Ambas tinham sido privadas de alimentação normal no mesmo período.[50] Nos adultos, ocorrem igualmente sonhos que satisfazem necessidades: fome, sede e prazer sexual.

O sonho se vale de imagens para significar, como num rébus, outra coisa. Quando Lacan insiste em que o sonho é o relato do sonho, trata-se de discernir, na interpretação-leitura, a diferença entre fala e escrita: a escrita estabiliza o sentido, ao passo que na fala a ambiguidade formiga. Assim, se na escrita um termo adquire determinado significado bastante circunscrito, sua enunciação reabre a polissemia inerente ao significante e permite novas leituras capazes de fazer emergir o significante inconsciente.

## O sonhador sabe, ou o saber inconsciente

Freud observa que "interpretar significa achar um sentido oculto em al-go"[51] e isso só pode ser realizado caso não acreditemos, como os médicos de sua época, que os sonhos são a expressão na vida mental de estímulos somáticos. A relação entre o sonho e o sono, "estado no qual não desejo saber nada do mundo externo, um estado no qual retirei meu interesse do mundo externo",[52] é digna de nota. O sono está relacionado com uma atitude de retirar-se do mundo externo que nos cansa, como se fôssemos nos proteger no abrigo do útero materno: "Nossa relação com o mundo, ao qual viemos tão a contragosto, parece incluir também nossa impossibilidade de tolerá-lo ininterruptamente".[53] Assim, o sonho serve antes de mais nada ao desejo de dormir.

Em outra passagem, Freud irá chamar a atenção para o fato de que a vida mental não consegue dormir porque "há algo que não quer conceder paz à mente",[54] o que levou Lacan a afirmar que o inconsciente é o trabalhador ideal, incansável, que não para jamais e trabalha sem um mestre que ordene que ele o faça.[55]

Definindo o sonho como o guardião do sono, Freud pondera que os sonhos do momento em que o sujeito vai despertar mostram a influência dos estímulos externos perturbadores do sono (como o despertador que se transforma, no sonho, num sino de igreja, nos sinos de um trenó ou numa campainha). Nesse sentido, estímulos intestinais podem produzir no sonho "corredores longos, estreitos e ventosos".[56] Os sonhos não apenas reproduzem os estímulos externos, mas "os vertem, fazem alusões a eles, os incluem em algum contexto, os substituem por outra coisa".[57]

O termo alemão *Tagtraum*, devaneio (em inglês, *daydream*), é analisado por Freud dentro de sua contínua ótica de atribuir importância ao uso idiomático, "que não é algo casual, e sim constitui o precipitado de antigas descobertas".[58] Assim, *Tagtraum*, literalmente sonho diurno, chama a atenção por não conter qualquer traço dos dois elementos comuns a todo sonho — sua relação com o sono e seu caráter alucinatório visual. Nos devaneios sabemos que estamos tendo uma fantasia; não vemos, mas pensamos.

Uma premissa inaugural da psicanálise é a de que os sonhos são fenômenos psíquicos e não somáticos, "são produtos e comunicações da pessoa que sonha, porém comunicações que nada nos dizem, que não entendemos".[59] Além disso, é importante frisar que a interpretação de um sonho será obtida a partir das associações que o próprio sonhador vai fazer com base em seu sonho. É saborosa a passagem em que Freud chama nossa atenção para o fato banal de que, quando uma pessoa diz algo que não compreendemos, fazemos perguntas a ela, e é isso precisamente que se faz com o sonhador: questiona-se sobre o que seu sonho significa em cada um de seus elementos enigmáticos e potencialmente significantes.

Freud enuncia nesse ponto uma verdadeira regra técnica fundamental da interpretação psicanalítica dos sonhos: "Fazer com que as pessoas que estão sendo examinadas proporcionem, tanto quanto possível, a solução de seus enigmas. [...] é o próprio sonhador quem deve nos dizer o que seu sonho significa".[60] O problema com a interpretação dos sonhos é maior do que no caso das parapraxias (constituídas pelos atos falhos, lapsos de linguagem etc.) porque o sonhador sempre diz que nada sabe sobre o que seu sonho significa. Quanto a isso, Freud solta uma fórmula retumbante: o sonhador sabe, "apenas não sabe que sabe, e por esse motivo pensa que não sabe".[61] Não é por outro motivo que o analista deve se empenhar arduamente em sustentar o analisando no seu trabalho de associação.

Freud chega a afirmar que parte de outra premissa além daquela segundo a qual os sonhos são fenômenos psíquicos: a suposição — vê-se que o que está em jogo aqui é o que Lacan chamará de sujeito do inconsciente, que na formação psíquica transferencial do analisando surge como sujeito suposto saber sobre seu desejo — de que "há coisas mentais em uma pessoa que sabe, sem saber que sabe, da existência delas".[62] Pode-se completar a fórmula freudiana acrescentando que o psicanalista, que opera na direção do tratamento a partir de um não-saber fundamental, sabe de uma coisa: ele sabe que o sujeito sabe sem saber que sabe. A ênfase posta por Lacan na concepção do inconsciente como um saber pode ser mais bem compreendida aqui também. Já desenvolvemos anteriormente esse tópico,[63] mas aqui precisamos apenas recordar a formulação de Lacan que nos interessa diretamente: "Tentei, com efeito, ser rigoroso ressaltando que o que Freud sustenta como o inconsciente supõe sempre um saber, e um saber falado. O inconsciente é inteiramente redutível a um saber. É o mínimo que supõe o fato de ele poder ser interpretado".[64]

A concepção freudiana da sobredeterminação inconsciente autoriza basear a interpretação do sonho nas associações do próprio sonhador. Mesmo quando este diz que nada sabe sobre seu sonho, o analista deve insistir para que ele associe algo.[65] É através dessa insistência à associação que podemos ler, em Freud, uma das manifestações mais firmes daquilo que Lacan denomina de desejo do psicanalista. Freud está ancorado numa forte concepção de um determinismo psíquico inconsciente para poder sustentar essa premissa. De fato, as associações do sonhador, chamadas de associação livre, não são, no fundo, nada livres.[66]

Há três regras importantes que devemos observar durante o trabalho de interpretação dos sonhos: não devemos dar atenção ao que o sonho *parece* nos dizer, seja claro ou confuso, compreensível ou absurdo, pois nunca será isso o inconsciente que buscamos; devemos limitar o trabalho a evocar, para cada elemento, representações substitutas sem refletir sobre elas, sem as examinar para averiguar se elas contêm algo pertinente, sem dar atenção ao fato de elas levarem para muito longe do elemento onírico; e devemos esperar até que o inconsciente oculto, buscado, se instale por si mesmo.[67]

Pode-se compreender, então, que é indiferente o fato de muita ou pouca coisa ser lembrada do sonho, e também o grau de fidelidade ou de incerteza com que lembramos. Pois o sonho lembrado é sempre um substituto deformado do material original do sonho, e só a associação pode fazer com que nos aproximemos do material original.

Mas há algo que se opõe frontalmente à interpretação de um sonho, mesmo que seja feita por nós mesmos. As ideias que nos ocorrem, nós não permitimos que todas elas sejam levadas em consideração e colocamos sempre uma dessas quatro objeções: não, isso não vem ao caso, não tem cabimento aqui; isso é demasiadamente absurdo e sem sentido; isso não tem importância alguma; não, essa ideia é excessivamente desagradável para que eu a comunique. Repare-se que tais objeções são formulações denegatórias que vêm, através do uso da negação, reforçar o mecanismo do recalque, o qual, como mostrou Freud, é ele próprio constituído pela partícula negativa.

Se a regra da associação livre deve ser posta em ação quando estamos analisando o sonho de alguém, por outro lado pode-se ver que o sonhador cumpre mal essa regra. As objeções do sonhador constituem um efeito da resistência que se impõe quando um sonho é interpretado. Para tentar vencer essa resistência, não adianta buscar explicar teoricamente esses fatos, pois a resistência não depende da convicção teórica de quem sonhou. As objeções, cujo intuito de negar é evidente, são sempre indicativas de que as ideias em jogo são, invariavelmente, as mais importantes e mais decisivas em nossa busca de material inconsciente: "Na realidade, uma ideia acompanhar-se de uma objeção desse tipo é uma marca distintiva".[68] Essa observação não deixa de lembrar aquela outra expressa no artigo sobre a denegação, em que Freud afirma que o *não* da denegação é uma espécie de selo do recalque, como um carimbo de *made in Germany* que atesta que o recalque está sem dúvida alguma operando.[69]

Lembremos, nesse ponto, as duas condições principais inerentes à resistência: ela aumenta à medida que nos aproximamos do núcleo do recalcado, assim as objeções críticas indicam resistência e, logo, assinalam o elevado valor psíquico daquele material; e ela é sempre resistência à associação livre.

## O inconsciente e o infantil

Freud sempre chamou a atenção para algo que considera espantoso: a amnésia infantil, ou seja, o fato de que os primeiros anos da infância sucumbem ao esquecimento de modo quase absoluto. Nessa perspectiva, criou a noção de lembranças encobridoras, através das quais as lembranças infantis sofrem a ação do deslocamento, em que aquilo que é importante é deslocado para elementos sem importância. Nos sonhos, essas lembranças esquecidas da infância emergem espontaneamente: "Os sonhos têm à sua disposição o material esquecido dos primeiros anos da infância". Tais impressões não foram esquecidas, apenas eram inacessíveis e tinham formado parte do inconsciente. Esse é um aspecto arcaico dos sonhos, assim como o são a linguagem por imagens e as relações simbólicas que constituem um modo de elaboração onírica regressivo ou arcaico.[70]

Os sonhos revelam com frequência desejos maus originários do passado, como os de morte. Os desejos de eliminar alguém que se interponha em nosso caminho remontam à infância, em que o egoísmo enorme leva a impulsos de desejo de morte em relação inclusive aos parentes mais próximos. A criança ama os pais devido à dependência que tem em relação a eles; necessita deles e não pode dispensá-los: a criança aprendeu a amar no egoísmo.[71]

A comparação da atitude da criança para com os pais e os irmãos é ilustrativa disso. A criança odeia seus irmãos, que considera como rivais em relação ao amor dos pais, e as diferentes idades revelam alterações nesse comportamento.[72] Bernard Shaw faz rir ao falar dessa rivalidade da menina com a irmã e com a mãe também: "Via de regra, só existe uma pessoa que uma menina inglesa odeia mais do que a sua mãe; é a sua irmã mais velha".[73] Os sonhos revelam igualmente o desejo de eliminar o genitor do mesmo sexo, o que situa algo bastante interessante para que se entenda o inconsciente como o discurso do Outro: as crianças frequentemente, em sua atitude edipiana, reagem a um estímulo proveniente dos pais, que amiúde se deixam levar nas suas preferências pela diferença do sexo.[74]

Outro grupo de desejos oníricos é o dos desejos sexuais. São cinco as barreiras que se erguem no adulto contra eles: a da espécie, a da repugnância, a do incesto, a da homossexualidade e a da transferência do papel desempenhado pelos genitais para outros órgãos e áreas do corpo.[75] A criança pequena não possui essas barreiras, e elas se erguem gradualmente no decorrer do desenvolvimento e da educação: é nesse sentido precisamente que Freud denominou as crianças de "perversos polimorfos". Vê-se que o comparecimento desses desejos sexuais no sonho revela que os sonhos, também no campo da sexualidade, deram um passo atrás. Os desejos incestuosos são os que merecem maior destaque entre todos aqueles em relação aos quais as barreiras foram erguidas. Um exemplo da conjugação do desejo incestuoso com o desejo de morte é o caso de uma menina que se dirigiu à mãe solicitando sua aprovação: "Mamãe, quando você morrer eu vou me casar com o papai, tá?". Tudo isso leva Freud à conclusão de que, na vida mental, o que é inconsciente é também o que é infantil.[76]

O sonhador é, na verdade, duas pessoas: não só aquela que tem o desejo como também aquela que censura o desejo. Ele é um amálgama de duas pessoas separadas que estão ligadas por um forte elemento comum. Uma história engraçada narrada por Freud tem o mérito de, fazendo rir, revelar que os desejos são, no fundo, fonte de conflito e estão como que fadados à não realização — ou melhor, à realização apenas em sonho.[77] Trata-se da história do casal e dos três desejos: uma fada assegurou a um casal pobre a realização de seus três primeiros desejos. Um cheiro delicioso de linguiças fritas levou a mulher a desejar comê-las; furioso pelo desperdício, o marido desejou que as linguiças fossem dependuradas no nariz da mulher; o terceiro desejo não podia ser outro senão que as linguiças de desprendessem do nariz da esposa.

Existem ainda os sonhos de angústia, cuja característica é a realização indisfarçada de um desejo repudiado. A angústia é sinal de que o desejo recalcado se mostrou mais forte que a censura, e que o sonho levou a cabo sua realização de desejo apesar da censura. A angústia que emerge nos sonhos decorre da força revelada por esses desejos normalmente sob controle. Os desejos "maus" se tornam ativos durante a noite porque há uma redução da censura e uma paralisação de nossa capacidade motora.

Assim, pode-se mapear a relação do desejo com diferentes tipos de sonhos do seguinte modo:

Sonho infantil: realização franca de um desejo permitido.
Sonho deformado: realização disfarçada de um desejo recalcado.
Sonho de angústia: realização franca de um desejo recalcado.

Freud vai estabelecer algo extremamente importante quando afirma que a realização de desejo é a única característica invariável do sonho. Quando aparece uma punição no sonho, trata-se da realização de desejo de punição, e quem tem esse desejo é a "outra" pessoa, aquela que censura.

## Condensação, deslocamento, imagem

A deformação onírica é o que faz com que um sonho pareça estranho e ininteligível. Essa deformação opera a favor da resistência: "A resistência à interpretação é apenas a efetivação da censura dos sonhos".[78] A censura pode se dar por omissão, caso em que o sonho apresenta lacunas e sua narração é interrompida por murmúrios; a natureza censurável dessas passagens constitui o motivo de sua supressão, tal como na censura de imprensa. Ou pode ser por modificação e por novo agrupamento do material, com o deslocamento da ênfase, que é um dos principais instrumentos da deformação onírica e é o que confere estranheza ao sonho.

O trabalho que transforma o sonho latente no sonho manifesto se chama elaboração onírica. Já o trabalho que opera no sentido oposto, que intenta chegar ao sonho latente a partir do manifesto, é o trabalho interpretativo, que procura decifrar a elaboração onírica. (Não se trata, aqui, repito, da elaboração onírica dos sonhos infantis, nos quais reconhecemos nítidas realizações de desejos, que não requerem interpretação, pois houve neles a transformação do desejo em experiência real e os pensamentos foram transformados em imagens visuais.)

A primeira tarefa da elaboração onírica é a condensação: é impressionante como o conteúdo latente do sonho é sempre maior que o conteúdo manifesto do sonho. Nunca encontramos um sonho manifesto com extensão maior do que o sonho latente. A condensação se realiza do seguinte modo: 1) determinados elementos latentes são totalmente omitidos; 2) apenas um fragmento de alguns complexos do sonho latente transparece no sonho manifesto; e 3) certos elementos latentes, que têm algo em comum, se combinam e se fundem em uma só unidade no sonho manifesto. Essa é a condensação propriamente dita. Ela se assemelha às fotografias analógicas compostas, quando diversas fotos eram batidas sobre uma mesma chapa. A estrutura composta dá ênfase a algo que as pessoas têm em comum. Por exemplo, o analisando narra ter sonhado com seu pai, mas salienta que ele estava com barba. Essa barba, prossegue ele associando, lembra a barba daquele amigo V. Trata-se, portanto, de uma figura compósita que condensa o pai e o amigo por meio de um denominador comum, para expressar algo.

Isso é o mesmo que ocorre em alguns lapsos, nos quais há um acavalamento de duas palavras produzindo uma terceira que condensa neologicamente as significações. Também a alteração na pronúncia pode ser efeito desse acavalamento: um analisando que ia dizer toxicômano e disse toxico*mano*, com ênfase na penúltima sílaba, e se deu conta de que os antigos amigos, verdadeiros irmãos, se encaminharam todos para as drogas, o que lhe causava grande pesar.

A elaboração onírica "procura condensar dois pensamentos diferentes buscando (como um chiste) uma palavra ambígua ou mesmo multívoca, na qual os dois pensamentos possam se juntar".[79] A condensação parece ser mais efeito de um fator econômico do que efeito da censura, embora a censura lucre com ela. A relação que os elementos do conteúdo latente e manifesto mantêm entre si é complexa, e pode ser um relacionamento ricamente intercruzado: um conteúdo manifesto pode estar associado a vários conteúdos latentes, assim como diversos conteúdos manifestos podem se relacionar a um conteúdo latente.

A segunda realização da elaboração onírica é o *deslocamento*, que é inteiramente obra da censura. Ele se manifesta de duas maneiras: 1) o elemento latente é substituído por uma alusão (da qual os chistes fazem igualmente uso); 2) a ênfase psíquica é mudada de um elemento importante para outro sem importância, de modo que o sonho aparece descentrado e estranho: "Numa aldeia havia um ferreiro que cometera um crime capital. O júri decidiu que o crime devia ser punido; porém, como aquele era o único ferreiro na aldeia e era indispensável, e como, por outro lado, lá viviam três alfaiates, um destes foi enforcado em seu lugar".[80]

A terceira e mais surpreendente realização da elaboração onírica é a transformação de pensamentos em imagens visuais, quando ocorre a mudança da escrita alfabética para a escrita pictográfica. Essa transformação é a fonte principal de desvio da atenção do intérprete, que, ao se interessar pela imagem, se afasta da verdade inerente ao relato significante do sonho. Como no dizer de Lacan que mencionamos, uma imagem bloqueia sempre a verdade.

A dificuldade maior da elaboração onírica é a de representar as relações entre pensamentos. A forma dos sonhos é o que vai expressar várias coisas nesse sentido. Tem-se o caso em que os sonhos constroem uma narrativa do fim para o começo. A maneira de tratar os contrários é igualmente significativa e se relaciona com a questão central da significação antitética das palavras:[81] os contrários são tratados do mesmo modo que as semelhanças e existe uma especial preferência por expressá-los pelo mesmo elemento manifesto.[82] A ordem dos sons numa palavra também pode ser invertida e conservar a mesma significação.[83]

Ocorre igualmente a inversão das situações, em que o segundo elemento de uma situação aparece primeiro. Há sonhos que devem ser interpretados de trás para a frente, pois a inversão foi absoluta. Exemplos: entrar na água é como dar à luz ou nascer; subir uma escada é o mesmo que descê-la.

Na elaboração onírica, trata-se de transformar os pensamentos latentes, que são expressos em palavras, em imagens sensoriais, a maioria na forma de imagens visuais. Nossos pensamentos surgem de imagens sensoriais e primeiro temos as imagens mnêmicas dessas imagens sensoriais; depois, as imagens mnêmicas são vinculadas a palavras e estas, a pensamentos. Assim, a elaboração onírica submete os pensamentos a um tratamento regressivo e desfaz sua evolução. E, no decorrer da regressão, tem de ser eliminado tudo o que foi acrescido como aquisição nova no processo de evolução das imagens mnêmicas para pensamentos. As palavras são a ligação, os intermediários entre as impressões sensoriais e os pensamentos. E há ainda a chamada elaboração secundária, cuja função é conferir um aspecto de unidade, além de maior ou menor coerência, aos produtos primários da elaboração onírica.[84]

Impressões sensoriais $\longrightarrow$ Palavras $\longrightarrow$ Pensamentos

$\longleftarrow$——————————————— Elaboração onírica

Em resumo, a elaboração onírica se compõe de: condensação, deslocamento, representação em forma plástica (transformação regressiva do pensamento em imagem) e elaboração secundária. Freud indica nesse ponto uma vez mais a suprema importância da articulação entre inconsciente e linguagem, que será a trilha percorrida por Lacan: "E os senhores podem constatar, uma vez mais, a partir das comparações com a elaboração onírica, as conexões que se revelaram entre os estudos psicanalíticos e outros campos do conhecimento — especialmente os referentes à evolução da linguagem e do pensamento".[85]

Será por essa via de exploração da relação entre inconsciente e linguagem, do "inconsciente estruturado como linguagem", que Lacan realizará uma de suas maiores contribuições à teoria psicanalítica, que abordaremos no próximo capítulo. Antes disso, precisamos tomar conhecimento de um ponto crucial levantado pela interpretação dos sonhos na psicanálise: a questão do simbolismo onírico, que agitou a comunidade psicanalítica nos anos 1910 e suscitou uma longa e importantíssima discussão.

Octave Mannoni forneceu um exemplo luminoso que ilustra a questão da relação geral da interpretação psicanalítica com o saber teórico da psicanálise. Certa vez, numa viagem à Argentina, um psicanalista em supervisão com ele, ao expor um caso clínico, contou-lhe uma interpretação que havia feito à sua paciente com base numa observação teórica. Quando Mannoni comentou que não via no que a observação poderia ser útil para a analisanda, o jovem supervisionando afirmou, muito surpreso: "Mas foi exatamente isso que ela me disse!". Mannoni acrescentou com muita pertinência que, de fato, pode-se constatar que essa paciente já havia supervisionado seu psicanalista, e que uma supervisão dada pelo paciente pode acontecer frequentemente, cabendo ao analista saber aproveitá-la. Para Lacan, igualmente, a interpretação do psicanalista não deve utilizar categorias analíticas, nem se pautar no saber teórico, mas sim se basear o mais possível nas palavras do analisando. Somente dessa maneira ela evita se transformar naquilo que Freud denominou de análise selvagem, ou seja, a utilização do saber analítico destituído da ética inerente a seu método.[86]

### A querela sobre o simbolismo: de Freud...

Um aspecto fundamental da especificidade da interpretação psicanalítica diz respeito à relação que ela mantém com a teoria da psicanálise, isto é, com a psicanálise como um saber. Esse aspecto levanta o amplo problema, tematizado por Freud em *A interpretação dos sonhos*, do simbolismo nos sonhos, que abordamos sucintamente no primeiro volume desta tetralogia[87] e cujo estudo aprofundaremos aqui, uma vez que todo um encadeamento de questionamentos quanto ao simbolismo se apresentou nos primórdios da história da psicanálise.

Não é difícil constatar que, em *A interpretação dos sonhos*, Freud fornece os elementos essenciais para a concepção da interpretação tão veementemente defendida por Lacan. Considerado pelo próprio Freud como um livro de leitura difícil, *A interpretação dos sonhos* é um trabalho cuja extensão requer fôlego para ser abordado. Como ressalta James Strachey em sua introdução à edição inglesa da obra, ela é um dos títulos que Freud manteve mais ou menos sistematicamente "atualizados" à medida que foram passando por edições sucessivas, assim como os *Três ensaios sobre a teoria da sexualidade*. Mas foi apenas em 1914, na quarta edição, na vigência de seu confronto com Jung, que Freud acrescentou a seção sobre o simbolismo nos sonhos.

Freud fornece elementos bastante elucidativos sobre a questão do simbolismo, que suscitou amplas discussões entre seus discípulos. Afirmando que "o simbolismo é, talvez, o capítulo mais assombroso da doutrina do sonho", ele nomeia de "relação simbólica" a relação constante mantida entre um elemento onírico e sua tradução, e chama esse elemento onírico de "símbolo" do pensamento inconsciente. Mas adverte que, por representarem relações constantes, os símbolos como que realizam o ideal popular da interpretação dos sonhos, e também o ideal da Antiguidade, do qual nos "afastamos muito por nossa técnica".[88]

Salientando uma vez mais que "a interpretação baseada no conhecimento dos símbolos não é uma técnica que possa substituir a técnica associativa", Freud pondera que a primeira pode apenas complementar a segunda e que somente se for enxertada dentro desta pode produzir resultados. A representação simbólica nos sonhos está limitada aos seguintes elementos: a casa, os pais, os filhos e irmãos, o nascimento, a morte, a nudez e, finalmente, o sexo.

É impressionante a plasticidade do termo "símbolo" e seus derivados — "simbólico", "simbolismo", "simbolização" — na história da psicanálise. Do grego *sym-bolon*, jogar junto, esse termo percorre um trajeto na psicanálise que vai de Freud a Lacan, passando por Stekel, Jung, Ferenczi e Jones. Desde os *Estudos sobre a histeria,* Freud já falava da simbolização como um processo inerente ao tratamento pela palavra, a *talking cure.* Se Jung introduziu a noção de *simbólica*, para designar a universalidade de símbolos inconscientes, Lacan por sua vez concebeu, a partir de Lévi-Strauss, a categoria do simbólico, como um dos três registros que são habitados pelo sujeito falante. Vamos percorrer pontualmente o trajeto efetivado pela questão do simbolismo, para indicar nele um dos problemas mais fascinantes e complexos da teoria e da clínica psicanalíticas.

O problema do simbolismo dos sonhos é capital para conceber o que é a interpretação na psicanálise, e é preciso dizer que sua resolução só foi possível com os estudos da obra de Ferdinand de Saussure empreendidos por Lacan, que culminaram na elaboração da teoria do significante. Antes dela, vemos que os analistas tateavam para tentar explicar as diferenças entre o simbolismo chamado por Freud de típico, isto é, aquele que apresenta uma dimensão geral independente do sujeito, e o simbolismo individual, dependente estritamente das motivações pessoais e inconscientes. Ella Sharpe, por exemplo, considerada por Lacan como muito brilhante,[89] chegou bem perto da ideia do significante ao afirmar com bastante precisão:

O principal método de deformar os pensamentos oníricos é realizado pelo simbolismo. A diferença entre o simbolismo geral para o qual chamei atenção nas figuras de retórica e o simbolismo no sentido estrito da palavra tal como é empregada na teoria psicanalítica, é que, na última, um dos termos da equação se encontra na mente inconsciente. Um símile diz francamente que isto é como aquilo, uma metáfora é uma identificação de duas coisas conhecidas, mas, para compreender o verdadeiro simbolismo do inconsciente, tem-se de descobrir o equivalente recalcado.[90]

A formação do símbolo se dá numa única direção, partindo do inconsciente, onde o símbolo representa o elemento recalcado.

### ... a Stekel...

Freud se reunia semanalmente na sala de espera de seu consultório na Berggasse 19, em Viena, com seus primeiros alunos para discutir temas psicanalíticos. A cada encontro, os nomes dos participantes eram colocados num recipiente para que fosse sorteado o orador da noite, com a exceção de que, quando alguém participava pela primeira vez, era ele quem deveria se pronunciar. A este era vedado ler anotações, devia falar livremente. Em geral, todos os participantes comentavam a exposição que ouviam e apenas ao final Freud, que ficava sentado junto a uma mesinha de canto onde brincava com cartas de tarô, fazia seus comentários, frequentemente críticos.

Na reunião de 2 de novembro de 1910, Wilhelm Stekel anunciou a iminente publicação de seu livro *A linguagem dos sonhos*. Na reunião de 1º de março de 1911, em que fez uma exposição de seu "Contribuições à teoria do sonho", Freud se opôs à generalização injustificada de Stekel, segundo a qual todo símbolo é bissexual, e ponderou de modo incisivo: "Não se pode exigir que a fachada do sonho também tenha um sentido, como faz Stekel; isso contradiz completamente nossas concepções de base a respeito do sonho".[91] Uma semana depois, Freud solicitou que uma reunião fosse marcada em breve para uma discussão do livro de Stekel. Isso aconteceu em 26 de abril, e a conversação sobre os textos de Stekel a respeito do simbolismo dos sonhos acabaria levando à sua saída da sociedade.

De fato, é bastante significativo que Stekel abra seu livro de mais de seiscentas páginas com um capítulo sobre o simbolismo dos sonhos. Por um lado, ele reafirma a novidade da interpretação dos sonhos entronizada por Freud na experiência analítica a partir da associação livre do sonhador; por outro, ele se insurge contra essa regra ao postular:

> Mas às vezes, a associação resiste a surgir. Por motivos de resistência interna, nada ocorre ao sonhador. Para sair desse impasse, dispomos da linguagem onírica e dos simbolismos. Nesse ponto, minhas investigações se distanciam das de Freud. Ele coloca o peso máximo sobre o material acumulado por trás da fase manifesta do sonho. Tratei de demonstrar que o conteúdo onírico manifesto revela o mais importante do conteúdo, da ideia onírica latente.[92]

E conclui expressando com todas as letras o quanto seu afastamento da regra freudiana o ejetou, aparentemente sem que ele se desse conta disso, para fora do enquadre psicanalítico: "Consegui tornar a interpretação dos sonhos independente da vontade do sonhador".

Freud, que escrevera uma resenha do livro de Stekel, mas não a publicou, foi taxativo em seu comentário:

> Stekel não soube observar os limites, em particular no domínio do simbolismo, que veio se acrescentar à interpretação dos sonhos. Nem todos os sonhos exigem a aplicação do simbolismo e muitos dentre eles podem ser resolvidos com uma parte modesta de simbolismo. A aplicação exclusiva do simbolismo tornou a interpretação dos sonhos incerta e superficial. Mas isso está ligado ao fato de que Stekel superestima o conteúdo manifesto do sonho.[93]

## ... a Jung e Ferenczi...

Em 1912, Jung escreveu o artigo "Metamorfoses e símbolos da libido", que acabaria por desencadear a ruptura com Freud, no qual ele propunha que a libido fosse considerada numa dimensão que descaracterizava seu fundamento sexual e, consequentemente — como o próprio título do ensaio promete —, alterava a noção freudiana de símbolo onírico, que assim perdia seu enraizamento na sexualidade. A correspondência entre Freud e seu discípulo dá mostras de como essa querela envolveu de modo integral o destino das relações entre eles. A história desse episódio é, por si só, bastante instrutiva.

Sándor Ferenczi foi o primeiro a fazer uma crítica frontal ao texto de Jung, em seu artigo "Crítica de *Metamorfoses e símbolos da libido*, de Jung", de 1913,[94] e a situar com precisão os enganos cometidos, "criticando esse livro exclusivamente de um ponto de vista psicanalítico, detendo-nos sobretudo naquelas teses que pretendem opor às nossas concepções psicanalíticas atuais novas e melhores maneiras de ver".[95] Ferenczi argumenta que Jung se equivoca ao inverter o método psicanalítico que elucida problemas históricos e mitológicos valendo-se de conhecimentos psicanalíticos e, ao contrário, resolver "problemas da psicologia individual com a ajuda de materiais históricos".[96] Ao analisar as fantasias de miss Frank Miller publicadas em 1906, Jung estabeleceu engenhosas interpretações que, contudo, "permanecem vagas e pouco seguras, sendo impossível que, nessas condições, ele chegue a convencer alguém da utilidade de seus métodos de interpretação".[97]

A exata compreensão do que é um símbolo para a psicanálise se impõe aqui, pois nem tudo o que se encontra no lugar de outra coisa é um símbolo. No sentido psicanalítico, o símbolo surge quando "a censura recalca no inconsciente a significação primitiva da comparação".[98] O exemplo de Ferenczi é simples e preciso: "É por isso que um campanário poderá 'simbolizar' o falo, uma vez realizado o recalcamento, mas o falo jamais simbolizará um campanário".[99] Ora, a hipótese que Jung desenvolve em seu longo estudo é de que "não é o instinto sexual, mas uma energia em si indiferente, que leva à formação de símbolos: luz, fogo, sol etc.".[100] Assim a noção freudiana de símbolo, que implica o recalque de algum elemento sexual, se acha obscurecida por algo bastante vago.

Não se deve esquecer que Jung afirma, logo na introdução de seu artigo, se apoiar no ensaio freudiano sobre Leonardo, publicado dois anos antes, para "ampliar a análise dos problemas individuais pelo acréscimo de material histórico, que Freud já tentou em seu trabalho sobre Leonardo da Vinci".[101] Ele não explicita que elemento lhe forneceu ensejo para isso, mas pode-se supor, com boa margem de exatidão, que tenha sido estimulado a isso pela divagação feita por Freud, em determinado ponto do ensaio, em torno da mitologia egípcia; contudo, Freud revela ali uma grande cautela quanto a seu uso: "Neste ponto surge em nossa mente um pensamento vindo de tão longe que somos quase tentados a pô-lo de lado. Nos hieróglifos do antigo Egito a mãe era representada pela imagem de um abutre".[102] Sabemos como esse elemento de sua interpretação deu margem às críticas eruditas, que revelaram que o termo usado por Leonardo da Vinci em sua anotação da lembrança de infância foi *nibio*, que em italiano significa milhafre e não abutre, como adotado pelos tradutores das versões lidas por Freud.

O que importa discernir é que Jung parece ter visto nessa passagem de Freud um salvo-conduto para se debruçar intensamente sobre a mitologia e a história das religiões e construir sua teoria da simbólica inconsciente. Ele inverteu totalmente, assim, o procedimento freudiano: onde Freud se manifesta cuidadoso e tateante, é ali que Jung se revelará afirmativo e conclusivo: "Assim como os conhecimentos psicológicos facilitam a compreensão de acontecimentos históricos, inversamente também fatos históricos podem lançar nova luz sobre conjunturas psicológicas individuais".[103] Como ressaltou Elisabeth Roudinesco, as duas teses de Freud e Jung eram incompatíveis: "Enquanto Freud reinterpretava os mitos à luz da psicanálise, Jung via nas mitologias a expressão de um inconsciente arcaico característico de cada povo e forjador de tipos psicológicos".[104]

Freud pareceu inicialmente aceitar de bom grado as inovações junguianas e fez até mesmo um especial elogio a ele na primeira versão da "Introdução" a *Totem e tabu*, publicada em 1912 na revista *Imago*, ao falar de um paralelo entre o desenvolvimento ontogenético e o desenvolvimento filogenético da vida psíquica:

Foi uma ocasião memorável quando, num encontro científico privado, C.G. Jung nos fez saber, por intermédio de um de seus alunos, que as criações

fantasiosas de determinados doentes mentais (*dementia praecox*) se asseme-
lhavam, de maneira muito surpreendente, às cosmogonias mitológicas de
povos antigos, acerca das quais era impossível que esses doentes incultos
tivessem recebido informações científicas.[105]

Contudo, essa introdução foi retirada e substituída por um prefácio
quando a obra foi publicada, em setembro de 1913, e a ruptura com Jung
já se configurava definitiva. Além disso, Freud acrescenta imediatamente
à edição de 1914 de sua *Interpretação dos sonhos* comentários críticos sobre
a versão junguiana do simbolismo. Como resumiria Lacan, a noção de
arquétipo entronizada por Jung "equivale a fazer do símbolo o florescimento da alma".[106]

## ... até Jones e Lacan

Em 1916, movido por essa querela explosiva em torno de uma questão
crucial, Ernest Jones escreve um longo ensaio intitulado "A teoria do simbolismo" para tentar ao mesmo tempo criticar a obra de Jung mencionada
e produzir uma teoria consistente sobre o simbolismo na psicanálise.

Para Jones, o "verdadeiro simbolismo", no qual se trata de realizar a
comparação entre duas ideias estrangeiras, deve ser distinguido das outras
formas de representação indireta, e sua função consiste essencialmente em
vencer uma inibição que se impõe à livre expressão de um sentimento-
-ideia. Como Freud, ele considera que os símbolos não são numerosos e se
referem sempre ao próprio sujeito, aos parentes próximos, ao nascimento,
amor e morte. As imagens se tornam simbólicas apenas quando um dos
termos de comparação está recalcado no inconsciente. O texto se encerra
com uma comparação entre a metáfora e o simbolismo.[107]

Em "O simbólico, o imaginário e o real", sua conferência-piloto de
1953, Jacques Lacan, ao lançar os germes de sua macroteoria sobre o real,
o simbólico e o imaginário, introduz o registro do simbólico falando da
noção estrutural e existencial da significação do símbolo e se referindo ao

exemplo do *Fort-Da* como aquele que permite entender a definição hege-
liana de que "o conceito é o tempo": "O símbolo do objeto é o objeto-aí.
Quando ele não está mais aí, é o objeto encarnado em sua duração, sepa-
rado de si próprio e que, por isso mesmo, pode estar de certa forma sempre
presente para você, sempre ali, sempre à sua disposição". Para Lacan, há
uma relação entre o que é humano e o que é conservado como tal: "Quanto
mais humano, mais preservado do lado movediço e descompensante do
processo natural. O homem faz subsistir em uma certa permanência tudo o
que durou como humano, e, antes de tudo, ele próprio".[108] Assim, o exemplo que torna mais clara essa dimensão do símbolo é a lápide, ou qualquer
outro sinal de sepultura, a qual sustenta o fato de que aquela vida durou.

Nessa conferência, em que pergunta no início, de modo significativo,
"O que é a fala, isto é, o símbolo?", Lacan se refere ao ensaio de Jones, que
catalogou os símbolos encontrados nas raízes da experiência analítica e
que constituem elementos que não têm nada a ver com a realidade. O
símbolo não é elaborado nem pela sensação nem pela realidade: "A criação dos símbolos realiza a introdução de uma realidade nova na realidade
animal".[109] Em seu discurso de Roma, comentando novamente o artigo de
Jones, Lacan sublinha que "o analista pode jogar com o poder do símbolo,
evocando-o deliberadamente nas ressonâncias semânticas de suas coloca-
ções",[110] o que significaria renovar a técnica da interpretação através do
uso dos efeitos simbólicos.

Após a morte de Ernest Jones, em 1958, Lacan retoma uma vez mais
a mesma problemática e, em sua homenagem, redige um ensaio sobre
sua teoria do simbolismo, que será publicado em 1960. Ao fazer a crítica
incisiva do ensaio de Jones, ele parece repetir o mesmo gesto de Ferenczi
em relação aos desvios de Jung. Contudo, com a referência à metáfora Jones deu um passo que o situou entre Freud e Lacan, que trouxe à questão
um contorno consistente com a construção da lógica do significante e da
ordem simbólica.

Para encerrar, lembremos a maneira pela qual Freud se refere à interpretação como uma arte, como "um trabalho que não pode ser submetido a
regras estritas e deixa uma grande margem de manobra ao tato e à perícia

do médico".[111] Uma arte que consiste em fazer seu saber funcionar em termos de verdade — que é o que se espera dele — e, por isso, reservar sua fala ao semidizer. A interpretação do analista é em sua essência uma arte porque se vale do saber da ciência psicanalítica, mas faz de seus principais ensinamentos a ocasião para suportar a emergência do não-sabido do inconsciente. Articular a ciência da psicanálise com a arte do psicanalista é o que constitui o trabalho diário do psicanalista em seu laboratório.

## Breve cronologia instrutiva:

1910  Freud publica "Leonardo da Vinci e uma lembrança de sua infância".

1911  Stekel publica *A linguagem dos sonhos*.

1912  Jung publica "Metamorfoses e símbolos da libido". Freud publica a primeira versão do primeiro ensaio de "Totem e tabu". Stekel se demite da Sociedade de Viena.

1913  Sándor Ferenczi publica "Crítica de *Metamorfoses e símbolos da libido*, de Jung".

1914  Freud inclui acréscimo à *A interpretação dos sonhos* em resposta à obra de Jung.

1916  Ernest Jones publica "Teoria do simbolismo".

1951  Jacques Lacan publica "Sobre a teoria do simbolismo de Ernest Jones".

# 3. Lacan: R.S.I. e a interpretação

> Um saber como verdade – isto define o que deve ser
> a estrutura do que se chama interpretação.
>
> Jacques Lacan

UMA DAS MAIS INTERESSANTES DIMENSÕES teóricas para o estudo da interpretação é a articulação entre linguagem e inconsciente. Ao tratar da ambiguidade presente nos sonhos, Freud observa que sistemas primitivos de expressão, como as escritas semítica, hieroglífica e cuneiforme persa, e mesmo uma língua antiga que ainda existe hoje, como o mandarim, apesar de apresentarem imprecisões, nem por isso são cheias de ambiguidades. Se isso acontece, é porque esses idiomas e escritas antigos "destinam-se, fundamentalmente, à comunicação, isto é, por qualquer método e recurso destinam-se a serem compreendidos".[1] Mas essa característica está ausente nos sonhos, pois um sonho não pretende dizer nada a ninguém e destina-se a permanecer incompreendido. Freud nos assegura que, por essa razão, "não devemos nos surpreender ou ficar perplexos ao verificarmos que permanecem sem solução numerosas ambiguidades e obscuridades dos sonhos".[2]

## Homofonias, ambiguidades, obscuridades

Considerando os sonhos como fenômenos próprios, produto e comunicação de quem sonha, mas comunicações que não entendemos, Freud levanta a seguinte questão: "O que fazem os senhores se lhes comunico algo ininteligível? Os senhores me farão perguntas, não é mesmo? Por que não faríamos a mesma coisa com a pessoa que sonhou — questioná-la sobre o que o seu sonho significa?".[3] Trata-se aqui de uma forma simples de evidenciar que os elementos que permitem a interpretação dos sonhos provêm das associações feitas pelo sonhador.

Mas a interpretação do sonho é algo que tem limites acentuados; o próprio Freud nos adverte quanto a isso. Além de o trabalho do sonho exibir uma "perícia" inigualável na descoberta permanente de formas de expressão capazes de abrigar diversos sentidos, ele enuncia algo que merece o maior destaque: "De fato, não é fácil ter uma concepção da abundância das cadeias inconscientes de pensamento ativas em nosso psiquismo, todas lutando por encontrar expressão".[4] Além disso, como vimos, o sonho apresenta um ponto no qual um emaranhado de pensamentos oníricos não se deixa desenredar, e Freud chama esse ponto de "umbigo do sonho".

Um despretensioso embora instrutivo artigo escrito a seis mãos por Freud, Ferenczi e Tausk em 1913, intitulado "Observações e exemplos da prática psicanalítica", nos relembra mais uma vez a importância que Freud atribuía à interpretação dos sonhos. Dos doze exemplos que ele traz (Ferenczi aportara nove e Tausk, um), dez são sobre sonhos. A dimensão do significante é ali ressaltada quando o termo "capote", em alemão *Mantel*, é considerado um símbolo do homem nos sonhos femininos pela "homofonia das palavras".[5]

Com essa expressão usada por Freud — homofonia das palavras —, que pode servir para definir o que é o significante, podemos retomar as bases da interpretação dos sonhos a partir da teorização lacaniana. Primeiro ponto que é necessário repisar: Freud inaugura a técnica psicanalítica da interpretação dos sonhos, baseando-a não no saber do intérprete, tal como ocorria com os intérpretes de sonhos da Antiguidade, mas nas associações do próprio sonhador.[6] Como formulou Lacan, o inconsciente é um saber,[7] um saber que trabalha sem mestre, ou seja, que não pode ser escravizado ou dominado; um saber constituído pelos significantes e do qual o sujeito é o efeito. Assim como os sonhos, efeito do trabalho incessante do inconsciente, são um mecanismo de elaboração que, como o desejo onírico inconsciente, "estão imunes a qualquer influência externa".[8]

Ao mencionar diversas vezes ao longo de sua obra aquilo que denomina de "sabedoria da língua", Freud por sua vez já apontava para essa dimensão do inconsciente enquanto saber. Quanto ao sonhador, lembremos, Freud afirma que ele sabe o que seu sonho significa, apenas "não sabe que sabe, e por esse motivo, pensa que não sabe".[9] O psicanalista, por sua vez, é precisamente aquele que sabe que há saber inconsciente, que sabe que o sujeito sabe sem saber que sabe, e essa talvez seja uma forma simples e precisa de definir o desejo do analista, conforme formulado por Lacan, como o desejo de saber. Uma vez que a interpretação dos sonhos provém das associações do próprio sujeito que sonha, ela estará integralmente submetida à regra da associação livre: para ser percorrida, a via régia que conduz ao inconsciente não pode prescindir da associação livre. Freud definirá a arte da interpretação como a tarefa de "extrair do mineral bruto das ocorrências não deliberadas o metal puro dos pensamentos recalcados",[10] ou seja, extrair da fala submetida à associação livre os derivados do recalcado.

Segundo ponto a se sublinhar: a interpretação dos sonhos é realizada quase sempre por meio da "motivação individual", e não da "motivação típica". E aqui, mais uma vez, surge a importância da regra da associação livre, porque é dela, e apenas dela, que surgem as motivações individuais. Toda a questão do simbolismo dos sonhos se acha aqui localizada, e a querela entre Freud e seu discípulo Wilhelm Stekel orbitou, como vimos, em torno dessa problemática.[11]

Esse ponto é muito relevante porque toda a distinção teórica estabelecida por Lacan entre signo e significante é explicitada nessa dimensão teórico-clínica da análise dos sonhos. Se o significante é o que representa um sujeito para outro significante, o signo é, para Lacan (retomando os estudos de Charles S. Peirce sobre o signo), o que representa alguma coisa para alguém que o saiba ler. O signo é, por exemplo, o semáforo que, aqui ou em qualquer outro lugar, traduz universalmente as leis de trânsito para o motorista e o transeunte, ou seja, para pessoas que tenham sido informadas dessas convenções. Ou, por exemplo, o signo desempenha um papel importante na semiologia médica quando o aluno de medicina aprende os quatro sinais (*sinal* é o nome que recebe o signo no discurso médico) cardeais da inflamação: dor, calor, rubor e tumor. Em qualquer lugar do mundo, quando o paciente apresenta esses sinais, o diagnóstico de inflamação será feito sem hesitação. O médico estudou e aprendeu, ele é alguém que sabe ler esses sinais, da mesma forma que o motorista aprendeu a significação da sinalização do trânsito. Há uma dimensão do código essencialmente coletiva em jogo no estabelecimento da significação do signo. Com a diferença conceitual que estabelece entre signo e significante, Lacan produz uma teoria consistente para a distinção salientada por Freud entre as motivações típicas (de alguém que saiba ler os signos) e as motivações individuais dos sonhos (do sujeito).

Lacan sublinha que "os médicos tomam os sintomas como signos"[12] e, assim, a diferença entre os conceitos de signo, que ele pegou emprestado de Peirce, e de significante, adaptado a partir da teoria de Ferdinand de Saussure, é essencial para entender o que é a interpretação psicanalítica. A significação do signo é unívoca e comum a determinado grupo (alguém) que partilha aquele código (que o saiba ler). Já o significante está referido exclusivamente à singularidade do sujeito: ele é o que representa um sujeito para outro significante. Isso quer dizer que o significante não se situa numa dimensão de comunicação, mas sim de evocação. Ele se refere ao sujeito do inconsciente e, como tal, não comunica nada a ninguém, mas evoca a dimensão do desejo presente na fala. Daí Lacan concluir que "é para o sujeito que sua fala é uma mensagem, porque ela se produz no lugar do Outro".[13] Uma mensagem, acrescente-se, cifrada, e que por isso mesmo pede decifração.

Quanto aos elementos do sonho e do sintoma e à fala do analisando de maneira geral, estes não são signos, mas significantes, pois dizem respeito ao sujeito em jogo, apenas a ele e a mais ninguém. Somente suas associações ligadas a algum elemento discursivo podem outorgar a este sua significação inconsciente — o saber inconsciente. Assim, quando o analisando fala, ele acredita comunicar-se através de signos, mas o analista ouve significantes em sua fala. A análise "significantiza" os signos da fala do sujeito. Outra forma de afirmar o que dissemos anteriormente: o analista sempre ouve Outra coisa — o dizer — no que está sendo dito. Pois se a mensagem cifrada do sonho é feita paradoxalmente para o reconhecimento do desejo, isso significa que o desejo "só é captado na interpretação".[14]

## Representações intermediárias

Há em Freud uma sofisticada abordagem sobre como a fala se estrutura na ambiguidade, que ilumina de maneira consistente o modo pelo qual se dá a escuta da fala do analisando pelo analista. Lacan valorizou tais pontos cruciais da descoberta freudiana e explicitou que o sintoma participa da linguagem pela ambiguidade semântica, que revela "a importância do significante na localização da verdade analítica".[15] Trata-se da importância daquilo que Freud nomeou de representações intermediárias — verdadeira nomeação freudiana da estrutura ambígua do significante —, em particular na interpretação dos sonhos, que operam igualmente nas formações do inconsciente de uma maneira geral.

Na experiência clínica diária, não é tão frequente depararmos com elementos inconscientes emergindo de modo direto como acontece nos lapsos de linguagem ou nos atos falhos, que constituem verdadeiras irrupções abruptas do inconsciente na fala do sujeito. Comumente temos acesso a esses elementos inconscientes por meio das representações intermediárias, que revelam uma formação de compromisso, uma conciliação mais ou menos sutil[16] entre as representações-meta conscientes e aquelas inconscientes — ou seja, o próprio significante.

As representações-meta conscientes designam aquilo que o sujeito tem em mente, que ele almeja expressar em seu discurso quando fala, e as representações-meta inconscientes designam algo que, por outro lado, quer se expressar através do discurso do sujeito, à revelia dele mesmo, algo a que ele não tem acesso conscientemente. Trata-se do "isso fala — ça parle", assim denominado por Lacan, que salientou que o sujeito do inconsciente, antes de ser falante, é um ser falado.[17] O modo pelo qual tais representações intermediárias surgem está estreitamente vinculado à associação livre, uma vez que esta tem como maior objetivo a produção de derivados do recalcado. E o melhor exemplo da importância da escuta dos derivados do recalcado na clínica cotidiana são essas representações intermediárias. Elas consistem naquelas representações que veiculam a comunicação consciente, por um lado, mas que portam igualmente os significantes inconscientes em jogo na constelação simbólica do sujeito. Assim, através daquilo que o sujeito quer expressar, algo se expressa nele à sua revelia.

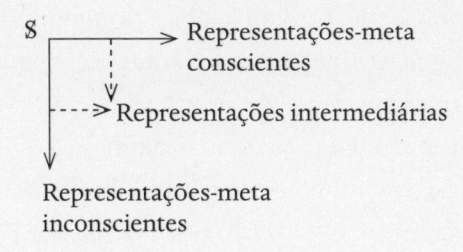

Um exemplo dessas representações intermediárias proveniente da clínica. Um analisando estava festejando uma grande realização profissional, pois construíra um condomínio e naquela semana faria a entrega das chaves aos felizes compradores das casas. Ao utilizar a expressão "entrega das chaves", algo soou ao analista como significante e ele interrogou essa expressão. O analisando nesse momento se detém e faz uma inesperada virada discursiva, lembrando-se de algo que lhe ocorrera. Por diversas vezes, devido a brigas com a mulher, que suspeitava estar sendo traída, o analisando saía de casa e ia para outro apartamento que eles mantinham. Passado algum tempo, tudo voltava ao normal e ele retornava ao apartamento do casal, que ambos haviam construído juntos e onde viviam há bastante tempo. Acontece que, naquela semana, algo novo ocorrera: a mulher lhe pedira as chaves do apartamento, algo que nunca tinha acontecido antes. Ela anunciou que não queria mais que ele ficasse com as chaves e, assim, pudesse entrar e sair quando bem entendesse. Tal mudança de atitude fazia o analisando crer que, dessa feita, a separação tinha adquirido um caráter muito mais grave e diferente das vezes anteriores, e que uma reconciliação se faria muito mais difícil. Sua mulher tinha manifestado, através do pedido de "entrega das chaves", uma decisão que o ameaçava com uma separação irreversível. O significante "entrega das chaves" é uma representação intermediária que se mostrou apta a expressar duas realidades bastante distintas, e mesmo antitéticas, daquele momento de sua vida — uma grande alegria e uma profunda tristeza, uma realização profissional e uma perda amorosa.

Assim, podemos concluir que não só o sonho como também as outras formações do inconsciente ensinam a lógica do significante e a estrutura do inconsciente-linguagem, ao salientar muitas vezes os étimos e os enraizamentos significantes inteiramente inconscientes para o sujeito — porém passíveis de serem apreendidos na escuta analítica.

Os extensos desenvolvimentos de Lacan sobre o inconsciente-linguagem visam expressamente extrair a lógica exibida por Freud do sintoma analítico, sobredeterminado por um duplo sentido, para dar à interpretação sua razão. Se, como postula Lacan, o sintoma se resolve por inteiro numa análise linguageira, por ser ele estruturado como uma linguagem cuja fala deve ser libertada, isso se dá porque Freud nos ensinou a "acompanhar no texto das associações livres a ramificação ascendente dessa linhagem simbólica, para nela detectar, nos pontos em que as formas verbais se cruzam novamente, os nós de sua estrutura".[18]

Em geral, não se avalia suficientemente a importância do receptor no processo de produção de significação. É o receptor que decide o sentido da fala do emissor, é ele que detém o poder de atribuir significação. Essa capacidade que o receptor tem de orientar, reorientar ou desorientar a significação pode ser evidenciada de múltiplas formas.

Marcel Duchamp introduziu no campo das artes a original ideia de que o artista realiza apenas cinquenta por cento da obra, cabendo ao espectador completá-la. Duchamp prova essa assertiva constatando a existência de artistas que só se tornam conhecidos como tal depois que morrem, como é o célebre caso de Van Gogh. Foi preciso que alguém visse suas telas como obras de arte para que elas de fato existissem como tais: "O ato criador não é executado pelo artista sozinho; o público estabelece o contato entre a obra de arte e o mundo exterior, decifrando e interpretando suas qualidades intrínsecas e, dessa forma, acrescenta sua contribuição ao ato criador. Isto torna-se ainda mais óbvio quando a posteridade dá o seu veredito final e, às vezes, reabilita artistas esquecidos".[19] Quanto ao analista, diz Lacan, ele se apossa "desse poder discricionário do ouvinte para elevá-lo a uma segunda potência",[20] qual seja, o reconhecimento da dimensão inconsciente do significante.

O poder do receptor aparece em outras situações e muitas vezes surpreende; por exemplo ao ser definido com precisão num campo inesperado, quando o jogador de futebol Neymar afirmou: "O passe só fica perfeito quando meu companheiro faz o gol". Quando uma mãe se dirige a seu bebezinho emitindo frases interrogativas, embora ele ainda não possa responder a elas, conforme foi revelado pelas pesquisas transculturais da psicolinguista Ruth Weir, ela está igualmente empoderando o bebê para exercer no futuro esse papel de receptor da mensagem que decide sobre sua significação.[21] O dispositivo do passe (e não é coincidência que o termo seja o mesmo usado no futebol) idealizado por Lacan é, no fundo, igualmente uma forma de estender o poder discricionário do ouvinte para além dos limites da relação analítica: um passante fala com um passador, que transmite ao júri o que ouviu do passante. O passador é um intermediário cujo poder de recepção exerce um poder de emissão igualmente importante, na medida em que se espera dele a transmissão do que ouviu do passante.

## "Significantizar" os signos

A interpretação dos sonhos sustentada por Freud, baseada nas associações do sonhador e não no saber do intérprete, é precisamente essa apreensão da função do significante em sua relação com o sujeito, relação que Lacan denomina, no *Seminário 17*, de relação fundamental do sujeito com o significante. O inconsciente é estruturado como uma linguagem, repete Lacan mil e uma vezes, para nos fazer ver a estrutura de linguagem que é preciso levar em conta para ter acesso ao inconsciente: "É o equívoco, a pluralidade de sentido que favorece a passagem do inconsciente no discurso".[22] Por isso, Roland Chemama observa que retomar a questão da interpretação a partir de Lacan é bastante útil, sobretudo porque foi este quem insistiu sobre o fato, antes dele não evidenciado, de que o inconsciente é estruturado como uma linguagem. Mais essencialmente ainda, Chemama pondera que "os problemas da técnica psicanalítica não nos conduzem ao empirismo das receitas, mas se articulam ao mesmo tempo à doutrina lacaniana do significante e à ética da análise".[23]

Em resumo, há duas maneiras diferentes de conceber a interpretação a partir do ensino de Lacan: uma metafórica e uma metonímica. A interpretação metafórica é aquela que consiste em dar sentido, em atribuir uma significação a uma determinada formação do inconsciente, como um sintoma, por exemplo. Esse tipo de interpretação constitui no fundo um fechamento do discurso e obstaculiza o prosseguimento deste, pois há nele sempre algo de estereotipado e de reducionista.

A interpretação metonímica diz respeito ao modo de direção do tratamento que tende a assegurar a possibilidade de um trabalho efetivo de associação, pontuando os significantes de modo que o sujeito venha a perceber aquilo que ele mesmo diz e não sabe que diz. Lacan é preciso a esse respeito ao afirmar que "o inconsciente é o que se diz", isto é, o inconsciente não está nem além nem aquém das palavras, mas exatamente nas palavras proferidas pelo sujeito e apenas nelas. Tomadas e articuladas como significantes, as palavras revelam seus enraizamentos inconscientes.

Surge aqui a questão de saber como estabelecer uma relação entre a interpretação e a verdade, já que 1) o significado, de acordo com essa segunda concepção, encontra-se relegado a um plano inteiramente secundário; 2) nem tudo no discurso se equivale, o que permite que se dê ênfase maior ao inconsciente, por exemplo, do que às defesas.

Lacan, no *Seminário 11*, tratará dessa questão e afirmará que a interpretação "inverte a relação que faz com que o significante tenha por efeito, na linguagem, o significado. Ela tem por efeito fazer surgir um significante irredutível". Mas o que seria esse significante irredutível? Ao mencioná-lo, Lacan cita o famoso exemplo do "Poordjeli", apresentado por Serge Leclaire em seu livro *Psicanalisar* como uma "zona matricial da vida psíquica em que a significação se funde, por um instante, em uma fórmula literal, réplica secreta do nome próprio, sigla do inconsciente".[24] Os significantes irredutíveis são precisamente aqueles que mostram que a interpretação tem uma orientação, que ela não é qualquer uma.

A interpretação não consiste em dar um sentido a uma determinada formação do inconsciente, mas sim em reintroduzir o equilíbrio, o duplo sentido, ali onde a formação parecia depender de uma única significação. Nesse sentido, a interpretação não acrescenta nenhuma significação, mas sim as reúne. Dito de outro modo, a interpretação apõe o selo do significante às significações. Poder-se-ia dizer, igualmente, que a interpretação significantiza os signos da fala do analisando. Um exemplo desse duplo sentido surge na fala de uma analisanda que, ao elaborar longamente em suas sessões a relação conflituosa com a mãe, diz num determinado momento a seguinte frase: "Sinto que eu devo meu fracasso à minha mãe". O duplo sentido presente nesse dito permitiu à analisanda investigar uma dimensão para além da mera culpabilização que dirigia inicialmente à mãe e deparar com uma participação própria, ativa, no fracasso de que tanto se queixava.

Outros dois exemplos transmitem como a escuta analítica tem o poder de significantizar os signos da fala do sujeito: A., ao narrar que quando era pequena tinha muita vergonha porque ficava excitada com os homens e eles a olhavam achando seus olhos bonitos, afirmou que "não olhava os homens direito", querendo dizer que não conseguia encará-los ou algo parecido. Quando ela disse isso, porém, o analista apenas repetiu, como Sancho Pança a Dom Quixote, sua frase: "'Não olhar os homens direito' tem também outro sentido...", e ela completou rapidamente: "Sim! De não olhar os homens direito e de ver que eles não servem para mim!". A intervenção do analista decorreu de a analisanda sempre se queixar, inclusive um pouco antes na mesma sessão, de não conseguir escolher um homem à altura dela. Ainda outro exemplo: L., trazendo o caso de uma paciente sua à sessão, diz que é muito difícil atender essa paciente, alguém que se queixa sempre de muita dor. E completa: "Sua dor desperta a vontade de fazer alguma coisa por ela". A expressão "fazer alguma coisa por alguém" apresenta uma ambiguidade interessante, pois pode significar "ajudar" mas também fazer algo no lugar dessa pessoa... E era esse o ponto em questão para essa analisanda.

## Alusão e pontuação

Com a lógica do significante, Lacan trouxe elementos precisos para que a interpretação psicanalítica não recaísse num processo de psicologização objetivante. Na falta dessa lógica, certas noções, como a de material e de conteúdo, implicaram, para os pós-freudianos, a busca de uma interpretação baseada no significado e não no significante. Afirma Lacan na terceira seção de "Função e campo da fala e da linguagem em psicanálise": "Reconduzir a experiência psicanalítica à fala e à linguagem, como a seus fundamentos, interessa sua técnica. Se ela não se insere no inefável, descobre-se o deslizamento que se operou, sempre em sentido único, afastando a interpretação de seu princípio".[25] Esse princípio da interpretação reside em escutar, na fala do analisando e em nenhum outro lugar, a emergência dos significantes inconscientes que portam a verdade subjetiva.

Quando Lacan se refere à "virtude alusiva da interpretação", ele menciona a última tela de Leonardo da Vinci, realizada dois anos antes de ele morrer, na qual vemos São João com um dedo erguido, que apenas aponta para o alto.[26] A interpretação é, nesse sentido, um apontamento, e, assim como o dedo de São João, ela indica outra parte, mais-além daquilo que é passível de ser visto na imagem da própria tela. É digno de nota que o verbo alemão *deuten*, interpretar, segundo o dicionário Duden, significa "indicar alguma coisa com o dedo".[27]

Ainda em "Função e campo…", Lacan afirma que "a interpretação em psicanálise pode ser uma pontuação". Ao analista, cabe pontuar a dialética do discurso do sujeito e, para que o analista não venha a incentivar uma rotina na qual o sujeito poderá se ocultar — particularmente o obsessivo, com seu sentimento penoso de trabalho forçado que envolve até seus lazeres —, ela pode ser associada à escansão da sessão, para que a suspensão da sessão seja "experimentada pelo sujeito como uma pontuação em seu progresso".[28]

É a pontuação que decide sobre o sentido do discurso. Lacan refere-se às escrituras simbólicas, a Bíblia ou os textos canônicos chineses, nos quais a ausência de pontuação permanece como uma fonte renovada de ambiguidade e de reinterpretação possível: "A pontuação colocada fixa o sentido, sua mudança o transforma ou o transtorna, e, errada, equivale a alterá-lo".[29]

Pode-se supor que o discurso do neurótico é um discurso mal pontuado e o do psicótico, um texto sem pontuação. Nesse sentido, a intervenção psicanalítica é frequentemente partícipe desse ato de reordenamento da pontuação do discurso do sujeito: ela pode interrogar o sujeito em suas certezas malsãs, exclamar diante de uma conclusão frutífera, colocar um ponto onde o sujeito insinuava prosseguir ou reticências onde ele pretendia concluir. De todo modo, Lacan insiste, com razão, em que a prática analítica é "absolutamente puntiforme";[30] as interpretações analíticas não são formulações psicológicas amplas e globais, elas incidem sobre determinados elementos. Lembrando que há uma diferença entre elas e as construções em análise.[31]

L., analisando que falava na sessão sobre o novo período de sua vida, pleno de ricas vivências afetivas após uma fase de aridez emocional, em certo momento afirma, interrompendo repetitivamente a frase no mesmo ponto: "Eu estou me sentindo… eu estou me sentindo… eu estou me sentindo…". Ao que o analista pontua: "Você está dizendo que você está se sentindo!". O efeito produzido no analisando é o de uma gargalhada. A insistência repetitiva marcava o sentido de seu discurso referido à constelação simbólica que ele vivia naquele momento, ao passo que ele mesmo não se dava conta disso e parecia buscar uma palavra para acrescentar àquilo que já estava muito bem dito!

A pontuação decide o sentido e o recorta de modo a prover a fala de uma significação que transcende a intenção consciente do sujeito. O analista pode igualmente colocar uma vírgula, ou, ao inverso, retirá-la do discurso do analisando. Como no caso do analisando sofrendo de uma impotência sexual considerada crônica que, ao falar das dificuldades de sua relação com a mãe quando era criança, exclama: "Minha mãe me batia, me maltratava, me diminuía, o cacete!". A mera alteração da pontuação, seguida da substituição da exclamação pela interrogação, produz um efeito de sentido congruente com o discurso do analisando, que o dizia sem saber que o fazia: "Ela diminuía o cacete?". Além disso, cabe destacar que a dimensão da temporalidade inconsciente, que implica o só-depois, se associa inevitavelmente à produção de sentido: o sentido de uma frase só se produz depois, quando o último termo finalmente enunciado retroage sobre todos os termos anteriores, atribuindo a eles uma significação. A famosa frase de Salvador Dalí em suas rusgas com Picasso — sabemos que o mundo era pequeno demais para os dois gênios catalães! — é um ótimo exemplo de como o último termo colocado pode retroagir sobre uma frase e desestabilizar totalmente o sentido ou mesmo invertê-lo: "Picasso é comunista. Eu também não!".

Lacan elaborou continuamente o problema do lugar do analista e, fundamentalmente, o de sua escuta: o que constitui a escuta psicanalítica? O que a qualifica como tal? Quando afirmamos que o psicanalista sempre ouve Outra coisa naquilo que está sendo dito, podemos traduzir essa afirmação por sua negação: o analista jamais ouve o discurso do analisando por meio dos referentes comuns e imediatos. Comuns, aqui, tanto no sentido de ordinários e pertencentes ao código quanto de comuns aos dois, analista e analisando. Foi pensando neste último sentido que Lacan dirigiu aos analistas sua instrutiva fórmula: "Evitem compreender!".[32] Pois compreender significa trazer o outro para seu próprio campo de significação, e cabe ao analista, ao contrário, destituir-se de suas próprias significações subjetivas a fim de abrir-se para a escuta da significação do discurso do Outro. A associação livre do analisando e a atenção flutuante do analista, entre as quais se dá a experiência analítica, ressaltam a relevância do discurso do sujeito e de sua escuta.[33] Desse modo, o analista escapa da significação inerente ao código comum aos dois para ouvir a mensagem singular do discurso do sujeito. O esquema L, introduzido por Lacan no seminário sobre *O eu na teoria de Freud e na técnica da psicanálise*,[34] visa precisamente articular duas posições diversas inerentes ao discurso: uma imaginária, situada no eixo que une o eu ao outro imaginário; outra simbólica, na qual se destacam os elementos inconscientes através dos quais o sujeito é indicado.

"Ouvir Outra coisa naquilo que está sendo dito" é uma forma sinóptica de retomar aquilo que Freud concebeu como sendo a oposição entre o conteúdo manifesto, produto do trabalho do sonho, e o conteúdo latente, produto do trabalho inverso, precisamente o da intepretação. E se a interpretação, como observamos, pontua o discurso, lhe confere sentido, e nisso reside a distância que muitas vezes separa a palavra falada da palavra escrita, toda intervenção do analista nessa direção deve levar em conta a constelação simbólica na qual se inscreve o discurso do sujeito. Tal ponto é fundamental na medida em que, como formula Lacan no seminário *Os quatro conceitos fundamentais da psicanálise*, "a interpretação não está aberta a todos os sentidos", e, assim, ela deve se manter no interior dos limites do discurso do sujeito. Se a interpretação introduz um não-senso radical, isso se dá porque este tem como referente um sentido definido e limitado; se ela abre a dimensão de um sentido novo, é porque há a dimensão de um sentido dado anteriormente.

Desse modo, é preciso cautela na utilização dos jogos de palavras por homonímias, pois a interpretação não pode ser considerada como um simples jogo aleatório com o significante: ela é o acolhimento e o colhimento, por parte do psicanalista, do jogo significante que já se produziu no Outro.

## Produzir vagas

Lacan aproximou a interpretação do chiste — pois ambos se valem da homofonia pela qual o inconsciente se manifesta no discurso —, do duplo sentido e da condensação. O próprio trocadilho expõe a mesma lógica ao revelar que é a "irrupção calculada do não-senso num discurso que parece ter um sentido".[35] O exemplo seguinte traz a interpretação como um chiste se valendo do duplo sentido: o analisando acaba de ter uma sessão que ele considerou particularmente exitosa; ocorre que ele já havia pagado antecipadamente por essa sessão na anterior. Ele exclama então: "Puxa, esta sessão foi ótima, vou pagar sempre adiantado!". E o analista acrescenta na bucha: "É, parece que adiantou alguma coisa!".

Tal ponto é fundamental na medida em que, como sublinha Lacan, "a interpretação não se dobra a todos os sentidos, ela só designa uma única série de significantes",[36] ou seja, o analista não pode dizer qualquer coisa. A interpretação é feita a partir do lugar do Outro, ressalta Lacan. Isso é importante porque não se trata apenas, na interpretação, de ser bem-sucedido em fazer jogos de palavras com o discurso do analisando, mas sim de resgatar significações inconscientes que se encontram embutidas no discurso do sujeito e que, logo, representam significantes para ele.

É nesse sentido que Lacan observou, também no *Seminário 11*, que a interpretação já vem pronta do Outro.[37] O discurso do sujeito, em sua associação livre, contém a interpretação que é preciso enunciar para dar acesso à dimensão inconsciente. O inconsciente está nas palavras, apenas nas palavras, e esses exemplos nos demonstram, como ressaltamos no primeiro volume, que a homofonia é o que favorece a passagem do inconsciente no discurso.

Logo, a interpretação não pode ser precipitada e exige que a transferência esteja sedimentada. A célebre fórmula de Freud enuncia que a prudência e o tato são aqui absolutamente necessários: "Esperar até que o paciente tenha chegado tão perto do material recalcado, que ele tenha apenas mais alguns passos na dianteira da interpretação".[38] Como no caso da analisanda que nas primeiras entrevistas, ao repetir várias vezes que "sofria", ouviu de seu analista o corte no significante: "Você disse: sou fria?", o que a levou a fugir da análise. Se o analista não pode dizer qualquer coisa é porque ele não pode ouvir qualquer coisa. A interpretação deve, então, se impor à escuta do analista de modo radical — como na famosa frase de Picasso que Lacan adotou para si: "Eu não procuro, acho" —, isto é, ela deve se manter no interior dos limites do discurso do sujeito. É precisamente isso que permite apreendermos o que Freud chamou de sobredeterminação inconsciente.

Se a interpretação introduz um não-senso radical é porque o discurso do sujeito se refere a um sentido muito definido e limitado. Dito de outro modo, a interpretação abre o sentido novo porque há sentido dado: "A interpretação não visa tanto ao sentido quanto a reduzir os significantes a seu não-senso, para que possamos reencontrar os determinantes de toda a conduta do sujeito".[39] Assim, se Lacan afirma, em *O aturdito*, que a interpretação joga com o equívoco, que se inscreve do lado de uma enunciação,[40] o jogo que está em jogo não é aleatório, mas segue as regras da sobredeterminação inconsciente.

Vejamos um caso. Havia alguns meses que o analisando falava de seu sofrimento pelo fim de uma relação amorosa, que em determinado momento ele chegara a conseguir resumir por meio de um dizer poético: "Viver um grande amor é como uma anestesia sem cirurgia. Perder um grande amor é como uma cirurgia sem anestesia". Mas então, naquela sessão, o que o ocupava e o pré-ocupava (intervenção do analista) eram a necessidade de reencontrar sua capacidade de amar e a dificuldade de fazê-lo. Ao longo do processo, ele já pudera dizer e ouvir de seu analista algumas palavras salutares: seu amor era, afinal, dele próprio e, sendo assim, ele seria capaz de resgatá-lo de novo em outro relacionamento; ele já percebera que o antigo objeto amoroso continuava sendo uma referência para sua nova experiência amorosa, o que certamente dificultava-lhe novas ligações. Mas naquela sessão ele começava a falar de outro modo, ou melhor, de outro lugar; alguma coisa parecia finalmente se deslocar — e se descolar — dentro dele, e um dizer veio fazê-lo saber do que se tratava. Ao longo de muitos anos isso nunca havia acontecido.

Durante a sessão, o analisando pediu um cinzeiro a seu analista para fumar um cigarro: "Você tem um cinzeiro?". O analista respondeu-lhe:

"Sim, eu tenho um cinzeiro. Vou apanhá-lo". E o entregou ao analisando, que acendeu seu cigarro e prosseguiu com a sessão. O analista não hesitou nem por um instante em buscar o cinzeiro solicitado, não interpretou o conteúdo de tal pedido a partir de um saber qualquer, de um pré-conceito, por exemplo, considerando-o como uma agressão à pessoa do analista. Ao contrário, o pedido chamou a atenção do próprio analisando, que se espantou, ele mesmo, com o desejo de fumar durante a sessão: "Engraçado, né?, eu querer fumar aqui. Eu nunca havia feito isso antes". O analista disse-lhe apenas: "Você me perguntou se eu tenho um cinzeiro e eu tenho um cinzeiro".

O analisando permaneceu em silêncio, um pouco desconcertado com aquela constatação tão anódina. Mas ele já aprendera a valorizar a palavra de seu analista enquanto *eco* da verdade inerente à sua própria palavra. E, de súbito, ele se deu conta do que pedira: um lugar para depositar as cinzas daquilo que, afinal, estava morto, aquela paixão que era preciso enterrar ali não só com palavras, mas também com um ato.

A essência dos desenvolvimentos de Lacan sobre a interpretação diz respeito à apreensão da dimensão significante inerente a toda e qualquer palavra: "Eu substituí a palavra 'palavra' pela palavra 'significante'; e isso significa que ele se presta ao equívoco, isto é, possui sempre diferentes significações possíveis".[41] E é dando a essa dimensão significante toda a sua potência que Lacan postula que "em caso algum a intervenção psicanalítica deve ser teórica, sugestiva, isso é, imperativa; ela deve ser equívoca".[42] Pois, como ele afirma em outro lugar,

> o inconsciente, por ser "estruturado *como uma* linguagem", isto é, como a lalíngua que ele habita, está sujeito à equivocidade pela qual cada uma delas se distingue. Uma língua entre outras não é nada além da integral dos equívocos que sua história deixou persistirem nela. É o veio em que o real — o único, para o discurso analítico, a motivar seu resultado, o real de que não existe relação sexual — se depositou ao longo das eras.[43]

## Enigma e citação

No seminário *O avesso da psicanálise*, Lacan apresenta, a partir da fórmula do discurso psicanalítico, dois aspectos inerentes à interpretação em psicanálise, quer ela se atenha ao dito do analisando — uma citação do analista —, quer ela se refira ao seu dizer ou ao que ainda não foi dito — uma produção de enigma. Se a citação se refere ao enunciado, o enigma tem a ver com a enunciação.

A psicanálise, repete Lacan inúmeras vezes, é o único discurso que articula o saber à verdade. Nela, o que está em jogo é o saber verdadeiro inerente à fala do analisando, "a verdade nascente de sua fala particular".[44] Na fórmula do discurso psicanalítico, que reproduzimos abaixo, Lacan situa o analista no binômio da esquerda: no campo do numerador, põe o analista enquanto objeto — *a*; no campo do denominador, o analista enquanto Outro, isto é, intérprete. Esmiuçando, o numerador é o lugar do agente e da dominante discursiva, o silêncio do analista, através da escrita do objeto *a*, real que não fala e, ao contrário, faz falar; como denominador, lugar da verdade, ele escreve o saber, S₂ ou A̶, grande Outro e intérprete.

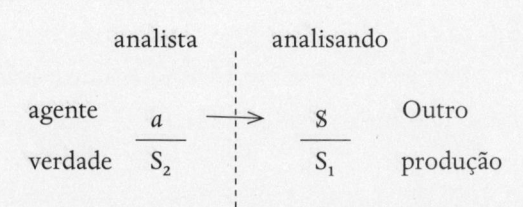

$$\begin{array}{ccc} & \text{analista} & \text{analisando} \\ \text{agente} & \dfrac{a}{S_2} & \longrightarrow \dfrac{\$}{S_1} & \text{Outro} \\ \text{verdade} & & & \text{produção} \end{array}$$

Como denominador, temos a dupla dimensão — o saber no lugar da verdade — da interpretação, em que ambos rivalizam pela primazia no discurso. Se o saber, $S_2$, estiver no primeiro plano, trata-se da interpretação-citação, que o analista faz através da simples menção da própria fala de seu analisando. Essa citação faz o duplo sentido florescer e tem a estrutura do chiste perfeito, no qual, como na ironia, se dizem duas coisas diferentes utilizando exatamente as mesmas palavras. Se a verdade estiver no primeiro plano, temos a interpretação-enigma — que evidentemente difere do enigma através do qual os oráculos da Antiguidade respondiam. Estes faziam o sujeito pensar "Se o oráculo disse, é porque é verdade", mas ao analista, ao contrário, não deve ser concedida a autoridade que se emprestava outrora ao oráculo.[45]

Octave Mannoni enriquece nossa compreensão sobre o que é a interpretação-citação ao nos falar do grau zero da interpretação como sendo a fala recorrente de Sancho Pança para Dom Quixote: "Atente bem para o que está dizendo".[46] É verdade que Lacan, por sua vez, ficou conhecido por suas intervenções minimalistas, idênticas à de Sancho, junto aos seus analisandos — *"C'est ça"* ("É isso") —, as quais muitas vezes constituíam sua única intervenção que escandia a sessão. Mannoni fornece um exemplo singelo sobre esse tipo de interpretação: uma analisanda, falando sobre a mãe, disse "Enquanto ela vivia, era diferente", em vez de dizer "Quando eu vivia com ela"; Mannoni salienta que dizer à analisanda "Ouça suas próprias palavras" é "suficiente para provocar confusão e emoção, mais do que qualquer outra alusão ao voto de morte inconsciente".[47]

O enigma se apresenta como a outra face da interpretação na medida em que a verdade toma a frente da cena e, portanto, introduz uma falha no discurso. Trata-se essencialmente de quando o analista interroga a fala do analisando, fazendo ressoar nela a incompletude e o impossível, em suma, o que Lacan denominou de semidizer. O enigma é definido por Lacan como "uma enunciação da qual não se acha o enunciado".[48]

Enigma e citação se revezam nas intervenções do analista, apontando ora para a falta de sentido, ora para o duplo sentido, e o importante é entender que, em ambos os casos, trata-se de articular o simbólico com o real. Veremos em seguida como se dá essa articulação no campo da linguagem, e como na interpretação trata-se de tocar o real e o imaginário por meio do simbólico. Um exemplo de citação, em que a fala do analisando recebe do Outro uma significação que está embutida nela, mas não havia sido percebida: S., falando dos "ataques" de vontade de comer doces que tem de vez em quando, relacionou isso com a falta de namorado: "As pessoas falam que há uma relação entre essas duas coisas. E eu também acho. É muito mais fácil uma mulher atacar um doce quando ela está sozinha do que quando *ela tá com um* namorado" (homofônico a "quando *ela ataca um* namorado"). Outro exemplo: R. conta que não vê Lu (uma grande amiga) há muito tempo e que não tem se lembrado dela, mas que outro dia recordou os momentos bons, momentos de prazer dos quais ela sente falta; em outra parte da sessão, referindo-se à situação difícil que está vivendo, diz que não está vendo a "luz no fim do túnel", que antes sempre via uma "luzinha no fim do túnel". O analista interpreta dizendo que fora essa a motivação da lembrança de Lu ter lhe ocorrido, pois ela gostaria de ver uma Luzinha no fim do túnel novamente, gostaria que alguns momentos de prazer como aqueles que tinha com Lu voltassem.

## Literalidade

Pode-se dizer que o ensino de Lacan é, na verdade, uma grande elaboração teórica em torno do problema do lugar do analista e, consequentemente, da questão da interpretação. Aqui é salutar recordar a maneira pela qual Lacan situa o lugar do analista: "Aquele [lugar] que ele deve oferecer vago ao desejo do paciente para que se realize como desejo do Outro".[49]

Numa passagem de "Situação da psicanálise e formação do psicanalista em 1956", Lacan postula que os dois preceitos entre os quais se estende a experiência psicanalítica, quais sejam, a associação livre do analisando e a atenção flutuante do analista, "valorizam suficientemente, parece, o papel fundamental do discurso do sujeito e de sua escuta".[50] No mesmo escrito, mais adiante, Lacan ironiza a ideia de Theodor Reik do "terceiro ouvido" com que o analista supostamente deveria ouvir, pois esta implica ou num mais-além ou num aquém da fala. Ele se pergunta, então, que necessidade o analista pode ter de um ouvido a mais, "quando às vezes parece ter dois de sobra, ao enveredar a todo vapor pelo mal-entendido fundamental da relação de compreensão? Nós repetimos a nossos alunos: 'Abstenham-se de compreender!' e deixem essa categoria nauseante para os senhores Jaspers e consortes".[51] E conclui introduzindo a dimensão que está em jogo na interpretação analítica, a da "literalidade": "Que um de seus ouvidos ensurdeça, enquanto o outro deve ser aguçado. E é esse que vocês devem espichar na escuta dos sons ou fonemas, das palavras, locuções e frases, sem omitir as pausas, escansões, cortes, períodos e paralelismos, pois é aí que se prepara a literalidade da versão sem a qual a intuição analítica fica sem apoio e sem objeto".[52]

A crítica veemente de Lacan à noção de compreensão pode parecer excessiva, pois numa visão superficial é possível acreditar que a compreensão reside na base da interpretação analítica. Mas o sintagma "compreensão psicológica", tal como apresentado por Karl Jaspers, traz obstáculos intransponíveis à análise. Jaspers se inspirou em Wilhelm Dilthey, que falou de psicologia "descritiva e analítica" em contraposição à psicologia "explicativa" e apropriou-se do primeiro método batizando-o de "psicologia compreensiva". Esta pretende estabelecer o encadeamento dos fenômenos psíquicos, valendo-se dos motivos para estabelecer um nexo causal interno baseado nas experiências de quem compreende. Mas tal encadeamento faz uso da experiência subjetiva de quem compreende para evidenciar como "as impressões geram estados afetivos, os estados afetivos [geram] expectativas, visões imaginárias, temores".[53] Em resumo, a compreensão aciona o campo dos significados que, reduzindo o escopo de significação inerente aos significantes, imaginariza o simbólico; ou, dito de outro modo, transforma os significantes em signos.

Poder-se-ia dizer que, agindo pela compreensão, se faz a "análise" do outro a partir de nossa própria "análise" e é claro que para Lacan tal procedimento é a expressão da relação imaginária entre dois eus, expressão para a qual é a produção de sentido que conta. Foi nessa mesma direção que Lacan invectivou inúmeras vezes os analistas com sua máxima: "Evitem compreender!". Como ressaltou Gilson Iannini, o que Lacan critica na compreensão jasperiana é que "ela enfeixa o sentido numa relação intersubjetiva que, no limite, mostra-se especular".[54] A satisfação em jogo na compreensão diz respeito ao eu, ao passo que a interpretação analítica, ao resgatar a ambiguidade inerente ao registro do simbólico, se apoia no não-sentido do real e na literalidade de lalíngua. Numa formulação em seus seminários mais avançados, Lacan diria que o efeito simbólico de sentido a ser buscado não é imaginário e sim real. É claro que qualquer fórmula esquemática sobre isso não circunscreverá a complexidade dos eventos que comparecem na clínica analítica, fazendo com que o sentido imaginário seja invocado pelo analista em circunstâncias nas quais a falta de sentido se impõe de modo mais ou menos excessivo — traumas, angústia extrema, estados de confusão episódica etc. Isso significa que uma mínima homeostase do eu é necessária para que o trabalho analítico possa prosseguir. Assim, "evitar compreender" não significa que não se deva compreender jamais, ou ser "contra a compreensão",[55] como se ela fosse um mal em si mesma, mas sim que não se deve centrar a escuta na compreensão e, portanto, no significado.

A dimensão literal aparece não raramente na análise, por exemplo quando um analisando se dá conta de que o significante "pavor" se articulou para ele em manifestações anagramáticas: ele ouvira na faculdade um colega lhe dizer "você é movido a pavor!", e jamais esqueceu essa frase; na análise, se deu conta de que sempre se sentira "não uma locomotiva a vapor, mas uma locomotiva a pavor!". O fato de todo esse pavor ser para ele originado no curso extremamente rigoroso que fazia, mais especialmente nos momentos de prova, acaba levando-o a perceber a estrutura anagramática desses três termos: prova, pavor, vapor. Recordo que os anagramas constituíram um sério objeto de interesse do assim chamado "segundo Saussure", que abandonou essas pesquisas quando não obteve nenhuma ressonância por parte de um poeta italiano com quem tentava investigar a intenção de compor anagramas em seus versos.[56]

Em "A direção do tratamento e os princípios de seu poder", Lacan apresenta três formulações sobre a interpretação: "a interpretação é um dito esclarecedor"; "a interpretação é feita a partir do lugar do Outro"; "a virtude alusiva da interpretação". Essas três formulações se associam na ideia que legitima o conceito de interpretação em psicanálise e que pode ser resumida do seguinte modo: o analista sempre ouve Outra coisa no que está sendo dito pelo analisando. Como formula Lacan, aquilo "de que se trata no discurso analítico é sempre isto — ao que se enuncia de significante, vocês dão sempre uma leitura outra que não o que ele significa".[57]

Traduzamos essa afirmação por sua negação: o analista jamais ouve o discurso do analisando por meio dos referentes comuns — e comuns ao código dos dois, analista e analisando — e imediatos. A análise não é, portanto, uma relação dual entre o analisando e o analista, mas sim ternária, que inclui o Outro — o inconsciente.

Ao elaborar a distinção entre código e mensagem no seminário *As formações do inconsciente*, Lacan constrói uma teoria capaz de mostrar que o analista escapa do código comum para ouvir a mensagem singular do discurso do sujeito. E nisso o analista com seu ato se aproxima do ato poético, pois se o código é o depósito de uma linguagem que visa a comunicação, a mensagem revela que esse mesmo código pode funcionar como caixa de ressonância de significações inesperadas, surpreendentes e absolutamente singulares. Nesse caso, não estamos mais no regime da comunicação, mas no da evocação do sujeito e do inconsciente.

Um exemplo dessa literalidade da qual o analista precisa se apropriar, furando os ouvidos para o significado do discurso corrente: uma analisanda há muito tempo indecisa sobre a data em que iria marcar seu casamento disse, quando parecia que havia chegado a uma deliberação conclusiva: "Pode ser para maio, de repente abril". O analista pontuou: "É, parece que de repente abriu!".

## De I.S.R. a R.S.I.

Se Lacan empenhou-se em elaborar a teoria para dar conta dos diferentes segmentos da experiência psicanalítica, pode-se dizer que isso só foi possível graças a uma macroteoria que sustenta todo o seu processo de teorização: R.S.I., real-simbólico-imaginário, tripartição estrutural que podemos considerar como o grande paradigma teórico lacaniano. Essa tripartição pode ser traduzida em Lacan por meio de duas grandes ideias principais, que expressamos como "O inconsciente é estruturado como uma linguagem" e "A relação sexual é impossível". Formuladas assim de modo aforismático, que requer inúmeros desdobramentos teóricos, essas duas concepções estão — tanto quanto os três registros R.S.I. — intimamente associadas. Elas resumem a obra de Freud e revelam conjuntamente que o inconsciente tem uma estrutura e esta é faltosa: o inconsciente se estrutura por meio da linguagem e em torno de um núcleo que é real e que consiste na falta ôntica de objeto ("não há relação sexual"). Há uma negatividade fundadora do sujeito humano (razão pela qual Lacan de início denominou o objeto *a* de "objeto negativo"), e toda positividade da linguagem é sempre parcial, incompleta, não-toda.

Para Lacan, é precisamente essa estrutura faltosa que deve ser re-produzida no ato da interpretação em psicanálise. Dito de outro modo, é em torno da articulação das oposições continuamente engendradas no sujeito entre o sentido e o não-senso — a articulação interna, intrínseca e inarredável para o sujeito falante entre o sentido uno (imaginário), o duplo sentido (simbólico) e a falta de sentido ou o não-senso (real) — que podemos elaborar uma concepção da interpretação. Do ponto de vista geral, a interpretação deve sempre levar em conta os dois estados do significante: seja associado ao imaginário, quando se torna sígnico, seja associado ao real, quando recupera sua estrutura própria de significante. Como vimos, é sempre no jogo homofônico entre signo e significante que o inconsciente passa no discurso, pois o significante é "o fundamento da dimensão do simbólico, o qual só o discurso analítico permite isolar como tal".[58]

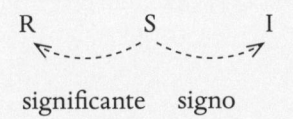

significante    signo

Para exemplificá-lo, nada melhor do que recorrer a dois momentos distintos dos seminários de Lacan. No seminário sobre *Os quatro conceitos fundamentais da psicanálise*, ele postula que "a interpretação não visa tanto ao sentido quanto a reduzir os significantes a seu não-senso, para que possamos reencontrar os determinantes de toda a conduta do sujeito".[59] Dez anos depois, ao retomar os elementos centrais da tripartição R.S.I., Lacan o faz com uma visada estritamente dirigida para a problemática da interpretação:

A interpretação analítica implica totalmente uma báscula na envergadura desse efeito de sentido [...]. O efeito de sentido a se exigir do discurso analítico não é imaginário, não é também simbólico, é preciso que seja real. E tentar delimitar ao máximo o que pode ser o real de um efeito de sentido é aquilo com que me ocupo este ano.[60]

Dessa maneira, a concepção lacaniana da interpretação está intimamente associada às incidências do paradigma R.S.I. na definição teórica dos parâmetros que regem a escuta do analista. Podemos depreender uma teoria geral da interpretação em Lacan a partir do paradigma R.S.I., de modo que a interpretação seja definida como a reconstituição do vetor original da constituição estrutural do sujeito falante: R → S → I. Ao contrário das estruturas ditas patológicas, que caminham na contramão: R ← S ← I. O patológico, aqui, deve ser entendido em seu sentido mais literal, do grego *pathologikós*, "que trata das paixões, das afeições".

Mas o que significa afirmar que o vetor original da estrutura é R.S.I.? Veremos que ciência e arte se conjugam aqui de modo inextricável.

O fundamento do real é que a morte não possa ser pensada, o real é sem lei, sem nenhum sentido, e, por isso, o sentido é o Outro do real. Ou seja, o imaginário é o Outro do real. Como salienta Solange Faladé, "durante o período da vida em que o filhote do homem é infans, está o real, real primitivo, não simbolizado".[61] Na constituição do sujeito, o real — sentido zero — é açambarcado pelo simbólico, que com seus pares de opostos produz sentido, mas sempre mergulhado na ambiguidade e no duplo sentido. A ação do recalque incide sobre os pares opostos e instaura a tendência a produzir um discurso sem ambiguidade, unívoco, que funda o imaginário. O simbólico é sempre seguido do imaginário, que vem a reboque.

Duas operações de nominação onipresentes no nascimento de um bebê se encarregam de introduzir o simbólico (seguido do imaginário) logo no início da vida: menino ou menina? Qual o nome dele (dela)? Tais nominações traduzem que o indivíduo biológico é imediatamente requerido a entrar no mundo humano – simbólico – em que uma criança é inserida na partilha dos sexos e recebe um nome que marca sua diferença singular ($S_1$) em relação ao outro.

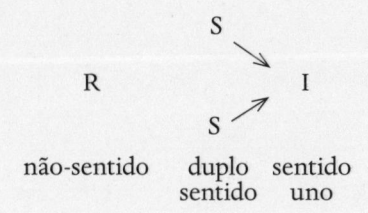

$$
\begin{array}{c}
\text{S} \\
\text{R} \qquad \text{I} \\
\text{S}
\end{array}
$$

não-sentido    duplo   sentido
               sentido    uno

Cumpre nos referirmos às definições trazidas por Lacan no seminário *R.S.I.* sobre as três grandes figuras clínicas freudianas: inibição, sintoma e angústia.[62] Ali, Lacan fornece uma teoria simples e articulada na qual se estabelece, através da lógica das invasões de um registro no outro, a imbricação dos três registros. No esquema fornecido naquele momento por Lacan, a inibição é definida como a invasão do simbólico pelo imaginário: I → S; o sintoma é a invasão do real pelo simbólico: S → R; e a angústia é a invasão do imaginário pelo real: R → I. Em resumo, na inibição a dominante é o imaginário; no sintoma, é o simbólico; na angústia, é o real — e é com essa constatação que Lacan encerra o seminário *R.S.I.*

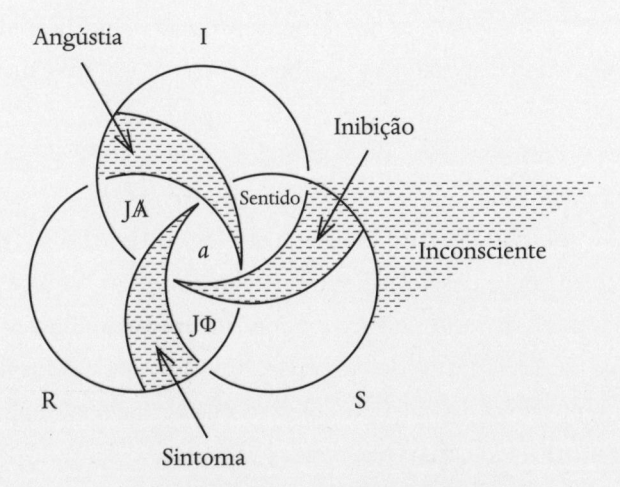

R.S.I., inibição, sintoma e angústia

O efeito dessas invasões evidencia que cada uma das grandes figuras clínicas freudianas manifesta precisamente uma inversão no sentido do vetor da estrutura R.S.I.

$$
\begin{array}{c}
\text{Angústia} \\[4pt]
\text{Inibição} \\[4pt]
\text{Sintoma}
\end{array}
\quad \Bigg\downarrow
\begin{array}{c}
R \\ \hline I \\ \hline S \\ \hline R
\end{array}
\Bigg\uparrow \quad \text{Interpretação}
$$

Pode-se dizer que o tratamento do sintoma, da angústia e da inibição implica precisamente reverter o vetor patológico para o sentido original do vetor da estrutura R.S.I.

Na interpretação do sintoma, definido por Lacan como a invasão do real do corpo pelo simbólico, essa reversão implica "realizar o simbólico" — isto é, introduzir o real no simbólico, não-senso no duplo sentido —, recuperando seu caráter ambíguo, de equívoco e duplo sentido, e, assim, trazer o sintoma que se instala no real do corpo para a dimensão da fala, onde a ambiguidade reina. É nessa dimensão que a interpretação tem a mesma estrutura do chiste e, abrindo o sentido, produz ondas de significação.

Na interpretação da angústia — que representa a invasão do imaginário pelo real, do sentido pelo não-senso —, tal reversão significa reintroduzir no real a dimensão do sentido (imaginário), a qual aciona o desejo em alguma direção; pois o desejo, salientou Lacan inúmeras vezes, é o melhor remédio para a angústia. A palavra do analista apresenta nesse ponto um valor enorme para relançar o desejo do analisando, pois trata-se de invocar o reinvestimento libidinal, seja no objeto ou no próprio eu, cujos investimentos foram atingidos, mais ou menos gravemente, de modo a paralisar o movimento do desejo.

Na interpretação da inibição — definida como a invasão do simbólico pelo imaginário, em que o simbólico está imaginarizado, ou seja, em que o duplo sentido foi reduzido ao sentido uno, fechado —, o objetivo é reabrir o campo simbólico ao duplo sentido, pois na inibição ele se acha fechado e aderido às significações unívocas. Aqui as pontuações do analista surgem como necessárias, pois suspendem o sentido através de interrogações, cortes e escansões.

Resumidamente, podemos dizer que no sintoma trata-se de realizar o simbólico; na angústia trata-se de imaginarizar o real; e na inibição trata-se de simbolizar o imaginário. Mas as três operações só são passíveis de se realizar caso o terceiro registro seja acionado como recurso, de modo que a estrutura borromeana seja refeita. É o terceiro registro que permite à renodulação se produzir em cada uma dessas operações. Lembre-se que a propriedade borromeana da estrutura consiste na nodulação de cada dois elos através de um terceiro, de tal modo que nenhum dos três elos se acha encadeado internamente a outro e a separação de qualquer um deles produz simultaneamente a separação dos três.

Alain Didier-Weill desenvolveu uma forma original de se entender a propriedade borromeana inerente ao enlaçamento de R.S.I.: R tem barra sobre o simbólico, S tem barra sobre o imaginário, e I tem barra sobre o real.[63] A ascendência de cada registro sobre outro revela que há um furo nele:

• o furo no simbólico, nomeado por Freud de umbigo do sonho, salienta o inaudito, pois o simbólico não diz tudo. Aqui ocorre o confronto entre dois discursos, o dogmático e o poético: se o primeiro se prende ao sentido do que diz, o segundo transporta para além dele.

• o furo no imaginário é efeito do recalque originário, qual seja, quando o corpo deixa de ser especular e, velado pelo tapa-sexo, torna-se invisível. O tapa-sexo testemunha que alguma coisa — o falo — é invisível.

• o furo no real do corpo é revestido pela roupa, que dá consistência imaginária ao corpo. A função da roupa é velar a roupa de baixo (o tapa-sexo).

## O silêncio do analista

O silêncio está presente na obra de Freud de formas diversas, e, das três qualidades que compõem o sentimento de estranheza — silêncio, solidão, escuridão —, o silêncio é a mais presente na análise. Foi uma de suas pacientes histéricas do período inicial de construção da psicanálise que um dia lhe pediu que fizesse silêncio: "Dr. Freud, por favor me escute, o senhor está falando demais". Emma assim solicitou a Freud que se colocasse no lugar de escuta, passo inicial para ele poder vir a ocupar o lugar de quem ouve — homólogo a fazer silêncio.

Freud ouviu esse pedido. Claro que o dispositivo analítico, criado por ele gradativamente a partir da experiência de escuta, é por um lado um convite à fala do analisando, mas é também um convite ao silêncio do analista. Isso é expresso nas regras que convocam explicitamente analista e analisando ao ato analítico: a associação livre e a atenção flutuante. Lacan ressaltou o fato de que não existe "diálogo analítico", pois a regra que rege o diálogo é a interrupção: cada um é interrompido pelo outro e nenhum deles chega a dizer o que tinha a dizer. Mais essencialmente, o diálogo supõe a ausência de silêncio.

Na análise, ao contrário, a associação livre é um convite a que o sujeito diga o que tem a dizer até o fim, sem interrupção, de modo que o sentido de sua fala possa se produzir plenamente na lógica do só-depois que a rege. A surpresa é uma das características mais marcantes da experiência analítica, e o que emerge do terceiro presente na análise — o inconsciente — surpreende tanto o analisando quanto o analista. Pois, como vimos no capítulo anterior, ambos organizam sua ação — fala e escuta silenciosa — em torno da referência aos significantes inconscientes.

Conectada estritamente à fala do sujeito, a interpretação supõe a surpresa em seu advento. Pois, se a ideia de concentração está excluída da associação livre, o que se espera da sessão de análise é a surpresa, diz Lacan referindo-se a Theodor Reik.[64] Surpresa e interpretação caminham de mãos dadas: "A dimensão da surpresa é consubstancial ao que acontece com o desejo, desde que ele tenha passado ao nível do inconsciente".[65]

Se quisermos aproximar o ato poético do ato analítico, basta recordar a definição que Saint-John Perse oferece do poeta como "aquele sujeito que preserva uma contínua aptidão para o espanto". Também o chiste se alia a essa mesma proposição de produção do espanto, caso o consideremos como a transformação, geralmente por intermédio do equívoco, de "uma palavra sem surpresa numa palavra surpreendente".[66]

Assim como Freud afirmou, em *A interpretação dos sonhos*, que quando um personagem surge mudo no sonho isso o representa como morto, Lacan observou que só há sujeito enquanto falante. O problema pode surgir se as coisas se invertem e o paciente silencia. Isso pode ocorrer às vezes, e Lacan comenta: "Se o sujeito que está diante de nós não diz nada, trata-se de uma dificuldade da qual o mínimo que se pode dizer é que ela é inteiramente especial".[67] De todo modo, o silêncio do analista não é sinônimo de mutismo, ao contrário: justo porque sua fala deve ser recebida em todo o seu valor pelo analisando, o analista não fala pelos cotovelos e reserva sua palavra àquilo que pode exercer um aporte significativo ao analisando diante das questões que este traz.

Vimos que o que qualifica a interpretação analítica é que ela tende o mais possível a utilizar as palavras — seria mais preciso dizer, os significantes — do analisando, de modo que o efeito de sugestão inerente a toda fala seja restrito ao mínimo possível. Advertido de que falar é sempre, no fundo, falar de si mesmo, o analista pondera sua fala com muito cuidado e tem uma tendência a se calar, de modo que sua posição subjetiva não interfira no desvelamento da rota original que o analisando tem diante de si para explorar a estrada perdida do inconsciente.

No ensaio sobre "O estranho", Freud se pergunta em determinado momento "Qual é a origem do efeito estranho (*unheimlich*) do silêncio, da escuridão e da solidão?"[68] — e é interessante destacar que a emocionante música de Gilberto Gil "Se eu quiser falar com Deus" se refere à mesma trilogia exposta por Freud em sua relação com o estranho: "Se eu quiser falar com Deus,/ tenho que ficar a sós./ Tenho que apagar a luz./ Tenho que calar a voz". Freud encerra o ensaio dizendo: "No que diz respeito aos fatores do silêncio, da solidão e da escuridão podemos tão somente dizer que são realmente elementos que participam da formação da angústia infantil, elementos dos quais a maioria dos seres humanos jamais se libertou inteiramente".[69] É bem conhecida a história narrada por Freud da criança que, com medo do escuro, na hora de dormir, pede à mãe que, mesmo em outro cômodo, fale com ela, e diz: ouvindo você falar, o medo passa! A voz quebra o domínio impresso pela conjugação antiborromeana das três qualidades do estranho: o silêncio do simbólico, a escuridão do imaginário e a solidão do real. O estranho é o afeto advindo da quebra da propriedade borromeana que pode ser considerada, no fundo, como a contenção do objeto $a$.

Na conferência que pronunciou no Massachusetts Institute of Technology em 1975, num improviso sobre o discurso do psicanalista, Lacan colocou junto à fórmula do discurso, no lugar do agente $a$, as palavras: "Semblante de dejeto (silêncio)". O silêncio, diz ele, "corresponde ao semblante de dejeto".[70]

$$\text{Semblante de dejeto} \atop \text{(silêncio)} \quad \frac{a}{S_2} \longrightarrow \frac{\text{\$}}{S_1}$$

A fórmula do discurso do psicanalista apresenta com simplicidade o laço social estabelecido pelo discurso psicanalítico — para Lacan, todo discurso é uma forma de laço social — entre analista e analisando. Do lado esquerdo o binômio do psicanalista, que se articula com o binômio do lado direito, o do analisando. O analista é apresentado sob duas dimensões: $a$ e $S_2$; $a$ no lugar do agente e $S_2$ no lugar da verdade. O analisando por sua vez surge como $\$$ no lugar do outro e $S_1$ no lugar da produção.

Como ler esse discurso, então? O discurso do psicanalista é o único que toma o outro como sujeito $\$$ que emite significantes primordiais de sua história — $S_1$. De sua parte, o analista está dividido em duas posições: $a$ e $S_2$, que manifestam as formas de sua presença analítica: o silêncio próprio ao objeto causa do desejo e o saber verdadeiro que, ao emergir, é a base da interpretação em psicanálise. O silêncio do analista corresponde a uma das duas posições que o analista ocupa, a de objeto *a*. Na posição de intérprete, ele se situa no lugar de $S_2$, onde o saber e a verdade se associam de modo original: a verdade quando o enigma, que está sempre conectado ao semidizer, toma a frente do discurso; e a citação quando o saber inconsciente franqueia os limites da barreira da censura e pode ser escutado pelo analista.

O objeto não emite significantes. Ao contrário, ele é causa do desejo e, portanto, leva o sujeito a falar e produzir significantes. O objeto *a* faz falar — essa é a última teoria que Lacan propôs para definir o lugar do analista, lugar de semblante do objeto causa do desejo. O saber verdadeiro é a presença do analista como Outro, aquele que interpreta. O saber verdadeiro é o saber inconsciente, aquele que Lacan situa quando afirma que "o sujeito diz mais do que sabe" — mais do que sabe conscientemente.

O analista silencia sobre sua subjetividade e, ao fazê-lo, ejeta seu saber para dar lugar à verdade em seu estado nascente. Lacan caracterizou o lugar do analista como o lugar do morto — morto quanto a seus sentimentos, tendências, desejos, opiniões; morto, em suma, quanto à sua posição de sujeito. O silêncio do analista erige um bloqueio em relação à sugestão, a qual oblitera o desenrolar da transferência e desvia a experiência para os atalhos das psicoterapias.

## Zona de silêncio

Theodor Reik, um dos analistas mais criativos da era freudiana, postulou que a experiência analítica prova não só o poder das palavras como também o poder do silêncio. Sublinhando que nas conversas sociais o silêncio é evitado, Reik salienta que o analista não tem medo do silêncio. Mas o silêncio do psicanalista pode ter sentidos diferentes. Para o analisando, ele representa, de maneira geral, a constituição de um espaço analítico propício; como se a atenção flutuante do analista e seu silêncio lhe pedissem que fale com liberdade, abstraindo temporariamente as inibições convencionais que emudecem. Uma vez que a presença de um interlocutor silencioso jamais ocorre na vida cotidiana, o silêncio do analista, diz ele, "parece marcar que se começa a olhar o outro e a si próprio de maneira mais calma, menos imediata".[71] Eu diria ainda: de maneira diferente, em que o próprio sujeito passa a reconhecer que se desconhece e se torna fonte de surpresa para si mesmo. Foi nesse sentido que Freud afirmou em certo momento, com um bom humor delicioso, que tinha se tornado alguém muito mais interessante depois que começou a se analisar.

Reik fala do poder ativo do silêncio do analista como algo que produz um empuxo na direção de levar o analisando a dizer algo que ele mesmo não sabe o que é.[72] Eu acrescentaria: a dizer algo que ninguém mais poderia dizer em seu lugar. Se o analista sustenta o silêncio como forma de calar ao máximo sua subjetividade e ouvir o Outro, o analisando é convocado precisamente a arrancar do silêncio a que foram condenadas certas vivências, emoções e pensamentos: "O paciente penetra na situação analítica, única em nossa civilização, saindo do silêncio".[73] Reik compara o recalcado a uma espécie de zona de silêncio na qual o analisando jamais entrou.

Mas para além do recalcado há ainda o silêncio do real. Chama a atenção que Reik utilize muitas metáforas que evocam o real da natureza: zona de silêncio do Pacífico, trovão, profundezas maiores. Como assinalou Sylvie Le Poulichet, além de movimentar o desejo e os significantes do analisando, cabe também ao silêncio do analista indicar o real como aquilo que é irredutivelmente incognoscível.[74]

Acrescente-se que o silêncio do analista pontua a fala do analisando de diversos modos: o silêncio que a envelopa continuamente com a escuta; o silêncio que corrobora algo, através de algum sinal sonoro mínimo mas eficaz, e evidencia que o analista ratifica a rota original que está sendo aberta na estrada perdida do inconsciente; o silêncio que simplesmente visa suspender o sentido do discurso e interrogar ou mesmo denunciar sua desimportância; o silêncio que comemora alguma descoberta — silêncio altamente barulhento, pois nele ressoam vozes múltiplas às quais a descoberta feita pelo analisando em seu discurso remete.

Num colóquio realizado na Itália sobre psicanálise e política, Octave Mannoni argumentou, tomando a psiquiatria como referência, que a relação entre médico e paciente é uma relação de poder. Nela, o silêncio do psiquiatra representa o poder que o saber do psiquiatra tem diante da patologia e da ignorância do paciente. Na relação analítica, as coisas se passam de modo diverso, porque o que funciona não é o saber do analista, mas sim o saber que o analisando supõe no analista. Porém se o analista acompanha em silêncio o discurso do analisando e não diz nada, certamente isso significa que ele consente na direção tomada pelo discurso deste. O que é necessário ressaltar é que, ao silenciar, o analista não está guardando um saber em reserva, mas apenas se mantendo numa posição de ignorância que segue de perto o discurso do analisando no movimento de ultrapassar a sua própria ignorância.[75]

## O silêncio como experiência radical

Assim como os analistas, que ao fim da análise testemunham o encontro com o vazio no Outro,[76] os artistas costumam dar ao silêncio um estatuto especial. Talvez porque toda criação implica necessariamente uma relação íntima com o vazio que acolhe o objeto criado, seja a imagem, o som ou a letra. Uma das teorias mais interessantes sobre a interpretação da arte é a de M.D. Magno, ao sugerir que, diante de uma obra, o analista é sujeito e, logo, quando falar, falará de si mesmo.[77] A obra de arte é, assim como o analista na direção do tratamento, um catalisador da análise. Ela exerce seu poder silencioso como causa do desejo sobre o sujeito que, falando, inevitavelmente se analisará. A inversão aqui é nítida: não existe análise *da obra de arte*, mas sim análise *do sujeito diante da obra* que, em seu silêncio, opera como o analista causando o desejo.

Na música, é célebre a performance de John Cage em 1952, quando executou uma peça musical de sua autoria na qual o ouvinte se depara com o silêncio durante um longuíssimo período de quatro minutos e 33 segundos, aliás o título da obra. Cage concluiria mais tarde que o silêncio não existe e que obter o silêncio absoluto é impossível. O que talvez ele tenha demonstrado com sua composição silenciosa é que o poder que a música — linguagem sem sentido — exerce sobre nós vem do fato de que ela não preenche o silêncio, mas o faz reverberar em nós. Nesse sentido, nosso intenso apego à música proviria, paradoxalmente, de sua capacidade de nos pôr em contato com o silêncio do ser.

O silêncio do cosmo talvez ameace tanto por se aproximar desse real impossível, vide a frase de Pascal que corre o mundo e é sempre mencionada: "O silêncio eterno desses espaços infinitos me assusta". Do ponto de vista da psicanálise seria mais preciso dizer "me angustia". Nesse caso, o silêncio exerce a função do chamado. Pascal avaliou a angústia do homem diante do silêncio e parece tê-la atribuído também à dificuldade de permanecer só consigo mesmo: "A única causa da infelicidade do homem é que não sabe ficar em silêncio em seu quarto" — ou seja, em silêncio, na solidão e na escuridão...

Quando se pede um minuto de silêncio, o que se está pedindo? Em geral essa solicitação está ligada à homenagem a alguma pessoa que morreu, e o que se busca é uma pausa na balbúrdia da vida e da pulsão sexual com sua efusividade que tampona o sagrado, representado pelo reconhecimento da morte na própria vida. No filme *O eclipse*, de Michelangelo Antonioni, esse pedido de silêncio fica ainda mais evidente quando, no barulho estrepitoso da Bolsa de Valores em crise — os investimentos estão em queda vertiginosa —, é solicitado um minuto de silêncio em homenagem a um corretor que morreu. A pulsão de morte opera em silêncio, afirma Freud de forma retumbante. Por detrás do estardalhaço do sexual, é o silêncio da morte que impera. "Silêncio" é a última palavra da obra-prima de David Lynch *A estrada perdida*: após cantar "Llorando", Rebecca del Río desmaia, tomba como um corpo que é depositado na tumba, como um objeto qualquer que sucumbe à lei da gravidade, e uma voz em off enuncia: "Silêncio!".

Em sua performance *The Artist Is Present*, Marina Abramovic postava-se sentada diante dos espectadores que iam até o MoMA em Nova York para vê-la. Silenciosa, apenas olhando as pessoas nos olhos, ela mostrou que a presença do outro pode se concretizar apenas com o olhar e prescindir da voz. As pessoas se emocionavam muito, algumas choravam e se entregavam àquela relação absolutamente silenciosa sem medo. Ali, o olhar de Marina não feria, como pode ferir o olhar desacompanhado da voz — o olho grande, olho mau, olho gordo, aquele que quer desapropriar o outro de alguma beleza ou de algum bem. Sem a voz, emoldurado pelo silêncio, o olhar pode ser terrorífico e ameaçador, portando a morte cuja chegada traz justo o silêncio e o luto.

Nessa performance, ao oferecer sua presença com seu olhar silencioso, o pedido de Marina é nítido: a artista está presente e requer a presença do outro num espelhamento de olhares que torna o encontro infinito. Lacan tocou na relação entre o silêncio e a presença significativa do outro em seu seminário inaugural: "Certos momentos de silêncio na transferência representam a apreensão mais aguda da presença do outro como tal".[78] Para ele, o silêncio pode ser uma via a indicar a rota original da qual o sujeito se desvia com frequência em seu discurso, pois uma resposta à palavra vazia é mais frustrante do que o silêncio.

Marcel Duchamp mantinha uma relação estreita com o silêncio e, por isso, na sua biografia escrita por Calvin Thomkins há um capítulo intitulado "Silêncio, calma, solidão". Duchamp ficava muito tempo em silêncio e dizia mesmo que queria "fazer silêncio". Seu silêncio se assemelhava ao do analista e ao de Cage: não é negativo e sim buscado com todo o ímpeto pelo sujeito, que não foge dele, mas o invoca.

Através de longas cenas silenciosas, em que as personagens femininas — especialmente elas — passeiam pelas ruas observando atentamente o mundo à sua volta, Antonioni construiu sua "trilogia da incomunicabilidade" com os filmes *A aventura*, *A noite* e *O eclipse*. Neles, as personagens olham o mundo com espanto e não recuam diante do vazio e do silêncio; ao contrário, revelam uma capacidade inusitada de se instalar com perplexidade nesse lugar estranho. O móbil é sempre a relação amorosa — seu término, sua fragilidade, sua impotência diante do real do gozo ou o aceno salvador de um novo amor que se insinua; em suma, sua impossibilidade. Como na poesia analítica de Ana Suy Sesarino Kuss,[79] é sobretudo através do desencontro amoroso que o amor se dá a ver; diante de parceiros homens aparentemente satisfeitos, as mulheres de Antonioni denunciam a inexistência da relação sexual ao evidenciarem que, na relação com os homens, falta o amor, única coisa que poderia fazer suplência à inexistência da relação sexual.

Negar a própria palavra e a própria voz ao outro é um ato extremo. O filme *Persona*, de Ingmar Bergman, explora ao máximo esse silêncio imposto ao outro, uma das formas mais refinadas de tortura e violência. Uma atriz entra num prolongado estado absolutamente silencioso no meio da representação da tragédia *Electra*, de Sófocles, e a enfermeira que passa a cuidar dela acaba por não aguentar seu olhar sem palavras. Ao ameaçar queimá-la com água fervente para que ela falasse, o máximo que consegue extrair é um grito. A angústia provocada pelo silêncio do outro surge também no filme *O segredo dos seus olhos*, de Juan José Campanella, em que a vingança se exerce de modo furioso: Ricardo sequestra e encarcera Gómez, o assassino de sua mulher Liliana, durante 25 anos e o submete a um absoluto silêncio, levando-o a suplicar continuamente que Ricardo fale com ele. A vingança aqui é extrema, e o refinamento da vingança sádica atinge seu ápice, pois a súplica é o ato sádico por excelência: significa levar o outro ao paroxismo da dor e da demanda para em seguida dizer "Não" a ela. Como demonstram exemplarmente as torturas exercidas pelos carrascos onipresentes na obra de Sade, o sadismo não é apenas querer infligir dor ao outro, mas sim — e essencialmente — invocar o sujeito através da súplica da vítima para, ato contínuo, descartá-lo como um nada. Como a súplica é o ponto limítrofe máximo de expressão do simbólico em relação ao real, o que o sádico deseja é exterminar não o corpo, mas sim o sujeito que suplica pela vida. Encontramos também outro exemplo do exercício de um silêncio dilacerador no filme *A casa dos espíritos*, de Bille August. Após ter sido agredida pelo marido, Esteban, Clara decide nunca mais falar com ele. Ao agredi-la fisicamente, Esteban deu provas de que não sabe falar e ouvir. Mas aqui o silêncio veicula não o desejo de torturar, e sim, paradoxalmente, a força de um amor que exige e impõe respeito.

## Serendipidade

Clarice Lispector narrou que um dia descobriu uma água de colônia da marca Coty, barata, mas que a atraiu pelo nome: *Imprévu* — Imprevisto. Comprou-a e disse: "Sempre que estou desanimada, ponho em mim o Imprevisto. Me dá sorte".[80] Podemos encontrar essa alegria trazida pelo imprevisto no próprio método de escrita de Clarice, que, assim como muitos escritores e artistas, revelou que nunca sabia de antemão o que ia escrever. Conforme sua grande amiga Olga Borelli ponderou, Clarice "possuía a dignidade do silêncio".[81]

Na experiência da análise há um espaço especial reservado ao imprevisto, algo a ser igualmente acolhido com alegria e entusiasmo. O nome que encontro para traduzir esse elemento onipresente na análise e que podemos afirmar que faz parte do próprio método analítico é serendipidade. Pouco conhecido em nossa língua, o termo surgiu da palavra inglesa *serendipity*, criada pelo romancista inglês Horace Walpole em 1754 e introduzida no léxico da língua inglesa somente em 1974.

Numa carta destinada a seu amigo diplomata sir Horace Mann, ele mencionou a história persa "Os três príncipes de Serendip", que havia lido quando criança. O conto retrata as aventuras de três nobres da Ilha Serendip (atual Sri Lanka) que viviam fazendo valiosas descobertas de forma inesperada: estavam sempre encontrando, por acidente ou sagacidade, coisas que não haviam planteado. Em um dos casos da história, o rei de Serendip, em seu leito de morte, chamou os filhos dizendo que, além de lhes legar seu reino, deixaria um grande tesouro enterrado próximo à superfície. Após o falecimento do pai, os príncipes reuniram todos os homens do reino para cavar e revolver o solo de todo o país. Entretanto, depois de muitos anos passados nessa busca feérica, nenhum tesouro foi encontrado. O imprevisto foi que as terras do reino foram tão revolvidas que as colheitas se tornaram fecundas como nunca, e revelou-se então que o valioso tesouro deixado pelo rei aos filhos eram as próprias terras. A essa capacidade dos príncipes de Serendip, Walpole deu o nome *serendipity* — descobertas afortunadas feitas, aparentemente, por acaso.[82] A noção de descobertas feitas aparentemente por acaso é freudiana, pois para Freud não existe acaso no aparelho psíquico.

Serendipidade é uma característica essencial do método que o analista entroniza em seu laboratório a cada sessão. Trata-se de um nome que condensa o que se produz na atenção flutuante do analista, sua divisão constante entre saber e não saber, ou melhor, a habilidade para ter seu saber castrado pelo não saber a cada sessão analítica, dando assim lugar ao saber inconsciente, inesperado e imprevisto. Serendipidade é a aliança entre ciência e arte, a aptidão para acolher o novo e se surpreender, dentro de um terreno mapeado por meio de coordenadas estabelecidas pelo campo teórico. Ela requer atenção aos detalhes que, com frequência, irradiam a presença do inconsciente na fala do analisando.

## Breve cronologia instrutiva:

1913  Sigmund Freud, Sándor Ferenczi, Victor Tausk publicam "Observações e exemplos da prática psicanalítica".

1916-7  Freud publica "Conferências introdutórias sobre os sonhos".

1953  Jacques Lacan publica "Função e campo da fala e da linguagem em psicanálise".

1957  Marcel Duchamp publica "O ato criador".

1958  Lacan publica "A direção do tratamento e os princípios de seu poder".

1968  Serge Leclaire publica *Psicanalisar*.

1974-5  Lacan ministra o seminário *R.S.I.* (livro 22).

1976  Lacan profere as "Conférences et entretiens dans des universités nord-américaines".

# PARTE II

# O lugar do objeto

# 1. Genealogia do objeto *a*

A única ideia concebível do objeto, a [ideia] da causa do desejo, isto é, daquilo que falta.

JACQUES LACAN

AO LONGO DE SUAS FORMULAÇÕES sobre o lugar do analista e a direção do tratamento analítico, Lacan desemboca na seguinte concepção inédita: "A posição do psicanalista é feita substancialmente do objeto *a*".[1] O psicanalista "representa o efeito de rechaço do discurso, ou seja, do objeto *a*"[2] e, como tal, ocupa o lugar da dominante discursiva — do agente — no discurso psicanalítico. Vê-se que Lacan não poderia circunscrever com mais ênfase a importância teórico-clínica do objeto *a*: o fato de que "o psicanalista se faz do objeto *a*. Ele se faz, entenda-se: faz-se produzir; do objeto *a*: com o objeto *a*".[3]

Tais indicações são por si sós suficientes para que nos debrucemos sobre a origem desse conceito e tracemos sua genealogia. Considerado por Lacan, juntamente com o registro do real, como uma de suas duas únicas invenções na psicanálise,[4] o objeto *a* possui um caráter altamente compósito, fruto de uma longa série de elaborações teóricas da psicanálise. Faremos aqui um percurso que retraça sua genealogia, um verdadeiro *work in progress* do qual também participaram, entre outros, Freud e Winnicott.

## A falta de objeto

Lacan introduziu na psicanálise a noção de objeto faltoso e reconheceu nele o próprio objeto da psicanálise: "O objeto da psicanálise não é o homem; é aquilo que lhe falta — não uma falta absoluta, mas a falta de um objeto. Também é preciso nos entendermos quanto à falta de que se trata — é aquela que põe fora de questão que se mencione o objeto". E conclui com um chiste: "Não se trata do pão escasso, mas do bolo a que uma rainha remeteu suas massas em tempos de fome".[5]

Lacan chegou a falar durante algum tempo desse objeto como objeto "negativo", mas acabou abandonando essa terminologia (passível de ser confundida com o objeto mau de Melanie Klein) em prol da letrinha *a*. Chamando a atenção para a dificuldade de se falar sobre esse objeto, recusa como imprópria para ele a denominação de objeto "parcial", pois, "ao apresentá-lo sob esse termo, já se fala demais para dizer algo de aceitável. Se fosse tão fácil falar dele, nós lhe daríamos outro nome que não objeto *a*".[6] Até mesmo o termo "objeto" é usado metaforicamente, diz Lacan, pois "aquilo de que temos que falar mediante o termo *a* é, justamente, um objeto externo a qualquer definição possível da objetividade".[7]

Com efeito, a letra *a*, primeira letra do alfabeto, minúscula, é indubitavelmente a forma mais elementar de se fazer a nominação de algo; antes dela, não há qualquer nominação possível.

Ressalte-se de saída que os elementos que compõem a genealogia do objeto *a* residem nas tematizações psicanalíticas referentes à relação primitiva mãe-bebê (no caso de *das Ding*, a Coisa) e, particularmente, ao jogo infantil (no caso do objeto transicional). Trataremos em seguida dos momentos principais desse longo trajeto percorrido pelo campo teórico que desemboca no conceito de objeto *a*, espécie de buraco negro que exerce uma poderosa força de atração sobre as teorias psicanalíticas a respeito do objeto, todas elas submetidas com ele à noção lacaniana de falta de objeto.

Já foi salientado que, nos dois momentos em que Lacan formula os aspectos principais de sua teoria do objeto na psicanálise — quais sejam, o *Seminário 4, A relação de objeto*, no qual formula pela primeira vez a noção de falta de objeto, e o *Seminário 10, A angústia*, em que introduz o objeto *a* —, ele recorre a Winnicott em sua noção de objeto transicional.[8]

No *Seminário 4*, Lacan pondera de saída que o que vai pôr à prova é precisamente essa relação do sujeito com o objeto que tende cada vez mais a ocupar o centro da teoria analítica. Lacan se refere ao fato de que seu esquema L, introduzido ao término do seminário sobre *O eu na teoria de Freud e na técnica da psicanálise* — no qual se empenha em mostrar que a relação simbólica não se reduz à imaginária —, pretende criticar a prevalência dada à chamada relação de objeto como primária. Trata-se aí, para Lacan, da relação imaginária: a relação de objeto enquanto dual se refere precisamente à linha a-a' do esquema L.

A noção de relação de objeto não se encontra em Freud, para o qual, ao contrário, a noção de objeto apresenta uma dimensão inteiramente diversa. Em relação à noção de falta de objeto, formula Lacan: "Jamais, em nossa experiência concreta da teoria analítica, podemos prescindir de uma noção da falta de objeto como central".[9] Ele assim afirma após uma longa digressão em torno do objeto transicional, na qual critica os teóricos que estabelecem a relação de objeto como sendo de reciprocidade entre sujeito e objeto, estabelecida de maneira direta e sem hiância.

Trata-se, nessas concepções, da relação de objeto do ponto de vista exclusivamente imaginário, e o que é esquecido por elas é a noção de falta do objeto. Percebe-se o quanto esta noção permitirá a Lacan construir depois o conceito de objeto *a*, definido precisamente como objeto faltoso. Numa conferência proferida em Bruxelas em 1960, ele resumiria o problema do seguinte modo: "Essa noção de relação de objeto carrega em si uma profunda ambiguidade, na realidade uma pura e simples confusão, pois imprime a um correlato natural um caráter de valor, camuflado sob uma referência a uma norma de desenvolvimento".[10]

O sintagma "objeto *a*" foi mencionado pela primeira vez por Lacan no escrito "Observação sobre o relatório de Daniel Lagache", em 1960.[11] Mas ele teve antecedentes ilustres no campo teórico, como o *Fort-Da* freudiano e o objeto transicional winnicottiano. Diga-se, de imediato, que essa genealogia é explicitada por eles mesmos: Winnicott sublinhou que seu conceito de objeto transicional seguiu os rastros da exposição freudiana sobre o jogo do *Fort-Da*; assim como Lacan explicitou que sua concepção do objeto *a* deve muito ao objeto transicional de Winnicott. Além disso, o objeto *a* tem em Lacan mesmo um ilustre antecessor — o *agalma*, tematizado por ele especialmente no seminário sobre a transferência.

Desse modo, podemos depreender na genealogia do objeto *a* uma concatenação explícita simples e precisa:

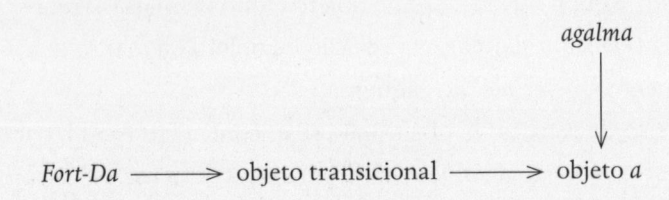

Esses serão os aspectos principais que vamos desenvolver, mas antes indiquemos sucintamente aquilo que podemos chamar de fontes primárias da genealogia do objeto *a*, em especial as noções freudianas de bissexualidade e *das Ding*, esta última recuperada de modo fecundo por Lacan em sua original abordagem da ética da psicanálise. Um relevo todo especial precisa ser dado à afirmação de Lacan que vê nos desenvolvimentos de Freud sobre o objeto perdido o fio condutor que o levou à criação do objeto *a*: "Se um dia eu inventei o objeto *a* pequeno, é o que está escrito em 'Luto e melancolia'. A perda do objeto, o que é esse objeto privilegiado, esse objeto que não encontramos em todo mundo, que acontece de um ser encarná-lo para nós?".[12] A noção freudiana de objeto perdido é revista por Lacan na dimensão da falta-a-ser e do objeto como faltoso.

## Bissexualidade

Uma fonte primária da gênese do conceito lacaniano de objeto *a*, já amplamente tematizada nos volumes anteriores desta série sobre os fundamentos da psicanálise, é a noção freudiana de bissexualidade.[13] Consideramos que ela é a grande responsável pelo advento dos conceitos fundamentais de pulsão e objeto pulsional, este caracterizado por ser variável (Freud) e indiferente (Lacan). Não me deterei novamente nisso, apenas sublinho a correlação teórica estreita entre a noção freudiana de bissexualidade e o objeto *a* de Lacan. Para exemplificar, cito duas passagens nas quais vemos ambos inferindo essa correlação. Freud afirma, numa importante nota de *O mal-estar na cultura*, o seguinte: "A doutrina da bissexualidade continua sendo, todavia, muito obscura, e não podemos deixar de considerar um sério contratempo que na psicanálise não se tenha achado enlace algum com a teoria das pulsões".[14] Há aí a indicação de que o elemento principal que caracteriza a pulsão sexual como tal e a distingue do instinto animal é a ausência de objeto específico para ela, o que coloca a bissexualidade como sendo estrutural. Entenda-se que bissexualidade significa, para Freud, algo muito preciso: a capacidade inerente a todo sujeito de investir sua libido em objetos de ambos os sexos. Portanto, ela é psicológica e deriva diretamente da estrutura edipiana.

Lacan, por sua vez, em uma das pouquíssimas passagens em que se refere à bissexualidade, sublinha a inadequação de considerar a bissexualidade do ponto de vista biológico e, criticando a concepção fliessiana recusada por Freud, pondera: "A bissexualidade biológica deve ser deixada no legado de Fliess. Ela não tem nada a ver com aquilo de que se trata: a incomensurabilidade do objeto *a* com a unidade implicada pela conjunção de seres de sexo oposto na exigência subjetiva de seu ato".[15]

Mas não é difícil reconhecer que o objeto *a* é uma interpretação radical, feita por Lacan, da teoria freudiana da bissexualidade, cuja definição — investimento da libido em objetos de ambos os sexos — se dá no registro do imaginário, calcada na diferença sexual enquanto imagem corporal; já o objeto *a* é da ordem do real em jogo na diferença sexual, real sem nome, sem sentido, lugar vazio e sem imagem. Ele expressa, logo, em toda a sua potência, o caráter enigmático inerente à diferença sexual e permite evidenciar a dimensão verdadeiramente estrutural da noção freudiana de bissexualidade. É essa a incomensurabilidade de que fala Lacan: o real da diferença sexual no campo do pulsional escapa à diferença sexual anatômica.

## *Das Ding* e a sublimação

A importância teórica da categoria freudiana *das Ding* foi introduzida na psicanálise por Lacan, que a tematizou amplamente, sobretudo até o momento em que introduziu o conceito de objeto *a*. No "Projeto para uma psicologia", de 1895, Freud nomeou a Coisa, *das Ding*, e lhe deu um relevo bastante próprio. Para ele, o complexo do *Nebenmensch* (o próximo)[16] se divide em duas partes, uma das quais se impõe por um aparelho constante, que permanece coeso como coisa — *Ding*. O *Ding* é o elemento que é originalmente isolado como estranho pelo sujeito em sua experiência do *Nebenmensch*. Todo o encaminhamento do desejo do sujeito se orienta em torno de *das Ding*. A Coisa, Outro absoluto do sujeito, é aquilo que precisamos reencontrar, mas só podemos reencontrá-la "como saudade".[17]

Lacan considera *das Ding* um elemento essencial da categorização conceitual freudiana: "O que há em *das Ding* é o verdadeiro segredo".[18] Ele afirma que "esse *das Ding*, tal como tento fazê-los perceber seu lugar e sua importância, é totalmente essencial no que tange ao pensamento freudiano, e vocês o reconhecerão à medida que avançarmos".[19] Cabe salientar que a expressão "campo de *das Ding*", utilizada por Lacan em diversas passagens do seminário *A ética da psicanálise*,[20] prefigura a expressão "campo do gozo", que será introduzida no seminário *O avesso da psicanálise*. Lacan apresentará o campo do gozo como sendo o campo lacaniano, do mesmo modo como no *Seminário 7* falara do campo de *das Ding* como sendo o seu campo.[21]

Um aspecto essencial da abordagem lacaniana de *das Ding* é a sua crítica ao "mito kleiniano" da mãe, qual seja, o ter "colocado no lugar central de *das Ding* o corpo mítico da mãe".[22] O conceito aqui em pauta é o difícil, embora imprescindível: a sublimação.[23] Para Melanie Klein, a sublimação se relaciona com a reparação simbólica das lesões imaginárias ocasionadas na imagem fundamental do corpo materno, solução que Lacan considera como não sendo a melhor, ainda que ela revele a ênfase posta por Klein em "abordar as relações do sujeito com algo primordial, seu apego ao objeto fundamental, o mais arcaico".[24] Lacan dá prosseguimento à concepção de Freud segundo a qual a sublimação é concebida como a produção da satisfação para a pulsão diferente de seu alvo (*Ziel*), e introduz a iluminadora fórmula segundo a qual a sublimação reside na elevação do objeto à dignidade da Coisa.[25]

Com isso, Lacan promove uma distinção consistente entre o objeto e a Coisa (*das Ding*). Tal distinção é essencial e permite diferenciar o objeto *a* de *das Ding*.[26] Como formula Lucien Israël, ao matar a Coisa, a nominação pelo significante, seu cernir pela linguagem, permite evocá-la e "fazê-la passar ao estatuto de objeto".[27] Para Lacan, é numa relação de miragem que a noção de objeto é introduzida: "Mas esse objeto não é a mesma coisa que aquele visado no horizonte da tendência. Entre o objeto, tal como é estruturado pela relação narcísica, e *das Ding* há uma diferença, e é justamente na vertente dessa diferença que se situa, para nós, o problema da sublimação".[28] Lacan usará o sintagma "interior excluído"[29] para falar de *das Ding*, assim como se referirá ao objeto *a* como *êxtimo*, neologismo criado por ele que associa o íntimo ao exterior.

Lacan menciona um item de coleção como aquele que nos permite distinguir o objeto e a Coisa, e lembra a coleção de caixas de fósforo de Jacques Prévert, dispostas de uma forma tal que caixas idênticas, vazias, se encaixavam umas nas outras por um ligeiro deslocamento da gaveta de cada uma delas, e formavam uma "fita coerente que corria sobre o rebordo da lareira, subia na murada, passava de ponta a ponta pelas cimalhas e descia de novo ao longo da porta".[30] Lacan comenta que essa disposição de um objeto tão simples demonstrava que uma caixa de fósforos não é simplesmente um objeto: pode ser uma Coisa. Mas nem por isso teremos acesso à Coisa propriamente dita, ela é apenas indicada numa posição mais-além do objeto.

Marcel Duchamp operou uma radical guinada na história da arte ao colocar esse ato de transformação do objeto útil em objeto estético no cerne de suas criações, isto é, em seus *readymade*, objetos encontrados prontos e expostos por seu valor estético até então desconhecido. Neles, trata-se para Duchamp precisamente de elevar o objeto (útil) à dignidade da Coisa, promovendo o objeto trivial do cotidiano à dimensão do sublime.[31]

O *readymade* é a aplicação estética da ideia duchampiana de que o olhar do espectador participa da criação do objeto artístico, e a proposição de objetos prontos ao olhar implica invocar um novo olhar sobre a realidade banal.

Lacan encontrou o pilar de sua distinção entre a Coisa e o objeto em Martin Heidegger, na deslumbrante conferência sobre *das Ding* proferida em 6 de junho de 1950: "Tomando, assim, a jarra, como um receptáculo pro-duzido, nós a tomamos, na verdade, como uma Coisa, e não como simples objeto".[32] Lacan se refere ao apólogo heideggeriano da jarra/vaso para tratar da função significante do vaso que, ao ser criado, introduz ao mesmo tempo o vazio e o pleno. Anchyses Jobim Lopes chamou a atenção para a raiz nitidamente oriental dessa concepção heideggeriana, salientando sua localização no *Tao Te King*, de Lao Tsé,[33] cujo poema XI enfatiza a importância do vazio e faz referência ao oleiro e ao vaso — ao vazio do vaso:

> Trinta raios convergem, no círculo de uma roda
> E pelo espaço que há entre eles
> Origina-se a utilidade da roda.
>
> A argila é trabalhada na forma de vasos
> E no vazio origina-se a utilidade deles
> Origina-se a utilidade do vaso.
>
> Abrem-se portas e janelas nas paredes da casa
> E pelos vazios é que podemos utilizá-la
> Assim, da não existência vem a utilidade, e
> Da existência, a posse.[34]

A distinção entre a Coisa e o objeto ocupa um lugar precioso no campo teórico, pois, conforme nos mostra Lucien Israël, o recalque originário implica o assassinato da Coisa e a entrada do sujeito no mundo significante. A Coisa "é um pedaço do real, sem nenhuma relação com a realidade".[35] Para explicá-lo, Israël fornece o exemplo do caçador, que é capaz de ler, sob a forma de signos, traços que nos são totalmente imperceptíveis. Para nós, esses traços, esses pedaços de real só adquirem existência quando são mostrados e nominados: "Mas a nominação que constitui essas coisas vai também fazê-las desaparecer enquanto coisas para fazer delas signos e, por que não?, significantes. É isso o assassinato da Coisa. Isso significa que a Coisa não mais precisa estar necessariamente presente para ser localizada. Ela é substituída por seu significante".[36]

Ao evocar a Coisa, o significante faz com que ela passe ao estatuto de objeto, *das Ding* se torna *die Sache*. Embora ambos os termos designem "coisa" em alemão, *die Sache* possui a mesma etimologia que *sagen*, dizer: "A Coisa dita é o objeto".[37] A nominação da Coisa e a consequente significantização do objeto que essa nominação produz nos remete diretamente à observação do jogo infantil feita por Freud no *Fort-Da*, exemplar do ato inaugural de toda simbolização humana. Extraímos daí uma constatação cujo alcance clínico é enorme: toda simbolização traduz, de início, a perda do objeto.[38]

## O *Fort-Da*

A brincadeira do *Fort-Da* constitui um dos núcleos temáticos mais vigorosos do ensaio freudiano sobre o "Além do princípio de prazer". Segundo Ernest Jones, a observação dessa brincadeira infantil e do apego das crianças pela repetição — independentemente de ser agradável ou não — foi o principal fator que levou Freud a repensar a soberania do princípio de prazer. Ainda segundo Jones, ele levou a cabo essa observação em setembro de 1915, quando passou algumas semanas com o neto e sua filha Sophie, que moravam em Hamburgo. Outro fator seria o artigo metapsicológico "A pulsão e suas vicissitudes", igualmente de 1915, no qual Freud concebe o ódio não só como um componente primário do eu mas também como algo distinto da pulsão sexual.[39]

Uma palavra sobre o "Além do princípio de prazer".[40] A nova concepção da pulsão de morte que é ali apresentada vai adquirindo mais consistência para o próprio Freud aos poucos e, se no ensaio de 1920 ele parece hesitar sobre sua nova "ideia curiosa" — como a definiu certa vez para Lou-Andreas Salomé —, apenas quatro anos mais tarde, em "O problema econômico do masoquismo", ele sustenta sua hipótese sem qualquer espécie de dúvida. E assim prosseguiu até o fim de sua obra. A concepção desenvolvida no "Além do princípio de prazer" se manterá inalterada pelo resto da vida e irá mostrar todo o seu alcance nas obras posteriores, especialmente em *O mal-estar na cultura*.

O contexto do surgimento da pulsão de morte não pode ser esquecido. Alguns autores — o primeiro tendo sido o seu discípulo Fritz Wittels —, acharam por bem estabelecer uma causalidade entre a origem desse conceito e as perdas vividas por Freud naquele período (em especial a morte trágica de sua filha Sophie, que sucumbiu em poucos dias). Contudo, Freud estivera ocupado com a escrita do *Além...* durante todo o ano que precedeu a morte de Sophie, sendo, portanto, inadequado insistir nesse nexo causal. Como René Major e Chantal Talagrand observam, apoiados em documentação histórica, "a introdução do conceito de pulsão de morte obedece, primeiro, à necessidade de explicar as limitações impostas à dominação do princípio de prazer na vida psíquica".[41] O próprio Freud escreveria a Wittels — após ler sua obra *Freud: O homem, a doutrina, a escola*, na qual ele levanta essa hipótese — para precisar que *Além...* fora escrito em 1919, "quando minha filha ainda estava com excelente saúde. Ela faleceu em janeiro de 1920".[42]

Freud introduz o problema das neuroses traumáticas chamando a atenção para a sua frequência elevada naquele momento, com os inúmeros casos de neuroses de guerra que chegaram até sua clínica. Ele assinala que, no desencadeamento das neuroses traumáticas comuns (não as de guerra), o fator da surpresa e, consequentemente, do susto é prevalente. Freud distingue três estados diferentes: *susto*, estado de alguém que entrou numa situação de elevado perigo sem estar preparado para ele, isto é, no qual o fator surpresa é muito importante; *medo*, que exige um objeto definido que seja temido; e *angústia*, estado particular em que alguém espera um perigo ou se prepara para ele, ainda que seja desconhecido. Freud estabelece essa distinção para acrescentar que a angústia não produz uma neurose traumática, ao contrário: ela protege o sujeito do susto e das neuroses do susto.

Ele volta a sua atenção para os pesadelos nas neuroses traumáticas, que trazem o sujeito de volta à situação do acidente levando-o a acordar com o susto. Tais sonhos contrariam severamente a teoria do sonho como realização do desejo e, nesse caso, poderíamos pensar que nesses doentes a função do sonhar está perturbada ou que neles operam as "misteriosas tendências masoquistas do eu".[43] Com efeito, o quadro de neurose traumática é constituído pelo constante ressurgimento — em geral, isso ocorre após terem se passado alguns meses da experiência penosa — de revivescências do trauma pelo qual o sujeito passou, seja nos sonhos, seja em flashes diurnos nos quais sua mente é invadida de modo incoercível pela situação traumática.[44]

Quase toda a segunda seção do ensaio trata da brincadeira do *Fort-Da*, que surge, significativamente, em sequência à abordagem da neurose traumática, sendo que o próprio Freud assinala a acentuada diferença existente entre ambas: "Nesse ponto, proponho abandonarmos o obscuro e melancólico tema da neurose traumática e passarmos a examinar o método de funcionamento empregado pelo aparelho mental em uma de suas primeiras atividades *normais*; quero referir-me à brincadeira das crianças".[45]

Detenhamo-nos na descrição bastante pormenorizada que Freud faz do joguinho do *Fort-Da*, que ele observara com especial atenção. Sabemos que se tratava de seu netinho Ernst, filho mais velho de Sophie, e ele observa a primeira brincadeira que o menino de um ano e meio inventa para se distrair. Freud ressalta que não foi uma observação episódica, mas algo que se estendeu durante algumas semanas, e assevera que foi preciso bastante tempo para "descobrir o significado da enigmática atividade que ele constantemente repetia".[46] Descrevendo Ernst como um bom menino, Freud sublinha que seu desenvolvimento estava dentro do esperado e que ele nunca chorava quando a mãe, à qual era bastante ligado e que cuidava dele sem a ajuda de mais ninguém, se ausentava.

Ernst tinha o hábito de jogar os pequenos objetos com os quais brincava para longe, num canto embaixo da cama, e seus brinquedos sempre davam muito trabalho para serem recolhidos. Ao fazer isso, emitia um forte e prolongado som "o-o-o-ó" acompanhado por uma expressão de interesse e satisfação, que foi interpretado por Freud e pela mãe do menino como sendo não uma interjeição sem sentido, mas a maneira pela qual o bebê podia pronunciar a palavra alemã *Fort*, que significa "foi-se" ou "foi-se embora". Ficou claro aos poucos que o verdadeiro jogo de Ernst era o de fazer com que seus brinquedos "fossem embora".

Certa vez, Freud observou que o menino tinha um carretel amarrado num barbante e, em vez de brincar de carrinho puxando o carretel atrás de si, decidiu jogar o carretel sobre a borda de seu berço coberto com mosquiteiro, de modo que o carretel desaparecia e então o menino pronunciava seu "o-o-o-ó". Depois, puxando o brinquedo, saudava seu aparecimento com um amistoso "a-a-a-a", vocalização que mimetiza a palavra alemã *"Da"*, que significa "aqui está". Aí estava o seu jogo completo, o jogo de fazer desaparecer e trazer de volta o pequeno carretel, do qual não seria exagero dizer que se trata do primeiro luto feito pelo sujeito.

A própria palavra "jogo", usada de modo geral para designar as brincadeiras, contém em si a ideia de que a brincadeira infantil (ou mesmo a do adulto) implica lançar algo para longe — jogar bola, por exemplo. Assim, o jogo do *Fort-Da* chama a atenção de Freud sobretudo porque ele parece conter a essência de todo e qualquer jogo, isto é, a elaboração da separação, da perda do objeto. Freud interpreta o jogo como uma verdadeira conquista cultural da criança, sua renúncia à satisfação pulsional, ao admitir sem protestar a saída da mãe.

Ele ressalta o fato de que muitas vezes o bebê só fazia a primeira parte do jogo e esse primeiro ato era incansavelmente repetido como um jogo em si mesmo, ainda que fosse evidente que o segundo ato é que proporcionava maior prazer. É esse o ponto de partida da interrogação de Freud, o fato de que o primeiro ato do jogo era repetido com uma frequência muito maior, suscitando a questão: como coadunar a repetição de uma experiência aflitiva com o funcionamento psíquico regido pelo princípio de prazer?

Para começar, ainda que o primeiro ato fosse bastante desprazeroso, ao repeti-lo a criança passava de uma posição *passiva* para uma posição *ativa*, exercendo assim sua pulsão de apoderamento (ou dominação). Além disso, ao jogar o objeto para longe a criança manifesta sua hostilidade e realiza uma espécie de vingança da mãe, mandando-a embora, o que significa não apenas sua insatisfação com o fato de ter sido abandonado como também, a um só tempo, a substituição dela pelo triunfo do ato de abandonar.

## Lacan e o *Fort-Da*

Desde seu primeiro seminário, encontramos em Lacan constantes referências à observação freudiana do jogo do *Fort-Da*. Na verdade, é impressionante o fascínio que tal passagem de "Além do princípio de prazer" exerceu sobre os psicanalistas em geral e sobre Lacan em particular, a julgar pelo número de vezes que ele recorre a essa observação freudiana. Nesta seção acompanharemos diversas menções, salientando o que consideramos seus pontos mais relevantes.

No seminário 1, *Os escritos técnicos de Freud*, Lacan trata do *Fort-Da* em três momentos.[47] No primeiro, a partir de uma questão colocada por Vladimir Granoff sobre a saída masoquista no estádio do espelho. Vejamos o contexto no qual a pergunta de Granoff se insere. Lacan vinha desenvolvendo na lição o tema do estádio do espelho e se referindo ao fenômeno tão comum do transitivismo, em que a criança pequena vê a sua ação e a do outro como equivalentes: a criança reclama que a outra bateu nela, mas foi o inverso; ou então o amiguinho cai no chão e começa a chorar, a criança começa a chorar também, como se ela própria também houvesse caído. Perguntando-se sobre a origem desses fenômenos nos quais parece haver um espelho instável entre a criança e seu semelhante, Lacan aventa a hipótese, congruente com sua teoria do estádio do espelho e sua concepção do registro do imaginário, de que, não podendo assumir o domínio internamente, "é pela mediação da imagem do outro que se produz na criança a assunção jubilatória de um domínio que ela ainda não obteve".[48] Trata-se de uma forma vazia, de um invólucro de domínio que, na teorização freudiana, corresponde à noção do eu como superfície do corpo, superfície refletida numa forma. Isso significa não só que "a imagem da forma do outro é assumida pelo sujeito", mas também que "é num movimento de báscula, de troca com o outro, que o homem se apreende como corpo, forma vazia do corpo".[49]

Temos aqui uma anterioridade lógica, de uma dedução que se pode fazer sobre a maneira pela qual a criança apreende e reconhece seu desejo no outro: "Tudo o que está então nele no estado de puro desejo, desejo originário, inconstituído e confuso, o que se exprime no vagido da criança — é invertido no outro que ele aprenderá a reconhecê-lo".[50] Lacan resume suas observações dizendo que "antes que o desejo aprenda a se reconhecer [...] pelo símbolo, ele só é visto no outro".[51]

Trata-se da estrutura fundamental do sujeito no plano imaginário, a de destruir aquele que é a sede da alienação. Uma vez que antes da linguagem o desejo só existe no plano da "relação imaginária do estado especular, projetado, alienado no outro", surge uma rivalidade absoluta com o outro, e a saída só pode ser a sua destruição:

> O desejo do sujeito só pode, nessa relação, se confirmar através de uma concorrência, de uma rivalidade absoluta com o outro, quanto ao objeto para o qual ele tende. E cada vez que nos aproximamos, num sujeito, dessa alienação primordial, se engendra a mais radical agressividade — o desejo do desaparecimento do outro enquanto suporte do desejo do sujeito.[52]

Observando então que a saída masoquista, o masoquismo primordial, se situa no ponto de junção entre o imaginário e o simbólico, e acrescentando que também aí se situa a "pulsão de morte, que é constituinte da posição fundamental do sujeito humano",[53] Lacan salienta que Freud isolou o masoquismo primário precisamente num jogo da infância. Nele, a criança substitui a tensão dolorosa engendrada pela experiência inevitável da presença e da ausência do objeto amado por um jogo através do qual ela própria maneja a ausência e a presença.

Ele ressalta que essa brincadeira do carretel que é lançado e trazido de volta é acompanhada por uma vocalização que é característica daquilo que, do ponto de vista dos linguistas, constitui o fundamento mesmo da linguagem — uma simples oposição: *Fort-Da*, longe-aqui. O importante não é a utilização (de forma muito aproximativa, é claro) das palavras pela criança, mas sim que existe aí uma primeiríssima manifestação da linguagem, um ato inaugural de toda simbolização humana: "Nessa oposição fonemática, a criança transcende, introduz num plano simbólico o fenômeno da presença e da ausência. Torna-se mestre da coisa, na medida em que, justamente, a destrói".[54]

É a relação entre a simbolização e a perda do objeto, amplamente tematizada por Freud em seu ensaio "Luto e melancolia" (escrito alguns anos antes e, de fato, um verdadeiro precursor de "Além do princípio de prazer"), no qual compara o afeto normal do luto com o grave quadro clínico da melancolia para mostrar que a simbolização da perda do objeto é possível no primeiro e impossível na segunda. A impossibilidade de simbolizar a perda do objeto é tributária da "perda do eu" vivida pelo melancólico.

A respeito da relação intrínseca entre simbolização e perda, Robert Georgin sublinha que, como se pode depreender no jogo do *Fort-Da*, "toda simbolização traduz no início a perda do objeto",[55] ou seja, perda de gozo. Assim, quando Freud destaca os mecanismos inconscientes que regem o sonho — a condensação e o deslocamento —, e quando Lacan os aproxima da metáfora e da metonímia, trata-se de mostrar neles as operações simbólicas relativas às formas de lidar com a falta do objeto, dito de outro modo, de simbolizar o real.

A metonímia revela a falta do objeto e permite ao desejo, por substituição, investir outro objeto. A metáfora traduz a irrupção de um sentido oculto, ela promove um desvelamento. Enquanto na metonímia a verdade do sujeito permanece censurada, na metáfora ela fica patente. Lacan vê as duas como um mistério de duas faces: enquanto a metonímia traduz o desejo, a falta do objeto e a busca de um substituto para ele, a metáfora se liga ao ser, mesmo que o ser seja apenas uma falta-a-ser. Postulando que a ordem simbólica se baseia na metáfora, devido ao caráter fundamentalmente estruturante da metáfora paterna, Georgin faz uma comparação entre ambas no seguinte sentido: a metonímia designa tudo o que é da ordem da continuidade, da analogia, da identidade, do espelho, ela tem a ver com o imaginário; já a metáfora se liga à diferença e ao simbólico. Em conclusão, a metonímia se articula ao objeto — por isso Lacan insiste em que o objeto do desejo é metonímico — e a metáfora, ao sujeito.

Em seus *Escritos*, Lacan se detém na relação entre o jogo do *Fort-Da* e a entrada do sujeito na linguagem: "São esses jogos de ocultação que Freud, numa intuição genial, produziu para o nosso olhar, para que neles reconhecêssemos que o momento em que o desejo se humaniza é também aquele em que a criança nasce para a linguagem". E ele prossegue iluminando poeticamente o que ocorre nesse momento:

> Podemos agora discernir que o sujeito não domina aí apenas sua privação, assumindo-a, mas que eleva seu desejo a uma potência secundária. Pois sua ação destrói o objeto que ela faz aparecer e desaparecer na *provocação* [pela voz] antecipatória de sua ausência e sua presença. Ela negativiza assim o campo de forças do desejo, para se tornar, em si mesma, seu próprio objeto. E esse objeto, ganhando corpo imediatamente no par simbólico de dois dardejamentos elementares, anuncia no sujeito a integração diacrônica da dicotomia dos fonemas, da qual a linguagem existente oferece a estrutura sincrônica à sua assimilação; do mesmo modo, a criança começa a se comprometer com o sistema do discurso concreto do ambiente, reproduzindo mais ou menos aproximativamente, em seu *Fort!* e em seu *Da!,* os vocábulos que dele recebe. *Fort! Da!* É realmente já em sua solidão que o desejo do filho do homem torna-se o desejo de um outro, de um *alter ego* que o domina e cujo objeto do desejo é, doravante, seu próprio sofrimento.[56]

O que importa frisar é o fato de que, com a entrada em ação do simbólico, com sua emergência — exemplificada pelo jogo do *Fort-Da* —, o objeto torna-se secundário. O valor do objeto se revela insignificante e o *"Fort! Da!"*, apesar da imperfeição fonética que não impossibilita a distinção fonemática, surge como um "ponto de inseminação de uma ordem simbólica que preexiste ao sujeito infantil e segundo a qual será preciso que ele se estruture".[57]

A palavra mata a coisa e se torna a própria coisa, o objeto passa para o plano da linguagem.[58] A ordem do real torna-se absolutamente diversa do simbólico e o simbólico passa a ordenar a realidade humana — maneira pela qual o real se torna realidade psíquica. Lacan dá o exemplo da palavra "elefante", que permite que se lide com o elefante em si num plano puramente simbólico e se produzam efeitos sobre o real. A palavra permite que o elefante entre no recinto em que conversamos apesar de estar realmente ausente:

> Reflitam um instantinho sobre o real. É porque a palavra "elefante" existe na sua língua e porque o elefante entra assim nas suas deliberações que os homens puderam tomar em relação aos elefantes, antes mesmo de tocá-los, resoluções muito mais decisivas para esses paquidermes do que o que quer que lhes tenha acontecido na sua história — a travessia de um rio ou a esterilização natural de uma floresta.[59]

Sublinhando o quanto Freud destacou a forma pela qual os jogos da criança evocam a presença na ausência e rejeitam o objeto na presença, e o quanto para a criança pequena inicialmente há apenas o real e o simbólico, Lacan assevera que "tudo parte da possibilidade de nomear, que é, ao mesmo tempo, destruição da coisa e passagem da coisa ao plano simbólico, graças ao que o registro propriamente humano se instala".[60]

Lacan salienta a naturalidade com que o menino entra nesse jogo, e que o carretel (ou o que for) é um objeto transformado, um objeto com função simbólica, um objeto desvitalizado que já é um signo. Quando está próximo a criança o expulsa, e quando não está ali ela o chama. Mediante esses primeiros "jogos", o objeto passa de modo quase natural para o plano da linguagem. Com isso, o símbolo emerge e se torna mais importante que o próprio objeto. Lacan conclui dizendo que a palavra é a própria coisa, não é simplesmente uma sombra, um sopro, uma visão virtual da coisa — é a coisa mesma.

A realidade criada pelo simbólico é invocada de modo poético por Jorge Luis Borges ao visitar uma reserva próxima a Luján, na Argentina.

Ali, o grande escritor teve a experiência de afagar uma tigresa de bengala e dar o testemunho, registrado por sua esposa, María Kodama, de uma vivência impressionante que estabelece para ele uma ponte entre o real e o simbólico: "Ela, aproximando-se, pôs as duas patas sobre os ombros de Borges, que lhe acariciava o flanco enquanto ela lhe lambia a cabeça; como se fosse um de seus cachorros".[61] Considerando essa visita proporcionada por Kodama como o mais maravilhoso e inesquecível presente que já recebera, pois materializava o sonho de sua infância, Borges, cuja obra é pontilhada de referências a tigres, escreveu um breve texto intitulado "Meu último tigre", no qual compara os tigres que viu e os das histórias que leu com esse "último tigre de carne e osso". Diz ele: "A esses tigres da vista e do verbo acrescentei outro [...] que ao contrário de seus predecessores, tinha cheiro e peso. Não direi que esse tigre que me assombrou é mais real do que os outros".[62]

No seminário 3, *As psicoses*, Lacan se refere ao *Fort-Da* em duas lições.[63] Em ambas, para indicar que a criança que está se introduzindo na dimensão simbólica fazendo um objeto aparecer e tornar a desaparecer não deve nos levar a esquecer que a dimensão simbólica está lá desde sempre. Lacan fala da aparição primitiva dos significantes que já são da ordem simbólica, que surgem antes mesmo que a criança aprenda a articular a linguagem. Por isso, a oposição fonemática que sustenta todo o processo de produção de sentido (como no *Diktat* de Saussure absolutamente fundamental para a teoria lacaniana do significante: "Na língua só há diferença") se vale dos elementos que, na língua que cerca a criança, designam a significação em causa para ela. Mais essencialmente ainda, é interessante perceber que é no entre-dois significantes (*Fort-Da*) que a criança se produz como sujeito. Sempre binário, o significante representa o sujeito no intervalo entre dois significantes.

É de suma importância a observação lacaniana de que a linguagem da criança pequena é essencialmente metonímica, como no exemplo trazido por Freud ao tratar dos sonhos infantis. Trata-se de uma observação feita por ele sobre o sonho de sua filha Anna aos dezenove meses de idade, que consistia num cardápio ao qual se ligava seu próprio nome: "Anna F.,

framboesa, morangos silvestres, omelete, pudim". Sobre essa base claramente metonímica, a dimensão propriamente metafórica da linguagem
será introduzida só depois.

No seminário 4, *A relação de objeto*, Lacan situa os jogos de repetição
estudados por Freud no registro do apelo: é por uma vocalização que o
objeto materno é chamado quando está ausente e rejeitado quando está
presente. Desde os seis meses a criança joga esse jogo de domínio sobre
"um objeto perfeitamente indiferente e sem valor biológico",[64] o que revela desde já sua dimensão essencialmente pulsional. E é na dimensão do
agente da frustração que Lacan situa a mãe. Além disso, estabelece uma
ponte entre a posição depressiva de Melanie Klein — na qual surgiria um
elemento novo de totalidade em relação ao despedaçamento do objeto da
posição anterior, esquizoparanoide — e a dimensão da presença-ausência.
Tal dimensão não é mais objetiva, relativa ao objeto, mas sim articulada
pelo sujeito.

A frustração só pode ser pensada como recusa do dom, na medida
mesma em que o dom é símbolo do amor: "O caráter fundamental da
relação de amor, com tudo o que esta comporta de elaborado, não em
segundo grau, mas em terceiro; não implica somente, diante de si, um
objeto, e sim um ser".[65] O dom implica todo o ciclo da troca, no qual o
sujeito se introduz muito primitivamente. Na imensa circulação de dons
que recobre todo o conjunto intersubjetivo, "o dom surge de um mais-além
da relação objetal, já que ele supõe atrás de si toda a ordem da troca em
que a criança ingressou".[66]

O apelo já é uma introdução, totalmente engajada na ordem simbólica,
à palavra, e o dom se manifesta no apelo: "O apelo se faz escutar quando
o objeto não está lá. Quando está lá, o objeto se manifesta essencialmente
como sendo apenas signo do dom, isto é, como nada em termos de objeto
de satisfação. Ele está lá justamente para ser rejeitado na medida em que
é este nada. Este jogo simbólico tem, portanto, um caráter fundamentalmente decepcionante".[67]

Lacan prossegue dizendo que "a dolorosa dialética do objeto, ao mesmo
tempo ali e nunca ali, em que ela se exercita, nos é simbolizada nesse exer-

cício genialmente captado por Freud em estado puro, na sua forma isolada. Essa é a base da relação do sujeito com o par presença-ausência, relação com a presença sobre fundo de ausência, e com a ausência na medida em que esta constitui a presença".[68] E conclui:

> A partir daí, não é surpreendente para nós que seja justamente no sonho que se manifesta a persistência do desejo no plano simbólico. Enfatizo para vocês nesta ocasião: mesmo o desejo da criança nunca está ligado à pura e simples satisfação natural. Vejam o sonho, pretensamente arquissimples, que é o sonho infantil, por exemplo aquele da pequena Anna Freud. Ela diz em sonho: "Framboesa, flan etc.". Todos esses objetos são para ela objetos transcendentes. Eles já entraram doravante na ordem simbólica, e tão bem que são todos justamente objetos proibidos. Nada nos obriga a pensar que a pequena Anna Freud estivesse insaciável naquela noite, muito pelo contrário. O que se mantém no sonho como um desejo, certamente expresso sem disfarce, mas com toda a transposição da ordem simbólica, é o desejo do impossível.[69]

O desejo do impossível aqui referido por Lacan se liga àquilo que numa lição posterior do mesmo seminário ele denomina desejo de outra coisa. Trata-se do

> desejo que talvez seja o mais profundo de todos os desejos humanos, o mais constante, pelo menos, esse desejo difícil de desconhecer em dado ponto da vida de todos nós e, em todos os casos, da vida daqueles a quem conferimos maior atenção, aqueles que são atormentados por algum mal-estar subjetivo. Esse desejo se chama, para nomeá-lo enfim, o desejo de outra coisa.[70]

No seminário 6, *O desejo e sua interpretação*, Lacan reafirma que o *Fort--Da* — definido como a alternância de um par significante em relação com um objeto — é o momento primeiro de introdução do sujeito no simbólico. Tal momento "situa-se justo antes do momento de aparecimento do $, ou seja, antes do momento em que o sujeito se interroga sobre o Outro como presente ou ausente".[71]

Lacan menciona nesse ponto o objeto transicional de Winnicott e afirma que, segundo o pensamento deste, inteiramente calcado nas experiências primárias da frustração, a presença do objeto transicional é necessária em qualquer gênese do desenvolvimento humano. E acrescenta que o objeto transicional *é* a bolinha (ou o carretel) do *Fort-Da*. Para Lacan, esse jogo é promovido à sua função no desejo quando ele se torna fantasia. Tal formulação de Lacan obedece à lógica destacada por Freud em seu artigo sobre "O poeta e o fantasiar", ao analisar a brincadeira da criança e estabelecer que a atividade do fantasiar consiste no prosseguimento da brincadeira infantil na vida do adulto.[72]

O seminário 11, *Os quatro conceitos fundamentais da psicanálise*, traz algumas das passagens mais interessantes em que Lacan aborda o *Fort-Da*, e dessa feita já o relacionando diretamente ao objeto *a*: abordando a repetição, Lacan localiza o objeto *a* no carretel do *Fort-Da*. E ressalta que o jogo do carretel é "a resposta do sujeito àquilo que a ausência da mãe veio criar na fronteira de seu domínio — a borda de seu berço — isto é, um *fosso*, em torno do qual ele nada mais tem a fazer senão o jogo do salto".[73]

Lacan em seguida mais uma vez aproxima de maneira alusiva o carretel do objeto transicional de Winnicott, que o define como a "primeira posse não-eu": "Esse carretel não é a mãe reduzida a uma bolinha [...] é alguma coisinha do sujeito *que se destaca embora sendo ainda bem dele, que ele ainda segura*".[74] Prossegue ele:

> É com seu objeto que a criança salta as fronteiras de seu domínio transformado em poço e que começa a encantação. Se é verdade que o significante é a primeira marca do sujeito, como não reconhecer aqui [...] que o objeto ao qual essa oposição se aplica em ato, o carretel, é ali que devemos designar o sujeito. A esse objeto daremos ulteriormente seu nome de álgebra lacaniana — o *a* minúsculo.[75]

Todo o jogo simboliza a repetição do afastamento da mãe, e não o de uma necessidade que pediria o retorno da mãe, o que se manifestaria simplesmente pelo grito: "É a repetição da saída da mãe como causa de uma *Spaltung* no sujeito — superada pelo jogo alternativo, *Fort-Da*, que é um *aqui ou ali*, e que só visa, em sua alternância, ser o *Fort* de um *Da* e o *Da* de um *Fort*. O que ele visa é aquilo que, essencialmente, não está lá enquanto representado — pois é o jogo mesmo que é o *Repräsentanz* da *Vorstellung*".[76] Trata-se aqui daquilo que Lacan chamou justamente de "metáfora do sujeito".[77]

No seminário de 1966-7, sobre a lógica da fantasia, Lacan retoma uma vez mais o *Fort-Da* para reafirmar que o significante não apenas designa o que não está ali, a presença e a ausência materna, mas também que ele não designa o sujeito que não está ali na origem, mas o engendra. Assim, no início não há *Dasein* (Ser-aí) senão no objeto *a*, quer dizer, toda enunciação do *Dasein* permanece marcada até o fim sob uma forma alienada.[78] Lacan articula o recalque originário (*Urverdrängung*) com o fato de que o significante representa um sujeito para outro significante — o que quer dizer que o que um significante representa para outro significante não constitui absolutamente nada, se acomoda a uma ausência absoluta de *Dasein*. Lacan fornece nesse ponto o exemplo dos hieróglifos egípcios, que permaneceram incompreendidos durante dezesseis séculos na areia no deserto. Cada hieróglifo, cada significante gravado na pedra, representa um sujeito para outros hieróglifos, outros significantes, e isso constitui uma escrita — pois uma escrita não necessita dizer algo para ser considerada uma escrita.

No mesmo seminário, ele sublinha que não é propriamente a dimensão da atividade que importa no jogo do *Fort-Da*, mas sim a sua dimensão de ato, pois realizar um ato é introduzir uma relação de significantes através da qual o sujeito emerge. Não é o lado ativo da motricidade a dimensão essencial e sim sua estrutura lógica que distingue a aparição do *Fort-Da*, isto é, a primeira tematização do significante sob a forma de oposição fonemática.

A partir das fórmulas quânticas da sexuação, introduzidas por Lacan no seminário 20, *Mais, ainda*, Alain Didier-Weill mostrou que o objeto *a* representa o lugar-tenente do Outro no gozo masculino: ele aparece, como o carretel do jogo do bebê, com a escansão em jogo no *Fort-Da*, que inter-dita a proximidade com o Outro, ameaçadora para o homem.

## Do *Fort-Da* ao objeto transicional

Como apontou Alain Vanier, a noção winnicottiana de falso self e verdadeiro self foi objeto da atenção e da crítica de Lacan, que a interpretou com agudeza, ponderando que Winnicott pretendia, com ela, agarrar algo além do ego, isto é, o sujeito;[79] no sentido inverso, Winnicott se interessou pelas formulações de Lacan sobre o estádio do espelho e fez referência a elas nos seguintes termos: "No desenvolvimento emocional individual, o precursor do espelho é o rosto da mãe. [...] Sem dúvida, o artigo de Jacques Lacan 'O estádio do espelho' me influenciou. Ele se refere ao uso do espelho no desenvolvimento do ego de cada indivíduo. Lacan, porém, não pensa no espelho em termos do rosto da mãe do modo como desejo fazer aqui".[80] Mas o verdadeiro móbil teórico que estabeleceu uma forte conexão entre o pensamento de ambos foi o conceito winnicottiano de objeto transicional.

Há várias referências de Lacan a ele espalhadas por seus escritos e seminários, e suas cartas para Winnicott transparecem seu reconhecimento do psicanalista inglês e do objeto transicional como sua contribuição maior à teoria psicanalítica.[81] Na carta datada de 5 de agosto de 1960, um mês após o encerramento de seu seminário *A ética da psicanálise*, desculpando-se por responder com tanto atraso a carta a ele endereçada por Winnicott em fevereiro, diz Lacan: "Consagrei meu ano de Seminário a tentar estabelecer as bases de uma ética da psicanálise. Penso que você me dá o crédito de imaginar que medi as dificuldades, a audácia do assunto".[82] Como Winnicott expressara na carta de fevereiro a dificuldade em compreender seu escrito "À memória de Ernest Jones: sobre sua teoria do simbolismo", Lacan ao mesmo tempo lamenta as dificuldades que lhe opõem à transmissão de seu ensino e a distância que consequentemente o separa de Winnicott: "É aí que posso sentir o que meu ensino perde por não ter sua difusão normal em nossa comunidade. E isso me é tanto mais sensível quando se trata de você, com quem sinto tantas razões para me entender". Mais adiante, Lacan corrobora sua proximidade com ele de modo afetuoso: "E, contudo, como me sinto sustentado e de acordo com suas pesquisas em seu conteúdo e seu estilo! Esse 'objeto transicional' cujos méritos mostrei aos meus, não indica ele o lugar onde se marca precocemente essa distinção do desejo em relação à necessidade?".[83]

Outras passagens podem ser encontradas em Lacan que salientam mais ainda seu especial interesse pelo objeto transicional. No escrito sobre "A direção do tratamento", indicando o valor que a observação direta da criança pode ter para a psicanálise, Lacan ressaltou a fecundidade do objeto transicional como um "ponto-chave para a explicação da gênese do fetichismo".[84] Na intervenção intitulada "Alocução sobre as psicoses da criança", proferida ao encerramento das jornadas sobre o tema organizadas por Maud Mannoni, na qual estavam presentes os antipsiquiatras ingleses cuja formação sofreu a influência direta de Winnicott, Lacan ponderou que "fomos os primeiros a situar com exatidão a importância teórica do chamado objeto transicional, isolado como traço clínico por Winnicott".[85] E também no resumo do seminário de 1967-8, sobre *O ato psicanalítico*, Lacan estabelece de modo incisivo a conexão íntima entre o objeto *a* e o objeto transicional, reconhecendo poeticamente que Winnicott soube receber este último "das mãos mais distantes da criança": "Foi a partir dele [o objeto transicional] que formulamos inicialmente o objeto *a*".[86]

Assim, tudo leva a nos debruçarmos sobre a relação que existe entre os conceitos de objeto *a* de Lacan e de objeto transicional de Winnicott. Como veremos, cada vez mais é reconhecido pelos analistas que a relação entre esses conceitos é de grande ajuda para a compreensão desses dois teóricos da psicanálise. E, quando os estudamos, tudo se passa como se não pudéssemos mais pensar em um sem o outro.

Para Winnicott, o bebê vivencia em seus primeiros seis meses de vida uma total dependência em relação ao meio ambiente, representado por sua mãe biológica ou por outra pessoa que cuida dele e atende a suas necessidades prementes nessa fase da vida — o que denominamos com Lacan de Outro materno.

A influência do meio no desenvolvimento psíquico da criança é posta em primeiro plano por Winnicott. O bebê desconhece essa dependência e vive uma unidade constituída por ele e pela mãe, que desempenha três

funções: a apresentação do objeto (seio ou mamadeira); o *holding*, sustentação física, psíquica e protetiva oferecidas à criança por ela; e o *handling*,
manipulação do bebê nos cuidados maternos, que oferece bem-estar físico
e permite a "personalização", termo com que Winnicott nomeia a união
que precisa ser estabelecida entre a vida psíquica do bebê e seu corpo. A
"mãe suficientemente boa" — delicioso sintagma criado por Winnicott
para nomear o que considera como a relação salutar entre a mãe e seu
bebê — é aquela que se identifica estreitamente com seu filho e se adapta
a suas necessidades, que evoluem ao longo do tempo, ao desempenhar
suas três funções.

Segundo ele, através dos cuidados de uma mãe suficientemente boa a
criança pequena desenvolve uma vida psíquica e física fundamentada em
suas tendências inatas, e experimenta um sentimento de continuidade da
vida, sinal da emergência de um verdadeiro self, um verdadeiro eu. O self é
uma noção introduzida em 1950 por Heinz Hartmann, um dos criadores da
escola da Psicologia do Ego. Para ele, o self designa a representação da pessoa inteira, incluindo o corpo e a organização mental. Winnicott distingue
dois aspectos do self presentes em todos os seres humanos: o verdadeiro
e o falso. O verdadeiro self é a pessoa que se constrói fundamentalmente
a partir do emprego de suas tendências inatas e se manifesta através dos
gestos espontâneos e das ideias pessoais.[87]

Depois de uma fase em que teve a ilusão de ser onipotente e de ser uma
só pessoa com sua mãe, a criança descobre — pouco a pouco — que ela e
a mãe são pessoas separadas, que ela depende da mãe para a satisfação de
suas necessidades e que a fantasia não corresponde à realidade. Após a fase
de ilusão, ela enfrenta uma desilusão e, para atravessar essa experiência
difícil, geradora de angústia, a criança desenvolve atividades ligadas aos
fenômenos e objetos transicionais. Elas surgem especialmente na hora em
que a criança se separa da mãe, como na hora de dormir, e se enxertam
assim no vazio aberto pela emergência da angústia da separação.

A presença do objeto transicional opera um certo equilíbrio, regulando
a crescente angústia ao preservar a sensação de continuidade entre o bebê
e a mãe, continuidade que é aquilo que a mãe deve assegurar em primeiro

lugar. Nesse sentido, a voz e todos os seus produtos — sons, cantigas de ninar, ditos afetuosos dirigidos à criança usando o "mamanhês" — são um poderoso elo entre mãe e bebê. Além disso, parece haver uma relação estrutural entre a voz e o objeto transicional, pois, assim como Lacan define o objeto *a* como *êxtimo* — neologismo que associa o íntimo ao externo —, Winnicott fala do objeto transicional como simultaneamente interno e externo.

A dimensão francamente apaziguante operada pelo acalanto foi apontada também por Mário Eduardo Costa Pereira, pois no acalanto a voz do Outro, que amiúde invoca, subjetiva, invade, "surge como condição de repouso, de apagamento da dimensão invasiva do *Nebensmench*, de possibilidade de entrega ao autoerotismo".[88] Em sua obra *Finding Our Tongues*, partindo da mera observação de que os pais, no mundo todo e em todas as culturas, falam com seus bebês utilizando o "mamanhês", a antropóloga norte-americana Dean Falk concebeu a teoria de que essa forma de comunicação universal se originou como um modo de reassegurar os bebês quando as mães tinham de colocá-los no chão para poder trabalhar. As vocalizações melódicas do "mamanhês" primitivo, visando "tornar suportável a separação da mãe de seu bebê",[89] teriam originado a linguagem humana e contribuído para o desenvolvimento da música e da arte. Pode-se deduzir daí que a cantiga de ninar é constitutiva do primeiro espaço transicional, no qual a voz desempenha o papel do fenômeno transicional mais primitivo.

Os fenômenos transicionais se alojam num espaço intermediário entre a realidade interna e a realidade externa. Há, portanto, um espaço no qual se passam fenômenos transicionais e no qual surge o objeto transicional, o qual é, assim, um sinal tangível da existência desse espaço transicional. Na cultura popular, um exemplo cândido desse apego da criança ao objeto tamponador da angústia é o personagem Linus, das tirinhas dos Peanuts, de Charles Schultz, que está sempre carregando seu cobertorzinho para onde quer que vá.

## Uma aula sobre o objeto

Segundo nos revela Masud Khan, aluno de Winnicott, a noção de objeto transicional, que recebeu uma aclamação tão imediata — inclusive de Lacan, como vimos —, possui uma história clínica complexa e remonta à sua experiência pediátrica exercida ao longo de mais de quarenta anos.[90] Dois artigos de Winnicott são importantes para o estudo de sua noção de objeto transicional: o primeiro, de 1941, é intitulado "Observações de bebês numa situação padronizada", e o segundo, de exatos dez anos depois, é o célebre "Objetos transicionais e fenômenos transicionais", no qual sua concepção sobre o objeto transicional é formulada.

É interessante observar que o primeiro artigo prenuncia os desenvolvimentos relativos ao segundo, ao descrever certos padrões de comportamento das crianças entre cinco e treze meses de idade diante de um apetrecho de exame — uma espátula, usada para abaixar a língua do paciente no exame da boca — em consultas solicitadas pelas mães. Tal observação é valorizada por Winnicott, sobretudo pelo fato de que inclui a dimensão terapêutica da "possibilidade de que uma experiência ocorra em toda a sua extensão".[91] Ele assinala que, durante as consultas, dá artificialmente aos bebês o direito de completar uma experiência que, para ele, tem o "valor especial de uma aula sobre o objeto".[92] Repare-se que o exemplo do *Fort-Da* do netinho de Freud é referido duas vezes ao longo do artigo.[93]

Winnicott delimita três períodos ou estágios que compõem um conjunto expressivo de reações da criança. Ele coloca o apetrecho, retangular e reluzente, no canto da mesa, e a mãe instala a criança numa posição que lhe permite alcançar o objeto com a mão se desejar.

O primeiro período é denominado por ele de "hesitação" e é assim descrito:

O bebê estende sua mão para a espátula, mas descobre subitamente que é melhor pensar um pouco mais sobre a situação. Ele se vê num dilema. Ou então põe a mão sobre a espátula [...] olha para mim e para sua mãe com os olhos bem abertos, observando e aguardando, ou, em certos casos, retira

inteiramente o seu interesse da mesma e enterra o rosto na blusa da mãe...
e é muito interessante observar o gradual e espontâneo retorno de seu interesse pela espátula.[94]

Nesse período, portanto, a hesitação é a regra, e tudo indica que o bebê
vê nascer em si o desejo de pegar a espátula e de algum modo coloca à prova
esse desejo diante do outro. Surge um conflito, e Winnicott chega a falar do
supereu como agente dessa hesitação: "Se nos perguntarmos a razão pela
qual o bebê hesita após o primeiro gesto impulsivo, teremos que concordar,
assim creio, com a ideia de que se trata de uma manifestação do supereu".[95]
(O período de hesitação surge igualmente, para Winnicott, no que ele chama
de jogo do rabisco, no qual é sucedido pelo gesto criativo, o rabisco.)

Ainda sobre o primeiro período, Winnicott observou, num bebê de
sete meses que tinha ataques de asma, que as crises surgiram nesse primeiro estágio, quando, em duas ocasiões, a criança hesitou em pegar a
espátula. Ele deduz daí que se tratava de um conflito diante do impulso
de pegar a espátula que teria surgido e sido controlado. Winnicott atribui
um claro sinal de angústia à hesitação.

O segundo período, podemos chamá-lo, pela descrição de Winnicott,
de período de "autoconfiança", no qual a criança revela querer brincar
com a espátula e, ainda mais relevante, "aceita a realidade de seu desejo
pela espátula".[96] Ela inclusive mimetiza a ação do adulto ao brincar de dar
comida, "não gostando nem um pouco se formos estúpidos a ponto de
pôr a espátula na boca, estragando a brincadeira enquanto brincadeira".[97]
O bebê se sente possuidor da espátula, ele a domina e a usa como uma
extensão de sua personalidade.[98]

O terceiro período lembra bastante aquele descrito por Freud na observação de seu neto, pois o bebê passa a jogar com satisfação a espátula no
chão, e isso repetidamente. Nessa fase, o bebê "pratica o gesto de livrar-se
da espátula". O próprio Winnicott chama a atenção para a semelhança
das duas observações e pondera que, embora conhecesse há muitos anos
a descrição de Freud do jogo com o carretel, somente nos últimos anos
percebera sua íntima conexão com essa fase.

Ele observa que durante muito tempo não deu importância para esse terceiro estágio, mas ao descobri-lo pôde avaliar também que, se a experiência era interrompida no segundo estágio, o bebê ficava perturbado com a perda da espátula, mas, ao ser conduzido até o terceiro, ele podia ser levado embora deixando a espátula para trás e sem cair no choro. Indicando a importância da observação de crianças feita por Freud para a sua própria observação, Winnicott coroa seu belo artigo com ricas elaborações sobre os significados simbólicos de ambos os jogos.

## O objeto transicional

Em 1951, no artigo intitulado "Objetos transicionais e fenômenos transicionais", Winnicott apresenta pela primeira vez seu conceito de objeto transicional. Mais essencialmente ainda, é preciso destacar que esse conceito se acha diretamente relacionado, pelo próprio Winnicott, ao *Fort-Da* freudiano. Tal explicitação surge apenas em seu livro *O brincar e a realidade*, publicado em 1971, que é de fato um desenvolvimento do artigo escrito vinte anos antes.

Seu estudo trata do que ele chama de primeira posse não-eu, como um elemento que surge *entre* o autoerotismo (o punho na boca do recém--nascido) e a boneca ou o ursinho. O objeto e os fenômenos transicionais designam a área intermediária da experiência do bebê: entre o polegar e o ursinho, entre o erotismo oral e a relação objetal. Trata-se, diz ele, de "uma área intermediária entre o subjetivo e o que é objetivamente percebido".[99] Os fenômenos transicionais se referem a uma dimensão da vivência que não pertence à realidade interna nem à realidade externa; antes, constituem o lugar em que ambos se conectam e se separam. Winnicott utiliza muitos termos para se referir a essa dimensão: a terceira área, a área intermediária, o espaço potencial, o lugar de descanso, o local da experiência cultural. Eles são exemplificados pelo balbucio do bebê ou o cantarolar antes de dormir de uma criança mais velha.

O objeto transicional não faz parte do corpo do bebê, mas também não é inteiramente reconhecido como pertencente à realidade externa. Essa região intermediária é de experimentação, e para ela contribuem tanto a realidade interna quanto a externa; essa área intermediária de experimentação é considerada por Winnicott como um "lugar de descanso para o indivíduo permanentemente engajado na tarefa humana de manter as realidades interna e externa separadas, e ao mesmo tempo inter-relacionadas".[100] Para ele, essa é a substância da ilusão, que é admitida na criança e é inerente à arte e à religião.

Winnicott compara a relação de crianças dos dois sexos com os objetos e salienta que os meninos tendem a buscar objetos duros e as meninas "tendem a avançar direto para a aquisição de uma família".[101] Contudo, ressalta que não há qualquer diferença observável entre meninos e meninas quanto ao uso da posse não-eu original — o objeto transicional.

Quando o bebê passa a usar sons organizados, o objeto transicional pode ser nomeado. O nome dado pelo bebê é frequentemente significativo e, em geral, possui uma parte de uma palavra usada pelos adultos — por exemplo, "baa", onde o b vem de "bebê". Tratando do simbolismo do objeto transicional, Winnicott dirá que o pedaço de cobertor (ou outra coisa) simboliza algum objeto parcial, como o seio. No entanto, o fato é que seu valor está mais ligado à sua realidade que a seu simbolismo: "Não ser o seio (ou a mãe) é tão importante quanto representar o seio (ou a mãe)".[102]

O objeto transicional não é um objeto simbólico propriamente porque, quando o simbolismo é empregado, o bebê já pode distinguir claramente entre fato e fantasia, entre objetos externos e internos, entre percepção e criatividade primária. Ele indica a raiz do simbolismo no tempo, pois descreve a travessia do bebê desde a subjetividade até a objetividade; ele é o aspecto visível dessa travessia em direção à experimentação. Tornando-se mais importante que a mãe, o objeto transicional se revela quase uma parte inseparável da própria criança.

Se pudéssemos resumir as diferentes etapas pelas quais passa a relação entre a mãe e o bebê, articulando-as com o objeto transicional e o objeto *a*, apresentaríamos o seguinte encadeamento:

| Mãebebê | $\longrightarrow$ | Mãe-bebê | $\longrightarrow$ | Mãe bebê |
|---|---|---|---|---|
| Autoerotismo | | Objeto transicional | | Objeto *a* |
| Ilusão | | (Des)ilusão | | Fantasia ($\mathcal{S} \lozenge a$) |

O objeto transicional é um precursor, na vida da criança, do objeto *a*; digamos que ele anuncia a perda do objeto, já prefigurada por ela, mas de modo que a angústia decorrente dessa ameaça de perda seja suportável.

Não seria incorreto aproximar a emergência do objeto transicional da noção budista do "caminho do meio": não se deve puxar demais a corda de um instrumento, pois ela arrebenta; mas também ela não pode ficar muito frouxa, porque assim ela não soará como deve. Não à toa, Winnicott entrou para a história da psicanálise como tendo fundado o Middle Group, na Sociedade Britânica de Psicanálise, que vivia nos anos 1940 uma época turbulenta com a oposição francamente bélica entre Melanie Klein e Anna Freud em torno da necessidade ou não da utilização da dimensão pedagógica na análise de crianças (para Klein, não é possível associar o trabalho educativo com o trabalho analítico). Winnicott, John Bowlby e outros não eram dogmáticos e aceitavam ambas as correntes.

Mas as duas posições, caso se coloquem de maneira extrema, são excessivas, e o próprio Freud apresentou ao longo de sua obra contribuições que permitem apontar nessa polêmica uma posição terceira: há casos em que tal associação pode se revelar necessária, mas isso também não constitui uma regra geral.[103] É provável que Winnicott tenha representado ele próprio o objeto transicional diante dos radicalismos extremos, cujo confronto era fonte de angústia para a comunidade analítica.

Ao mencionar um exemplo típico de objeto transicional, Winnicott menciona o caso do menininho que, se alguém lhe desse o "baa", ele se punha a chupá-lo e sua angústia desaparecia, o que o levava ao sono ainda que não estivesse na hora de dormir. Se o objeto *a* é o objeto perdido na constituição do sujeito a partir da castração simbólica, o objeto transicional é o objeto que sustenta a transição até essa perda se instaurar; ele é já a primeira inclusão de um substituto possível para o objeto materno que, portanto, prefigura a sua perda e permite à criança instaurar um trabalho de luto antecipado — tal como Freud indica, em seu escrito "A transitoriedade", o luto antecipado pela morte da beleza.[104]

## Objeto transicional e objeto fetiche

Embora seja um verdadeiro protótipo do objeto *a* prestes a se constituir como objeto faltoso, o objeto transicional pode dar origem igualmente ao objeto fetiche, que representa a manutenção no adulto do objeto transicional, isto é, aquele que aplaca a angústia de castração, de separação do objeto materno. Importa frisar que, nessa díade mãe-bebê, a posição da mãe também é responsável pelo destino do objeto transicional, na medida em que o bebê representa igualmente para ela um objeto transicional e cabe a ela lidar com ele de maneira a suportar a angústia proveniente das diferentes etapas da separação. Por isso, Lacan chega a comentar que "o importante não é que o objeto transicional preserve a autonomia da criança, mas que a criança sirva ou não de objeto transicional para a mãe".[105]

Além disso, nota-se que a fantasia pode ser concebida como uma associação paradoxal entre os dois momentos anteriores de ilusão e desilusão. A fantasia concilia, num verdadeiro paradoxo, a ilusão de completude entre o bebê e o objeto materno com a própria perda dessa completude; ela é uma revolta contra essa perda, mas a reconhece como tal — daí a relação íntima, estrutural, entre o recalque originário e a instauração da fantasia fundamental.[106] A fantasia tem uma estrutura eminentemente perversa, pois reconhece e ao mesmo tempo desconhece a castração; ela como que enuncia "eu sei que a completude está perdida para sempre, mas mesmo assim eu aspiro a ela e me agarro ao objeto".

Para Lacan, o objeto *a* cai como resto da operação simbólica de representação do sujeito entre dois significantes, e é curioso ver que, na nossa língua, expressões do tipo "ela é caidinha por ele" ou "ele tem uma queda por ela" abordam o objeto erótico como francamente ligado à queda.

O caráter parcial da pulsão sexual e de seus objetos parece igualmente estar na base de certas expressões populares como "pedaço de mulher", "pedaço de homem". Sem esquecer que, no livro do Gênesis, a mulher é tirada de um "pedaço" do homem — a costela —, após Deus ter feito Adão entrar em um sono profundo.

A manutenção do objeto transicional na idade adulta representará a constituição de um fetiche no sentido propriamente freudiano do termo: ele tamponará a falta do falo materno e, simultaneamente, evidenciará essa mesma falta.

A relação entre o falo e o objeto *a* é complexa. Em sua raiz indo-europeia, o substantivo grego *phallós* evocava um inchaço e designava, desde seu mais antigo sentido, o pênis ereto nos desfiles dionisíacos. Na psicanálise, o falo não se confunde com o pênis; ele designa uma função simbólica — função fálica — da qual depende o desejo. Na sexualidade humana, o falo designa o que não é subjetivável e o que representa a falta do sujeito e o torna desejante.

Com Lacan, o falo assume um lugar central na teoria psicanalítica. Na constituição do sujeito alienado nos significantes do Outro, o falo não pode ser significado, o que introduz uma barra no sujeito — uma perda de gozo instauradora da falta-a-ser do sujeito do significante — que o deixa completamente à mercê do desejo do Outro. É aqui que entra em cena o objeto *a* e, através dele, a fantasia: o sujeito encontra no objeto *a* o suporte, na medida em que o Outro falha para designá-lo como sujeito desejante. Se o significante apaga e desvanece o sujeito, o objeto *a* assume o lugar daquilo de que o sujeito foi privado na castração simbólica — o lugar do falo materno —, donde a produção da fixação fantasística, verdadeiro enxerto que tampona o furo da incógnita do desejo do Outro.

Deve-se entender, assim, que o objeto transicional representa um estágio de transição entre a fusão do bebê com a mãe e a separação. Ele inclui nele mesmo os dois momentos: a evocação da fusão com a mãe e a separação, que já foi antevista. Nesse sentido, ele se aproxima muito do objeto fetiche, cuja característica destacada por Freud é precisamente a de incluir nele próprio, ao mesmo tempo, o reconhecimento da castração e

seu desmentido, mecanismo que Freud denominou de *Verleugnung*. Para
haver desmentido (ou renegação) da castração, é preciso haver primei-
ramente o seu reconhecimento. Não é outra coisa que encerra o objeto
transicional, que pode ser situado num espaço intermediário entre o gozo
e sua interdição.

$$\textit{Fort-Da} \longrightarrow \text{Objeto transicional} \longrightarrow \text{Objeto } a$$
$$\downarrow$$
$$\text{Objeto fetiche}$$

Nesse sentido, Moshe Wulff deu uma importante contribuição para o
assunto em seu artigo "Fetichismo e escolha de objeto na tenra infância",
citado por Winnicott. De fato, com alguns exemplos que ele considera
como verdadeiros precursores, na infância, dos objetos fetiches no adulto
fetichista, Wulff trouxe um aporte decisivo para Winnicott poder construir
sua teoria do objeto transicional.

Observando que a escolha primária de objeto feita na tenra infância
tem sido pouco estudada, e investigando a ocorrência de suas manifestações fetichistas, Wulff se refere a um caso descrito na literatura analítica
em 1927 por Joseph Friedjung, de Viena. Trata-se de um menino de dezesseis meses de idade que, para dormir e para comer na ausência da mãe,
exigia que lhe dessem seu sutiã ou sua meia de seda, e não aceitava que as
peças estivessem lavadas, nem roupas do pai: "Esse objeto era pressionado
entre suas mãos, e ele enfiava o dedo polegar na boca e imediatamente
adormecia".[107]

Ele examina outros casos da literatura analítica que abordam situações semelhantes, inclusive o de uma menina de vinte meses de idade,
relatado por Edith Sterba, que se apegara, desde que fora desmamada,
aos seis meses e meio, a um paninho de limpar a boca usado no período
de sua amamentação. Era a esse paninho que a menina recorria quando
ia dormir, pressionando-o contra a bochecha e chupando o dedo polegar.

A menina nomeou esse querido pertence de "meu, meu"; certa vez jogou-o na sujeira da rua e, recebendo-o de volta após insistir gritando com o pai para apanhá-lo, jogou-o no chão repetidamente. É impossível não ver uma alusão ao *Fort-Da* nesse relato de Sterba. Embora Wulff não tire nenhuma consequência disso, é bem provável que tenha sido indiretamente remetido à observação freudiana.

## O *agalma*: αγαλμα

Durante as onze primeiras sessões do seminário *A transferência*, agrupadas na publicação sob a significativa rubrica "A mola do amor", Lacan faz uma leitura do *Banquete* de Platão, texto cujo objetivo implica, segundo ele, "saber o que é ser sábio no amor".[108] Nessa leitura, Lacan anuncia que abordará a transferência a partir do "segredo de Sócrates",[109] e estabelece o *agalma* como o objeto da transferência. Ele só utilizará esse termo grego por mais ou menos sete anos, mencionando-o uma última vez no escrito da "Proposição de 9 de outubro de 1967 sobre o psicanalista da Escola" e abandonando-o em seguida.

Antes do seminário sobre a transferência, o objeto, quando é conotado com a letra *a*, está sempre em relação com a noção de pequeno outro (*a* como letra inicial de *autre*). A partir daí ele se destaca da noção de pequeno outro e adquire sua autonomia conceitual enquanto objeto *a*. O *agalma* é o elemento que se insere no percurso de elaboração teórica de Lacan entre o *a* como pequeno outro e o objeto *a*, pois "o declínio do poder de fascinação do *agalma* é correlativo da emergência do conceito de objeto *a*".[110] Mas o *agalma* recebe uma distinção muito precisa quando Lacan afirma que ele é "esse objeto que o sujeito acredita que seu desejo visa, e com o qual leva a seu extremo o desconhecimento do objeto como causa do desejo", pois ele é o "auge da obscuridade em que o sujeito é mergulhado em sua relação com o desejo".[111]

Não é possível deixar de ver aqui uma conexão do *agalma* com o objeto constituído e enraizado inconscientemente como fetiche. Basta lembrar que a palavra francesa "*fétiche*" vem do português "feitiço", que é certamente uma das qualidades mais pregnantes do *agalma*: seu caráter de sortilégio, objeto encantador, fascinante.

Assim, já surge aqui implicitamente uma distinção que Lacan vai estabelecer claramente no seminário *R.S.I.*: entre o objeto do desejo e o objeto causa do desejo.[112] O *agalma* é o objeto do desejo, a ser diferenciado do objeto *a* — causa do desejo. Mas Lacan salienta ao mesmo tempo a relação íntima entre o objeto *a* e o *agalma*: "Incluído no objeto *a* está o *agalma*, o tesouro inestimável que Alcibíades proclama estar encerrado na caixa rústica que forma para ele a figura de Sócrates".[113]

Jean-Louis Henrion fez um longo e erudito percurso em torno do vocábulo *agalma*, e indica o comparecimento desse termo nos mitos gregos, em Platão e depois em Lacan,[114] trajetória ao longo da qual se pode ver a abrangência do campo semântico e dos usos desse termo na Antiguidade. Algumas de suas indicações não podem ser ignoradas. O *agalma* é um objeto que enfeita, causa orgulho, e ele já aparece em Homero, significando um adorno, uma joia destinada a reis ou deuses, e nesse caso equivale a oferenda, *anathêma*.

*Agalma* — αγαλμα — apresenta três direções etimológicas possíveis: *agalos*, que designa o fato de se regozijar, se glorificar; *agallomai*, que implica uma noção de satisfação completa, abundância, e também, por derivação, ciúme e admiração; e *aglaos*, que exprime a ideia de brilho e glória para objetos e pessoas, ligando-se também ao rir, ao gargalhar e, por outro lado, à serenidade e à calma do mar. Autores trágicos, como Eurípedes, Ésquilo e Sófocles, o empregam no sentido figurado, falando de crianças e também de algum objeto precioso de fabricação artesanal oferecido a um deus.

Em sua leitura do *Banquete* de Platão, mostrando que o amor só pode ser articulado em torno da dimensão da falta, Lacan se depara com a importância do *agalma*. Ele anuncia seu achado pela primeira vez justo ao final da nona lição, referindo-o àquilo que é oculto nesse sileno hirsuto que é Sócrates, e afirmando acreditar que reencontrou a história e a função do objeto de que se trata na fantasia, o objeto *a*: "No coração do ato de amor, introduz-se o objeto de cobiça única, [...] um objeto do qual se quer afastar a concorrência, um objeto que se repugna mesmo a se mostrar".[115]

O *agalma* é, então, retomado longamente na lição seguinte, quando Lacan sublinha o quanto essa noção tem de psicanalítico e se surpreende com o fato de que isso jamais tenha sido ressaltado. Ele assinala que, ao tomar a palavra no banquete, Alcibíades — o "homem do desejo", "o desejante por excelência, o homem que vai tão longe quanto possível no gozo"[116] — muda a direção do discurso que antes se centrava no belo e se dirigia ao amor; agora, ele se dirige em ato ao outro que é Sócrates e nos "arranca da dialética do belo",[117] e trata não mais da beleza exterior, e sim de algo que está no interior — uma joia, um objeto precioso e oculto. Como assinala com pertinência Philipe Julien, a leitura de Lacan retira os séculos de censura universitária sobre a relação de Alcibíades e Sócrates.[118]

Alcibíades passa a fazer não mais o elogio do amor, como os que o antecederam, mas sim o elogio do outro; ele trata do amor em ato, e é a relação entre um e outro que vai se manifestar ali: "O elogio do outro não substitui o elogio do amor, mas o próprio amor".[119] A entrada de Alcibíades coloca algo novo em cena. Bêbado, ele entra no banquete (o texto fala de um "cortejo de bebedores"[120]) para falar a verdade, como sabem fazê-lo as crianças. Ele entra perguntando por Agatão e senta-se *entre* Sócrates e Agatão, sem ter visto Sócrates. Quando percebe sua presença, ele se espanta e diz a Sócrates que se sentara perto do mais belo rapaz do grupo.

No ápice de sua linguagem apaixonada, Alcibíades declara ter visto no interior do sileno esses *agalmata* "a tal ponto divinos, preciosos, de ouro, totalmente belos, tão extraordinários que não havia senão uma coisa a fazer e o mais depressa possível, pelos caminhos mais curtos: fazer tudo o que Sócrates pudesse ordenar".[121] Outra rica precisão surge aqui quanto às duas faces do objeto *a*, a face causa do desejo e a face mais-gozar: o *agalma* tem a ver com a dimensão mais-gozar do objeto *a*. Como observou Paul-Laurent Assoun, "é o recurso ao *agalma* que consagra esse encontro entre objeto *a* e gozo".[122]

Lacan considera a intervenção retumbante de Sócrates sobre o discurso de Alcibíades como uma verdadeira interpretação: "Tudo o que acaba de revelar, falando de mim, foi para Agatão que o disse".[123] Sócrates define sua própria posição como a de alguém que nada sabe, com exceção do que diz respeito às coisas do amor, o que Lacan reitera sublinhando que Sócrates "sabe o que está em questão nas coisas do amor, isto é mesmo a única coisa que sabe. E dissemos que é porque Sócrates sabe que ele não ama".[124] E o que Sócrates aponta para Alcibíades é a verdade oculta em seu discurso amoroso: ele quer ser o único amado por Sócrates e quer que Agatão seja amado por ele e apenas por ele. Abaixo vemos, na primeira linha, o discurso manifesto de Alcibíades e na segunda, seu desejo inconsciente, revelado pela interpretação de Sócrates, que no fundo fala da posição que ele assumira ao se sentar *entre* os dois:

$$\text{Alcibíades} \longrightarrow \text{Sócrates} \longrightarrow ( \longrightarrow \text{Agatão})$$

$$\text{Sócrates} \longrightarrow \text{Alcibíades} \longrightarrow \text{Agatão}$$

O que Sócrates sabe sobre o amor? Ele sabe que o amante, o *erastès*, vê nele algo com o olho do pensamento, para além do olho real, que é, no fundo, um vazio — "sua essência é esse *ouden*, esse vazio, esse oco".[125] Nesse sentido, a metáfora do amor — a transformação do amado em amante — não pode se produzir nele. É justo nesse aspecto que Lacan compara a posição de Sócrates com a do analista. Freud, ao propor muito cedo sua concepção absolutamente original da transferência, extraída da experiência clínica, já observara que o enamoramento do analisando pelo analista não poderia ser correspondido porque, em suma, não se trata da pessoa do analista.

Ao fazer o elogio do outro Sócrates, Alcibíades deseja em Sócrates "esse objeto único, esse algo que ele viu em Sócrates e do qual Sócrates o desvia, porque Sócrates sabe que não o tem".[126] E o que Alcibíades deseja em Agatão são igualmente seus *agalmata*, "esse ponto supremo onde o sujeito é abolido na fantasia".[127]

Assim, o *agalma* é, para Lacan, o objeto do desejo, e quando um objeto apaixona o sujeito isso se dá "porque ali dentro, escondido nele, há o objeto do desejo, *agalma*".[128] Esse objeto é sempre um objeto parcial — seio, falo, fezes — e, para Lacan, "a função do objeto parcial é uma das maiores descobertas da investigação analítica",[129] originalidade essa que se quis apagar: o objeto parcial é o pivô, o centro do desejo humano. Lacan critica as noções eivadas de ideais, que invadiram a teoria psicanalítica, de objeto total e de oblatividade — função bizarra para a qual amar genitalmente é "amar o outro por ele mesmo" —, noções que supõem uma harmonia preestabelecida a ser reconquistada na análise.

No desejo, o que é visado é algo que destaca um objeto dentre todos os outros, por ser incomparável com os outros e isso corresponde à parcialidade do objeto, pois o objeto parcial é o *agalma*, "ponto principal da experiência analítica".[130] Por quê? Referindo-se ao objeto bom e ao objeto mau na dialética kleiniana, Lacan responde a essa pergunta dizendo que esses objetos parciais se encontram na origem, antes mesmo do período depressivo, o que é uma forma de apontar que — assim como o *agalma* e o objeto *a* — o objeto do desejo em Melanie Klein não possui nada de objeto total.

Há, na análise, duas perspectivas sobre o amor: uma é a da oblatividade, uma nova versão da famosa escalada em direção a um Bem Supremo. Outra, demonstrada pela experiência analítica, diz respeito ao "objeto núcleo" que é o *agalma*, privilégio, ponto único que só encontramos num ser quando amamos verdadeiramente. O que provocou o amor de Alcibíades foi o *agalma* que há em Sócrates, "o objeto escondido no interior do sujeito Sócrates", "o bom objeto que Sócrates tem no ventre", pois ele não é nada mais do que "um invólucro daquilo que é o objeto do desejo". Lacan desenvolve a ideia de que na transferência, assim como no amor, é o *agalma* que opera pois, pelo simples fato de haver transferência, o analista está implicado na "posição de ser aquele que contém o *agalma*, o objeto fundamental de que se trata na análise do sujeito".[131]

O idioma grego dá a possibilidade de distinguir a função do amante e a função do amado pelo emprego de termos distintos: *erastês* e *erômenos*. Essa oposição pode ajudar a esclarecer a relação entre analisando e analista; não por uma correspondência completa, mas na medida em que a transferência na análise coloca o problema do amor, posto que o implica ao ponto de se confundir com ele sem, no entanto, se reduzir a ele.

Se pudéssemos incluir o objeto transicional nessa passagem do *erômenos* ao *erastês*, diríamos que ele está situado precisamente na passagem da posição de objeto para a posição de sujeito, e que representa uma forma paradoxal de estancamento e, ao mesmo tempo, de favorecimento dessa passagem.

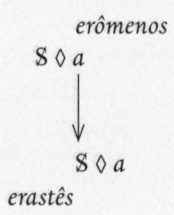

Quando a função do objeto amado é substituída pela função do aman-te — sujeito da falta —, temos aí o advento da significação do amor.[132] A transferência não é o amor, pois o amor é sem dúvida um efeito da trans-ferência, mas é a sua face de resistência. A transferência é definida como uma metáfora do amor, uma substituição do *erômenos* pelo *erastês*: o amado se transforma em amante e os *agalmata* que ele vê no outro não são nada mais do que aqueles que ele próprio contém e ignora. Portanto, trata-se de passar da posição de objeto do amor do outro para a posição de sujeito do desejo. Pois o que caracteriza o *erastês*, o amante, é essencialmente aquilo que lhe falta e que ele não sabe o que é.[133] Como no epifânico *insight* do poema "Eros e Psiquê", de Fernando Pessoa:

> *Mas cada um cumpre o Destino —*
> *Ela dormindo encantada,*
> *Ele buscando-a sem tino*
> *Pelo processo divino*
> *Que faz existir a estrada.*[134]

"Processo divino que faz existir a estrada", o amor em sua significa-ção é uma metáfora, isto é, a substituição de um significante por outro significante produzindo uma significação, uma criação de sentido e, essencialmente, uma declaração — por isso mesmo a correspondência amorosa constitui um gênero literário. Mas, ainda que o amor se dirija a um sujeito e o desejo a um objeto, a imagem é dominante para o amor, razão pela qual Roland Barthes fala do discurso amoroso como sendo "um invólucro liso que adere à imagem, uma luva suave envolvendo o ser amado".[135] Trata-se do poder da imagem: "A gamação é uma hipnose: estou fascinado por uma imagem: primeiro sou sacudido, eletrizado, mudado, revirado, 'torpedeado'".[136] São João da Cruz sintetizou o poder da imagem em um de seus mais belos versos:

*Mostra tua presença*
*E mate-me tua vista e formosura.*
*Lembra-te que a doença*
*de amor nunca se cura*
*senão com a presença e a figura.*[137]

Se o desejo tem inúmeros objetos a sua disposição, o amor é a eleição de um desses objetos ao lugar do Único, e é isso que constitui a passagem do contingencial ao necessário, do desejo (e a infinidade de objetos que o seduzem) ao amor: como desenvolvemos em outro lugar, trata-se da passagem do "cessa de não se escrever" ao "não cessa de se escrever", modo pelo qual o amor vem em suplência à inexistência da relação sexual.[138]

A narrativa de Roland Barthes em sua obra *Fragmentos de um discurso amoroso* é fulgurante: "Encontro pela vida milhões de corpos; desses milhões posso desejar centenas; mas dessas centenas amo apenas um. O outro pelo qual estou apaixonado me designa a especialidade do meu desejo".[139] Jean Allouch narra que Barthes escreveu esse livrinho deslumbrante após uma única — e surpreendentemente liberadora — sessão de análise com Lacan, na qual, depois de ter ouvido longamente e em total silêncio Barthes lhe contar a paixão problemática e aparentemente conflitiva que nutria por um jovem, o analista disse: "Deixe esse garoto pra lá"![140]

O *agalma* ressurge na "Proposição de 9 de outubro...", onde é mencionado algumas vezes quanto à questão do fim da análise e à passagem do analisando a analista. A travessia da fantasia aí sobrevinda é assim descrita: "Nessa reviravolta em que o sujeito vê soçobrar a segurança que extraía da fantasia em que se constitui, para cada um, sua janela para o real, o que se percebe é que a apreensão do desejo não é outra senão a de um des-ser". Tal des-ser tem como consequência para o psicanalista daí advindo entregar-se "ao *agalma* da essência do desejo".[141] Trata-se do advento do desejo do psicanalista, que produz o desejo do sujeito como desejo do Outro, isto é, se faz causa do desejo. É do vazio que os objetos *a* retiram a função de causa em que surgem para o desejo, já que são homólogos à fenda "em que o sujeito se afigura uma díade — ou seja, assume o engodo de sua própria verdade".[142]

## Objeto *a*

Em sua obra *Transmitir a clínica psicanalítica*, Erik Porge investiga a afirmação reiterada de Lacan de que a sua única invenção foi a do objeto *a*.[143] Porge interroga por que Lacan fala do objeto *a* como sua invenção apenas em novembro de 1966, quando o havia introduzido, segundo ele mesmo afirma no seminário *Les non dupes errent*,[144] muito tempo antes, em 1958, ao longo da construção do grafo do desejo. Sua resposta é que o momento no qual Lacan declara isso pela primeira vez é quando seus *Escritos* são lançados, e é bastante significativo que Lacan abra o volume com um texto no qual correlaciona o objeto *a* com o estilo, como se, no momento da publicação de sua obra, ele explicitasse que inventou não só o objeto *a* mas um estilo de transmissão e formação psicanalíticas.[145]

Até o seminário *As formações do inconsciente*, a letra *a* servirá para designar, no esquema L, o eu e o outro. Aliás, no esquema L a <-> a' designa o eixo do imaginário, que une o eu ao outro, ou *alter ego*. Tanto o eu como o outro são considerados imagens corporais que funcionam como objetos. A partir daí, a letra *a* passa a designar igualmente o semelhante, o pequeno outro, isto é, o outro imaginário. E a tematização do imaginário se produz para Lacan em concomitância com a elaboração minuciosa do registro do simbólico efetuada na década de 1950.

Houve quem quisesse traduzir a letra *a* por *o*, primeira letra de "outro" (e de *other*).[146] Mas a intraduzibilidade da letra *a* para designar o objeto *a* é uma das marcas de sua invenção. Não se traduz a letra *a*, considerada como constituinte de uma álgebra, assim como não se traduzem as letras de uma fórmula matemática.

Inventar o objeto *a* terá sido, para Lacan, nomear aquilo que estava implícito em Freud na noção de objeto perdido. É impressionante como muitas histórias que são verdadeiras obras-primas do cinema são construídas em torno do objeto perdido: *A aventura*, de Michelangelo Antonioni, em que uma mulher, junto a um grupo de amigos, desaparece numa ilha sem deixar vestígios; *Tomates verdes fritos*, de Jon Avnet, em que a morte acidental de um jovem reconfigura a vida de todos à volta dele; *Central do Brasil*, de Walter Salles, em que a perda da mãe e de seu amor joga a criança no mundo feroz dos seres abandonados; *O passageiro*, também de Antonioni, em que a morte de um desconhecido conduz o sujeito a procurar se tornar um desconhecido para si mesmo. Já *Esse obscuro objeto do desejo*, de Luis Buñuel, eleva essa perda à sua exuberância máxima, isto é, à condição essencial da estrutura faltosa: Conchita, o objeto do desejo, se furta a cada investida que é feita em sua direção, com o que esvazia cada vez mais o lugar do objeto mais-gozar e abre o vazio da causa do desejo.

O objeto *a* "faz o papel do que vem no lugar do parceiro que falta" e por isso no lugar do real surge a fantasia.[147] O objeto *a* é o verdadeiro parceiro do sujeito, enquanto substituto do Outro.[148] Como lugar-tenente do Outro, o objeto *a* impede o contato imediato com o Outro, o que delimita para Lacan dois campos de gozo: o fálico — masculino, fantasístico —, na relação do sujeito com o objeto *a*; e o feminino, em que o contato com o Outro abole a escansão produzida pelo *a* e introduz o gozo Outro. Diversificada "nas quatro substâncias episódicas"[149] do objeto — da sucção, da excreção, do olhar e da voz —, a fantasia produz a realidade psíquica ao conjugar o real do objeto *a* com palavras e imagens, ou seja, com uma realidade construída pelo simbólico e pelo imaginário.

Se o objeto transicional apazigua a angústia, o objeto *a* produz angústia — e, para barrá-la, o desejo do sujeito se fixa na fantasia e estanca a deriva significante na qual ele é jogado pelo Outro. Tal fixação é, no fundo, uma prisão, um encarceramento, e por isso mesmo o sujeito desejante precisa ser libertado da prisão fantasística na qual se enclausurou para sustentar seu desejo.[150] Nesse sentido, Serge André interpreta a máxima ética de Freud *"Wo Es war soll Ich werden"* do seguinte modo: "Ali onde sou Isso, pequeno *a*, devo advir como sujeito". O que significa que "no lugar do furo do objeto *a*, é o falo como metáfora do sujeito, o sujeito como desejante, que deve se instalar ao término da análise".[151]

O objeto *a* está no centro do seminário 10 de Lacan, *A angústia*. Assim como Freud define o estranho, *Unheimlich,* a partir de Schelling, como sendo "tudo o que, estando destinado a permanecer em segredo, oculto, veio à luz",[152] a angústia representa para Lacan o surgimento, diante do sujeito, do objeto causa do desejo. Não é à toa que Lacan aborda o tema da angústia nesse seminário precisamente pela via do *Unheimlich*: "Assim como abordei o inconsciente através do *Witz*, este ano abordarei a angústia pela *Unheimlichkeit*".[153]

Lacan prefere não opor o medo à angústia, como faz a oposição clássica, que vê no primeiro uma relação direta com algum objeto e na segunda, não. Trata-se na angústia igualmente da relação com um objeto ("ela não é sem objeto", diz Lacan),[154] mas um objeto específico — o objeto *a*. É preciso insistir em que o objeto causa do desejo é distinto do objeto do desejo: "Se digo que o pequeno *a* é o que causa o desejo, isso quer dizer que ele não é seu objeto".[155] Pois Lacan chama a atenção para o fato de que o objeto causa do desejo é, muito simplesmente, o objeto da pulsão, "o objeto em torno do qual gira a pulsão".[156] Se o objeto *causa* do desejo é o que, enquanto uma falta, move o desejo, o objeto *do* desejo é o que preenche essa falta no campo do imaginário, ainda que de modo bastante provisório. O objeto do desejo é o objeto da pulsão (real) emoldurado pela fantasia (simbólico e imaginário).

Tendo como fator comum entre eles o fato de serem "ligados aos orifícios do corpo",[157] o vazio está no cerne dos objetos *a*, "homólogos à fenda": "É do vazio que os centra, portanto, que esses objetos retiram a função de causa em que surgem para o desejo".[158] A angústia se produz quando o objeto enquanto falta — objeto *a* — surge diante do sujeito: ele se angustia, ou seja, perde o contorno imaginário que o protege do real. Por isso, a mais simples e precisa definição que Lacan fornecerá da angústia — "única tradução subjetiva" do objeto *a* —[159] é a da invasão do imaginário pelo real.

Para falar do objeto *a*, talvez nada melhor do que lembrar a resposta que Lacan deu aos estudantes de filosofia em 1966, ao ser perguntado sobre a presumível unidade das ciências humanas e seu objeto de estudo. Lacan afirma que a ciência é definida por seu objeto e, no caso da psicanálise, esse objeto não é apresentável, já que o homem não é, como para a antropologia, um ser falante, mas sim um sujeito do inconsciente, isto é, um ser falado. A psicanálise refuta qualquer ideia até hoje apresentada do homem, pois "o objeto da psicanálise não é o homem; é aquilo que lhe falta — não uma falta absoluta, mas a falta de um objeto".[160]

Na constituição do sujeito do desejo, através dos significantes do Outro, há algo da ordem do real que resiste a ser assimilado pelo significante, algo irredutível à operação de subjetivação pelo significante. É nesse sentido que Lacan pondera que não há nenhuma subjetivação do sujeito. O sujeito é um aparelho lacunar, e "é na lacuna que o sujeito instaura a função de um certo objeto, enquanto objeto perdido. É o estatuto do objeto *a* enquanto presente na pulsão".[161] Ou seja, o sujeito é da ordem de um vazio homólogo ao objeto perdido: o seio, o excremento, o olhar, a voz — o sujeito "*é* esses objetos conforme o lugar em que eles funcionem em sua fantasia fundamental".[162] Donde: $\mathcal{S} = a$.[163] Lacan reparte do seguinte modo os quatro objetos *a* na dialética da demanda e do desejo: seio (demanda ao Outro); excremento (demanda do Outro); olhar (desejo pelo Outro); e voz (desejo do Outro).

Há uma etimologia comum, que não pode ser desprezada e para a qual Lacan chama a atenção, entre objeto e objeção — ato de objetar, de colocar obstáculo. Diz Lacan: "O objeto se encontra através das objeções",[164] ele pode levar alguém a quebrar a cabeça com ele, como Lacan diz ter quebrado a cabeça com o nó borromeano a quatro!

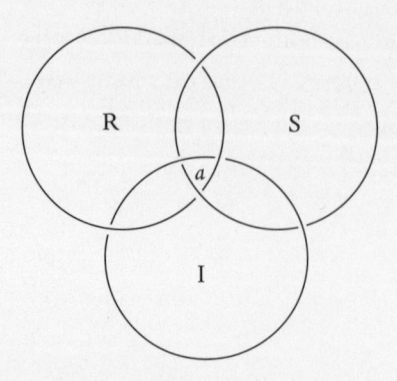

Ao adotar, a partir da década de 1970, a topologia do nó borromeano como elemento de investigação privilegiado, Lacan adscreve a esse objeto um crescente número de achados da teoria e da clínica psicanalítica. Quanto ao objeto *a*, ele o situa no centro do próprio nó e, logo, esse "ponto triplo" representa o próprio nó. Tal localização significa que o objeto *a* é, ao mesmo tempo, real, simbólico e imaginário. No campo do real, podemos designá-lo como a Coisa, *das Ding*; no imaginário, através da escrita i(*a*), o que Lacan apontou estar presente na captura do desejo produzida pelo *agalma*; e no simbólico simplesmente através da própria letra *a*, primeira letra do alfabeto, letra minúscula, mínima designação possível dentro do campo da linguagem, do simbólico.

O objeto *a* possui duas faces, uma real e outra imaginária, como o direito e o avesso, em que uma face apresenta uma imagem que tampona a outra, que é um furo. No nó apresentado por Lacan, depreende-se que do objeto *a* como objeto mais-gozar se originam diferentes dimensões de gozo — três formas de mais-gozar —, que se localizam nas interseções entre os três registros: gozo fálico, entre o real e o simbólico; gozo do Outro, entre o real e o imaginário; e gozo do sentido, entre o simbólico e o imaginário.

Vê-se que cada um dos três modos de gozo desse ponto triplo significa sua redução à articulação entre dois registros e a exclusão do terceiro, o que significa que não existe o gozo total, pois as três formas de gozo são parcializações do mais-gozar: o gozo fálico, excluindo o imaginário — o sentido —, se produz na referência ao furo do corpo, logo, ao pulsional e à fantasia que o emoldura; sua relação com o sintoma é clara, e aqui o real é delimitado pelo simbólico. O gozo do Outro exclui o simbólico e, assim, tendo apoio não no significante e sim em sua falta, não possui qualquer representação possível; ele mantém um contato proximal com a angústia e, sem ponto de basta, tende a se tornar infinito. Já o gozo do sentido, ao excluir o real, é o gozo do blá-blá-blá, da falação; ele se associa com frequência à inibição. Para resumir: o gozo-do-sentido, o gozo fálico e o gozo do Outro se encontram aí articulados em torno do lugar central do objeto *a*, mais-gozar, referente a um gozo *a*-sexuado.

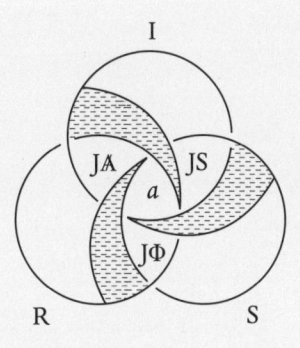

Guy Le Gaufey faz uma interessante consideração a respeito do objeto *a*, ao situar essa invenção de Lacan junto a outras invenções que, segundo Brian Rotman,[165] inseriram em determinadas práticas termos novos que subverteram profundamente, e de modo duradouro, sua economia geral: a do ponto de fuga na arte da perspectiva, que introduziu a ciência na pintura, no século xv; o zero no cálculo algébrico, ao final do século xvi; e o papel-moeda, adotado pelos banqueiros londrinos no fim do século xvii.[166]

Como vimos, o objeto *a* se inscreve, na psicanálise, como uma verdadeira interpretação feita por Lacan em relação às diferentes dimensões do objeto enunciadas antes dele por diferentes analistas. Podemos tentar repartir agora essas diversas dimensões do objeto *a* do seguinte modo:

- bissexualidade: *a* como objeto da pulsão e causa do desejo;
- *das Ding*: *a* como objeto da angústia;
- *Fort-Da*: *a* como objeto perdido (objeto materno);

• objeto transicional: *a* como objeto da fantasia (da criação que se produz a partir da perda);

• *a* pequeno outro: *a* como imagem corporal;

• *agalma*: *a* como objeto do desejo e mais-gozar, i(*a*).

Vejamos:

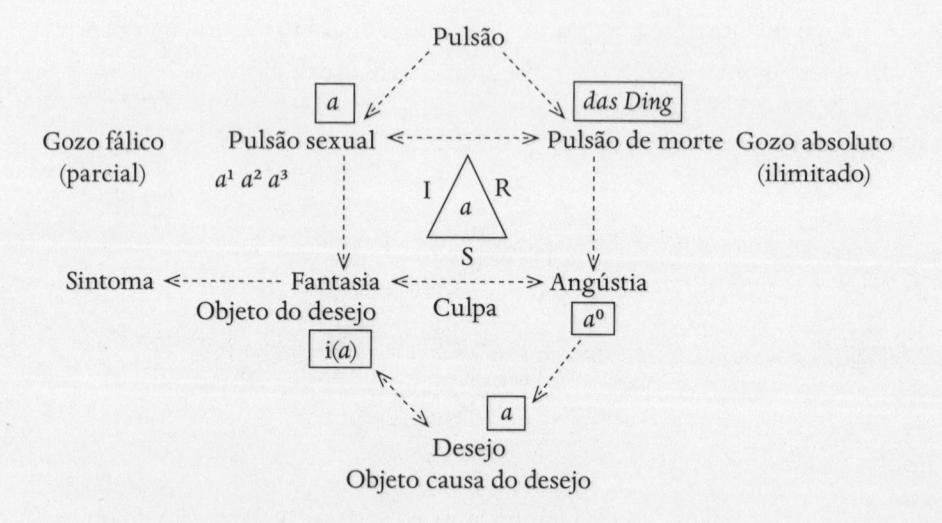

• A única coisa que acaba com a angústia de castração é a castração. A angústia está para a pulsão de morte como a fantasia está para a pulsão sexual.

• *a*: objeto causa do desejo: objeto faltoso.

• *a*0: falta da falta. Angústia: quando a falta falta.

• *a* → *das Ding*: o estranho é a passagem do *a* para *das Ding*: o que deveria ter permanecido oculto mas veio à luz: a mulher na mãe; o homem no pai.

• I → R: a culpa é sempre preferível à angústia: "A culpa aplaca a angústia no registro da culpabilidade".

• *a*0 → *a*: o melhor remédio para a angústia é o desejo.

• i(*a*): *agalma*, objeto do desejo, *a* revestido pela imagem fascinante, mais-gozar.

O objeto *a* como "ponto central e triplo".

Situando o objeto *a* como objeto causa do desejo e dando a ele, enquanto suporte do desejo, um lugar privilegiado no matema da fantasia, Lacan lhe confere um estatuto fundador originário: sua extração, produzida pela operação de castração, instaura, ato contínuo, a dimensão da fantasia inconsciente, através da qual o desejo — indestrutível —, se erige referido a essa falta e aspirando a reconquistá-la, sempre sem sucesso. É a falta do objeto que responde pela indestrutibilidade do desejo e por seu contínuo relançamento. Sua não extração corresponde à vigência da psicose, na qual o sujeito, diz Lacan, carrega o objeto *a* no bolso.[167]

Jacques-Alain Miller retomou as observações trazidas por Lacan em seu texto de apresentação das *Memórias* de Schreber. Nele, Lacan afirma algumas coisas fundamentais: que Freud, na sua análise de Schreber, introduz o sujeito como tal, o que significa não julgar o louco em termos de déficit ou de dissociação das funções; que há, por outro lado, uma bipolaridade do sujeito: sujeito do gozo (na psicose) e sujeito do significante (na neurose). Assim, na neurose, "o campo da realidade se sustenta apenas pela extração do objeto *a* que, entretanto, o enquadra".[168] É precisamente porque o objeto *a* é extraído, subtraído do campo da realidade, que ele lhe dá seu enquadramento.

O sujeito barrado é essa falta-a-ser, esse furo; ele é esse pedaço subtraído. A janela da fantasia, da qual Lacan fala na "Proposição de 9 de outubro..." só é constituída sob a condição de que o objeto *a* seja extraído. A fantasia possui dois valores: vela o real para além dela e, ao mesmo tempo, dá acesso à realidade, permitindo que uma imagem se forme sobre ela. O campo da realidade, dirá Lacan, só funciona obturado com a tela da fantasia. Toda a realidade só se sustenta pela fantasia porque é no enquadramento dessa janela que a realidade assume sua significação para nós.

A psicose demonstra que o olhar e a voz são dois objetos *a* que devem ser incluídos na lista de objetos freudianos. A não extração do objeto é correlata de sua multiplicação. Lacan fala da "morte do sujeito" quando o objeto *a* não é extraído: a morte do sujeito corresponde à não extração do objeto *a*. Abordando o objeto *a* olhar, Miller pontua que o campo da realidade só sustenta sua consistência pela dissimulação do olhar na visão, já que a visão do campo da realidade esconde o olhar como objeto *a*. Numa paisagem, não se vê precisamente aquele ponto que corresponde ao ponto de vista que se assume em relação a ela; por exemplo, uma máquina fotográfica materializa o objeto que é o ponto de vista, o qual até então não era visto. Na psicose, o olhar se torna visível precisamente porque ele não se acha extraído do campo da realidade.

Do mesmo modo, na psicose a voz, que enquanto tal é áfona, emerge como audível e tem oportunidade de destacar seu estatuto de objeto *a*. Em seus estudos sobre a voz, Jean-Michel Vivès ressalta que se trata de um ponto surdo, definido como "o lugar intrapsíquico onde o sujeito, após ter entrado em ressonância com o timbre originário, deve tornar-se surdo para falar sem saber o que diz, ou seja, como sujeito do inconsciente".[169] A noção de extração do objeto *a* é, na verdade, apenas um outro nome para a castração. Porque, como sintetiza Lacan, "a castração significa que é preciso que o gozo seja recusado, para que possa ser atingido na escala invertida da lei do desejo".[170]

Podemos experimentar distribuir as diversas formas de comparecimento do objeto *a* de acordo com suas duas faces: causa do desejo e mais--gozar; e ainda pelas quatro localizações possíveis para ele apontadas por Lacan: pulsão, angústia, fantasia e desejo.[171]

## Ora, bolas!

Pelo menos por duas vezes ao longo de seu ensino, Lacan estabeleceu uma curiosa comparação entre o objeto *a* e a bola. A uma pergunta que lhe foi colocada pelos estudantes de filosofia em Vincennes, e referindo-se ao objeto *a*, Lacan asseverou que "esse objeto é aquele que conseguimos em psicanálise fazer com que salte de seu lugar, como a bola que espirra da embolação da pequena área para se oferecer ao chute a gol". E prossegue, mostrando que essa "embolação" é também teórica: "Esse objeto é aquele atrás do qual se corre na psicanálise, ao mesmo tempo que se coloca todo o desajeitamento possível em sua apreensão teórica".[172] Em "Prefácio a uma tese", Lacan voltou a falar do objeto *a* enquanto "bola-objeto".[173]

É bastante instrutivo ver que o objeto bola possuía já na Antiguidade um valor libidinal elevado. Na sua obra *Sobre a interpretação dos sonhos*, referida por Freud como o mais completo e meticuloso estudo da interpretação de sonhos praticado no mundo greco-romano, Artemidoro de Daldis assinala que "jogos de pelota com as mãos e de bola indicam inúmeras rivalidades, mas, muitas vezes, também o amor de uma cortesã, pois bola e pelota com a mão têm afinidade com a cortesã, que não fica muito tempo no mesmo lugar e passa de mão em mão".[174] Chama a atenção igualmente que no próprio mito de Aristófanes, veiculado no *Banquete* de Platão, é à perfeição da esfera que corresponde a completude, a totalidade perdida pelos seres que originaram os humanos ao serem cortados ao meio sem piedade pelos deuses enciumados.

Tomemos para análise uma das obras-primas da cinematografia mundial, na qual aparecem diferentes dimensões do objeto *a*, e veremos que, de fato, a bola não desempenha nela um papel nada secundário. O filme *Blow-up*, de Antonioni — inspirado no conto de Julio Cortázar "As barbas do diabo" —, um filme sobre o olhar e, mais do que isso, sobre as diversas dimensões do objeto *a*, narra o dia a dia de um famoso fotógrafo de moda (a alusão é a David Bailey) na Londres fervilhante da segunda metade dos anos 1960. Ao mesmo tempo prefigurador e emblemático de uma época de transformações culturais que ali apenas se anunciava, pode-se ver no filme a manifestação caleidoscópica do objeto *a* nas diferentes formas de comparecimento enumeradas por Lacan para indicar sua polivalência teórica: objeto da pulsão, da angústia, da fantasia e do desejo.[175]

Nada mais adequado para representar a busca do objeto evanescente que escapa à apreensão do que o clique da *foto-grafia*, ou seja, a escrita feita com luz. Há algo que constantemente aparece e desaparece, e é isso que o olhar do fotógrafo busca com a sua câmera. A noção do instantâneo em fotografia retrata bem essa busca do fotógrafo pelo inapreensível, pois nada mais impossível de ser apreendido do que o instante, que escorre como água entre os dedos do homem sedento. Thomas, o personagem principal do filme (interpretado por David Hemmings), aliás, aponta sem cessar para a dimensão do tempo enquanto falta: afirma não ter tempo para receber as duas modelos que aspiram a ser fotografadas por ele, e nem mesmo para ser operado do apêndice! Está sempre correndo, emendando uma atividade na outra, esbaforido, vivendo no mesmo ritmo frenético com que as câmeras são utilizadas uma após outra nas sessões de foto. Espanta ver que a velocidade de sua vida é diretamente proporcional ao instante fugidio que a câmera pretende eternizar.

Suas fotos são de moda, sensuais, sedutoras e estão a serviço de Eros e do desejo. Sua magnífica sessão com a modelo Verushka simula uma relação sexual entre eles. Outras duas modelos que o procuram se entregam a ele num *ménage à trois*. A própria personagem interpretada por Vanessa Redgrave, Jane, se propõe a ir para a cama com ele. O escópico está aqui, como de costume, a serviço de Eros.[176]

Certo dia, fotografando a natureza num parque, Thomas se depara com um casal num jogo aparentemente amoroso e tira várias fotos sem que eles percebam. Súbito a mulher descobre que ele os está fotografando e, muito ansiosa, tenta obter o filme, mas não consegue. Ele não o entrega a ela, mas, quando chega em casa, surpreendentemente ela já o aguarda, trêmula, na porta. Ele diz que vai devolver os negativos depois, mas fica com eles e os revela. As fotos acabam por lhe mostrar, após várias ampliações movidas por um espírito investigativo — por que teria ela ficado tão angustiada com fotos tão banais? —, que por detrás daquela cena amorosa se maquinava o assassinato daquele homem. De ampliação em ampliação, ele descobre não só a ponta cintilante de um revólver escondido na vegetação do parque, apontando na direção em que o homem estava, como também, na sequência, o corpo dele jogado atrás de um arbusto.

Pouco depois dessas descobertas, sua casa é invadida e vasculhada, e todas as fotos e negativos são levados, ficando apenas uma foto do cadáver que, pela superampliação, mais se parecia com uma das pinturas pontilhistas de seu vizinho artista.[177] Ele corre até o parque e descobre que o cadáver continua no mesmo lugar onde a foto o mostrara antes. Nessa cena, ele não leva a máquina fotográfica consigo e, na escuridão, na solidão e no silêncio do parque, parece ouvir um clique vindo de trás dele, mas não sabe o que é: poderia ser o som de um gatilho? Terá sido uma alucinação? Ele estará perdendo a noção do que é a realidade? Apavorado, sai correndo dali. Eis que, então, por detrás da cena amorosa, erótica, se escondia o estranho; diante dele sua posição escópica falhou, e o sentido imaginário foi subitamente atravessado pelo não senso do real.

Indo para uma festa encontrar o amigo Ron, acredita que vê a personagem de Vanessa Redgrave parada diante de uma vitrine. Salta do carro rapidamente, mas ela desaparece entre as pessoas na calçada. Ele entra num clube de rock buscando por ela. Ali os jovens ouvem o frenético ritmo do rock dos Yardbirds, que cantam "Stroll on",[178] parados como se estivessem hipnotizados ou ausentes. De repente, manifestando sua raiva porque um amplificador estava dando defeito, o guitarrista quebra seu instrumento e joga um pedaço para a plateia que, súbito, desperta da mais absoluta letargia lisérgica e se põe a brigar furiosamente pelo braço espatifado do instrumento, com as cordas penduradas. Debatendo-se com todos, Thomas vence aquela disputa e foge correndo, sendo perseguido por alguns dos presentes. Mas, ao chegar à rua, tendo despistado os que estavam em seu encalço, olha para o fragmento de guitarra e o joga no chão com ar de desprezo. Um jovem curioso se aproxima e o apanha, para mais uma vez desprezá-lo. O desejo é o desejo do Outro, e o objeto causa do desejo não passa de um dejeto que se deixa cair.

Encontrando o amigo Ron na festa, onde todos estão drogados, convida-o a ir ao parque com ele para fotografar o cadáver, mas ouve dele a soberba réplica: "Mas eu não sou fotógrafo, você que é!". Deslumbrante como sempre, Verushka passa lentamente por ele como se estivesse num desfile, e Thomas lhe pergunta: "Você não devia estar em Paris?". E ela responde: "Mas eu estou em Paris!". A ilusão acaba por vencê-lo e ele se droga como os outros, e dorme na festa até de manhã — quando volta ao parque e o cadáver não está mais lá.

A cena final mostra dois jovens hippies que jogam tênis *sem* a bola e simulam com perfeição o jogo, assistido por um grupo grande — eles são os mesmos que abrem o filme com uma passeata pela paz — e por Thomas.

Todos acompanham com o olhar o movimento da bola que não existe, de um campo da quadra para o outro. Quando a bola imaginária "cai" além da quadra e mais próxima de Thomas, a jogadora lhe pede que a devolva para ela. Ele atende seu pedido, larga a câmera no chão, pega a "bola" e a lança de volta para a quadra. Seus olhos acompanham novamente o jogo, que agora apresenta o som da batida das raquetes na bola. Ele baixa os olhos e parece estar entrando num mundo perceptivo novo, diferente daquele no qual vivia antes: o cadáver que ele via não existe e a bola que ele não vê existe.

É bastante significativa a formulação de Alain Didier-Weill segundo a qual o jogo de tênis é a misteriosa produção da invisibilidade, do desaparecimento instantâneo do objeto bola. Ele se pergunta se o esporte, assim como a arte, não pode ser considerado em geral como a possibilidade de restituir aos sujeitos uma parcela de espanto que lhes é negada na vida cotidiana. Tudo indica que o homem comum necessita igualmente de se espantar, e é isso o que a cultura parece lhe oferecer. Através dos jogos de futebol e de tênis, por exemplo, milhares de pessoas se reúnem para presenciar o espantoso desaparecimento de uma bola! O objeto bola sofre nesse caso uma autêntica transformação segundo a qual é retirado do regime da troca especular para se metamorfosear num objeto perdido, não especular, "ao qual podemos denominar, tal como foi batizado por Lacan: objeto *a*".[179] Numa intervenção num seminário de Lacan, Didier-Weill retornou à noção de objeto perdido através da música, para situar nela a capacidade de transmutar a tristeza em nostalgia, de tal modo que o gozo musical se define por "ser dotado do poder de evaporar o objeto".[180]

Cabe relembrar ainda a exemplar distinção para Lacan entre o masculino e o feminino, que Didier-Weill ilustra com a diferença entre o objeto e a Coisa, através da disparidade dos jogos precoces do menino e da menina. Como o Outro não é sexuado, diz Didier-Weill, a relação do sujeito com a palavra inicialmente não tem o caráter do sexo. Apenas "a partir do trauma e do recalque originário, tendo-se constituído um corpo como sexuado, uma parte da palavra será submetida ao determinismo sexual, enquanto outra permanecerá virgem, indeterminada".[181] O corpo surge então como o vaso com seu gargalo (que representa o furo no corpo deixado pela castração no recalque originário), isto é, o eu — imagem inconsciente do corpo — e o objeto do desejo.

A diferença reside no modo pelo qual o furo comparece no masculino e no feminino: no lado do homem, a castração faz um furo simbólico por meio do significante fálico, através do qual o homem se relaciona com o objeto do desejo. Assim, o menino muito cedo chuta a bola e a constitui como objeto perdido atrás do qual, mais tarde, simbolicamente, o homem correrá toda a sua vida. O chute e a raquete de tênis são, para Didier-Weill, símbolos do falo, que tocam na bola para se separar dela. O investimento que a bola desperta no menino e no homem surge claramente ligado à separação e à perda, pois "a bola não tem interesse algum quando a prendemos nas mãos, ela só interessa quando nos separamos dela".[182] Sabemos que manter a bola nas mãos durante um tempo longo pode ser considerado falta, por exemplo, no jogo de basquete. No futebol, a vaia virá indefectivelmente se o time se exibir narcisicamente mantendo a bola no pé sem tocar o jogo para a frente. O corpo do homem adquire consistência na posição ereta através do movimento de corrida atrás do objeto-bola.

A relação da mulher com o furo não possui a mesma estrutura, pois no seu caso o furo é real e não simbólico — o que faz com que o falo não baste para simbolizar esse furo. Como o falo não dá conta do real, Lacan enuncia que a mulher está não-toda na ordem do falo: resta uma parte do real que não é subsumida pelo sexual e apela a outra coisa para ser simbolizada. Didier-Weill interpreta a brincadeira da menina de pular corda como significando que ela *se* lança no ar, ao invés de lançar no ar a bola, como o menino. No caso da menina, não se trata da separação do objeto, mas do alívio que ela produz no próprio corpo, tornando-o leve e retirando-lhe o peso.

Com a operação do recalque originário e a instauração da fantasia fundamental[183] — $\$ \lozenge a$ — o homem substitui a Coisa pelo objeto *a*; ele substitui o ilimitado da Coisa pela significação de um objeto limitado, simbolizado por ele: "Lá onde havia o ilimitado, ele o substitui por um lugar-tenente do Outro, que é o objeto. Esse homem opera, poderíamos dizer, um deslocamento da questão, ele recebe a questão do real em sua dimensão de ilimitado ou de infinito, e responde dizendo que há um objeto finito que adquire uma significação sexual".[184]

Didier-Weill conclui ainda que o destino do masculino é o jogo do sentido e o destino do feminino é o jogo da existência. A origem do sentido reside na busca do objeto, e o pensamento dito objetivo do homem, traduzível no pensamento científico, parece se originar aí. A inconsistência do corpo da mulher relativa a essa parte do real que não é subsumida pelo sexual "lhe traz uma dúvida sobre sua existência, que dá a seu destino um outro delineamento, fazendo-o passar por caminhos de realização diferentes dos do homem".[185] Podemos supor que o masculino está para a ciência como o feminino está para a arte?

As expressões da nossa língua que recorrem à bola permitem perceber com nitidez o quanto o objeto *a* está sempre francamente considerado em nossos discursos nas mais diferentes e inesperadas manifestações afetivas e sensuais: "dar bola" para alguém, insinuar-se, paquerar, pode ser um jogo do desejo, e "rebolar", um jogo da pulsão; "estar bolado" pode ser considerado como um índice de angústia ou tristeza, dependendo do caso. Já "se embolar" com alguém indica que se desenvolveu uma intersubjetividade francamente imaginária — à la *Knots*, de Ronald Laing — que pode levar à agressividade, enquanto que "baixar a bola" aponta para a necessidade frequente de reduzirmos nossas pretensões onipotentes e nosso narcisismo do tipo *"His Majesty the baby"*. Se a onipotência, por sua vez, faz seu aparecimento pleno quando "se está com a bola toda", a impotência é indicada pela ideia da "bola murcha".

Para apaziguar a angústia, "tomar uma bola", se drogar, é bastante usual. E quando se fala do campo semântico no qual está em jogo ter uma ideia, traçar um plano, arquitetar algo, fala-se em "dar tratos à bola" e "bolar alguma coisa" — esta última certamente um expressivo índice da fantasia. Segundo o *Dicionário Houaiss*, "perder a bola" significa perder a capacidade intelectual para discernir sobre os próprios atos, o juízo, o equilíbrio, eu diria o poder de deliberação. Quando se fala que alguém está com a "bola dividida", é o conflito psíquico que se está indicando; a "bola da vez" implica a posição de alvo de alguma perseguição, ao passo que "ganhar uma bolada" é botar a mão numa soma realmente expressiva de dinheiro.

Pode-se ganhar uma "bola branca" ou uma "bola preta". Uma pessoa pode ser "boa de bola", mas não ser "boa da bola". Ela pode também "pisar na bola" e "perder o rebolado"!

Uma menção de Freud à bola merece ser citada: "A psicologia é realmente uma cruz. Seja como for, é muito mais saudável jogar bola e catar cogumelos".[186] Ambas as sugestões são deliberações lúdicas e salutares sobre como tratar o pulsional, seja através da sublimação, seja através da satisfação direta. Num saboroso ensaio sobre a paixão brasileira pelo futebol, Betty Milan discerniu a dimensão altamente erótica da bola nesse jogo; tratada como "menina" e como mulher, e submetida, portanto, à mesma divisão apontada por Freud com a qual o homem cinde seu objeto feminino, a bola ora recebe o carinho do jogador, ora é maltratada como vagabunda.[187] E como, para Lacan, o desejo é o mais intensivo que o sujeito pode atingir no nível da consciência, em sua realização de sujeito, o melhor remédio para a angústia é o desejo — donde "Bola pra frente!".

A infinidade de esportes que utilizam o objeto bola talvez deva nos servir para avaliar o quanto ele de fato se presta ao jogo, à brincadeira — infantil ou do adulto — e, portanto, a ocupar esse lugar de objeto transicional[188] e objeto *a*.

O objeto *a* é referido igualmente por Lacan como aquilo que cai, feito um resto, da operação simbólica de representação do sujeito como algo impossível de ser representado. Ele é "o que caiu, do sujeito, na angústia",[189] tal como as fezes que registram o medo do assaltante ao invadir uma casa estranha. A ideia da queda é igualmente significante e aparece no contexto semântico do erotismo, quando se diz, por exemplo, que "Estou caidinho por ele", ou então que "Ele tem uma enorme queda por ela". O pedaço de guitarra destruída disputado em *Blow-Up*, já rejeitado pelo músico, é em seguida jogado no chão, desprezado também por Thomas e pelo outro jovem.

A queda do corpo é sempre altamente significativa da dimensão objetal inerente ao corpo. É esse real da gravidade, assim como a gravidade do real, que se presentifica a cada vez que o corpo cai. Como comentou Marcus André Vieira sobre o filme *Cidade dos sonhos*, de David Lynch, a cena em que Rebekah del Rio cai no palco "parece selar a implosão da cena do mundo".[190] Em *Um corpo que cai*, de Alfred Hitchcock, toda a tensão é criada para desembocar na cena da queda vertiginosa do corpo, prefigurada nas espirais que pontuam o filme. Na dança, Pina Bausch incorporou a ideia da queda do corpo em suas coreografias de modo surpreendente: quando se espera, no balé, o corpo saltitando e revelando uma leveza que desafie poeticamente a lei da gravidade, nas coreografias de Pina é comum ver-se o corpo caindo, tombando. Não à toa, na nossa língua a expressão "deixar cair" significa uma espécie de liberação efusiva de algum peso que se acumulava em nós e anuncia a chegada de um momento novo em que o medo é substituído pela expectativa de enorme satisfação.

## Mirabolarte

No seminário *O ato psicanalítico*, Lacan evoca as gravuras japonesas que representam cenas sexuais, nas quais ressalta a presença de um verdadeiro "furor copulatório". Quase sempre, no canto da estampa, há a presença de um terceiro personagem que espreita a cena — às vezes parecendo ser uma criança ou o próprio artista; às vezes um homem como o que está copulando, mas em tamanho reduzido. Tal personagem, diz Lacan, independentemente da forma como é representado, é aquele que sustenta o objeto *a* olhar, "que faz com que haja na copulação inter-humana esse algo irredutível, que é ligado precisamente ao fato de que vocês não a verão jamais chegar à sua completude".[191]

Muitos artistas, como Pol Bury e Gustavo von Ha, trazem em sua criação a bola, a esfera, a bolha. Yayoi Kusama é uma das que mais exploram a bola como objeto estético. Ela sempre manteve uma relação estética com as bolas e suas obras são constituídas de diferentes versões — pictóricas e esculturais — do objeto-bola. Como forma de protesto contra a Bienal de Veneza, ela expôs na cidade, em 1966, sua obra *Narcissus Garden*, que se tornaria sua escultura-chave e seria exposta em diferentes museus e espaços urbanos do mundo. Apontando para o fascínio que o próprio narcisismo exerce sobre o desejo, fazendo do objeto *a* bola o próprio espelho, Kusama instalou, clandestinamente, 1500 bolas espelhadas de aço inoxidável que flutuavam nos canais ao sabor do vento e eram vendidas aos visitantes. A placa colocada entre as esferas — "Narcisismo à venda" — revela de forma irônica a sua mensagem crítica ao sistema da arte. A mesma obra recebeu nova versão em 2009, no museu a céu aberto de Inhotim, onde quinhentas esferas de aço inoxidável flutuam sobre o espelho d'água ajardinado de uma praça elevada, criando formas que se diluem ou condensam de acordo com o vento e outros fatores externos. Evocando o mito de Narciso, que se encanta pela própria imagem projetada na superfície da água e vira uma flor, a obra constrói um enorme espelho, composto de centenas de espelhos que distorcem, fragmentam e, sobretudo, multiplicam a imagem daqueles que a contemplam.

Igualmente em Inhotim, uma das três galerias dedicadas ao artista brasileiro Cildo Meirelles é ocupada pela instalação *Glove Trotter*, de 1991, que foi apresentada também na grande retrospectiva dedicada ao artista na Tate Modern, em 2008.[192] O título é um chiste que substitui o *globe* (globo) do *globe-trotter*, pelo *glove* (luva) que encobre os globos: trata-se de uma enorme malha de aço estendida no chão, sob a qual estão encobertos os mais variados tipos de bola de todos os tamanhos e finalidades. Suas cores variadas podem ser apenas entrevistas sob a malha metálica prateada. O efeito geral da instalação é como a maquete de uma paisagem extraterrestre, com muitas montanhas, vales e depressões. A bola, cuja característica é o deslizamento e o movimento constante, surge aqui paralisada, detida para sempre, mas velada e no fundo impossível de ser apreendida. A sensação é de que a vida humana está exposta ali de modo simples: há uma malha de palavras sobre os objetos que permanecem ocultos e silenciosos, delineados em sua concretude, mas inapreensíveis. Ao mesmo tempo, tantas bolas diferentes e ocultas parecem seres de desejo adormecidos, mas prestes a despertar a qualquer momento — afinal, "bolas" é também um termo usado para se referir aos testículos.

# 2. O discurso psicanalítico

> O que se pode saber é solicitado, no discurso do analista, a funcionar no registro da verdade.
>
> Jacques Lacan

Surpreendente e inusitada, a lista dos quatro discursos introduzidos por Jacques Lacan no seminário *O avesso da psicanálise* parece saída de uma das páginas de Jorge Luis Borges, nas quais são enumerados com toda a naturalidade, um após o outro, como se constituíssem um conjunto inquestionavelmente coerente e harmônico, os seres imaginários mais díspares entre si — a anfisbena, o centauro, a hidra, a mandrágora! A lista de Borges é, evidentemente, infinita, e ele mesmo adverte-nos que ela poderia incluir coisas tão diversas quanto o príncipe Hamlet, o ponto e a Divindade!

Embora bastante limitada se comparada a ela, a lista dos discursos lacanianos causa estranheza semelhante: o mestre, a histérica, o psicanalista, o universitário![1] De saída, surge uma questão: o que significa essa heterogeneidade? Em primeiro lugar, é bom recordar que o próprio Lacan chama a atenção para o fato de que seus quatro discursos recobrem aquelas (três) atividades mencionadas por Freud como sendo, na verdade, profissões impossíveis,[2] o que significa que os discursos se referem fundamentalmente a impossibilidades que apontam para uma outra heterogeneidade, entre o real e o simbólico, e para o fato de que é impossível o segundo recobrir o primeiro. Tocamos aqui em cheio no cerne da psicanálise: a articulação entre linguagem e sexualidade, entre inconsciente e pulsão, que atravessa toda a experiência analítica.

## Discurso e liame social

Em seu prefácio à obra de August Aichhorn, *Juventude desorientada*, escrito
em 1925, Freud afirmou, pela primeira vez, que há muito tempo passara a
considerar como seu o chiste sobre os três ofícios impossíveis — educar,
curar e governar —, ainda que, acrescenta ele, tivesse se "empenhado
sumamente na segunda dessas tarefas".[3] Posteriormente, retomou essa
mesma argumentação naquele que seria um de seus últimos escritos, o ensaio "Análise terminável e interminável", de 1937, e ponderou que, quanto
a essas três profissões — e aí Freud não fala mais em curar, mas sim em
psicanalisar —, podemos de antemão estar seguros de que "chegaremos
a resultados insatisfatórios".[4] Lacan acrescentou aos três impossíveis freudianos uma quarta impossibilidade: o fazer desejar,[5] relativo ao discurso
da histérica — posição discursiva que se distingue das outras três por não
constituir uma profissão, embora Lacan indague se as outras três são, de
fato, profissões.

Sobre esses quatro discursos, ele observou algumas coisas fundamentais: que todo liame social se sustenta neles; que os "quadrípodes", como
ele os chama, são um aparelho de "quatro patas", com quatro posições,
que definem quatro "discursos radicais"; que foi o surgimento do discurso
psicanalítico o que permitiu que houvesse o destacamento dos outros discursos; e que o discurso psicanalítico emerge a cada vez que há a passagem
de um discurso a outro, acrescentando que isso equivale a afirmar que o
amor é o signo de que trocamos de discurso.

Que estranho e insuspeitado mundo é esse que se abre diante de nossos olhos com a teoria dos discursos? É o mundo do matema lacaniano,
da letra e do algoritmo, mundo que, como já se pôde frisar, traz para a
teoria lacaniana seu ponto de equilíbrio em relação ao Lacan do "inconsciente estruturado como uma linguagem", o qual podemos considerar
como sendo o Lacan do poema. Como numa gangorra, Lacan equilibrou
seu ensino nesses dois polos distintos, a ciência e a arte: um não se opõe
ao outro, mas o complementa; ambos são necessários e de nenhum deles

se pode prescindir. A questão que se coloca, desde já — questão que constitui uma bússola na qual buscamos orientação —, é a seguinte: será que cada analista deve igualmente ter como tarefa a travessia do desfiladeiro imposto por essas duas montanhas, o matema e o poema?

Foi no *Seminário 17*, intitulado *O avesso da psicanálise* e pronunciado em 1969-70, no contexto imediatamente posterior aos eventos de maio de 1968 que sacudiram Paris, que Jacques Lacan introduziu, pela primeira vez, a teoria dos quatro discursos, teoria que comparece em seu ensino para tratar de uma forma original do liame social.[6] Por isso mesmo, a capa desse seminário apresenta a foto do líder estudantil Daniel Cohn-Bendit desafiando com seu olhar irônico um policial — tal qual Davi lançando a pedra no olho de Golias —, assim como pode-se ler no interior do volume não só uma entrevista dada por Lacan nos degraus do Panteão (a Faculdade de Direito, onde dava seu seminário, estava fechada), como também uma palestra de improviso feita para os estudantes em Vincennes.

Há uma relação histórica entre o advento do matema no ensino de Lacan e a criação do departamento de psicanálise de Vincennes. Elisabeth Roudinesco acredita que, embora em 1969 Lacan tivesse sustentado que o discurso universitário era incompatível com a psicanálise, a partir de 1974 a conquista trazida pelo matema teria sido o elemento primordial para compatibilizar esses dois discursos.[7] Alain Didier-Weill, por sua vez, mostrou que o conflito entre os discursos universitário e psicanalítico era considerado por Lacan como um conflito salutar, ao passo que o conflito entre o discurso psicanalítico e o do mestre se revela problemático para a psicanálise: "A chance de renovação do ensino induzida pela possível confrontação com o real, enquanto suscitada pelo choque entre os dois discursos antipáticos (o analítico e o universitário), desaparece totalmente assim que se faz a reorganização dos significantes da doutrina no contexto de um discurso único (o do mestre), cujo princípio é a evacuação do real".[8]

Contudo, a originalidade dessa teoria, assim como o contexto sociopolítico no qual ela surge, não impede que seja um verdadeiro corolário de fundamentais desenvolvimentos lacanianos anteriores, dado que o inconsciente, que é base do liame social, é estruturado como uma linguagem, conforme postulou Lacan desde 1953. Dito de outro modo, "a lógica do significante tanto ordena as relações humanas quanto estrutura o inconsciente individual".[9] Assim, os discursos introduzidos por Lacan correspondem às estruturas mínimas de todo e qualquer liame social, sempre concebido enquanto fundado exclusivamente na linguagem. Mais essencialmente ainda, os discursos levam às últimas consequências a tese lacaniana de que "o inconsciente é um saber", sobre a qual já nos debruçamos de modo mais extenso numa obra anterior.[10]

O que representa para Lacan a definição do discurso como uma forma de liame social? Este capítulo pretende levantar subsídios para responder a essa questão e, para tal, retoma de modo sucinto os principais desenvolvimentos que fiz em um ensaio sobre a articulação entre a posição sexual e a posição discursiva do sujeito,[11] no qual introduzi uma intervenção sobre a fórmula dos discursos à qual pretendo aqui dar relevo. Lembre-se de que o termo "liame" se origina do latim *ligamen* e significa ligação, aquilo que prende uma coisa a outra; já o termo "social" provém do latim *socius*, que significa companheiro, aquele que se associa com outro num empreendimento.

Sendo um desfecho refinado da lógica do significante, a teoria dos quatro discursos requer, antes de tudo, a compreensão dessa lógica. Vamos tratar dela sucintamente. Mas antes disso é pertinente relembrar qual o lugar que o próprio Lacan outorga aos matemas em seu ensino. Trata-se de um lugar bastante privilegiado.

## Letras e matemas: o simbólico e o real

O ensino de Lacan é todo ele pontuado pela criação de uma escrita formal de letras, as quais ele próprio denominou de álgebra lacaniana.[12] As principais letras dessa escrita são: $S_1$, $S_2$, $\mathcal{S}$, $a$, A, $S(\mathcal{A})$, $\Phi$, e Lacan se refere a elas do seguinte modo:

> Não creio vão ter chegado à escrita do *a*, do $\mathcal{S}$, do significante, do A e do $\Phi$. Sua escrita mesma constitui um suporte que vai além da fala, sem sair dos

efeitos mesmos da linguagem. Isso tem o valor de centrar o simbólico, com a condição de saber servir-se disso, para quê? — para reter uma verdade côngrua, não a verdade que pretende ser total, mas a do semidizer, aquela que se verifica por se guardar de ir até a confissão, que seria o pior, a verdade que se põe em guarda desde a causa do desejo.[13]

A associação combinatória dessas letras veio a constituir o que Lacan denominou de matema da psicanálise. Proposto por Lacan pela primeira vez na lição de 2 de dezembro de 1971 do seminário *O saber do psicanalista*, o termo "matema" foi inventado simultaneamente ao nó borromeano e cunhado a partir do mitema (partícula essencial, irredutível e imutável de um mito) de Claude Lévi-Strauss e do termo grego *mathema*, que significa conhecimento. Com a introdução dos matemas, a pretensão de Lacan não foi a de tudo matematizar, crítica que ele pôde ouvir de um de seus interlocutores nos Estados Unidos, mas sim de "começar a isolar na psicanálise um mínimo matematizável".[14] Não seria muito arriscado avançar aqui que Lacan aproxima, de algum modo, o lugar ocupado pelo matema na teoria psicanalítica àquele que a fantasia ocupa na estrutura psíquica, ou seja, um lugar intersticial entre o simbólico e o real.[15]

Para Lacan, os matemas apresentam duas faces que estão interligadas e são dependentes, ambas, dessa articulação problemática do simbólico com o real: por um lado, constituem um ponto mínimo de ancoragem teórica, mas, ao mesmo tempo, permitem uma pluralidade de leituras. Nesse sentido, falou do "sem-número de leituras diferentes" que os matemas autorizam, "multiplicidade admissível desde que o falado continue preso à sua álgebra",[16] mas não sem rebater antecipadamente a possível crítica de que eles contradiriam sua reiterada afirmação da impossibilidade de uma metalinguagem. Lacan delimitou igualmente o alcance das letras em sua relação com o real que elas tentam cernir: "A formalização matemática é nosso fim, nosso ideal. Por quê? Porque só ela é matema, quer dizer, capaz de transmitir integralmente".[17]

O matema lacaniano visa possibilitar a transmissão daquilo que a experiência psicanalítica decanta, pois foi "da noção de um saber que se transmite, que se transmite integralmente, que se produziu no saber essa peneiragem graças à qual um discurso que se chama de científico se constituiu".[18] Nesse sentido, a introdução dos matemas tem como objetivo, para Lacan, obter uma escrita que funcione como um núcleo teórico consistente para o qual converge uma vasta gama de achados da experiência analítica. O matema está relacionado com a questão da transmissibilidade da psicanálise, pois ele trata de uma essência da experiência freudiana que poderia ser "ensinável a todo mundo, isto é, [aquilo que é] científico, dado que a ciência trilhou sua via partindo desse postulado".[19]

É de se ressaltar que em seu derradeiro seminário, realizado em Caracas em 1980, Lacan fez questão de enfatizar a importância que atribuía a seus matemas e afirmou que acreditava se situar, "melhor que Freud, no real que está em jogo quanto ao que se passa no inconsciente", acrescentando ainda que seus matemas "decorrem de que o simbólico seja o lugar do Outro mas que não haja Outro do Outro".[20]

Quando foi aos Estados Unidos em novembro de 1975 fazer uma série de conferências em universidades, Lacan encontrou uma excelente oportunidade para discorrer com surpreendente simplicidade sobre pontos privilegiados de sua teoria. Ali, diante de um público novo e altamente indagador, Lacan discorreu, entre outras coisas, sobre a importância que atribuía aos matemas da psicanálise:

> Até o presente, tudo o que se produziu como ciência é não verbal. Naturalmente a linguagem é utilizada para ensinar as ciências, mas as fórmulas científicas são sempre expressas por meio de letrinhas. $\frac{1}{2} mv^2$, como relação entre a massa e a aceleração da velocidade, não pode ser explicada na linguagem a não ser por intermédio de longos desvios. [...] A ciência é o que se mantém, em sua relação com o real, graças ao uso de letrinhas.[21]

Quanto a essa relação entre o real e as letras, dirá ainda Lacan mais adiante: "Nós pensamos que apenas a ciência tem a ver com o real. Mas o real, tal como falamos dele, é completamente desprovido de sentido. Podemos ficar satisfeitos, estarmos seguros de que tratamos de algo real somente quando ele não tem mais qualquer sentido que seja. Ele não tem sentido porque não é com palavras que escrevemos o real. É com letrinhas".[22]

No seminário *O mal-entendido*, que realizou em Paris em 10 de junho de 1980, antes de partir para Caracas, Lacan fez uma espécie de voto que cabe igualmente relembrar aqui, pois nos interessa diretamente:

> Esses latino-americanos, como se diz, que nunca me viram — à diferença daqueles que estão aqui — nem me ouviram de viva voz, bem, isso não os impede de ser *lacanos*. Parece que, ao contrário, isso os ajuda. Lá eu me transmiti pelo escrito e parece que tenho descendentes. Em todo caso, eles assim o creem. É certo que é o futuro. E ir ver isso me interessa. Interessa-me ver o que se passa quando minha pessoa não esmaga aquilo que ensino. Talvez meu matema justamente ganhe com isso.[23]

O matema implica, desse modo, a possibilidade de transmissão pelo escrito e independe da fala daquele que transmite.

É preciso ressaltar igualmente que a tentativa de trazer para a psicanálise um mínimo de formalização matêmica, que apresente um alcance para sua transmissibilidade, parte da premissa de que "a possibilidade da psicanálise se atém ao discurso da ciência",[24] mas não se dá, para Lacan, sem a apreensão do fato de que "a psicanálise não é uma ciência, não é uma ciência exata".[25]

## O sujeito e o significante, o eu e a imagem especular

Como já dito, a teoria dos quatro discursos supõe, para seu entendimento, uma prévia compreensão da lógica do significante estabelecida pelo ensino de Lacan, pois as letras que compõem os discursos são o fruto dessa lógica: $S_1$, $S_2$, $\mathcal{S}$, $a$. Tais letras são aquelas que compõem a "relação fundamental de um significante com um outro significante", da qual "resulta a emergência disso que chamamos sujeito — em virtude do significante que, no caso, funciona como representando esse sujeito junto a um outro significante".[26]

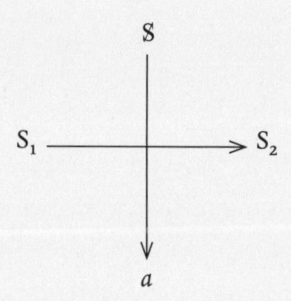

O sujeito para a psicanálise é o sujeito falante, o *parlêtre*, o falasser. Por isso Lacan menciona "a fenda (*Spaltung*) que o sujeito sofre por só ser sujeito na medida em que fala".[27] Embora seja efeito do significante, o sujeito não pode ser representado integralmente por ele, por isso surge enquanto barrado, dividido, sem unidade possível, absolutamente heterogêneo ao indivíduo, que significa literalmente o *indiviso*, aquele que não se divide. Lacan postula que a hipótese com a qual ele entra no inconsciente é a de que "o indivíduo que é afetado pelo inconsciente é o mesmo que constitui o que chamo de sujeito de um significante".[28]

Foi justo no estabelecimento dessa distinção fundamental que Lacan se empenhou ao longo de seus seminários iniciais: na distinção entre o eu, cuja unidade provém do registro do imaginário e da alienação daí decorrente, e o sujeito, representado no campo do simbólico como dividido, cindido, lugar do conflito e da impossibilidade de obter qualquer unidade.[29] O eu não é o sujeito, e ambos são, de fato, absolutamente heterogêneos. Pois o eu (corpo próprio) se forma a partir da matriz imaginária produzida no estádio do espelho como um verdadeiro rechaço da pulsão (corpo espedaçado).

O eu é essencialmente imagem corporal, ao passo que o sujeito é efeito do simbólico, do Outro, da linguagem. O sujeito é "o que desliza numa cadeia de significantes, quer ele tenha ou não consciência de que significante ele é efeito".[30] Ele é passível de ser representado, mas sempre parcialmente, *entre* dois significantes. Por isso Lacan aponta a ambiguidade que está em jogo nessa representação ao formular que o sujeito, ao mesmo tempo que é representado, também não é representado — "não é jamais senão pontual e evanescente, pois ele só é sujeito por um significante, e para um outro significante".[31] Como precisa Jacques-Alain Miller, é "um sujeito sem substância. Não é uma alma, não é um eu, não é uma forma e não é uma natureza humana: é precisamente o que desmente toda natureza humana e todo esforço por conceituar uma semelhante natureza".[32]

Pode-se dizer que a lógica lacaniana do significante é inteiramente baseada na concepção primordial de Ferdinand de Saussure, segundo a qual "na língua há apenas diferenças sem termos positivos".[33] O próprio Lacan evoca essa máxima saussuriana e faz dela a base de sua concepção binária do significante ($S_1$ e $S_2$) ao afirmar que "o significante, em si mesmo, não é nada de definível senão como uma diferença para com um outro significante".[34] Se é a diferença o que constitui a possibilidade de que haja definição, é preciso pelo menos dois significantes para que ela surja.

Tudo se passa como se o campo da linguagem se espraiasse sempre entre dois polos extremos, cada um dos quais toca num limite radical de determinada significação, permitindo assim o surgimento da diferença significante. Por exemplo, o som fraco na língua portuguesa só tem sentido ao ser confrontado imediatamente com o som forte, e assim por diante: o significante não possui sentido em si mesmo, mas numa relação diferencial com outro significante. Não é difícil ver o quanto a questão da significação antitética das palavras primitivas, tal como estudada por Freud a partir do filólogo Karl Abel, é fundamental na construção lacaniana do significante.

Quais são esses significantes *entre* os quais o sujeito surge, de maneira pontual e evanescente, como dividido?

$S_1$ é o significante que apresenta o poder de marca fundadora, de significante-mestre, poder que permite a Lacan destacar a homofonia existente, em francês, entre *maître* (mestre, senhor) e *m'être* (me ser).[35] $S_1$ não é bem apenas um significante, mas sim um enxame de significantes que constituem uma referência singular para o sujeito. Embora $S_1$ seja igualmente parte do saber ($S_2$) do Outro (o que é o mesmo que dizer que $S_1$ é também, evidentemente, parte do tesouro dos significantes), ele consiste numa região do Outro muito privilegiada para todo sujeito. Embora qualquer significante seja capaz de vir na posição de significante-mestre, quando isso se produz ele passa a ser como um selo (ou sê-lo), uma marca fundadora e originária. Diz Lacan: "$S_1$ deve ser visto como interveniente. Ele intervém numa bateria significante que não temos direito algum, jamais, de considerar dispersa, de considerar que já não integra a rede do que se chama um saber".[36] Tal intervenção de $S_1$ no campo já constituído dos outros significantes, na medida em que eles já se articulam entre si como tais, faz com que surja o $\$$. Assim, o sujeito só pode ser concebido a partir da cadeia significante, *entre* os significantes, o que faz com que o acesso ao objeto nunca seja direto e não possa jamais prescindir do significante.[37]

$S_2$ é outro significante, que representa a "bateria dos significantes"[38] ($S_2$, $S_3$, $S_n$...), o conjunto faltoso dos significantes do campo do Outro, o saber do Outro; $S_2$ designa todos os outros significantes que não possuem valor de $S_1$ para o sujeito.

O nome da falta em $S_2$ foi escrito por Lacan como $S(\cancel{A})$: o significante (S) da falta (barra) de pelo menos um significante no campo do Outro (A), o significante da falta de inscrição da diferença sexual. $S(\cancel{A})$ é a matriz da estrutura psíquica e constitui o núcleo real do inconsciente, homólogo ao objeto da pulsão e do desejo, *a*. $S(\cancel{A})$ é o furo real do simbólico, assim como *a* é o furo real do imaginário. Quanto a isso, Lacan vai salientar que o princípio de prazer se funda na coalescência do *a* com o $S(\cancel{A})$, e acrescenta ainda que a cisão, o descolamento entre *a*, como imaginário, e A, como simbólico, é feita pela psicanálise, mas não pela psicologia, que, ao contrário, produz a homogeneização entre simbólico e imaginário.[39] Como ele postula, numa afirmação que merece toda a atenção, a finalidade de seu ensino, "no que ele persegue o que se pode dizer e enunciar do discurso analítico, é dissociar o *a* e o A, reduzindo o primeiro ao que é do imaginário, e o outro ao que é do simbólico".[40]

Dessa operação de representação significante — e, portanto, simbólica — do sujeito "surge alguma coisa definida como uma perda",[41] cai um resto evasivo ao simbólico e pertencente ao real, o objeto *a*, que apresenta duas faces opostas: mais-gozar e causa do desejo. Lacan irá situá-lo, no seminário *R.S.I.*, na região central do nó borromeano, o que permite que se entenda que o objeto *a* comparece nos três registros, isto é, comparece como real, simbólico e imaginário. Mas a face real do objeto *a* sempre predomina sobre as outras, ela esburaca a face imaginária e a face simbólica: ela é aquela que Freud nomeou como *das Ding*, a Coisa.

Diana Rabinovich observa que o discurso concebido por Lacan como produto da articulação significante "é um discurso sem palavras, que como tal gera palavras; é um discurso sem sentido, que gera a própria proliferação do sentido".[42] São as quatro letras da relação fundamental do sujeito com o significante — $S_1$, $S_2$, $\mathcal{S}$, $a$ — que constituirão os elementos dos quatro discursos, dispostas em cada um deles em quatro lugares distintos: o da verdade, o do agente, o do outro, o da produção.

Numa passagem da lição de 9 de janeiro de 1973, ao tocar na questão da referência, Lacan precisa a relação entre o significante e o discurso: "O significante como tal não se refere a nada, a não ser que se refira a um discurso, quer dizer, a um modo de funcionamento, a uma utilização da linguagem como liame"[43] — um liame entre aqueles que falam, logo, um liame social. Ao destituir o referente do lugar central da linguagem, Lacan aponta a heterogeneidade radical entre o simbólico e o real. É preciso salientar que essa heterogeneidade já se encontra presente na própria definição saussuriana do signo linguístico, que associa uma imagem acústica a um conceito e não a um objeto. Para Saussure, o signo não tem relação com nenhum referente objetal e, assim, introduz uma concepção da linguagem que se coaduna inteiramente com aquilo que se presentifica na experiência psicanalítica, para a qual a Coisa está perdida desde sempre.

## O outro e o Outro

O que é, para Lacan, um discurso? Cabe salientar antes de tudo, com Gérard Wajeman, que o que especifica a noção de discurso em Lacan é que ela visa inscrever aquilo que funda a palavra em seus efeitos. Assim, quando tomamos a palavra, tomamos lugar, língua e poder.[44] Não havendo para o sujeito falante nenhuma realidade pré-discursiva, o discurso é definido por Lacan como o que funda e define cada realidade.[45] Tendo sua inscrição no mundo humano — seu lugar na ordem simbólica — produzida muito antes de seu nascimento enquanto ser vivo e organismo biológico, o sujeito falante se inscreve numa realidade discursiva preexistente a ele próprio, a partir dos significantes do campo do Outro. Quando Lacan insiste em que o inconsciente é o discurso do Outro, ele está chamando a atenção para o fato de que, ao vir ao mundo, o bebê humano é recebido por uma complexa rede de linguagem, uma alteridade radical por isso mesmo nomeada por ele de Outro, que localiza esse bebê como sujeito — e o assujeita — numa família, num lugar na prole, numa classe social, numa época, numa língua e numa cultura. Mais essencialmente, o Outro parental localiza o bebê num lugar fantasístico particular.

O conceito de Outro ocupa um lugar privilegiado no conjunto teórico do ensino de Lacan. Em primeiríssimo lugar, esse conceito nomeia a distinção princeps que Lacan estabelece entre o simbólico e o imaginário, isto é, entre o grande Outro, lugar do significante e da linguagem, e o pequeno outro, meu semelhante. Se o primeiro está na base do surgimento do inconsciente e do sujeito do inconsciente, o segundo define a estrutura do eu em Freud, essencialmente narcísica. Se o sujeito é efeito da ação do significante, o eu é produto da operação de identificação imaginária realizada muito cedo, no estádio do espelho. Trata-se de dois âmbitos distintos: um em que a divisão é constitutiva, estrutural e inarredável; outro em que a ilusão de unidade é vivida como uma conquista triunfante.

Como disse, o Outro inclui a língua, a família, o lugar na prole, a classe social, a cultura e a época que forjam o contexto no qual o bebê vem ao mundo. Um bebê nascido no Brasil hoje é acolhido por um mundo simbólico radicalmente diverso daquele que recebeu um bebê no Japão medieval ou na Grécia Antiga. Mais essencialmente ainda, o Outro inclui o desejo dos pais, que podem ser os progenitores ou não, uma vez que a paternidade biológica não recobre a paternidade simbólica: esta é fruto do desejo para além da fecundação produzida pela atividade sexual, o que nos permite dizer que toda paternidade e toda maternidade são no fundo adotivas, pois a filiação simbólica é fruto do desejo inconsciente, que não é tributário da mera reprodução gonadal. É claro que a paternidade e a maternidade biológicas fornecem um alimento narcísico muito poderoso para preencher a malha imaginária da recepção do bebê humano.

Tal desejo é em sua totalidade inconsciente, sustentado pelas fantasias dos pais relacionadas à vinda daquele bebê ao mundo. Não é difícil entender que, mesmo quando são filhos dos mesmos pais, cada bebê é recebido por eles numa malha desejante muito singular que inclui quase infinitas variáveis. O momento familiar no qual ele surge pode ser, por exemplo, simultâneo ao luto do pai pela perda de seu próprio pai; ou, para dar outro exemplo, simultâneo ao momento em que o pai acaba de perder o emprego e sente uma grande ansiedade quanto ao provimento da família. A expectativa relacionada ao nascimento pode ser atravessada também por sentimentos como a terrível angústia causada, por exemplo, pelos quatro abortos espontâneos sucessivos ocorridos nas gestações anteriores daquela mãe; ou por a gravidez vir no momento em que o casal está em vias de se separar.

O fato mais espantoso que é preciso sublinhar nessa dimensão do Outro é a alienação implicada na operação de constituição do sujeito, uma alienação imprescindível, sem a qual o sujeito não adquire existência no mundo humano — o mundo simbólico, da linguagem. O bebê que vem ao mundo ainda não é o sujeito falante que virá a se tornar, embora já tenha tudo para vir a sê-lo: a evolução da espécie dotou-o de um cérebro e de um aparelho fonador que lhe permitirão entrar no campo da linguagem através da língua materna, que se especifica por ser aquela que o bebê apreende não só com a mente, mas também com o corpo, no contato direto com o objeto materno.

Mas o bebê humano apenas se tornará um sujeito a partir da entrada no mundo simbólico propiciada pela ação do Outro da linguagem. Mais do que isso, essa entrada se dará lentamente, porque a condição biológica do bebê é de uma total dependência em relação ao Outro, o que Freud nomeou como o desamparo (*Hilflosigkeit*) originário da existência humana. Sem a ação do Outro, o bebê não sobrevive; ele não tem condições para exercer sua autopreservação, está inteiramente entregue ao Outro e ao modo pelo qual o Outro concebe as relações com ele.

Se Georges Bataille pôde dizer que "o animal está no mundo como a água na água",[46] numa fórmula poética que ressalta a absoluta homogeneização, para o animal, do indivíduo biológico com a natureza, quanto ao sujeito falante o mesmo não poderia ser dito, pois entre ele e o mundo há um verdadeiro abismo intransponível — a linguagem. E, a cada vez que o homem quer aceder ao real, cava ainda mais profundamente o abismo da linguagem que o separa dele. Entre o sujeito e o mundo — entre simbólico e real — há uma fronteira intransponível, e a esse lugar fronteiriço só se pode aceder por meio da travessia da fantasia.[47] Nessa fronteira entre simbólico e real, a realidade, feita de fantasia, deixa de ter sentido, razão pela qual esse é o lugar ao qual a análise deve conduzir o psicanalista.

Diferentemente do animal que, ressalta também Lacan, é "um ser completamente engaiolado na realidade",[48] é através da linguagem que o sujeito falante tem acesso ao mundo. Seu encontro com o mundo está para sempre mediatizado pela linguagem; a cada vez que o sujeito quer tocá-lo, o mundo como que se afasta e o sujeito se vê de novo às voltas exclusivamente com a linguagem. Lacan falou do i-mundo para designar precisamente esse mundo inacessível e para sempre perdido, para o sujeito, do real impossível de ser simbolizado. O mundo humano é simbólico, ao passo que o mundo real é i-mundo.

Os matemas dos discursos consistem, como mencionado, na disposição ordenada das letras — $S_1$, $S_2$, $\$$, $a$ — em lugares fixos: verdade, agente, outro, produção. Tais lugares são escritos por Lacan por meio de dois binômios interligados por uma seta. Quanto aos lugares, Guy Lérès pondera que quatro lugares são o mínimo necessário e suficiente para estabelecer o liame social, e isso do seguinte modo: o lugar do agente determina, por seu dito, a ação; o lugar do outro indica aquilo que, movido por esse dito, é necessário à execução; o lugar do produto aponta o resultado simultaneamente do dito do primeiro e do trabalho do segundo. E quanto ao quarto lugar, o da verdade, diz ainda Lérès: "Para que esse dito primeiro seja levado em conta por aquele que vai operá-lo, é preciso que ele possa considerá-lo como não enganador", por isso "a verdade é o quarto lugar necessário para ordenar a função da fala".[49] Nesse sentido, os lugares dos discursos são fixos na medida em que todo e qualquer discurso é sempre movido por uma verdade, sua mola propulsora, sobre a qual está assentado um agente que se dirige a um outro a fim de obter deste uma produção.

Sublinho que cada discurso inclui em si mesmo um único sujeito, o que mostra que a intersubjetividade é eliminada de saída na teoria lacaniana dos discursos como liames sociais: embora Lacan tenha falado de relação intersubjetiva no início de seu ensino — certamente como um passo necessário em seu percurso no sentido de reconstituir o lugar do psicanalista na direção do tratamento —,[50] não existe relação intersubjetiva, assim como não existe relação sexual.

No entanto, todo discurso implica intrinsecamente a referência ao Outro. Se Lacan define os discursos enquanto formas particulares através das quais são estabelecidos liames sociais, é na medida em que todo discurso é uma articulação entre sujeito e Outro, protótipo de todo liame social. Desse modo, proponho fazer uma intervenção na fórmula dos discursos que distinga radicalmente dois campos diversos, do sujeito e do Outro, distinção essa que, embora esteja implícita no matema, ao ser explicitada permite que se depreendam alguns elementos importantes.

Com essa intervenção podemos escrever a fórmula dos discursos com seus lugares evidenciando, por um lado, que todo discurso é uma tentativa de estabelecer uma ligação entre o campo do sujeito e o campo do Outro, e, por outro, que um impossível radical vigora entre sujeito e Outro, impossível que funda todo discurso. Podemos, assim, dissecar melhor a estrutura que está em jogo nas fórmulas dos discursos:

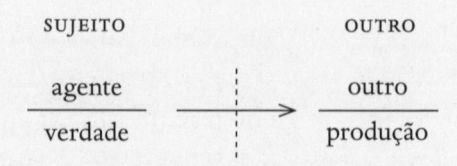

Considero tal intervenção nas fórmulas dos discursos apenas a explicitação de algo que está nelas embutido, pois em diversas passagens a divisão desses dois campos fica evidenciada por Lacan: por exemplo ao mencionar, na estrutura do discurso do mestre (ou senhor), que $S_1$ é "a função de significante sobre a qual se apoia a essência do senhor", enquanto $S_2$ é "o campo próprio do escravo".[51]

Que essa estrutura de dois binômios articulados como dois campos diversos, do sujeito e do Outro, pode ser legitimamente considerada como a base da estrutura dos discursos é algo que se pode depreender também, por exemplo, quando vemos a outra maneira pela qual Lacan escreve suas fórmulas dos discursos. Ela situa espacialmente a estrutura dos discursos como dois campos diversos, que são ligados um ao outro exclusivamente pela seta que parte do agente para o outro:[52]

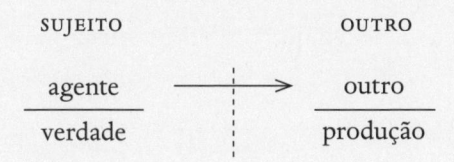

Além disso, cabe sublinhar, nessa mesma direção de nossa argumentação, que a posição da seta central entre os dois binômios é situada por Lacan indiferentemente, seja entre os dois binômios como um todo, seja entre os numeradores de cada binômio. Tal posicionamento indiferente da seta central fala precisamente a favor dessa distinção implícita entre os campos do sujeito e do Outro. Assim, no início do *Seminário 17* e uma única vez no *Seminário 20*, a seta surge na posição mediana entre os dois binômios,[53] ao passo que em muitas outras passagens ela aparece escrita entre os numeradores dos dois binômios.

Apliquemos agora essa intervenção que distingue dois campos diversos, do sujeito e do Outro, nos binômios dos quatro discursos:

Discurso do mestre

$$\frac{S_1}{\cancel{S}} \;\not\!\!\to\; \frac{S_2}{a}$$

Discurso do universitário

$$\frac{S_2}{S_1} \;\not\!\!\to\; \frac{a}{\cancel{S}}$$

Discurso da histérica

$$\frac{\cancel{S}}{a} \;\not\!\!\to\; \frac{S_1}{S_2}$$

Discurso do analista

$$\frac{a}{S_2} \;\not\!\!\to\; \frac{\cancel{S}}{S_1}$$

Marquemos igualmente que, dentre os diferentes lugares, Lacan privilegia o do agente como sendo a dominante de cada discurso, o que dá o tom do discurso, que revela sua tônica essencial e que chama a atenção de modo incisivo a cada vez que o sujeito toma a palavra. A dominante é o lugar de onde se ordena o discurso; mais do que isso, Lacan sublinha que ela é aquilo que constitui a própria denominação de cada discurso. No seminário *De um discurso que não fosse semblante*, ele situará a dominante como o lugar onde o semblante do discurso se evidencia.[54] Éric Laurent comenta que o referente dos discursos é "um modo de tratar o gozo",[55] e é o que esse discurso quer dominar: a lei, no caso do mestre; o sintoma, no da histérica; e a burocracia, no do universitário. Já o discurso psicanalítico, em que o analista faz semblante de causa do desejo, é o "único que permite perceber, um pouco mais que os outros, a verdadeira função ou o verdadeiro lugar do gozo na vida contemporânea".[56]

É interessante observar que Lacan introduz essa categoria da dominante discursiva ao tratar do objeto *a* no lugar do agente do discurso do psicanalista. A posição do psicanalista "é feita substancialmente do objeto *a*, na medida em que esse objeto *a* designa precisamente o que, dos efeitos do discurso, se apresenta como o mais opaco, há muitíssimo tempo desconhecido, e, no entanto, essencial".[57] O analista se oferece "como idêntico ao objeto *a*", isto é, como "isso que se apresenta ao sujeito como causa do desejo".[58] É dessa posição de *a* como real, causa do desejo, que a regra da associação livre é acionada pelo psicanalista para que o analisando produza os $S_1$ de sua própria história.

Se a dominante no discurso do mestre é $S_1$, relacionada por Lacan com o comando e a lei, no discurso do universitário é o saber, $S_2$, enquanto é "em torno do sintoma que se situa e se ordena tudo o que é do discurso da histérica"[59], donde $S$ — o sintoma, a divisão e o conflito — é aí a dominante.

Lacan postula que em cada um dos quatro discursos "há uma disjunção, sempre a mesma, de sua produção com a verdade",[60] o que significa que há uma perda em todo discurso que impede que ele seja um moto-perpétuo. Veremos que, no caso do discurso do mestre, trata-se da disjunção entre o $S$ e o objeto *a*, o que revela a função da fantasia que permanece, contudo, recalcada; no universitário, é a mestria do sujeito o alvo do recalque.

É necessário observar que estamos tratando de posições discursivas que não são nem geográficas (somente na universidade operaria o discurso universitário), nem encarnações reais (o discurso da histérica seria a expressão exclusiva de uma paciente histérica). Os discursos representam formas de laços sociais que podem implicar qualquer sujeito, independentemente do local, do título ou do gênero que ostenta.

## Os quatro discursos...

Seguindo as próprias indicações de Lacan, é fecundo tomarmos o discurso do psicanalista como o ponto de referência principal para estabelecer a leitura dos outros discursos. A partir da descoberta de Freud, o discurso do psicanalista não só veio introduzir uma nova forma de liame social como também permitir que os outros discursos pudessem ser isolados como tais. Além disso, é inegável que o discurso psicanalítico introduz uma posição discursiva inédita e ameaçada constantemente pelos outros discursos. Lacan adverte quanto a isso de modo bastante taxativo:

Verdade que minha voz é fraca para sustentá-lo [o discurso psicanalítico], mas talvez assim seja melhor, pois, se fosse mais forte, talvez tivesse menos chance de subsistir. Quero dizer que me parece difícil, por toda a história, que os laços sociais até agora prevalentes não calem qualquer voz que sustente um outro discurso emergente. É o que sempre se viu até hoje, e não é por não haver mais Inquisição que se deva crer que os laços sociais que defini, o discurso do mestre, o discurso universitário, mesmo o discurso histérico--diabólico, não sufocariam o que posso ter de voz.[61]

O primeiro ponto a destacar é que o discurso do psicanalista tem como dominante o avesso do discurso do mestre, o que constitui um dos aspectos centrais do *Seminário 17* e que dá a ele o seu título, *O avesso da psicanálise*. O que mais chama a atenção no discurso do mestre é $S_1$, o significante--mestre que o mestre faz agir sobre o outro, tomado enquanto saber, para conseguir uma produção determinada de mais-gozar. O campo do sujeito do mestre é regido pelo falo, um dos nomes do $S_1$, e recalca sua barra. Já o campo do Outro do mestre está preenchido pelo saber e pelo objeto mais--gozar que esse saber produz. O mestre, em sua posição fundamental, não quer saber nada, ele quer ordenar, quer que as coisas andem, funcionem, mas não se interessa por saber a razão pela qual elas andam.

O matema do discurso do mestre é considerado como o "ponto de partida" do qual, fazendo repetidos "quartos de giro", se obtêm os outros três discursos.[62] Trata-se aí, especifica Lacan, do "deslizamento de quatro termos em quatro posições orientadas por permitirem a permutação giratória".[63] O discurso do mestre é o matema da entrada do sujeito na linguagem: a linguagem é efeito do discurso do mestre e sua estrutura é a mesma desse discurso. Como observou Wajeman, nele as letras têm o mesmo valor que os lugares.[64] No discurso do mestre, $S_1$ no lugar do agente evidencia que, através do poder imperativo do significante, a entrada do sujeito na ordem simbólica depende do acionamento de um significante-mestre, o que o aproxima do Nome-do-Pai: "O significante--mestre determina a castração", diz Lacan, que ainda acrescenta: "O dito primeiro decreta, legifera, sentencia, é oráculo, confere ao outro real sua obscura autoridade".[65] Com $S_1$ no lugar dominante, o discurso do mestre faz a lei.

É no discurso do mestre que se evidencia precisamente o funcionamento da sugestão através da qual opera a hipnose, abandonada por Freud ao criar a psicanálise. Esse é um dos aspectos essenciais que permitem entender por que o discurso do mestre é o avesso da psicanálise, que opera pela transferência — cujo pivô é o sujeito suposto saber — e se opõe à sugestão, que opera por meio do saber e oblitera a transferência. Pois, se o inconsciente é um saber e a transferência é a atualização da realidade do inconsciente, a transferência é, essencialmente, transferência do saber inconsciente. Operando pelo saber articulado à mestria, a sugestão impede a transferência do saber inconsciente.

No discurso do mestre, trata-se essencialmente do acionamento da sugestão sobre o sujeito, isto é, do acionamento de um significante-mestre sobre o outro tomado enquanto saber: $S_1 \rightarrow S_2$. A dimensão imperativa inerente ao significante, salientada por Lacan, é aqui alçada à sua máxima potência e o sujeito acha-se submetido a esse imperativo, cuja principal finalidade é elidir sua divisão constitutiva. O mestre surge sem divisão, uno, inteiro, completo, e é desse semblante de unidade que emana o poder exacerbadamente sugestivo dos significantes que ele profere. Enquanto a psicoterapia explora e exalta a dimensão imperativa do significante, a psicanálise a deplora e visa reduzi-la.

Uma interessante constatação pode ser feita ainda quanto à distinção entre psicanálise e psicoterapia a partir dos quatro discursos. O par mestre-universitário e o par analista-histérica são, de fato, dois pares discursivos nos quais se poderia situar a psicoterapia e a psicanálise, respectivamente. Pois o outro ao qual o discurso do mestre se dirige é, em essência, o universitário: o $S_2$ como agente no discurso do universitário é o outro do mestre; ao passo que o outro ao qual se dirige o discurso do analista é a histérica: o $\$$ no lugar do agente do discurso histérico é o outro do discurso do psicanalista. Se o mestre toma o outro como saber que é preciso conformar ao cinturão de seus $S_1$, significantes-mestres, o analista toma o outro como sujeito, $\$$, que pode enunciar de que significantes, $S_1$, ele é o efeito.

E, se o analista se recusa a ocupar o lugar de mestre para o analisando (algo que lhe é proposto pela histérica), é porque ele sabe que a mestria fundadora do sujeito — os significantes de sua fantasia fundamental — precisa ser resgatada na análise para, em seguida, perder minimamente sua consistência e os efeitos sintomatizantes. Se o sujeito sofre por sua fantasia, a psicanálise lhe propõe conscientizar-se dela, enquanto a psicoterapia lhe oferece uma nova fantasia. A psicoterapia instaura uma guerra — lembro-me de uma analisanda que se referia com humor à sua antiga psicoterapeuta como "psicobélica" — entre fantasias, e, nesse sentido, é constituída essencialmente por hipnose e sugestão. De fato, a hipnose surgiu e se instalou dentro da medicina com uma visada estritamente terapêutica, no sentido de eliminação dos sintomas e, portanto, o retorno do paciente a um estado anterior àquele no qual ele se encontra. Lacan radicaliza a oposição entre psicanálise e psicoterapia exatamente nesse ponto, dizendo que "não há definição possível da terapêutica senão a de restabelecimento de um estado primário. Definição, justamente, impossível de enunciar na psicanálise".[66] Se a psicoterapia é em essência sugestão e quiçá hipnose, a psicanálise visa depreender aquilo que, desde sempre, desde a constituição do sujeito, o hipnotiza, para assim liberá-lo.

Repare-se que o outro da histérica não é o analista e sim o mestre, e se a histérica busca um mestre, ela pode encontrar um analista. Esse encontro introduz uma reviravolta tal em seu discurso que faz com que a histérica seja levada a encontrar em seu próprio discurso aquilo que ela procura no mestre.

Já o psicanalista age a partir do avesso da mestria constituída por todo uso da linguagem e tem como dominante discursiva o objeto *a*, dado que o que domina o discurso do psicanalista não é a linguagem, mas o silêncio, que para Lacan "corresponde ao semblante de dejeto".[67] O efeito disso é que, ao se oferecer ao ensino, o discurso psicanalítico leva o psicanalista à posição do analisando, ou seja, ao discurso da histérica — e não ao discurso do mestre ou ao do universitário, do qual Lacan afirmou não participar.[68]

Enquanto o mestre se dirige ao outro tomado como saber (saber do Outro), o psicanalista se dirige ao outro de uma forma radicalmente nova, considerando-o como sujeito. Mas só existe um sujeito para a psicanálise: o sujeito falante, aquele que é capaz de produzir na associação livre seus significantes inconscientes primordiais. Nesse sentido, uma das características fundamentais do discurso do psicanalista é que ele é o único discurso que considera o outro como sujeito, opostamente ao discurso do universitário, que considera o outro como objeto a ser dominado pelo saber, $S_2$.

Tomando o outro como sujeito falante, passível de ser evocado no ato analítico da associação livre, o discurso do psicanalista leva o sujeito a bendizer o próprio sintoma e a atravessar sua fantasia, ambas operações que se acham inscritas nesse discurso: $\$ \rightarrow S_1$ e $a \rightarrow \$$. O analista só é analista por ser objeto para seu analisando atravessar, como sujeito, a fantasia. Por isso, pode-se ler igualmente no discurso do psicanalista o desejo do psicanalista, definido por Lacan como o desejo de obter a diferença absoluta — a posição de radical alteridade inerente ao sujeito. É nesse sentido que Lacan pondera que a experiência analítica institui a histerização do discurso.[69]

Discurso do mestre

$$\frac{S_1}{\$} \; \xrightarrow{\phantom{x}} \; \frac{S_2}{a}$$

Discurso da histérica

$$\frac{\$}{a} \; \xrightarrow{\phantom{x}} \; \frac{S_1}{S_2}$$

Um quarto de giro para a direita no discurso do mestre produz o discurso da histérica, que traz no campo do sujeito a barra que fora recalcada pelo mestre, assim como o objeto *a,* causa do desejo, no lugar da verdade. No campo do Outro da histérica, o falo e o saber fazem com que, para ela, esse Outro pareça sem furo, sem brecha. A histérica toma o outro como $S_1$, como mestre, e é a ele que ela dirige sua demanda insatisfeita de cura do sintoma. No lugar de dominante do discurso da histérica, o $\$$ tem valor de sintoma que pede decifração, e para tal ela se dirige ao mestre, $S_1$.

O contínuo deslocamento da histeria, ao longo da história, em torno de determinadas constelações do saber dominantes em cada época está relacionado ao fato de que "a histérica quer um mestre" ($\$ \rightarrow S_1$), ela se dirige enquanto sujeito faltoso ($\$$) a um $S_1$. Contudo, frisa Lacan, "ela quer um mestre sobre o qual ela reine e ele não governe".[70] Assim como na Idade Média, orbitando em torno do saber religioso e dos mestres que o entronizavam, a histérica foi considerada feiticeira e queimada na fogueira, com o advento da psiquiatria ela passou a orbitar o médico e seu destino passou a ser o encerramento no sanatório. Ambos, padre e psiquiatra, ocuparam para a histérica o lugar de $S_1$.[71] A resposta dada pelo mestre enquanto produção de saber perpetua a histérica nesse lugar de insatisfação e, logo, de invectiva em relação ao mestre.

Com o discurso da histérica, Lacan desloca a noção de histeria do fundamento da neurose para o fundamento do próprio sujeito como tal: é no seu discurso que a estratégia recalcante do discurso do mestre aparece, ao pôr em primeiríssimo plano a relação linguageira entre os significantes — $S_1 \rightarrow S_2$ —, em detrimento da relação fantasística do sujeito com o objeto causa do desejo — $\$ \lozenge a$.

Discurso da histérica

$$\frac{\$}{a} \xrightarrow{\quad} \frac{S_1}{S_2}$$

Discurso do analista

$$\frac{a}{S_2} \xrightarrow{\quad} \frac{\$}{S_1}$$

Um quarto de giro para a direita no discurso da histérica produz o discurso do psicanalista. Freud concebeu uma posição discursiva inédita para fazer face à demanda, feita pela histérica, de um mestre que produza saber. Ele não respondeu a partir da posição do mestre, daquele que sabe, mas sim da posição do não-saber própria ao analista, isto é, da posição de objeto causa do desejo, *a*, que aciona o sujeito a dizer o que ele próprio sabe, embora sem saber que sabe. O único saber que interessa ao discurso do psicanalista é o saber articulado à verdade — o saber inconsciente: "O que se espera de um psicanalista é que faça funcionar seu saber em termos de verdade. É por isso mesmo que ele se confina em um semidizer".[72] É apenas essa forma de saber que está articulada ao desejo de saber, um dos nomes do desejo do psicanalista. Lacan assinala essa distinção ao enunciar que o que conduz ao saber não é o desejo de saber, e sim o discurso da histérica.

A passagem do discurso da histérica para o discurso do psicanalista é onde se pode situar, nas fórmulas dos discursos, o que Lacan nomeou como o passe — passagem do analisando ao analista —, posto que é no discurso da histérica que Lacan situa todo analisando. O valor do discurso da histérica para a psicanálise não poderia ser mais ressaltado por Lacan do que quando afirma que "é com o discurso da histérica que se desenha o discurso do psicanalista".[73] O campo do sujeito do psicanalista, que reúne o saber verdadeiro e o objeto *a*, está precisamente desabitado pelo sujeito, para que no campo do Outro o sujeito possa advir e produzir os seus significantes-unos.

$$\text{Discurso do analista}$$
$$\frac{a}{S_2} \xrightarrow{\ \ } \frac{\$}{S_1} \quad /\!/$$

$$\text{Discurso do universitário}$$
$$\frac{S_2}{S_1} \xrightarrow{\ \ } \frac{a}{\$} \quad /\!/$$

Um quarto de giro para a direita no discurso do psicanalista produz o discurso do universitário, que tem como dominante o saber que é acionado sobre o outro considerado como um objeto, a partir do qual se produzirá um sujeito bem-pensante, um sujeito conforme ao saber que o produziu. O campo do sujeito do universitário está desabitado pelo sujeito e preenchido pela articulação significante do saber sustentado pelo falo, o que faz com que o sujeito nele desapareça sob as malhas da linguagem.

O discurso universitário é bastante propício aos desvios em relação ao discurso psicanalítico, pois permite a franca psicologização da psicanálise, como foi o caso em uma grande parte dos desvios realizados pelos psicanalistas pós-freudianos em relação a Freud, os quais decorreram precisamente do fato de que eles passaram a conduzir as análises a partir do discurso do universitário. O que surpreende é que esse discurso se caracteriza muito especialmente por objetificar o outro a partir do saber e, nesse sentido, a utilização psicologizante da teoria psicanalítica incorre sempre no discurso do universitário. No lugar do outro, onde o psicanalista situa o sujeito, o universitário coloca o objeto. O sujeito na produção do discurso universitário é um sujeito destituído dos significantes primordiais de sua própria história. O $S_1$ no lugar da verdade do discurso universitário silencia e esmaga o semidizer inerente à verdade.

Mais do que isso, desde bem cedo na história da psicanálise os protocolos de formação do psicanalista foram sendo criados na esfera do discurso universitário. Como corolário de sua ampla renovação da clínica psicanalítica, Lacan acabou produzindo igualmente um questionamento radical dos protocolos de formação vigentes na IPA, a Associação Psicanalítica Internacional, e introduziu no âmbito da formação analítica elementos que visam fazer vigorar o discurso psicanalítico, abolindo toda a burocratização decorrente do predomínio do discurso universitário.[74] No discurso universitário, o saber no lugar dominante agencia a perpetuação da burocracia.

Cabe mencionar ainda que alguns autores, como Roland Chemama, já fizeram uma aproximação bastante impressionante entre o discurso universitário e a estrutura da neurose obsessiva. A disjunção entre $\mathcal{S}$ e $S_1$ que surge no discurso universitário parece exemplificar a disjunção do sujeito com o falo na neurose obsessiva, uma vez que "não é impossível ler o símbolo $S_1$, símbolo de um significante privilegiado em relação a todos aqueles que formam a rede do saber, como o próprio significante fálico".[75] Continuamente dilacerado pela dúvida, possuindo uma inclinação para a especulação, o obsessivo "nunca é o homem dos julgamentos categóricos, mas sempre o dos julgamentos hipotéticos ou disjuntivos".[76] Tomando ainda a separação introduzida inicialmente entre os dois campos — do sujeito e do Outro —, pode-se deduzir que o campo do sujeito do obsessivo está desertificado da sua posição subjetiva e dá lugar ao saber, $S_2$. A conhecida oposição caricatural entre histeria e obsessão — na primeira deparamos com um "corpo sem pensamento" e na segunda, com um "pensamento sem corpo" — é ilustrada aqui com um discurso no qual o sujeito desaparece inteiramente apagado pelo saber.

O discurso universitário também surge na experiência clínica quando o analista sai de seu discurso, em que o agente é o objeto *a*, e assume um discurso cuja dominante é o saber, $S_2$. Se no discurso psicanalítico o saber ocupa o lugar da verdade que permite ao outro tomar a palavra enquanto sujeito, no discurso universitário ele é o agente que domina o outro e o objetifica: $S_2 \rightarrow a$. Dito de outro modo, o discurso universitário impõe seu saber ao outro, ao passo que o discurso psicanalítico resgata o outro como sujeito falante, cujo saber inconsciente — verdadeiro — o produz. Como assinala Jean-Pierre Cléro, o discurso universitário "representa a hegemonia do conhecimento, particularmente visível sob a forma da hegemonia atual da ciência sobre o resto das formas culturais".[77]

A distinção estabelecida pelos matemas desses discursos mostra que a teoria analítica se origina da clínica e, portanto, a clínica não é jamais o lugar de aplicar a teoria — fórmula que define a psicologização própria ao discurso universitário quando ele se apropria do saber psicanalítico. Além de ponderar que suas intervenções são sempre tomadas da fala de seus analisandos, Lacan formulou que a teoria e a clínica psicanalítica são uma única e mesma coisa.

É essencial perceber que a regra fundamental da psicanálise pode ser elucidada a partir dessas diferenças discursivas. Associar livremente, diz Octave Mannoni, implica "não rejeitar as associações que se fazem sem pedir a nossa opinião, isto é, que obedecem a um determinismo muito diferente das nossas próprias determinações conscientes"[78] — o que Freud nomeou como a sobredeterminação inconsciente. Indicando que as associações que nos parecem absurdas e ainda assim se impõem a nós não devem ser rejeitadas, Mannoni sublinha que a interpretação dos sonhos tem como maior mérito não nos ensinar algo sobre o conteúdo do inconsciente, mas sim nos forçar a praticar a associação livre.

A associação livre é o acionamento de uma dimensão discursiva na qual o que importa é a serendipidade, a surpresa dos achados, e não o chegar a formas previamente conhecidas. A fórmula retumbante de Picasso — "Eu não procuro, acho" — repetida algumas vezes por Lacan permite estabelecer o fundamento da associação livre e, além disso, aproximá-la do ato criativo. Também para a psicanálise não se trata de procurar algo, pois quando se procura algo só se encontra — no máximo — aquilo que se procurou.

Assim, o dispositivo freudiano — que se convencionou chamar de *setting* para ver nele uma estrutura imaginária rígida a serviço de uma técnica rotineira —[79] é o discurso psicanalítico; ele funciona independentemente de o sujeito estar sentado, deitado ou caminhando num jardim em Viena, pois o que importa é que o sujeito seja posto numa posição de trabalho pelo analista no lugar de objeto *a*, de modo a possibilitar o surgimento do significante fundamental ao qual o sujeito ficou preso.

## ... e um quinto discurso (e mais um sexto?)

Numa conferência pronunciada em Milão em 12 de maio de 1972, Lacan apresentou, uma única vez, a fórmula de um quinto discurso: o discurso do capitalista,[80] considerado como o discurso do mestre moderno e escrito através da inversão, no binômio do sujeito do mestre, entre as letras $S_1$ e $\cancel{S}$, e também da reordenação da articulação entre as letras através de setas que não existem nos outros discursos e levam a uma estrutura de moto-perpétuo.

$$\text{Discurso do capitalista}$$

$$\downarrow \frac{\cancel{S}}{S_1} \,\,\diagdown\!\!\!\!\!\diagup\,\, \frac{S_2}{a} \downarrow$$

Mas cabe a pergunta: que estatuto deve ser atribuído a esse quinto discurso, na medida em que os quatro discursos constituem uma estrutura discursiva articulada e coerente?[81] O paradoxo aqui é que, ao contrário dos outros, o discurso do capitalista não faz liame social. Nele a posição diferente das setas revela que não há relação entre agente e outro — ou, sempre segundo a nossa intervenção, entre o campo do sujeito e o campo do outro —, logo, não há laço social. O discurso do capitalista seria, então, uma versão do discurso do mestre que não faz laço social.

Em *Televisão*, Lacan chama a atenção para o fato de que o discurso da ciência e o discurso da histérica possuem *quase* a mesma estrutura, o que explicaria o erro de Freud ao sugerir que o inconsciente encontraria no futuro da ciência uma explicação.[82] Por outro lado, Lacan aventa a possibilidade de existência de um sexto discurso, o da ciência, e, apesar de não fornecer sua fórmula, insinua sua proximidade com a do discurso da histérica.[83] Tal proximidade deve provir da produção do saber sobre o real que a ciência visa obter, assim como a histérica visa produzir saber sobre o objeto causa do desejo.

## O sintoma psicoterapêutico

No discurso de encerramento proferido no Congresso da École Freudienne de Paris, em Estrasburgo, em 13 de outubro de 1968, Lacan formula que a diferença entre a psicoterapia e a psicanálise reside em que "a psicoterapia é uma trapaça bem-sucedida, ao passo que a psicanálise é uma operação destinada, em sua essência, ao fracasso. E é isso que é o seu sucesso".[84] Se a psicoterapia conduz ao pior, isso se dá na medida em que o atendimento da demanda do sujeito — ou melhor, a crença na possibilidade de satisfazê-la — leva à proliferação dessa demanda, à sua multiplicação acentuada. Como consequência, a crença na consistência do Outro perpetua a neurose e a ilusão de completude.

Pode-se fazer entre a estrutura das psicoterapias e o discurso do capitalista um paralelo que talvez ajude a esclarecer o crescimento acentuado de diferentes formas de psicoterapia em nossa época: ambos suturam a falta inerente ao sujeito e introduzem uma promessa de completude. Ambos se nutrem da mesma fantasia de completude e elidem essa mesma impossibilidade de completude, amorosa (neurótica) ou gozosa (perversa).[85]

Nesse sentido, é preciso interrogar o porquê da enorme expansão dos livros de autoajuda nas últimas décadas em nossa cultura. Como salientou com agudeza Laéria Fontenele, "por portar os mesmos mecanismos presentes nas psicoterapias, potencializando-os, a autoajuda conduz igualmente ao pior".[86] A autoajuda parece ser o "sintoma psicoterapêutico" por excelência, e isso no sentido de que se trata de conceber a "melhor das fantasias possíveis". Pois o que são os diversos dispositivos de autoajuda, dentro do contexto capitalista, senão produções de sentido que pretendem organizar e reorganizar os modos de acesso ao gozo através de determinadas fantasias?

Se as psicoterapias se encarregam de sedimentar essa ilusão através das fantasias de completude neurótica do amor e do bem, o capitalismo oferece a mesma ilusão pela vertente perversa, isto é, a oferta incoercível de objetos para o gozo fetichista. As psicoterapias parecem encontrar no capitalismo o elemento natural onde florescer, o caldo de cultura onde se desenvolver, e, nesse sentido, com frequência se associam ao discurso da religião que, ao prometer o paraíso após a morte, sustenta o adiamento do gozo.[87] Como formula Pierre Legendre, a mensagem que a religião transmite deve ser entendida assim: "Amanhã, cadáveres, vocês gozarão".[88] No interior da sociedade capitalista, a própria existência da psicanálise é, por si só, um refúgio para a singularidade do sujeito e uma verdadeira interpretação para a cultura conflitada por essa polarização alienante entre amor e gozo, entre religião e capitalismo.

# 3. O tempo da sessão analítica

> Cabe a vocês serem lacanianos, se quiserem. Quanto a mim,
> sou freudiano.
>
> JACQUES LACAN

EM 1964, Jacques Lacan foi expulso da IPA, após um longo processo, repleto de meandros, que ele mesmo denominou de "excomunhão maior", numa alusão à violência da exclusão perpétua no âmbito religioso, sem qualquer possibilidade de retorno. No seminário proferido em seguida à "excomunhão", ao comentá-la Lacan denega ironicamente: "Não estou querendo dizer — mas isto não seria impossível — que a comunidade psicanalítica é uma Igreja. Contudo, incontestavelmente, surge a questão de saber o que nela pode mesmo fazer eco a uma prática religiosa".[1]

No epicentro de sua expulsão estava uma das grandes inovações de sua prática analítica: as sessões cujo tempo de duração era variável. Até Lacan, a duração de tempo da sessão em psicanálise jamais tinha sido objeto de qualquer discussão por parte dos analistas. Estes não só haviam tomado a prática de Freud da sessão fixa de cinquenta minutos como uma verdadeira exigência formal de enquadre "correto" a ser seguido, como também, com o passar do tempo, estabeleceram-na como uma norma oficial da prática analítica. Mas é interessante notar que a sessão de cinquenta minutos acabou sendo instaurada por Freud de modo inteiramente contingencial, num momento em que ele precisava atender um paciente a mais e decidiu solicitar aos outros que cedessem, cada um deles, dez minutos de suas sessões diárias de uma hora de duração.

Sabe-se que, ao introduzir a noção de tempo lógico no âmbito da prática psicanalítica, Lacan se opôs ao uso do tempo de sessão fixado previamente, considerando que isso burocratizava a prática analítica. Contudo, o uso indiscriminado das sessões curtas por um certo número de analistas — já apontado anteriormente por Elisabeth Roudinesco ao mencionar o "aparecimento progressivo de um certo número de ritos específicos do lacanismo sectário: sessões cronometradas em dez minutos, semelhantes, em simetria inversa, às da SPP [Société Psychanalytique de Paris]"[2] — nos impõe uma cuidadosa reflexão sobre os fundamentos que norteiam tal prática, como também uma indagação a respeito de sua legitimidade. O uso das sessões curtas exige, hoje, uma profunda revisão dos problemas que desperta, na medida em que veio se consolidando a ideia de que o psicanalista dito lacaniano se define por ser aquele que trabalha sistematicamente com sessões curtas, entendendo-se por isso em geral sessões de no máximo quinze minutos de duração. Tudo se passa, às vezes, como se a colossal contribuição de Lacan para a teoria e a prática da psicanálise tivesse se limitado exclusivamente a esse único ponto. Cito novamente Roudinesco, que, ao falar da técnica lacaniana, afirma: "A técnica lacaniana tem a vantagem de desnudar as vicissitudes de um tecnicismo que serve para mascarar um vazio em matéria de reflexão teórica. Mas o ganho se faz acompanhar de uma perda: ela tem a falha de permitir que os terapeutas tendam a dissolver o tempo da sessão e a transformar a função criativa da pressa num ritual do grau de duração zero".[3]

Aparentemente, muitos analistas têm tomado essa prática sistemática de sessões curtas como algo que não necessita de questionamento. É preciso observar, nesse ponto, que um grande número de sujeitos que se submete a esse tipo de prática é constituído por jovens em formação psicanalítica em instituições cujo modelo de formação não só não questiona como incentiva essa forma de dispositivo analítico. Nesse sentido, vê-se que a ritualização e a obsessivação do dispositivo analítico — isto é, o mascaramento do discurso psicanalítico pelo discurso universitário —, pode encontrar enquadres diferentes dos rígidos cinquenta minutos preconizados tradicionalmente pela IPA, mas nem por isso menos problemáticos.

Agindo assim, os analistas se esquecem de que não há uma "teoria da sessão curta" em Lacan — fato que é ressaltado por alguns analistas franceses, lacanianos (Laurence Bataille) ou não (Serge Viderman) —, mas sim uma teoria do tempo lógico. O que importa para Lacan é ressaltar que "o elemento-tempo é uma dimensão constitutiva da ordem da palavra".[4] Frequentemente, observam-se analistas que se satisfazem com argumentos como "O inconsciente em Freud desconhece o tempo, nele coexistem, lado a lado, passado e presente" e "O tempo de duração de um sonho não é cronológico, mas lógico", dentre outros. Mas considero que se trata de uma argumentação falaciosa, na medida em que a sincronia própria ao surgimento das diversas formações do inconsciente[5] é parte do processo de cifragem, de obscurecimento conduzido pelas censuras. Por outro lado, para narrar um sonho, ou mesmo decifrar um sintoma, não se pode de modo algum prescindir da diacronia do discurso.

Traduzindo isso em termos freudianos, pode-se dizer que, para que haja a interpretação (e, logo, o *insight*,[6] importante noção que parece ter sido esquecida), não é possível prescindir da diacronia discursiva, necessariamente intrínseca ao desdobramento das associações do analisando. Apontando para esse fato, Freud salientou, ao abordar a interpretação dos sonhos, o quanto o relato do sonho é compacto, em comparação com sua interpretação, que pode se estender amplamente. Chega-se, assim, ao ponto mais essencial que pretendo desenvolver e sem o qual perde legitimidade falar de clínica psicanalítica: a regra da associação livre.

Diga-se, em primeiro lugar, que a história da introdução da sessão de duração variável por Lacan tem uma origem muito precisa, articulada à clínica da neurose obsessiva, visando desconcertar a resistência do sujeito.[7] Nesse sentido, Lacan procurou reinventar a técnica dando atenção às observações feitas por Freud nas análises de sujeitos obsessivos, que se esforçam para impedir associações e ligações de pensamento que permitam a intrusão de fantasias inconscientes e a manifestação de tendências ambivalentes: "Todos verificamos por experiência que é especialmente difícil para um neurótico obsessivo levar a efeito a regra fundamental da psicanálise. Seu eu é mais atento, faz isolamentos mais acentuados, provavelmente por causa do alto grau de tensão devido ao conflito que existe entre seu supereu e seu isso".[8]

Com justeza, Lacan observou que a ritualização da prática, nas sessões com tempo fixo de duração, só faz redobrar as características sintomáticas do sujeito obsessivo, tendo como resultado servir de abrigo para a estrutura neurótica.[9] E ponderou que "a suspensão da sessão não pode deixar de ser experimentada pelo sujeito como uma pontuação em seu progresso".[10]

Também não há em Freud uma teoria da sessão de cinquenta minutos ou de uma hora, isso apenas correspondia à sua prática pessoal. Embora não querendo defender as sessões cronometradas e considerando que a duração variável da sessão introduzida por Lacan tem em si mesma um valor extremamente relevante, não é possível deixar de considerar que o uso sistemático de sessões curtas fere integralmente os fundamentos da prática analítica.

## O tempo dito lógico

Em 1945, Lacan escreveu um artigo para a revista *Les Cahiers d'Art* intitulado "O tempo lógico e a asserção da certeza antecipada", baseado num sofisma que ouvira de André Weiss em fevereiro de 1935 na casa de Sylvain Blondin (irmão de sua primeira mulher, Marie-Louise, mãe de três de seus filhos). Weiss lhe narrou o sofisma sem lhe contar a solução e Lacan, não tendo conseguido solucioná-lo, deixou-o furioso ao lhe telefonar de madrugada, ávido para obter a resposta.

A estruturação do sofisma se assemelha à da peça *Huis clos*, originalmente intitulada *Les autres*, de Jean-Paul Sartre, representada pela primeira vez em maio de 1944. Nela, três personagens estão mortos e chegam ao inferno, simples quarto fechado onde eles se acham condenados ao convívio eterno. Garcin, um escritor, queria ser um herói mas foi covarde. Ele teme que as suas duas companheiras de danação descubram sua covardia. Estelle é uma burguesa fútil que matou o bebê que teve com o amante e foge da própria culpa responsabilizando o destino. Inês, homossexual, funcionária dos Correios, é agressiva e procura reforçar o sofrimento dos outros. Confinados numa sala sem espelhos, os três são obrigados a se ver através dos olhos dos outros. Inês tenta conquistar Estelle, que por sua vez mostra interesse por Garcin. Inês joga um contra o outro, forçando-os a exibir suas faltas. À medida que a convivência se torna insuportável, Estelle tenta matar Inês, que apenas ri, pois já está morta. Garcin tenta se vingar amando Estelle diante de Inês. Expostos em suas falhas, os três acabam chegando à conclusão que é finalmente formulada por Garcin: o inferno são os outros. Em *Huis clos*, não há saída possível e a condenação é eterna.

Lacan critica a visão da psicanálise existencial enunciada por Sartre, que, em prol de uma filosofia da consciência, inclui a noção de uma liberdade original que permitiria abolir o inconsciente. Se para Freud a noção de sobredeterminação inconsciente exclui qualquer idealização da liberdade para o ser humano, para Lacan o homem também não pode ser dito livre, e sim, antes disso, integrado à coletividade dos homens; e é na relação com o outro, na dialética do reconhecimento e do desconhecimento que ele busca uma possível liberdade. O sofisma lacaniano tem uma estrutura simples, mas sua decifração requer um raciocínio lógico filigranado. Ele coloca em cena uma temporalidade articulada à lógica de um raciocínio verdadeiro que três prisioneiros devem fazer para conseguir sua liberdade. Nesse caso, a saída existe.

Um diretor de presídio reúne três detentos para lhes propor uma prova cujo vencedor ganhará liberdade. Cada preso precisa descobrir a cor do disco que lhe foi pregado nas costas, disco escolhido entre três brancos e dois pretos. Eles não podem se comunicar, mas, depois de terem se observado por algum tempo, correm juntos para a saída e concluem separadamente que é branco, afirmando a mesma dedução, assim resumida por Lacan:

> Sou branco, e eis como sei disso. Dado que meus companheiros eram brancos, achei que, se eu fosse preto, cada um deles poderia ter inferido o seguinte: "Se eu também fosse preto, o outro, devendo reconhecer imediatamente que era branco, teria saído na mesma hora, logo, não sou preto".

E os dois teriam saído juntos, convencidos de ser brancos. Se não estavam fazendo nada, é que eu era branco como eles. Ao que saí porta afora, para dar a conhecer minha conclusão.[11]

Todos os três saem simultaneamente, seguros da mesma conclusão.

Assim, o sofisma do tempo lógico implica três dimensões temporais, sendo duas da ordem da sincronia — o *instante do olhar* e o *momento de concluir* — e uma da ordem da diacronia — o *tempo para compreender*:

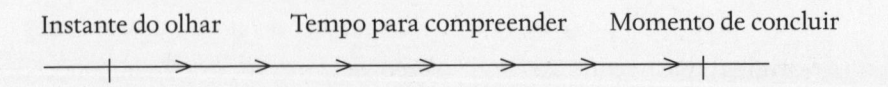

Como podemos correlacionar os três elementos do tempo lógico com a experiência da análise? Proponho recorrer àquela trilogia conceitual onipresente na lógica da análise, que desenvolvemos em detalhes anteriormente.[12]

No instante do olhar, há a surpresa de algo novo que pede decifração, algo que não pode ser assimilado imediatamente e pede um tempo de simbolização, precisamente o tempo para compreender. Esse algo novo é o sintoma, concebido de maneira geral como algo enigmático que traz sofrimento ao sujeito e do qual ele não consegue se desembaraçar sozinho. O momento de concluir é o ponto de chegada do tempo para compreender e, assim, este se estende do instante do olhar ao momento de concluir: *instante* e *momento* indicam a dimensão sincrônica em jogo nos dois extremos do tempo lógico, ao passo que a temporalidade propriamente dita, que se estende ao longo de todo o processo, é o *tempo* para compreender, o qual não deixa de implicar a dimensão cronológica do tempo, uma vez que ele se estende na diacronia. Assim, o tempo para compreender está ligado essencialmente à singularidade do sujeito e ao tempo que, para ele, é preciso dispor a fim de, a partir dos derivados do recalcado — objetivo da associação livre —, atravessar a fantasia e chegar ao pulsional enquanto tal.

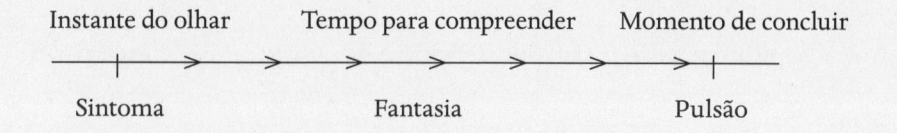

Há uma retroação que faz com que o tempo para compreender, ao desembocar no momento de concluir, acabe por incidir sobre o instante do olhar. No extremo do tempo para compreender, isto é, no momento de concluir, está localizada a pulsão. Além disso, pode-se notar que a unidade lógica em jogo no tempo lógico se situa no par sintoma/fantasia.

A função da pressa está presente como verdadeiro motor na ação dos prisioneiros, posto que aquele que desvendar o sofisma adquire a liberdade. À pressa se associa uma precipitação que, embora necessária, nem por isso pode prescindir do tempo para compreender; caso o faça, será inconsequente por não cumprir as etapas do raciocínio lógico conveniente e não trará a liberdade almejada. Além disso, a intersubjetividade posta em jogo pelo sofisma leva a que haja entre os três participantes uma interdependência que não pode ser eliminada, e é dela que sairá a resposta de cada um. O fato de que a solução seja encontrada por todos ao mesmo tempo[13] mostra que a lógica inerente ao sofisma tem etapas que não podem ser saltadas, e revela também que a função da pressa foi exercida sobre os três. Na vida cotidiana, igualmente — e também na análise, é claro —, a suspensão do momento de concluir suspende consigo as certezas e as arrumações imaginárias, produzindo uma tensão fecunda que se infiltra por todo o discurso do sujeito. Com a duração de tempo fixa, não é nada raro que o analisando regule sua fala de modo a expandir ao máximo sua instalação no gozo sintomático. Esse é em especial o caso do neurótico obsessivo, a partir do qual, como vimos, Lacan introduziu em sua prática o uso de sessões de duração indeterminada.

Não é difícil observar que as características em jogo no sofisma atraíram Lacan pelo fato de colocarem em cena elementos que poderiam ser facilmente aproximados da experiência analítica: o sistema de cores binário e opositivo (preto e branco), tal como a parelha significante; o jogo de olhares ligado às imagens que cada sujeito vê no outro para poder ver a si mesmo, simulacro do estádio do espelho e da constituição do eu a partir do outro; a saída de uma prisão como metáfora da conquista de um território que transcenda os limites egoicos, no fundo bastante aprisionantes; até mesmo a travessia da fantasia que, ao fixar o desejo, de fato o aprisiona.

Tudo parece predispor à analogia com a análise, mesmo que o termo "compreender" empregado por Lacan contrarie seu próprio desprezo pelas relações de compreensão promovidas por Karl Jaspers, como ele enunciou diversas vezes.[14] Mas é bastante relevante que as três dimensões temporais postas em jogo pelo sofisma manifestem, no fundo, que não é possível prescindir da temporalidade diacrônica. Ela se impõe e dá sentido às duas sincronias que abrem e fecham o processo do tempo lógico.

Por outro lado, extrair desse sofisma uma temporalidade própria à sessão analítica e à análise é algo que só pode ser feito se desconhecermos alguns elementos primordiais postos em destaque pela experiência analítica. A liberdade que a análise visa é parcial, não absoluta.[15] A própria noção de que é a brevidade que condiciona o encontro da liberdade também é questionável, na medida em que desrespeita de saída a temporalidade de cada sujeito. No sofisma, todos os presos chegam à solução ao mesmo tempo, ao passo que, na análise, cada sujeito necessitará de um tempo para compreender e assim atravessar a fantasia e se libertar — parcialmente — da prisão que ela engendra para ele.[16]

Como observou Lucien Israël, esse texto de Lacan tem sido considerado muitas vezes, equivocadamente, uma justificativa para a abreviação das sessões:

> Esse texto tem servido demasiadamente como apoio para justificar todos os exageros arbitrários na condução das sessões. Primeiro, não se trata de um artigo de técnica psicanalítica. É inquietante ver um grande número de lacanianos praticar sistematicamente não mais sessões de duração variável, mas sessões tão breves quanto aquelas praticadas às vezes por seu mestre. A sistematicidade da brevidade retira todo valor dessa prática, o que não é nada mais do que desprezo em relação ao analisando e, por conseguinte, à análise.[17]

O fato é que as sessões analíticas de duração variável impõem uma vivacidade e um ritmo particular que não pode ser obtido com as sessões regidas pelo cronômetro. Não se trata evidentemente de criticar a prática tradicional que utiliza o relógio e o tempo fixo em nome de um ideal do tempo lógico, pois é o estilo de cada analista que vai fazer com que ele encontre melhor adequação em uma dessas formas de lidar com o tempo da sessão. O que está implícito nas sessões regidas pelo tempo lógico é que é do discurso mesmo do sujeito que deve emanar o momento de escansão da sessão — o momento de concluir, no qual o reconhecimento do trabalho de elaboração subjetivo pode ser realizado mais do que em qualquer outro. A escansão da sessão para Lacan visa, em primeiro lugar, valorizar ao máximo os pontos de conclusão discursiva, dando-lhes relevo e fazendo com que operem uma retroação sobre o próprio discurso do sujeito. Como Lacan desenvolverá muito mais tarde, no seminário *O avesso da psicanálise*, trata-se de articular a verdade ao saber e fazer com que a palavra se alie de forma preponderante ao desejo do sujeito. Nesse sentido, escandir a sessão no momento em que algum elemento bastante significante emergiu garante que o trabalho de elaboração do analisando prossiga e que este não venha a soterrá-lo novamente.

No início de sua elaboração teórica sobre a relação entre inconsciente e linguagem, Lacan tematizou a noção de palavra plena e palavra vazia nessa mesma direção: há um discurso do analisando que se apresenta como um "moinho de palavras", o que nós chamamos de "abobrinhas", a tagarelice, da qual na análise se pretende extrair um núcleo de densidade que inclua o desejo inconsciente. Mas é claro que, como veremos adiante, não é possível enunciar apenas um discurso como esse, a palavra plena se articula sempre à palavra vazia, e se há a regra da associação livre é porque, como já dizia Guimarães Rosa, "é melhor falar bobagens do que calar besteiras". Em seu precioso relato de análise com Freud, Smiley Blanton narrou que, após um longo tempo falando de sonhos nas sessões, Freud lhe interrogou: "Você não está farto de sonhos? Você também precisa falar do que está em seu pensamento consciente".[18]

## O mestre e seus analisandos

Elisabeth Roudinesco situa a prática clínica de Lacan em seus últimos dezesseis anos de vida — ou seja, a partir de 1964, ano de sua expulsão da IPA e da fundação da École Freudienne de Paris — como um "verdadeiro laboratório de psicanálise". Nesse laboratório, imune a qualquer controle dos cânones institucionais, Lacan sentiu-se em liberdade para pôr em prática uma experiência de constante inovação, na qual alguns traços precisam ser destacados:

> Assim se estabelece progressivamente entre Lacan e seus "súditos"[19] uma espécie de monarquia direta na qual a servidão voluntária se mescla com o exercício das liberdades individuais. Esse funcionamento do poder tende a transformar a prática de Lacan. A partir do momento em que ele cria sua escola, já nenhum controle é exercido sobre a duração das sessões ou sobre o número de seus analisandos, cujas fileiras crescem a olhos vistos.[20]

Roudinesco aponta igualmente uma espécie de incongruência que identifica na prática de Lacan: "Dir-se-ia que Lacan age incessantemente *contra* sua teoria", acrescentando que isso se dá "como que para pô-la à prova em suas falhas". Para ela, Lacan conduz seus tratamentos de uma forma muito pessoal, e a prática das sessões de duração variável parece depender disso; ele "varia infinitamente a duração das sessões e seu espaçamento no tempo: de um minuto a uma hora, ou de uma sessão por semana a dez por dia". A historiadora observa ainda que "de uma maneira geral, a duração das sessões tende a se encurtar e, quando não é esse o caso, o tempo depende da relação que se estabelece entre o mestre e o analisando. Lacan está sempre apressado, como se tivesse a morte em seu encalço".[21]

Ressalto o fato de que Roudinesco fala aqui da relação "entre o mestre e o analisando"; trata-se de uma relação peculiar que é fruto do curto-circuito de outras duas: ela não é nem a do mestre com o discípulo, nem a do analista com o analisando, mas sim uma relação entre um mestre, pensador vanguardista da psicanálise, e seus analisandos — discípulos e analistas em formação. Considero que essa observação quase chistosa fornece uma chave para compreender a particularidade dessa relação que se dava no interstício da busca de saber sobre si mesmo, por um lado, e da busca do saber psicanalítico, por outro. A relação entre um mestre e um analisando não é, de modo algum, uma relação analítica, já que, no caso do mestre, sua posição de sujeito que efetivamente sabe oblitera o desdobramento, na fala do sujeito, do sujeito suposto saber. É preciso sublinhar que, evidentemente, esse problema não foi exclusivo da relação entre Lacan e seus analisandos, mas também algo que se passou com Freud — talvez ainda em maior medida — e tende a se repetir, em proporções diferentes mas sempre significativas, nas relações analíticas estabelecidas entre os chefes de escolas e instituições analíticas e seus analisandos que são analistas em formação.

O fato é que a duração variável das sessões se tornou uma espécie de emblema da prática clínica de Lacan, e é sobretudo em torno disso que Roudinesco recolhe os depoimentos de seus analisandos. Francis Hofstein afirma que "as sessões duravam entre quinze e trinta minutos e, muitas vezes, pareciam-me longas".[22] Já Gérard Pommier se estende bem mais sobre o assunto:

> Dizer que as sessões eram curtas é dizer pouco: elas eram fulgurantes, às vezes com não mais de um minuto. Lembro-me de que me aconteceu serem necessárias três sessões para lhe contar um único sonho, especificamente importante, e que trabalhei com uma intensidade que sem dúvida nunca teria sido permitida por uma sessão dita padrão. Havia ali uma experiência implacável, que dava à tarefa analisadora uma extensão que repercute sobre toda a existência.[23]

Cumpre-nos indagar aqui se a intensidade do trabalho evocada se deve à velocidade do encontro ou, muito mais essencialmente, à força da transferência que ali estava em jogo.[24] Antoinette Fouque, num testemunho comovente, após dizer que a primeira sessão durou doze minutos, coloca que "as sessões nunca duravam mais de um quarto de hora e não eram fixas".[25]

É extremamente importante entender as vicissitudes de uma relação analítica com Lacan, em sua força toda particular, para que se possa discriminar a singularidade de uma prática que se dava no próprio seio de um amplo e fecundo laboratório de reinvenção da psicanálise.[26] O fato de se tratar precisamente de uma relação entre mestre e analisando, com o tipo de assimetria que é aí comportada, permite entender que certos autores, ao narrarem suas análises com Lacan, acabem por se mostrar pouco críticos e lúcidos, ainda que o sejam em outros momentos. O que parece estar em jogo para esses analistas que relatam suas análises com Lacan é, muito mais do que a própria análise pessoal, a experiência de participarem desse momento histórico de reconstrução, senão de refundação, do saber psicanalítico.

Um expressivo exemplo dos mal-entendidos a que a noção de tempo lógico se presta é dado por Catherine Clément em seu ensaio *Vidas e lendas de Jacques Lacan*. Ao pretender defender Lacan do poder com que — diz ela — ele se investiu ao se tornar o "dono do tempo da sessão e quem decide sobre ele", afirma a autora: "Porém [...] o analisando não fica sem poder de réplica, podendo decidir não aparecer, ou não voltar nunca mais, sem que seja possível qualquer sanção, já que o contrato, como todo o resto, se baseia na palavra".[27] Considero muito estranho, senão bastante triste, esse poder que a autora diz sobrar para o analisando — o de, em última instância, ficar sem análise! Nada mais distante da recomendação feita pelo próprio Lacan: "*Primum vivere*: há que evitar o rompimento"[28], isto é, a primeira preocupação do psicanalista deve ser a de preservar o vínculo analítico. A manutenção do vínculo implica a possibilidade de ir adiante, e, se o desejo do analista é de fato o pivô do tratamento analítico, ele se sustenta essencialmente no desejo de que haja análise.

Além disso, me parece pouquíssimo fidedigno com os desenvolvimentos de Lacan sobre o tempo lógico afirmar que o analista se torna, ele próprio, "o dono do tempo da sessão", quando, de fato, esse tempo não pertence nem ao analista nem ao analisando, e nenhum dos dois pode decidir sobre ele. Um dos discernimentos mais fecundos introduzidos por Lacan no início de seu ensino, ao distinguir dois registros diversos, o imaginário e o simbólico, foi precisamente o de propor uma concepção da análise baseada não numa relação dual e imaginária (que se passa entre o eu e o outro), mas numa relação ternária que inclui o inconsciente enquanto terceiro presente-ausente, o Outro simbólico. É ao Outro que está concedido o poder sobre o tempo da sessão, nem ao analista, nem ao analisando. Se o analista ocupa o lugar do Outro que interpreta, nem por isso se identifica com ele; aliás, tomar-se pelo Outro é uma definição possível da impostura perversa, e por isso Lacan trata dos limites do poder do analista ao abordar a direção do tratamento: "Freud reconheceu prontamente que nisso estava o princípio de seu poder, no que este não se distinguia da sugestão, mas também que esse poder só lhe dava a solução do problema na condição de não se servir dele, pois era então que assumia todo o seu desenvolvimento de transferência".[29]

Outros exemplos poderiam ser dados, a partir de passagens de alunos de Lacan, no sentido de observar o quanto os sujeitos parecem ter pagado um preço de alienação por participarem dessa experiência originária única. Se por um lado ela foi bela em seu caráter épico, em seu ativismo triunfalista e em seu entusiasmo renovador, por outro lado o preço da alienação torna-se muito mais elevado nas gerações seguintes de analistas, quando aquela relação inicial e mítica entre mestre e analisando se traduz num caráter eminentemente religioso e debilitante para o pensamento dos jovens analistas em formação. Assim, ao transformarem o tempo lógico na direção do tratamento num novo tecnicismo, os psicanalistas só fazem negar a singularidade da aventura de Lacan e de um laboratório analítico que teve uma inserção histórica e um contexto cultural que jamais se repetirão. Como salientou Elisabeth Roudinesco, nesse período final de sua prática, "liberto de qualquer limitação institucional, Lacan instaura durante dezesseis anos um verdadeiro *laboratório* de psicanálise. Dedica-lhe sua vida inteira, sua energia e seu amor, sem jamais pleitear uma folga. Mistura todos os gêneros e reduz a nada todas as regras de uso clássico, com um talento para a intervenção raramente igualado na história do freudismo".[30]

## Sessão curta ou de duração variável?

Nessa dupla terminologia — sessão curta ou sessão de duração variável — empregada de forma aleatória, já surge uma questão evidente que, surpreendentemente, nunca é tratada: pensar a sessão de análise como sendo de duração variável, modulada de acordo com o discurso do sujeito, torna-se compreensível caso se esteja concebendo o tempo de duração como dependente não do relógio (tempo cronológico), mas sim da fala (tempo discursivo, tempo lógico). A noção de sessão curta é, na verdade, incompatível com a ideia de tempo lógico: pois sessão *curta* não significa, simplesmente, uma sessão que tem referência a um tempo *cronológico* exíguo?

A rigor, a ideia de tempo lógico está abolida da noção de sessão curta. Assim, há uma falta de consenso entre os próprios analistas quanto a esse assunto tão essencial, a qual Clément parece resumir ao observar que "deduzir que a 'pontuação' das sessões tende, necessariamente, à brevidade seria um preconceito".[31] No entanto, como veremos, esse preconceito tem se mostrado bastante difundido.

Na história da prática analítica do próprio Lacan, o que se sabe é que suas sessões passaram de um tempo de duração bastante variável para um tempo cada vez menor, mas jamais se identificaram com o uso sistemático de sessões curtas, talvez somente nos últimos anos de sua vida. E é esse uso sistemático de sessões curtas que veio a ser situado por certo número de analistas lacanianos como uma verdadeira regra técnica. Para justificá-la, já quase não se menciona mais a importância da variabilidade da sessão em relação ao discurso, mas se enfatiza sempre a chamada "função da pressa". Com um tipo de prática que, como veremos, empobrece demasiado a experiência psicanalítica, tais analistas acabam se colando a um determinado modelo que foi exercido por Lacan apenas no final de uma longa experiência e como fruto de um laboratório bastante complexo por ele acionado.

## Um par indissociável

Num artigo que se pretende de orientação ortodoxa, mencionando que a própria prática de Lacan havia sido lançada para "fora do campo da psicanálise, como dissidente, não *standard*", Colette Soler afirma que, "no entanto, Lacan havia partido de um retorno a Freud, ou seja, de uma exigência de ortodoxia". E prossegue, acrescentando o rigor que seria aí pretendido: "A questão, reformulada nos termos do começo de seu ensino, torna-se: freudiana ou não freudiana. O que é que está em jogo? Algo essencial. Trata-se nada menos que de definir as condições requeridas para que uma psicanálise seja uma psicanálise. Ou, de outra maneira, em que consiste o caráter analítico de uma prática?".[32]

Falar de ortodoxia no campo lacaniano exigiria uma argumentação maior do que simplesmente recorrer ao rigor do retorno a Freud. Os impasses éticos que a noção de ortodoxia coloca são inúmeros, pois, como formula com precisão e ironia Alain Didier-Weill, "ao inaugurar, com a proposição do passe, a questão da reinvenção da psicanálise decorrente do tornar-se analista, Lacan convidou os psicanalistas a tentar conceber um tipo de formação que não fosse a da ortodoxia: o que poderia ser mais cômico que um sujeito autorizar-se por si mesmo a ser ortodoxo?".[33]

Soler responde à questão que colocou dizendo que "a base de uma psicanálise é o procedimento freudiano", para em seguida tecer alguns comentários que exigem atenção. Ela acrescenta, então, que há uma dissimetria no procedimento inventado por Freud: a de que, diz ela, "o analisando tem sua regra fundamental, o analista não. O primeiro não fica sem saber o que tem que fazer, já que a associação livre é a exigência, podemos dizer, *standard*, que define o seu trabalho. Nada semelhante existe do lado do psicanalista".[34] Após ler tal afirmativa, nosso questionamento sobre o uso sistemático das sessões curtas parece adquirir um contorno mais preciso: como um autor que se pretende tão rigorosamente situado em relação à letra freudiana pode não levar em consideração que há em Freud, sim, de modo inegável, do lado do analista, um procedimento que vai de par com a associação livre do analisando? Trata-se da atenção flutuante, modo de escuta particular pelo qual Freud postula que o analista deve ouvir seu analisando.

Vamos nos deter nesse par, indissociável para Freud, que é constituído pela associação livre e pela atenção flutuante. Denominada por Freud "regra fundamental da psicanálise", a regra da associação livre é o pilar sobre o qual se sustentam a prática psicanalítica e o acesso ao inconsciente. A importância dessa regra para Freud pode ser medida pelo fato de que sua introdução é concomitante ao próprio advento da psicanálise, isto é, ao abandono da técnica hipnótica. Laplanche e Pontalis sublinham que se trata, com efeito, de uma regra que "estrutura a situação analítica: o analisando é convidado a dizer o que pensa e sente sem nada escolher e sem nada omitir do que lhe acode ao espírito, ainda que lhe pareça desagradável de comunicar, ridículo, desprovido de interesse ou despropositado".[35] Esses autores salientam algo extremamente importante: o fato de que a regra fundamental da associação livre não tem como efeito "dar livre curso ao processo primário puro e simples, abrindo assim acesso imediato às cadeias associativas inconscientes; [ela] apenas favorece a emergência de um tipo de comunicação em que o determinismo inconsciente é mais acessível pela elucidação de novas conexões ou de lacunas significativas no discurso".[36]

Assim, uma das principais consequências produzidas pela observância da regra fundamental por parte do analisando é que ela "põe em evidência a forma como derivam as associações e os 'pontos nodais' em que se entrecruzam".[37]

Voltaremos a esse aspecto adiante, mas, antes disso, é interessante indagar o porquê de determinados autores necessitarem desconhecer a recomendação técnica freudiana da atenção flutuante. Com efeito, ela é para Freud nada menos do que o correlato, no analista, da regra da associação livre para o analisando. Se através desta o analisando é convidado a dizer tudo o que lhe ocorrer sem quaisquer restrições, do lado do analista fica difícil conceber a interpretação sem que a escuta seja guiada pela atenção flutuante.

De fato, o artigo técnico de Freud "Recomendações aos médicos que exercem a psicanálise", que já comentamos, abre abordando precisamente esse aspecto essencial do método analítico. Freud fala aí da "atenção uni-formemente suspensa" nos seguintes termos:

> Ver-se-á que a regra de prestar igual reparo a tudo constitui a contrapartida necessária da exigência feita ao paciente de que comunique tudo o que lhe ocorre, sem crítica ou seleção prévias. Se o médico se comportar de outro modo, estará jogando fora a maior parte da vantagem que resulta de o paciente obedecer à "'regra fundamental da psicanálise". A regra para o médico pode ser assim expressa: ele deve conter todas as influências cons-cientes da sua capacidade de prestar atenção e abandonar-se inteiramente à "memória inconsciente". Ou, para dizê-lo puramente em termos técnicos: ele deve simplesmente escutar e não se preocupar se está se lembrando de alguma coisa.[38]

Mais à frente, Freud acrescenta ainda que todas as regras que enume-rou "se destinam a criar, para o médico, uma contrapartida à 'regra funda-mental da psicanálise' estabelecida para o paciente".[39] Num breve artigo escrito para difusão da psicanálise, Freud expõe a regra que se impõe ao analista de modo particularmente original e instrutivo:

> A experiência logo mostrou que a atitude que o médico analítico podia mais vantajosamente adotar era entregar-se à sua própria atividade mental in-consciente, num estado de *atenção imparcialmente suspensa*, a fim de evitar, tanto quanto possível, a reflexão e a construção de expectativas conscientes, não tentar fixar particularmente coisa alguma que ouvisse na memória e, por esses meios, apreender o curso do inconsciente do paciente com o seu próprio inconsciente.[40]

Mais essencialmente, o que podemos indagar é se seria possível, ao se conceber a duração da sessão num intervalo de tempo tão curto como cinco, dez ou mesmo quinze minutos, dar à atenção flutuante o mesmo va-lor que Freud dava. Penso que não, pois a noção de atenção flutuante é um elemento que se opõe, de fato, à ideia mesma de sessão de curta duração.

Surge aqui um elemento importante: adotada em sua plenitude, a regra da associação livre permite, sem dúvida, um acesso rico e bastante sutil ao inconsciente, por meio de determinadas formações que com frequência não são evidentes.[41] Mas, quando a ênfase é posta sobre formações extremamente explícitas, como os lapsos e atos falhos, corre-se o risco de retirar toda importância dos detalhes filigranados que podem ser evidenciados na fala do analisando, entre o discurso latente e o discurso manifesto.

A constelação simbólica inconsciente de um sujeito não prescinde, para se manifestar, de elementos bastante discretos, as chamadas "representações intermediárias",[42] que não se manifestam abruptamente. Na interpretação de um sonho, por exemplo, Freud indica a importância das representações-meta (*Zielvorstellungen*) conhecidas (conscientes) e desconhecidas (inconscientes) como elementos que orientam o curso dos pensamentos, tanto conscientes como pré-conscientes e inconscientes. As representações-meta constituem "uma finalidade que assegura entre os pensamentos um encadeamento que não é apenas mecânico, mas determinado por certas representações privilegiadas que exercem uma verdadeira atração sobre as outras representações".[43]

No caso das representações-meta inconscientes, a finalidade é latente, surge precisamente quando as associações estão entregues ao seu livre curso, ou seja, quando reina a associação livre. O ponto para o qual convergem tais associações é precisamente o da fantasia inconsciente, que subjaz a todo sintoma. Como formulou Moustapha Safouan, "contrariamente às aparências, o discurso constituído pelas associações livres não caminha em qualquer direção; ele progride, pelo contrário, rumo à revelação do núcleo patógeno, dito de outro modo, rumo à revelação da fantasia".[44] Assim, é no âmbito da dinâmica entre conteúdo manifesto e conteúdo latente, entre representações-meta conscientes e representações-meta inconscientes, que Freud concebe a possibilidade da interpretação psicanalítica. É neste sentido que a regra da associação livre visa evidenciar a ordem inconsciente: quando as representações-meta conscientes são abandonadas, as representações-meta ocultas reinam sobre o curso das representações.

## A idealização da prática

Por sua vez, o psicanalista Stuart Schneiderman, certamente por vir dos Estados Unidos, onde Lacan está longe de adquirir aceitação incondicional e precisa ser explicitado, detém-se de modo longo e fecundo no problema da associação livre. Por não se furtar a abordar o problema, ele fornece, à revelia, muitos elementos para enriquecer nosso questionamento.

Num livro que foi saudado, quando de sua publicação, como sendo uma das melhores exposições sobre o problema da utilização das sessões curtas, *Jacques Lacan: A morte de um herói intelectual*, Schneiderman percebe que não teorizar a prática das sessões de duração variável numa referência primordial à regra da associação livre significaria condenar todo o edifício da técnica psicanalítica à ruína. Mas o espantoso é que, ao fazê-lo, é precisamente a legitimidade da regra fundamental que vem a ser questionada.

Se, por um lado, Schneiderman afirma que "a pressão combinada da pouca duração das sessões e da imprevisibilidade de suas interrupções cria uma condição que intensifica em muito a tendência para a livre associação", por outro ele se pergunta sobre "o que vem a ser a livre associação".[45] E, curiosamente, a resposta que ele fornece é no sentido de não poder vir a conceber a associação livre sem a pressa causada pela sessão curta! Sendo honesto em sua tentativa de articular os pontos principais da teoria da técnica, esse autor permite que muitas contradições emerjam. Enumero em seguida algumas delas.

Ao mesmo tempo que considera que "a livre associação não é um modo normal de pensar", Schneiderman pondera que Lacan introduziu uma "livre associação que se passava entre as sessões".[46] Ora, se a associação livre é lançada para fora do contexto da sessão analítica, então ela recairá necessariamente no regime da introspecção objetivante, cujo teor defensivo, senão obsessivo, é inegável. O próprio Lacan, no início de seu ensino, falou da obsessão nesses termos: "Encontraremos para opor à análise do *hic et nunc* o valor da anamnese como índice e como mola do progresso terapêutico, à intrassubjetividade obsessiva a intersubjetividade histérica, à análise da resistência a interpretação simbólica. Aqui começa a realização da palavra plena".[47]

Há, com efeito, uma radical diferença entre pensar e falar, e a regra fundamental da associação livre sustentada por Freud como aquela que rege todo o processo analítico é da ordem da fala. Lacan destacou no início de seu ensino — muito especialmente no escrito que inaugura seu ensino e seu retorno a Freud, "Função e campo da fala e da linguagem em psicaná-lise" — que o sintoma "se resolve por inteiro numa análise linguageira, por ser ele mesmo estruturado como uma linguagem, por ser a linguagem cuja fala deve ser libertada".[48] A fala não se confunde com o pensamento, que escapa à apreensão do duplo sentido e do equívoco, nem com a escrita, que estabiliza o sentido e inviabiliza a homofonia que favorece a emergência do inconsciente no discurso.[49]

Além disso, como conceber uma associação livre fora do espaço da escuta analítica e da fala sob transferência, as quais, essas sim, exercem uma pressão sobre o discurso do sujeito? Não obstante, Schneiderman chega ao ponto de afirmar que "as associações mais relevantes não ten-dem a ser aquelas produzidas dentro da sessão, mas aquelas produzidas entre as sessões"; e, ainda, pontificar que "é muito raro que um analisando faça uma descoberta importante enquanto associa livremente na sessão; as descobertas feitas dessa maneira são, em geral, suspeitas".[50] Além de estender a associação livre para fora do contexto da sessão, algo por si só questionável, Schneiderman retira o valor dela quando ocorre na sessão!

Vê-se que é descartada toda uma dimensão de surpresa que é ine-rente à clínica analítica, pois qualquer analista facilmente confirmará que é muito frequente o analisando dar-se conta de algo durante a própria sessão de análise e até mesmo fazer referência a isso, dado que nas associações surgem significantes inesperados que ressignificam o que havia sido dito antes e até mesmo em outras sessões. O fato é que, após a leitura desses comentários de Schneiderman, fica-se sem saber muito bem para que serve então a sessão de análise, assim como a presença e a escuta do analista...[51]

Outra acentuada contradição que pode ser isolada no discurso de Schneiderman, que talvez sirva para entender a posição de muitos, é o que se poderia chamar de uma idealização da palavra plena, como se esta pudesse se dar isolada, independentemente da palavra vazia. Com efeito, esse autor idealiza um verdadeiro frenesi verborrágico de palavra plena: "Através da experiência das sessões curtas, o analisando aprende, em primeiro lugar, a ir direto ao assunto, e, em segundo, a dizer o máximo possível rapidamente"![52] Não é difícil perceber que há um fortíssimo ideal vigorando no horizonte da análise assim concebida: estranha essa direção do tratamento na qual se pretende negar por completo as resistências do sujeito, e que dita objetivos tão bem definidos para ele! Não se está muito longe da sugestão pré-analítica: a função da pressa tematizada por Lacan no sofisma sobre o tempo lógico torna-se um instrumento inteiramente antianalítico, na medida em que os termos utilizados são mais adequados a um discurso pedagógico.

Afirmando ainda que "havia algo do horror da morte nas sessões curtas, naquelas sessões psicanalíticas cujo tempo não podia ser conhecido de antemão, cuja duração não era contada pelo tique-taque do relógio", Schneiderman se contradiz, pois afirmara dois parágrafos antes que "as sessões curtas duravam, em geral, apenas uns poucos minutos".[53] Bastante previsível, ao que fica parecendo, não é nada fácil vermos o que uma sessão curta apresenta que se aparente ao horror da morte. Como em outros casos, apela-se à instância limítrofe da morte com excessiva facilidade, para tudo justificar.

Colocando ainda que "o gesto de romper a sessão, de cortá-la, era [para Lacan] um meio de dizer às pessoas que deixassem as coisas de lado, que fossem em frente, não ficassem presas ou fascinadas pela estética do sonho",[54] Schneiderman se afasta da perspectiva analítica, cuja grandiosidade reside precisamente na atenção dirigida aos mais ínfimos detalhes da vida cotidiana. Há um ativismo nesse tipo de colocação que vai de encontro a toda a delicadeza do trabalho analítico freudiano e com o qual dificilmente se concebe que alguém aceda ao próprio inconsciente. Ao contrário, toda essa postura parece muito mais compatível com um "danem-se o inconsciente e a análise".[55]

## A clínica do real

Fato é que tanto Freud quanto Lacan foram imitados no tocante à duração da sessão, de cinquenta minutos para o primeiro, curta ou mesmo ultracurta para o segundo. Mas não se consegue imaginar como alguém que não tenha uma relação teórica ou profissional com a psicanálise (dita) lacaniana pode suportar sessões de duração mínima após aguardar na sala de espera mais de uma ou duas horas.

A cada vez que os defensores das sessões curtas se manifestam, os engodos inerentes às suas formulações se hipertrofiam mais e mais. Tendo escutado um analista de Buenos Aires que se dizia lacaniano, embora pertencente a uma associação filiada à ipa, dizer que "praticava sessões curtas de mais ou menos trinta minutos", Graciela Brodsky enuncia com estranho prazer que isso "para os não lacanianos é muito pouco, para os lacanianos é uma eternidade".[56] Hoje enumeram-se em sequência a "sessão pontual"[57], as "sessões o mais curtas possível", as "breves", "rápidas", "de duração variável";[58] definem-se ironicamente os "que querem ser lacanianos sensatos" como aqueles que dizem: "não fazemos sessões curtas, mas sim sessões de tempo variável";[59] distingue-se o "mero lacaniano" do "bom lacaniano", que é aquele que trabalha com sessões curtas;[60] e, numa verdadeira petição de princípio, sem temer estampar um mimetismo estéril senão infantil, afirma-se que se fazem sessões curtas por uma única razão: "Porque o dr. Jacques Lacan fazia sessões curtas"![61]

Fala-se ainda em "praticar sessões de duração variável — curtas de preferência",[62] como uma verdadeira tentativa de conciliar a sessão de duração variável com a sessão curta, como se fossem a mesma coisa — quando, como vimos, se a primeira se refere ao tempo lógico do discurso do sujeito e não é regida pelo tempo cronológico, o sintagma "sessão curta" é evidentemente tributário de uma atenção voltada para os minutos do relógio. Mas há também quem não esconda que o tempo lógico, "em contrapartida ao tempo cronológico, produziu como efeito principal as sessões curtas".[63]

Tenta-se de tudo para justificar essa prática, por exemplo opor a sessão curta ao tempo de sessão padrão da ipa — "A noção de sessão curta retira sua pertinência de sua relação com os padrões da ipa: o adjetivo 'curta' vem em oposição à duração de cinquenta e cinco minutos fixadas por esses padrões"[64] —, quando é óbvio que a hora de sessão fixa se opõe não à sessão curta, mas sim à duração variável da sessão. A confusão estabelecida pela utilização de tantas diferentes denominações parece ser tributária da ausência de sustentação teórica dessa prática.

Assim, não deixa de chamar a atenção que alguns autores voltem ao tema das sessões curtas de forma recorrente visando sustentar essa prática com uma argumentação consistente. Num texto recente, Colette Soler se empenha uma vez mais em elucidar a prática de sessões curtas e situa dois períodos na clínica do psicanalista Lacan: o primeiro foi o da "sessão de duração variável, teorizada nos anos 1950, que visava escandir, passo a passo, as significações da fala"; o segundo consistiu na última década de vida de Lacan, quando "ele praticava sessões curtas, regularmente curtas, muito curtas até".[65] Abordando a noção lacaniana de abertura e fechamento do inconsciente, Soler conclui que "a questão é saber se o batimento abertura--fechamento do inconsciente é isomorfo à alternância sessão/fora-da-sessão — em outras palavras, à presença do analista".[66]

Nesse ponto, Soler não descarta abordar o fulcro teórico dessa questão, a regra da associação livre, e se coloca a pergunta que todos deveriam fazer sobre "se a sessão curta ou pontual não impediria a associação livre como via de acesso ao inconsciente". Mas, ponderando que a associação livre — definida como algo que se contrapõe "à intencionalidade do discurso egoico [...] para fazer aparecerem as coerções do inconsciente que esse sujeito não sabe" — também pode operar como uma "tagarelice de defesa", a autora afirma que "o que o analisando quer nos dizer [...] não é essencialmente isso o que buscamos, à espreita que estamos do que ele diz sem saber". E, segundo ela, a sessão curta não impede "a enunciação pedacinho por pedacinho dos elementos do inconsciente".[67] Mas não caberia interrogar essa ideia de que o analista *busca* algo? A rigor contraria-se com essa noção o dito de Picasso incensado por Lacan:

"Eu não procuro, acho!". E, além disso, como o analisando pode chegar a distinguir sua posição discursiva egoica da posição subjetiva se ele é forçado a esta última?

Tais elementos são, prossegue ela, dois: as unidades semânticas, conclusivas, "frases ou sequências de frases que fecham suas significações num ponto de basta"; e as unidades assemânticas, suspensivas, que extraem "um significante de seu contexto" ou interrompem "a cadeia antes de seu ponto de queda final". Sua conclusão é de que, "seja qual for a duração de uma sessão, seu ponto de interrupção é ou bem uma interrupção conclusiva, por menor que seja, ou bem uma interrupção suspensiva". Nessa concepção, a associação livre "se define essencialmente pelo produto que ela visa: os elementos do que se deposita a partir do fluxo da tagarelice", e, segundo Soler, não entra em contradição com a sessão lacaniana que às vezes é até mais favorável a ela.[68]

Defendendo uma concepção bastante restrita dos objetivos da associação livre, ancorada exclusivamente no produto que ela visa — e enigmática, posto que se trata do produto de uma associação livre que não ocorreu enquanto fala mas apenas no pensamento do sujeito —, a autora não hesita em nomear e distinguir duas práticas, a freudiana e a lacaniana: a primeira é maximalista quanto à fala e limitada quanto à revelação do objeto real, restringindo-se "às coordenadas inconscientes do objeto, ao que poderíamos chamar seus envelopes simbólicos e imaginários"; ao passo que a segunda é limitada quanto à fala, mas maximalista "em relação ao objeto causa, porquanto permite fazer valer em ato seu núcleo real".[69] Desse modo, embora se aprenda com Lacan que o objeto *a* apresenta três faces — real, simbólica e imaginária —, as quais estão sempre presentes simultaneamente nas diferentes formações do inconsciente, pretende-se chegar ao "núcleo real" do objeto de maneira imediata, com intervenções de corte.

Tais formulações da assim chamada "clínica do real", calcadas supostamente nos últimos anos do laboratório empreendido por Lacan em sua prática analítica, propõem uma direção do tratamento tão esquemática que não estamos muito longe dos tecnicismos analíticos de escolas amplamente criticadas pelo próprio Lacan, por exemplo as interpretações profusas dos kleinianos, as quais se estatelam sobre a fala dos pacientes como verdades inconscientes desconhecidas e acabam produzindo transferências negativas.

Se assim for, ficamos com várias questões: o que diferencia essa clínica das práticas de iniciação zen, nas quais o mestre brande continuamente o não-sentido para seu discípulo ávido de sentido? E como conceber essa prática de modo indiferenciado, sem atinar para cada caso? Essa técnica pode ser usada indiscriminadamente, em casos de diferentes estruturas?[70] Nos inúmeros casos em que o sujeito está invadido por um real que pede simbolização — situações traumáticas, separações amorosas, angústia etc. —, não é exatamente do contrário que se trata? E esse relevo dado ao real não é passível de produzir uma angústia avassaladora que se superpõe ao sintoma? O tratamento analítico não deve se referir igualmente ao imaginário e ao simbólico, e não apenas ao real? Muitas questões surgem nesse âmbito, mas, em nome do mimetismo irrefletido da clínica exercida por Lacan na última década de vida, não se as vê serem abordadas.

De fato, a clínica envergada nessa direção é bastante tributária de determinada leitura da obra de Lacan, feita por alguns de seus alunos que mapearam três épocas que traduzem a ênfase posta, em diferentes momentos de seu percurso, no imaginário, no simbólico e no real. É claro que, caso não seja feita de modo a exacerbar a diferença de cada período na tentativa de exclusão dos outros, essa segmentação do ensino de Lacan reflete seu percurso, e ele mesmo anunciou no seminário *R.S.I.*: "Eu comecei pelo imaginário e, depois disso, precisei mastigar bastante essa história de simbólico, com toda essa referência linguística sobre a qual efetivamente não encontrei tudo aquilo que me teria facilitado. E, depois, esse famoso real, que acabei por lhes apresentar sob a forma mesma do nó".[71]

Entretanto, a ênfase acentuada posta no terceiro período do ensino lacaniano tem como consequência uma prática que parece prescindir da interpretação simbólica e operar apenas por meio do corte no sentido e da produção recorrente do não-sentido, desvalorizando a fala e desprezando as formações do inconsciente. Waldir Beividas referiu-se a essa prática, "ancorada em sua base num sem-sentido proclamado", como tendo uma "orientação antifreudiana",[72] afirmação com a qual concordo inteiramente.

A hipertrofia da ideia, no fundo bastante questionável, de que há uma "psicanálise lacaniana", bem como a busca de elementos que a caracterizem, parece ter produzido uma perda de discernimento, por fazer com que defensores de uma assim nomeada "clínica do real" afirmem que ela "é fortemente desaconselhável para covardes" e para quem "não tolera a presença do incompleto".[73] Eu me abstenho de comentar semelhantes julgamentos — incompatíveis com a posição que o psicanalista deve preservar em sua prática — para mencionar outros que revelam novos e profundos desconhecimentos: afirma-se que o impacto causado pelo analista lacaniano "se funda principalmente na natureza de seu trabalho, caracterizado pela necessidade de presentificar um elemento surpreendente, inesperado. Ao equivocar e ao colocar em cena algo que não se explica, ele comove, faz ressoar".[74] A confusão é clara e desconhece a singularidade do sujeito: torna-se uma necessidade surpreender e não reconhecer aquilo que no próprio sujeito já é fonte de surpresa — o inconsciente. Tudo se passa como se o analisando não fosse movido por questões candentes que vão conquistar, ao longo da análise, determinados efeitos de subjetivação, mas sim como se coubesse ao analista produzi-lo.

Como já salientou com agudeza Diana Rabinovich, é bastante nítido que houve uma banalização da dimensão do não-sentido, a qual levou inclusive ao surgimento de demandas de análise de sujeitos que, saídos de uma análise dita "lacaniana", carregam um *pathos* sem dúvida pré-analítico e dizem que nada tem sentido para eles: "A vida carece de sentido, não existem ideais, seu comportamento é pragmático, 'cínico' inclusive".[75] Rabinovich se pergunta o que se passou com a formulação de Lacan sobre o final de análise como liberação do sentido, ao depararmos com sujeitos que pedem análise "quando supostamente estão no que deve ser seu final, o que, sem dúvida, questiona a conceituação do final".[76] A conclusão a que chega a autora é de que é necessário "aprofundar-se sobre o que quer dizer esse não-sentido da liberação do sentido, para não o confundir com esse outro não-sentido de que padece aquele para quem nada tem sentido".[77]

Liberar-se do sentido, tal como a psicanálise se propõe na direção do tratamento do neurótico, em geral inibido pelo excesso de sentido, não é de modo algum idêntico a chegar a uma falta de sentido que gera sintoma e produz sofrimento. O rumo tomado por algumas concepções de Jacques-Alain Miller no tocante à sessão analítica pode ajudar a entender o que ocorre em certas análises que desembocam na produção de falta de sentido como sintoma. Ao defender com orgulho que a sessão analítica é o próprio corte, Catherine Bonningue retraça o percurso de Miller, que primeiro valorizou, com Lacan, a pontuação do discurso do sujeito, para depois, diz ela, enfatizar o corte e conceber uma nova era na prática analítica — a "pós-interpretativa". Esta visa simplesmente deixar o sujeito "perplexo", obter ao seu final o des-ser e o des-sujeito que se liga ao ser-para-o-gozo e à pulsão freudiana. Mais espantosa ainda é a suposição de que esse novo conceito de sessão "permitido pela prática pós-interpretativa da psicanálise é uma séria proteção contra toda prática desviante".[78]

Um psicanalista da cepa de Lucien Israël, formado por Lacan, jamais concordaria com a desertificação subjetiva prescrita nessa concepção de análise: "Uma análise em que o *Witz* (chiste) não ocorre é uma análise na qual falta uma dimensão essencial, a do desejo e da alegria de viver [*joie de vivre*]".[79] Além do que, tal secura tem todas as características dos ideais imaginários, senão superegoicos, que volta e meia se apossam das elaborações dos analistas para orientá-los na direção do ativismo antianalítico. Este pode assumir feições muito sofisticadas, como a da superposição do analista com o mestre zen.

## Analista mestre zen

Surge aqui muitas vezes em defesa dessa prática a menção às referências feitas por Lacan à prática do mestre zen. De fato, o despojamento da autoridade junto ao discípulo que é exercido pelo mestre zen se coaduna com certos traços da posição do analista. Como sintetiza Thomas Merton, o zen visa "romper as estruturas convencionais do pensamento e do ritual a fim de atingir uma autêntica experiência pessoal do significado oculto da vida".[80] Quando Ananda, discípulo favorito de Buda, lhe pede que antes de morrer transmita suas instruções finais e uma regra a ser observada por seus discípulos, ele se recusa a fazê-lo e diz a Ananda: "Deveis ser vossas próprias lâmpadas, vosso próprio refúgio. Não vos refugieis em nada que esteja fora de vós. Mantende-vos fiéis à verdade como uma lâmpada ou um refúgio, e não procureis nenhum abrigo fora de vós mesmos".[81] Contudo, por outro lado, o ascetismo que tal postura visa separa radicalmente a prática zen da ética do desejo cara à psicanálise: o objetivo dessa concentração sobre si mesmo é "vencer os desejos e as depressões do homem comum, para manter-se sempre ardoroso, autocontrolado e de mente tranquila".[82]

O que surge para nós como questão se desdobra em várias dimensões: primeiro, a prática da análise assim concebida quase se identifica com a do mestre zen, que brande o real para o discípulo até que este, extenuado pelas manobras desconstrutivas do mestre, desfaça suas ilusões e seguranças imaginárias. Nessa prática, o real é brandido de fora pelo mestre e, se há uma diferença entre a análise e ela, é que a análise é extremamente mais ambiciosa que o zen, pois lida com o sujeito considerando que há um real em si mesmo e que se trata de desvelar para o sujeito isso que ele próprio porta de real e de não-sentido — o pulsional que foi objeto do recalque. No zen, o real — o sem sentido — é acionado pelo mestre para desconfigurar os sentidos ilusórios do discípulo, ao passo que na análise estes são desconstruídos com os próprios elementos internos ao sujeito.

Aqui a ênfase é com razão posta na dimensão do analista como objeto, mas a posição do analista inscrita no binômio da esquerda do discurso do psicanalista oscila entre a posição do objeto e a posição do Outro intérprete. O analista não se reduz exclusivamente a uma posição de objeto — na qual se identifica ao puro silêncio — na direção do tratamento, mas do lugar do Outro exerce a condição de intérprete que fornece ou retira sentido do discurso do sujeito. É certo que essa concepção da direção do tratamento corresponde a uma ênfase desmedida na posição de objeto ocupada pelo analista que é entronizada pelos defensores da chamada "clínica do real".

Em segundo lugar, a se crer que esse raciocínio esteja correto — o que não é nada evidente, uma vez que ele supõe a possibilidade de se lidar com o real isolando-o do simbólico e do imaginário, quando sabemos que os três registros se nodulam numa estrutura cuja propriedade borromeana implica que não seja possível isolar qualquer um deles sem desfazer a estrutura —, cabe se perguntar quais sujeitos neuróticos suportam essa experiência despojada de todo e qualquer contato humano minimamente acolhedor, em que o sujeito tende a se sentir manipulado por uma técnica que ele não entende e que, portanto, o objetifica. Além disso, deve-se igualmente questionar que analista suporta essa prática cotidianamente com seus pacientes — prática que se aproxima de uma forma requintada de sadismo, na medida em que ela supõe um convite feito ao sujeito a vir falar para que, ato contínuo, essa fala seja cortada e o sujeito, calado. Seria bastante deceptivo que viéssemos a localizar nessa prática um perfil próprio ao par sadomasoquista, mas não seria impossível, dado que, como Freud o demonstrou, o masoquismo ocupa um lugar basal na constituição de todo sujeito.[83]

Se Freud se vale da analogia com o cirurgião para falar do analista, na medida em que este precisa neutralizar seus sentimentos e suas tendências pessoais para poder efetuar a tarefa a contento, aqui essa analogia nos levaria a conceber uma cirurgia que é feita sem anestesia e que despreza qualquer obstáculo que venha a se interpor entre o bisturi e o tumor a ser extirpado, pois o objetivo precisa ser alcançado a qualquer preço. O que pode ser facilmente observado é que os sujeitos que aderem a ela são em sua maioria aqueles que estão em formação em instituições de orientação lacaniana onde aprendem que ela é a "verdadeira" análise lacaniana. Mas não é raro que sujeitos submetidos a essa dita análise lacaniana busquem posteriormente um analista para poder se tratar e falar sobre aquilo que constitui fonte de sofrimento para eles.

Num artigo que mapeia com precisão os principais problemas teóricos da chamada clínica do real, Waldir Beividas critica veementemente a leitura feita por Jacques-Alain Miller do "último Lacan" ou "segundo Lacan", opondo-o ao primeiro Lacan (como o próprio Miller os denomina). Opondo ambos os Lacans, Miller formula que o segundo "goza com a cara" do primeiro, porque Lacan teria passado — sempre de acordo com Miller — da promoção do sentido ao sarcasmo do sentido, e em seguida até à sua rejeição, indo de um extremo a outro, da semantofilia à semantofobia: "o vetor do ensino do último Lacan seria aquele de uma 'transmissão integral fora-do-sentido', uma elaboração da psicanálise fora-do-sentido, um viés que recusa o sentido", afirma Beividas.[84] E sublinha que para Miller o último Lacan teria abatido inteiramente o primeiro, "que jaz agora na tumba estruturalista da linguagem", pois teria ocorrido no segundo Lacan uma "transmutação de todos os valores", com total "desvalorização da fala" e da linguagem.[85]

Como assinala Beividas, "há com o que ficarmos perplexos diante da segurança, da celeridade e do caráter incisivo dos modos de difusão do último ensino de Lacan, com todas as consequências — a meu ver, pouco refletidas — que isso provoca, para outro arranjo teórico, por um lado, e para uma tática de escuta clínica diferente, por outro".[86]

Como ele destaca, com razão, o fora-de-sentido só pode ser concebido a partir do sentido interno à linguagem. Pode-se argumentar invocando a evidência de que a definição mesma do real para Lacan faz referência ao simbólico: o real é o impossível de ser simbolizado — definição do real que implica, ela mesma, o simbólico. Desde o primeiro momento em que falou da tripartição real, simbólico e imaginário, Lacan define o real como uma dimensão radicalmente exterior à linguagem: "Há na análise toda uma parte de real em nossos sujeitos que nos escapa".[87] Além disso, basta percorrer o seminário *Mais, ainda* para se ter uma noção bem clara do fato de que Lacan jamais abandonou suas primeiras e essenciais teorizações sobre a linguagem e o significante. Nesse seminário tardio, Lacan faz um elogio ao segundo Saussure — o dos anagramas — nos seguintes termos: "É aí que Saussure espera por Freud. E é aí que se renova a questão do saber".[88] E mais, ainda: ele retorna à questão do significante um sem-número de vezes ao longo das lições, para precisar seus contornos e situar sua dimensão.

## Sessões curtas: análise selvagem contemporânea?

O texto de Freud intitulado "Psicanálise selvagem" é bastante conhecido pelos estudiosos da psicanálise, e é muito relevante que ele o tenha escrito em 1910, mesmo ano em que fundou a IPA. Nele, Freud conta a história de uma mulher com crises de angústia surgidas após o divórcio, mas que pioraram depois que ela consultou um jovem médico que lhe declarou, baseado em seus "conhecimentos psicanalíticos", que sua angústia era provocada por desejos de ordem sexual. Seus conselhos terapêuticos, que só fizeram agravar o estado da mulher, foram para que ela voltasse para o marido ou arrumasse um amante, ou então se masturbasse. A respeito dessas indicações tão pouco esclarecidas sobre a noção freudiana da sexualidade, irredutível ao ato sexual enquanto tal, Freud tece um comentário de aguda ironia: "O curioso é que nessa alternativa terapêutica do suposto psicanalista já não há qualquer espaço... para a psicanálise!".[89]

Não é difícil estabelecer uma comparação entre a psicanálise selvagem e a prática sistemática de sessões curtas. Eu não diria isso se não acreditasse que a dimensão mesma da análise, que permite o acesso do sujeito ao inconsciente, está assim se perdendo. Nessa prática de sessões curtas, abriu-se um espaço para um modo de operar que deveria ser o mais recusado pelos analistas, pela sua aspereza, sua diretividade, sua arrogância. O curioso é que muitos analistas lacanianos, que se propuseram de início a retificar o campo psicanalítico com seus anátemas de que "isso não é psicanálise", se acham hoje com o flanco aberto para crítica idêntica.

Assim, é comum ouvir que o longo tempo aguardando pela sessão na sala de espera cheia de analisandos tem uma função analítica; que o intervalo entre as sessões é, igualmente, considerado mais importante que as mesmas, assim como aquilo que o sujeito elabora fora delas. Parodiando a tirada espirituosa freudiana, pode-se dizer que a única coisa que nesse caso parece não importar na análise é precisamente o analista e o que ele pode fazer para intervir junto ao analisando no sentido de aceder ao inconsciente. Numa postura que se poderia qualificar de fóbica do inconsciente, veem-se jovens analistas em formação levarem insistentemente para suas supervisões a preocupação com o corte da sessão, que passa a ser obsessivamente privilegiado, em detrimento da mesma. "Saber cortar" torna-se assim um novo tecnicismo, que vem substituir o saber escutar.

Voltando ao texto de Freud sobre a "psicanálise selvagem", lembro as duas condições para a interpretação cujo preenchimento é exigido pelas revelações da psicanálise: "1) Graças a um trabalho preparatório, os materiais recalcados devem se encontrar bastante aproximados dos pensamentos do paciente; 2) a ligação do paciente ao médico (transferência) deve ser suficientemente forte para que esse elo sentimental lhe impeça uma nova fuga".[90]

Freud desenvolverá seu pensamento em consonância com o fato de que, para ele, "toda ação psicanalítica pressupõe, portanto, um contato prolongado com o doente".[91] Vê-se que parece não ter escapado a Freud uma relação entre a psicanálise selvagem e o pouco tempo dedicado ao analisando. Impossível não concordar com Lucien Israël quando este afirma que "o excesso de brevidade das sessões e sobretudo sua interrupção arbitrária deixam o analisando com uma fome tamanha que é criada uma dependência em relação ao analista, dependência que torna impossível o declínio da transferência".[92]


## O tempo e a revolta contra o luto

Freud nunca problematizou o tempo de duração da sessão analítica nem estabeleceu um padrão de uma hora para as sessões diárias que lhe parecia necessário. Por outro lado, tentou certa vez encurtar o tempo de duração da análise de um de seus pacientes mais famosos, o Homem dos Lobos, marcando um prazo para o término da análise. Sua tentativa mostrou-se vã e ele desaconselhou seus alunos a fazerem o mesmo que ele fizera a título de laboratório. Essa tentativa fracassada de dar um prazo para o término da análise talvez possa ser associada com a diminuição do tempo da sessão analítica. Ambas partem da premissa de que é preciso atingir determinado ponto essencial e, se fracassam, certamente isso ocorre porque não dão ao inconsciente todas as condições para exercer sua própria orientação.

Como assinala Jô Gondar, Freud propõe que "pensemos a organização e o funcionamento dos sistemas psíquicos sob a ótica do tempo".[93] Postulando que há na obra de Freud não só a afirmação da finitude que se opõe à dimensão da eternidade, como também a evidência de uma multiplicidade de tempos, Gondar propõe que, ao se focalizar a consciência, o inconsciente, as pulsões sexuais ou as pulsões de morte, "teremos que lidar com modalidades temporais heterogêneas, funcionando em descontinuidade umas com relação às outras".[94] De fato, a complexidade da questão do tempo na psicanálise é enorme, mas um dos mais belos escritos de Freud, chamado "Sobre a transitoriedade", redigido pouco depois do ensaio "Luto e melancolia", por ser um texto sobre a finitude e seus efeitos pode constituir uma porta importante para entrarmos na questão do tempo lógico. Nesse verdadeiro poema em prosa, o tempo surge articulado à estética e à beleza.

Contrariamente a seus companheiros de passeio num dia de verão, que despojavam a beleza de seu valor por ser transitória e fadada à extinção, Freud pondera que "a restrição na possibilidade do gozo o torna mais apreciável" e que é incompreensível "que o pensamento sobre a transitoriedade da beleza interferisse na alegria que dela derivamos".[95] E considera que "deve ter sido a revolta anímica contra o luto o que lhes desvalorizou o gozo do belo".[96] Freud reparte assim as duas dimensões efêmeras da beleza: a da natureza e a humana. Se a primeira, por sua cíclica renovação, pode ser considerada eterna se comparada à duração da vida do homem, a beleza da forma e da face humanas "desaparece para sempre no decorrer de nossas próprias vidas; sua evanescência, porém, apenas lhe empresta renovado encanto".[97]

Ganharíamos muito se pudéssemos refletir sobre a questão do tempo na análise a partir da ótica desenvolvida por Freud em "Luto e melancolia". O trabalho de luto demandado pela "perda de uma pessoa amada ou de uma abstração que faça suas vezes, como a pátria, a liberdade, um ideal etc."[98] requer um tempo para ser realizado. A retirada de todos os investimentos libidinais ligados ao objeto perdido requer "grande dispêndio de tempo e de energia de investimento".[99] Se o trabalho de luto — igualmente denominado por Freud de "trabalho de rompimento"[100] — tem como finalidade levar o eu a desistir do objeto, "declarando-o morto e oferecendo ao eu o incentivo de continuar a viver",[101] isso se dá de modo "lento e gradual" e obedece à capacidade do eu de romper sua ligação com o objeto perdido e se satisfazer com "a soma das satisfações narcísicas que deriva de estar vivo".[102]

A análise pode ser considerada um longo processo de luto; não o luto de *um* objeto perdido, mas o luto d'*o* objeto perdido. As diferentes elaborações feitas pelo analisando em torno das perdas sucessivas que a vida lhe traz são no fundo repercussões atualizadas da perda originária instaurada com a castração, a qual o sujeito não se deu o tempo de elaborar. A elaboração da castração é o núcleo da elaboração analítica no sentido amplo do termo, ligado ao recordar e ao repetir. Sabe-se que cada analisando necessita de um tempo para essa elaboração e o que importa, do ponto de vista do analista, é respeitar esse tempo singular, que não pode ser previsto de antemão nem deve ser forçado em alguma direção, sob pena de repetir a fuga originariamente empreendida pelo sujeito diante da castração.

Aquilo que Freud denomina "revolta contra o luto" em "Sobre a transitoriedade" pode ser traduzido, assim, como "revolta contra a castração", contra a aceitação da finitude e, logo, da assunção do desejo. Quando Freud afirma discordar de seus interlocutores no passeio que suscitou aquela conversa frutífera, talvez ele tivesse em mente o próprio percurso de uma análise que, ao desconfigurar a fixação fantasística — que no fundo nada mais é do que o congelamento do tempo numa resposta ao trauma —, permite que o tempo sincrônico do pulsional se apresente despregado do tempo diacrônico da fantasia.

Nesse sentido, a noção freudiana de neurose de transferência, deixada à margem nas teorizações contemporâneas, constitui um poderoso lembrete de que é preciso que o sujeito reproduza na transferência a estrutura fantasística, para que ela possa ser tratada.

## Lacan com Freud

O que é um psicanalista lacaniano? Boa pergunta! E ela parte, como tantas questões, de uma afirmação implícita, a de que há essa modalidade psicanalítica: *lacaniana*. Seria preciso examinar, antes de tudo, o que está em jogo nessa proposição — ser lacaniano —, que talvez não se revele tão óbvia como pode parecer, e mereça maior elaboração. O *Dicionário Houaiss* talvez tenha sido o primeiro a conter, entre suas inúmeras novidades, um verbete sobre o assunto:

> Lacaniano: *adj.* PSICN. 1. Relativo a Jacques Lacan, ou tipicamente característico de suas teorias psicanalíticas 2. Que segue os métodos e conceitos de Lacan (diz-se de estudo, tratamento, diagnóstico). *adj. s.m.* PSICN. 3. que ou aquele que se especializa ou é adepto da teoria e/ou dos métodos de Lacan.

Chama a atenção nesse verbete que nele não compareça nenhuma referência a Freud, a quem Lacan associou seu nome de modo indelével. Será que o psicanalista que se orienta pelo ensino de Lacan definiria "lacaniano" da mesma maneira? É certo que não.

Lacan associou seu nome ao de Freud de todas as formas possíveis: seja promovendo nos anos 1950 o movimento de "retorno a Freud", que permitiu aos psicanalistas perceberem com muita evidência e igual espanto o quanto eles desprezavam uma obra que, no fundo, desconheciam de modo cabal; seja batizando de Escola Freudiana de Paris a escola que fundou após ser "excomungado" da SAMCDA[103] em 1964; seja dedicando um grande número de seminários exclusivamente ao comentário minucioso, às vezes exaustivo, da ciclópica obra de Freud; seja mantendo do início ao fim de seu seminário uma viva crítica da psicanálise pós-freudiana, considerando-a como uma profunda e enraizada resistência (leia-se recalque) ao próprio discurso psicanalítico; seja, por fim, mantendo a questão "O que é a psicanálise?" como emblemática de um projeto de ensino que tem por mola propulsora o questionamento radical empreendido por Freud ao longo de sua obra. Referindo-se às questões postas em seu artigo "Variantes do tratamento padrão", Lacan ressaltou: "Todas as questões que ali levanto são as mesmas que agito diante de vocês, e que são presentificadas pelo fato de que estou aqui, na postura que é a minha, para sempre introduzir esta mesma questão — *o que é a psicanálise?*".[104]

Para Lacan, uma das maiores resistências manifestadas pelos próprios psicanalistas se revelou no afastamento progressivo que eles mantiveram em relação ao texto freudiano. Sabe-se que, na época em que Lacan iniciou seu ensino, os analistas em formação nos institutos da IPA não mais consideravam essencial a leitura de Freud, e sim a de alguns revisionistas. Mas, para Lacan, cada um dos passos de Freud "merece ser preservado, é portador de ensinamentos e rico em consequências".[105] Poucas vezes Lacan foi tão taxativo quanto sobre seu apego a Freud: "Meu ensino está a serviço, serve para valorizar alguma coisa que aconteceu e que tem um nome, Freud".[106]

No último seminário que proferiu, em Caracas, em 1980, Lacan ainda fez questão de ressaltar a natureza genuína de seu próprio percurso relacionando-a a Freud: "Venho aqui antes de lançar minha Causa Freudiana. Vocês veem que me apego a esse adjetivo". Ainda nesse seminário, teria acrescentado Lacan: "Cabe a vocês serem lacanianos. Quanto a mim, sou freudiano".[107] Com isso, não há como negar que Lacan fez uma derradeira indicação a seus discípulos: como ser lacaniano senão sendo, antes de mais nada, freudiano? É preciso até dizer que o lacaniano é mais freudiano do que aqueles que se dizem freudianos e não seguem Lacan: o lacaniano é, no fundo, um hiperfreudiano.[108]

Mas deixemos de lado o adjetivo e pensemos no que ele implica. Com a leitura lacaniana de Freud, cuja metodologia reside no acionamento dos principais achados de Freud sobre sua própria obra, viu-se surgir um pensamento inteiramente novo, embora este fosse, surpreendentemente, o de Freud. Difundindo-se por todos os setores da teoria, o ensino de Lacan teve o valor de um verdadeiro ato analítico e resultou numa fecunda refundação da prática psicanalítica.

O que é interessante é que as inovações introduzidas por Lacan acham-se — às vezes estampadas, às vezes de modo embrionário — em

Freud, ou decorrem de sua obra: como não ver que a tripartição dos registros real-simbólico-imaginário, verdadeiro paradigma da psicanálise contemporânea, corresponde a segmentos muito precisos da obra de Freud? Que a lógica do significante é inteiramente exposta por Freud, embora sem ser nomeada como tal? Que a tópica do imaginário é explicitada no narcisismo? Que a amplitude da clínica analítica está apresentada e desenvolvida em sua essência ali?

Nesse sentido, talvez seja necessário aos lacanianos hoje — quando se vê o estranho fenômeno de surgirem textos de jovens psicanalistas construídos exclusivamente sobre categorias lacanianas, sem qualquer referência a Freud — lembrarem insistentemente que ser lacaniano é, no fundo, ser freudiano e insistir, assim, no ato de Lacan de retornar a Freud. Alain Didier-Weill já chamava a atenção para o fato de que o que caracteriza o retorno a Freud empreendido por Lacan é o fato de que ele é algo a ser sempre renovado, pois "se especifica por não poder ser realizado de uma vez por todas".[109]

Mas é preciso perceber igualmente que os psicanalistas têm uma enorme responsabilidade ao dar ênfase excessiva, e quase exclusiva, àqueles elementos sobre os quais consideram que Lacan avançou para além de Freud: ao falarem reiteradamente do passe como o passo que Freud não ousou dar; do real como o *nec plus ultra* da, assim por eles denominada, última e certamente mais radical clínica lacaniana etc. Certas estratégias discursivas pretendem frisar continuamente o quanto Lacan foi além de Freud, quando de fato deveriam frisar, antes de mais nada, o contrário: o quanto Lacan tem de freudiano. Será que Lacan autorizaria essas leituras, ele que afirmava, na conferência de Genebra sobre o sintoma, que nunca inovara em nada, que esse não era seu estilo e que era preciso resguardar-se de inovar?[110] Para ele, o ancoramento na obra de Freud deve ser sempre reafirmado: do livro sobre *Os chistes*, por exemplo, ele afirma de modo cabal que nele "tudo é substância, tudo é pérola", e que continua a ser a obra "mais incontestável, porque a mais transparente, em que o efeito do inconsciente nos é demonstrado até os confins de sua fineza".[111]

Não é raro vermos surgir uma necessidade de contrapor o aclamado rigor de Lacan a desenvolvimentos supostamente tateantes de Freud, colocando Lacan como o único lugar em que a obra de Freud encontra seu sentido. Arrisco aqui uma proposta de trabalho, que considero salutar, aos analistas: inverter essa tendência e empreender uma transmissão freudiana da teoria lacaniana.

Ser lacaniano é retornar continuamente a Freud, no sentido de trabalhar para que a psicanálise — freudiana — tenha um lugar no mundo amanhã. E isso não parece ser nada garantido. O próprio Lacan afirmou na importante entrevista de 1974 à imprensa italiana: "A psicanálise é um sintoma. Apenas é preciso compreender sintoma do quê. Mas vocês verão que se há de curar a humanidade da psicanálise. À força de mergulhá-la no sentido, no sentido religioso, bem entendido, se conseguirá recalcar este sintoma".[112] E, se a psicanálise dita lacaniana se transformar numa espécie de seita religiosa, ela própria bem pode contribuir com excepcional força para esse recalcamento.

Um dos fatos biológicos mais impressionantes é que os seres vivos que habitam as profundezas oceânicas abissais não possuem olhos, uma vez que não há nessa região nenhum raio de luz. Os biólogos descrevem ainda que nas regiões já menos profundas, onde alguma tênue incidência de luz ocorre, há em alguns seres estruturas que são rudimentos de olhos. Então, pode-se deduzir daí que é a luz que produz, como efeito, o advento dos olhos? Assim como o Outro da linguagem e o desejo do Outro antecedem o advento do sujeito? Assim como não existe Lacan sem Freud? Assim como o desejo do psicanalista e o ato analítico instauram um lugar para que o analisando possa ali se presentificar como sujeito? Assim como o sujeito suposto saber significa no fundo sujeito suposto saber que há sujeito? Pois, como esclarece Jean-Michel Vivès, retomando uma contribuição maior de Alain Didier-Weill, "em lugar de tão somente um sujeito suposto saber, o psicanalista é, essencialmente, um sujeito suposto saber que há sujeito. Um sujeito suposto saber que, mais além das inibições, sintomas e angústias, pode-se supor no outro um sujeito".[113]

A ritualização da prática tem a ver com a cegueira da afânise, em que o sujeito se apaga sob o significante do outro: lacaniano. O significante lacaniano passa a impor de modo sub-reptício as chamadas sessões ultra-curtas, o corte da sessão, o corte da palavra, o jogo de palavras; assim como o significante freudiano impunha anteriormente as sessões de cinquenta minutos e, com frequência, as interpretações psicanalíticas que injetavam sentido continuamente.

Lacan criticou ao longo de seu ensino a ritualização da prática e propôs que a experiência analítica incluísse o estilo individual de cada analista. O aforismo "o psicanalista só se autoriza por si mesmo" implica em primeiro lugar que há analista: não é qualquer um que, se autorizando, se torna analista, e sim é o analista que, como tal, se autoriza em seu ato. Em segundo lugar, ele significa desalienar-se, desafanizar-se dos significantes do Outro, como na máxima freudiana "Ali onde Isso era, devo vir a me tornar". Lembrando o já citado comentário de Alain Didier-Weill sobre a impropriedade de se falar de ortodoxia no seio da psicanálise lacaniana: "O que poderia ser mais cômico que um sujeito autorizar-se por si mesmo a ser ortodoxo?".[114] Cômico ou trágico? — caberia perguntar, se Lacan já não nos tivesse assegurado que a vida seria trágica se não fosse cômica.

O manejo do tempo de sessão é da ordem do laboratório do analista: esse é o sentido que se deve extrair da concepção lacaniana do tempo lógico. O analista não pode prever o tempo discursivo do sujeito, e sua uniformização leva ao desconhecimento dos ritmos individuais. Lidar com o tempo através das sessões curtas significa querer reduzir o campo da invenção, que requer arte e tato, a uma vertente pretensamente científica ao entronizar uma técnica dita lacaniana.

Num belíssimo estudo sobre o tempo na análise, Lucien Israël indaga se a sessão de análise é um ato industrial, artesanal ou artístico,[115] e, ao fazê-lo, nos reconcilia com a possibilidade de incluir o tempo no rol dos elementos que devem ser submetidos à contínua reinvenção no laboratório analítico. O que passa ao primeiro plano, então, é o estilo do analista.

## O estilo do analista

"A psicanálise não é uma ciência, é uma prática",[116] afirma Lacan. No laboratório do analista, portanto, a prática não está submetida a uma técnica, que é sempre questionável quando se transforma numa norma — o uso ritualizado seja do tempo cronometrado seja das sessões curtas. Pois, como pondera Patrick Guyomard, "se a verdade fala, não há técnica na psicanálise. A existência do inconsciente é uma objeção de princípio ao universo da técnica".[117] No limite, o apego à técnica é o que vem ocupar o lugar do estilo quando ele ainda é titubeante ou simplesmente não existe.

Lacan introduziu a dimensão do estilo na psicanálise e encerrou seu escrito sobre "A psicanálise e seu ensino" afirmando: "Qualquer retorno a Freud que dê ensejo a um ensino digno desse nome só se produzirá pela via mediante a qual a verdade mais oculta manifesta-se nas revoluções da cultura. Essa via é a única formação que podemos pretender transmitir àqueles que nos seguem. Ela se chama: um estilo".[118] É notável que introduzir a noção de estilo para abordar a prática aproxime o analista da arte, na qual a ideia de estilo está sempre presente, em todas suas formas: na música, nas artes plásticas, na dança, na literatura, no teatro e no cinema. Sabemos não só que cada artista tem um estilo que lhe é característico, como também que é difícil mencionar a obra de algum grande artista sem lhe atribuir, ainda que aproximativamente, um estilo próprio. Chega-se até a identificar um artista por seu estilo, e, mais do que isso, vemos que cada artista pode desenvolver variados estilos ao longo de sua vida, nas diferentes fases de seu fazer artístico.

Não se pode esquecer que os artistas em geral se inserem nos estilos de arte de sua época — Impressionismo, Expressionismo, Hiper-realismo, Minimalismo etc. — e quando um artista rompe com o estilo do momento em geral ele também está criando outro estilo, pessoal, que às vezes chega a inaugurar uma escola. Uma tendência humana natural de seguir a moda invade também a prática analítica, e pode se depreender que ela está igualmente submetida a determinadas forças estilísticas mais pregnantes em cada momento. O modismo do uso de sessões curtas em psicanálise desvela a adesão acéfala, não ponderada, a um ideal estilístico supostamente dominante no mundo analítico em determinado momento. Mas, como salientou Guimarães Rosa com agudeza, "Tudo se finge, primeiro; germina autêntico é depois".[119]

Como observa Erik Porge, "se a referência ao estilo adquire a importância que tem em Lacan, é porque ele é um operador na junção entre a realidade da verdade do tratamento e o saber transmissível dessa verdade".[120] Assim, deve-se notar que não é nada anódino que Lacan tenha se colocado do lado do Barroco, isto é, do lado de um estilo artístico particular.[121] Conceber o estilo do analista é necessário na medida em que o estilo representa a forma última, depurada, que o sintoma adquire ao ser entronizado na ética do bem-dizer. Freud deixou claro que a técnica que ele preconizou necessita ser adaptada às condições particulares de cada analista. E, justamente ao falar da arte da interpretação, sublinhou o quanto ela não pode "ser submetida a regras estritas e deixa uma grande margem de manobra ao tato e à perícia do médico".[122] Pode-se dizer que a noção de tato à qual Freud alude é uma manifestação do estilo do analista, suscitada de modos diversos no encontro com cada analisando, e até mesmo em sessões diferentes com o mesmo analisando.

Lacan estabeleceu uma relação entre o estilo e o objeto *a*, ou seja, atribuiu ao estilo uma relação íntima com o pulsional e fez questão de abrir seus *Escritos* com a observação de que, se o estilo é o próprio homem, como afirma Buffon, é o objeto — "causa do desejo em que o sujeito se eclipsa e como suporte do sujeito entre verdade e saber"[123] — que responde pelo estilo. Proponho entender isso fazendo uma relação com a sublimação. Vimos anteriormente[124] que a sublimação é, juntamente com a satisfação direta corporal e a deliberação, uma das três formas de lidar com a pulsão que se abrem para o sujeito ao fim da análise, na medida em que a análise operou o processo de desrecalcamento gradual. Se a sublimação — isto é, a utilização da energia da pulsão sexual na atividade criativa, seja ela qual for — é, para Lacan, a "elevação do objeto ao estatuto da Coisa", o estilo estará necessariamente articulado ao objeto *a*, pois este representa um resto da Coisa na estrutura subjetiva. O estilo representa aquilo que porta os vestígios do objeto *a* na criação, seja ela qual for.

Se a fantasia aprisiona o desejo numa relação estrita e, logo, sintomática com determinado objeto, sua travessia — e a fratura da solda que encarcera o sujeito na relação com um objeto — supõe necessariamente o acesso a seu mais-além, ou seja, à Coisa enquanto o que, além do princípio de prazer, imanta radicalmente o desejo do sujeito.

O desejo do analista é, para Lacan, o desejo liberado da fantasia e, assim, o ato sublimatório é necessariamente inerente ao ato analítico. Basta lembrar, nesse ponto, da regra de abstinência entre analista e analisando para ver que ela possui um contorno nitidamente ético e não superegoico: não se trata de proibir a relação sexual — o que mantém, no campo do recalcado, a ilusão de sua possibilidade —, mas de se dar conta de que ela é impossível.

# PARTE III

# Ciência e arte

# 1. A tensão psicanalítica essencial: Freud com Kuhn

> Tal como os artistas, os cientistas criadores precisam, em determinadas ocasiões, ser capazes de viver em um mundo desordenado — descrevi essa necessidade como a "tensão essencial" implícita na pesquisa científica.
>
> THOMAS KUHN

NA ENTREVISTA QUE DEU EM ATENAS em 1996, menos de um ano antes de morrer, o historiador e filósofo norte-americano Thomas Kuhn se referiu à importância da psicanálise em sua vida e, mais essencialmente ainda, em seu pensamento. Ele afirmou que considerava "para lá de interessante a técnica [da psicanálise] de compreender as pessoas e capacitá-las a se compreender melhor". E acrescentou: "Eu mesmo acho que teria muita dificuldade em documentar isso, mas acho que muito do que comecei a fazer como historiador, ou o nível de minha capacidade para fazê-lo — 'entrar na cabeça de outras pessoas' é uma expressão que eu usei vez ou outra —, veio de minha experiência com a psicanálise. Assim, nesse sentido, acho que devo muitíssimo a ela".[1]

Embora em minha tese de doutorado[2] eu já sugerisse a importância de se fazer uma abordagem introdutória de algumas formulações sobre Kuhn com a psicanálise, ainda não tinha conhecimento dessa entrevista,[3] que oferece a peça faltante do quebra-cabeça, permitindo que se reconsiderem certas categorias de Kuhn como sendo, de fato, atravessadas pela "técnica psicanalítica".

Lá, meu interesse principal era indicar a relação entre corpo e linguagem, entre pulsão e inconsciente — ou seja, o funcionamento pulsional característico da sexualidade humana —, como candidata a paradigma na psicanálise do seguinte modo: o inconsciente e, consequentemente, a linguagem humana são efeitos da perda instintual decorrente da aquisição da postura ereta ao longo da evolução da nossa espécie. Inconsciente e linguagem apresentam uma estrutura homóloga, mas o núcleo do inconsciente é constituído pela falta radical de saber instintual. A estruturação do inconsciente se dá por meio da linguagem, que se constrói em torno desse furo central — o objeto perdido.

Aqui, retomo a obra de Thomas Kuhn para ver nela algo ainda mais interessante do ponto de vista psicanalítico: a compatibilidade existente entre uma significativa noção kuhniana — a tensão essencial — e o método psicanalítico. É extremamente significativo, por exemplo, que Kuhn trate dos avanços da ciência com termos que são utilizados pelos analistas para teorizar sua prática: "Preconceito e resistência parecem ser mais a regra do que a exceção no desenvolvimento científico avançado".[4] A leitura desse trecho da entrevista dada por Kuhn em 1996 trouxe uma luz inédita ao que indiquei anteriormente. Refiro-me especialmente à articulação entre a noção de tensão essencial e a categoria do não-saber entronizada na psicanálise por Jacques Lacan em sua leitura de Sigmund Freud. Não à toa Kuhn fala da técnica da psicanálise (e não da teoria), pois é na dimensão da prática analítica que é posta em ação a dimensão operatória do não-saber do analista. Diz Lacan: "O que o analista deve saber: ignorar o que ele sabe".[5]

Nesse sentido, é preciso dizer que, para entender o fato de que Lacan não traz casos de sua clínica pessoal em seus escritos e seminários, ou o faz muito raramente, podemos considerar que o caso clínico que mais recebe sua atenção é o psicanalista. O psicanalista é, no fundo, o caso clínico paradigmático para Lacan. E todos os seus textos, praticamente sem exceção, trazem algo sobre a questão da formação do psicanalista. Se isso se dá, é porque a análise do analista se revela paradigmática da análise levada a seu termo final, ou pelo menos deveria sê-lo. O problema do passe em Lacan é, no fundo, sua forma de abordar a questão do fim da análise através da análise dos analistas.

Lacan foi muito sensível às questões colocadas pela relação entre psicanálise e ciência; perguntou-se "por quais vias essa ciência que é a psicanálise pode passar", ponderou que a possibilidade da psicanálise "se atém ao discurso da ciência", reconheceu que a constituição do discurso científico se ancora "na noção de transmissão integral de um saber" e acabou por colocar uma pergunta essencial: o fato de a psicanálise partir da premissa de que a realidade é fantasística pode satisfazer o discurso científico?[6]

É sobre isso que falarei neste capítulo, para trazer uma visão freudiano-kuhniana à minha abordagem do laboratório do psicanalista. Não entrarei nas questões complexas que a obra de Kuhn suscitou no campo da epistemologia da ciência, mas não posso deixar de mencionar que sua recepção altamente favorável pelas humanidades não é anódina.[7] Ela foi ressaltada pelo próprio Kuhn na conclusão do posfácio à segunda edição de *A estrutura das revoluções científicas*:

> Na medida em que o livro retrata o desenvolvimento científico como uma sucessão de períodos ligados à tradição e pontuados por rupturas não cumulativas, suas teses possuem indubitavelmente uma larga aplicação. E assim deveria ser, pois essas teses foram tomadas de empréstimo a outras áreas. Historiadores da literatura, da música, das artes, do desenvolvimento político e de muitas outras atividades humanas descrevem seus objetos de estudo dessa maneira há muito tempo.[8]

## O paradigma científico

O conceito de paradigma científico, introduzido por Thomas Kuhn em 1962 em *A estrutura das revoluções científicas*, foi objeto de uma aceitação universal nas mais diversas áreas do conhecimento. Embora durante muito tempo tenham sido poucos os psicanalistas a usarem o conceito de paradigma em suas construções teóricas, observa-se cada vez mais sua utilização por profissionais de diferentes orientações na psicanálise contemporânea, que, de fato, acompanha nesse aspecto a tendência de outras ciências humanas.

O maior exemplo disso é a frequência com que o termo comparece no *Dicionário enciclopédico de psicanálise*, obra coletiva organizada por Pierre Kaufmann, aluno de Lacan. Ainda que os exemplos pudessem proliferar extensamente,[9] o termo "paradigma", embora de uso frequente, raramente surge na psicanálise no sentido kuhniano, o que pode sugerir a necessidade de se vir a precisar melhor seu uso.

A questão que se coloca de saída é a seguinte: há na psicanálise algum paradigma, no sentido kuhniano do termo, isto é, paradigma científico? E, em caso de resposta negativa, seria possível haver? Minha suposição é que, ainda que o conceito freudiano de inconsciente, em sua rede de relações com os outros conceitos fundamentais da psicanálise, constitua um para-digma teórico para a psicanálise, não há nela um paradigma totalmente visível, e essa ausência é a causa primordial da verdadeira torre de Babel que as diferentes "línguas" psicanalíticas acabaram por construir. Acredito que a psicanálise possua matrizes disciplinares bem definidas, mas que a ela falte, por enquanto, um paradigma em torno do qual se orientem as di-versas teorizações. Deve-se entender que um paradigma não é totalmente visível em sua fundação, e posteriores desenvolvimentos podem e devem vir a produzir essa visibilidade.

Segundo o *Dicionário etimológico da língua portuguesa*, de J.P. Machado, "paradigma" é um termo proveniente do grego *parádeigma* (modelo, exem-plo) pelo latim *paradigma* (exemplo, comparação) e foi introduzido na lín-gua portuguesa no século XVIII.[10] Platão já utilizara o termo "paradigma" para designar algo exemplar, que pode servir de modelo; o paradigma é um modelo na medida em que as coisas, boas ou más, são feitas segundo ele.[11] O fundador da ciência linguística, Ferdinand de Saussure, também utilizou paradigma, em oposição a sintagma, para falar das relações associativas nas quais cada termo de uma língua se acha enredado.[12]

Mas é com Thomas Kuhn que o termo adquire significação especial para designar uma importante noção no campo da filosofia da ciência. Desde sua introdução, é cada vez mais amplo o uso de "paradigma" por teóricos. Ilya Prigogine e Isabelle Stengers encerram seu livro *A nova aliança*, considerado um dos textos mais renovadores da filosofia da ciência, tematizando precisamente o alcance e a pertinência do conceito de paradigma introduzido por Kuhn.[13]

Para ele, o paradigma científico é uma exigência necessária para que uma "ciência normal" progrida, isto é, acumule seus conhecimentos. Adotado por uma determinada comunidade científica, um paradigma será derrogado em favor de outro paradigma quando o número de "anomalias" inexplicáveis pelo primeiro se torna tal (ou, para usar os termos de Kuhn, quando as perplexidades se tornam problemas) que exige (e permite) o surgimento do segundo. José Ferrater Mora chama a atenção para o fato de que o conceito kuhniano preserva alguma ligação com os conceitos de episteme, proposto por Michel Foucault, e de corte epistemológico, introduzido por Gaston Bachelard. De fato, embora Kuhn tenha desenvolvido suas teses independentemente desses dois pensadores franceses, ele mantinha uma relação teórica com Alexandre Koyré, que conhecia Bachelard.

É absolutamente digno de nota que a concepção de paradigma científico emerge, para Kuhn, no âmbito preciso da diferenciação entre ciências naturais e ciências sociais. Embora nas ciências sociais os desacordos entre os cientistas a respeito da natureza dos métodos e da legitimidade dos problemas sejam muito maiores que nas ciências naturais, Kuhn observa que não acredita que "os praticantes das ciências naturais possuam respostas mais firmes ou mais permanentes do que seus colegas das ciências sociais"![14] Contudo, ele mesmo ressalta que as controvérsias sobre os fundamentos são "endêmicas" entre psicólogos e sociólogos, e não entre astrônomos, químicos ou biólogos. E foi justamente na tentativa de descobrir essa diferença que Kuhn foi levado a reconhecer o papel desempenhado na pesquisa científica pelos paradigmas, ou seja, "as realizações científicas universalmente reconhecidas que, durante algum tempo, fornecem problemas e soluções modelares para uma comunidade de praticantes de uma ciência".[15]

Sem fugir, portanto, à acepção clássica do termo enquanto modelo, vê-se que o paradigma apresenta não apenas respostas para determinados problemas como também novas formas de se colocarem os problemas. Além disso, na concepção de Kuhn a história de uma ciência deixa de ser o progresso obtido pelo acúmulo de conhecimentos em determinada área do saber e passa a ser a história das sucessivas entronizações e abandonos de paradigmas ao longo do tempo. É sobretudo nesse ponto que se observa uma congruência entre essa noção e aquela de corte epistemológico, segundo a qual há uma ruptura decisiva entre o espírito pré-científico e o científico, pois este último produz conceitos que são derivados não da generalização das observações, mas sim de uma "observação carregada de teoria".

Desse modo, ao ser introduzido — e lembre-se que, para Kuhn, "os paradigmas são uma aquisição a que se chega relativamente tarde no processo de desenvolvimento científico"[16] —, um paradigma passa a ser um ponto de consenso basal entre os cientistas, a partir do qual os diversos trabalhos podem prosseguir. Um paradigma, para Kuhn, é um conjunto de crenças comuns, compartilhadas por cientistas, a respeito de algum fenômeno, o que permite que não seja necessário recomeçar do zero a cada pesquisa nem reconstruir o campo de estudos desde os fundamentos. Nesse sentido, um paradigma é elemento absolutamente essencial, que permite a uma ciência se desenvolver de maneira completamente diferente antes e depois de seu surgimento. Mais do que isso, ele apresenta um poder articulatório tal que impede que os teóricos daquela área possam prescindir de sua utilização. O paradigma é algo que, ao surgir, se impõe à comunidade científica e, assim, funciona como um verdadeiro ponto de não retorno teórico que demarca com nitidez um antes e um depois de seu advento. Vê-se que, ainda que o paradigma introduza um elemento de reflexão radicalmente novo e não apenas algo que se acrescente aos saberes anteriores, sua emergência está relacionada com a possibilidade de estabelecimento de princípios básicos, de fundamentos, sem os quais toda troca científica ficaria impossibilitada.

O advento de um paradigma implica a possibilidade de uma teoria dar conta, com quase idêntica facilidade, das abordagens científicas anteriores. Isso significa que não há ciência apenas com o advento de um paradigma, mas sim que este condensa os achados científicos anteriores e fornece uma linguagem comum para os cientistas. Kuhn nomeia de paradigmas estáveis aqueles que cumprem essa função e de candidatos a paradigma os que ainda não o fazem plenamente.

Embora a emergência de um novo paradigma afete a estrutura do grupo que atua na área em questão, pois acarreta uma definição nova e mais rígida do campo de estudos, para uma teoria ser aceita enquanto paradigma ela deve parecer melhor que suas competidoras sem, contudo, precisar explicar todos os fatos com os quais é confrontada (o que, aliás, jamais acontece). A "ciência normal" é aquela que está voltada para a articulação dos fenômenos e teorias já fornecidos pelo paradigma. Tal característica é ambígua, pois ela é simultaneamente supressora e provocadora de novidades; ela tanto limita quanto permite o desenvolvimento da ciência.

Já as descobertas científicas dependem das anomalias, ou seja, dos fatos que violam as expectativas paradigmáticas que governam a ciência normal. A consciência da anomalia é um pré-requisito para qualquer mudança de teoria aceitável, e ela se manifesta por meio de crises que indicam que é chegada a hora de renovar os instrumentos. Tais crises representam prelúdios apropriados à emergência de novas teorias, assim como a transição para um novo paradigma significa o que Kuhn denomina de revolução científica: um episódio de desenvolvimento não cumulativo no qual um paradigma mais antigo é substituído, total ou parcialmente, por um novo, incompatível com o anterior.

Num apêndice escrito sete anos depois da publicação de seu livro, Thomas Kuhn ressalta que, dos 22 usos diferentes do termo "paradigma" que Margareth Masterman compilou em sua obra, existem efetivamente dois grandes grupos que podem ser distinguidos: os paradigmas como a constelação dos compromissos de grupo e os paradigmas como exemplos compartilhados. Kuhn propõe, então, a expressão "matriz disciplinar"[17] para substituir o conceito de paradigma no uso específico de compromissos de grupo. Quanto aos paradigmas como exemplos compartilhados, estes são os que ele considera como os paradigmas propriamente ditos.

## O paradigma na psicanálise

Aplicar esse conjunto de elaborações à teoria psicanalítica é algo complexo, e as dificuldades encontradas podem ser medidas ao se tomar um dos raros artigos psicanalíticos que pretendeu fazê-lo de modo sistemático e um de seus comentadores. Trata-se do artigo "El poder de las teorías", de R.E. Bernardi, retomado criticamente por Renato Mezan em "Existem paradigmas na psicanálise?".[18] Bernardi procede ao estudo comparativo das diferentes análises do sonho do Homem dos Lobos produzidas por Freud, Melanie Klein e Lacan, para mostrar a incomensurabilidade, ou seja, o fato de que não há medida comum entre essas três formas de teorização, que ele considera como aquelas que preenchem as condições para que se possa falar em paradigmas na psicanálise.

Para ele, os diferentes paradigmas teóricos produzem, por si mesmos, diferentes interpretações do mesmo sonho, na medida em que constituem, de saída, formas diversas de ver os problemas (por exemplo a seleção de alguns aspectos do material e não de outros) e, portanto, de refletir sobre esses mesmos problemas. Contudo, apesar do interesse da proposta de Bernardi, seu procedimento se revela, como demonstra Mezan, bastante falho, seja nas conclusões a que chega, seja na consistência do tratamento dado às três análises (minucioso no caso de Freud, superficial no de Klein e deslocado no de Lacan, que é considerado indiretamente, através de um artigo de Serge Leclaire): trata-se, para Bernardi, da coexistência de múltiplos paradigmas que não afetam a unidade do campo psicanalítico. Mas afirmar isso não significa partir da ideia de uma unidade que, em si mesma, não tem nada de evidente?

Como pondera Mezan com justeza, um paradigma, para ter esse poder, precisa ser único, e é nesse sentido que Kuhn afirma que um novo paradigma vem substituir um antigo, não cabendo falar de "ciências com múltiplos paradigmas".[19] A solução encontrada por Mezan será a de denunciar a impertinência do conceito de paradigma para a psicanálise e propor que se deixe "completamente de lado a terminologia sugerida por Kuhn para a história das ciências naturais, cedendo à evidência de que a psicanálise não é uma ciência como as que comportam o uso dessa noção".[20]

Tal conclusão não me parece adequada, por dois motivos principais. Em primeiro lugar porque, como vimos, o problema das ciências humanas foi colocado por Kuhn ao produzir o conceito de paradigma. Em segundo lugar, porque não foi levado em consideração, na análise de Bernardi ou na de Mezan, que Lacan posicionou seu trabalho teórico numa linha reta com o de Freud, o que dá à sua obra uma característica que nenhum outro autor pós-freudiano possui. Mezan, aliás, comenta ao final de seu artigo algo que se adequa à nossa forma de pensar, ao mesmo tempo que revela incoerência no seio de seu próprio raciocínio:

> Em resumo: com exceção da obra de Lacan, que talvez constitua o único sistema pós-freudiano a justificar que se fale num novo paradigma (mas aprofundar essa hipótese não é possível nesse momento), as diversas "maneiras globais" de pensar ou de exercer a psicanálise não me parecem ser adequadamente designadas como paradigmas, no sentido estabelecido pelo inventor do conceito.[21]

Ora, se não se deve falar em paradigma na psicanálise, como conceber que Lacan constitui um novo paradigma depois de Freud?

Minha conclusão caminharia, em contrapartida, na direção de constatar que a multiplicidade de leituras psicanalíticas, muitas vezes opostas, é reveladora de que não há um paradigma plenamente visível na psicanálise, fato que em si mesmo não exclui que haja um paradigma na psicanálise e que ele venha a se tornar visível em algum momento. Bernardi, por sua vez, insinua algo nessa direção ao ponderar que "poderíamos na realidade nos perguntar se a multiplicação de teorias, assim como os símbolos fálicos na cabeça da Medusa, não equivale à falta de teoria".[22] Para Freud, de fato, a Medusa, com sua cabeça decapitada e seus cabelos representados em forma de serpentes, revela que uma multiplicação de símbolos fálicos designa, por antítese, a castração, pois a representação pelo oposto é um procedimento frequente nos processos inconscientes.

É possível, porém, avançar aqui uma hipótese para reflexão: a de que a macroteoria lacaniana da tripartição estrutural real, simbólico e imaginário pode ser considerada como um paradigma na psicanálise. Por ela circunscrever de modo surpreendentemente consistente três regiões teóricas amplas e heterogêneas da obra de Freud, é raro vermos hoje alguma produção teórica e clínica em psicanálise que não se valha da orientação que essa construção oferece.

Há, a meu ver, a indicação de um paradigma científico na obra de Freud, paradigma que recebeu muitos elementos para sua construção com o ensino de Lacan. Ele pode ser enunciado do seguinte modo: o inconsciente e, consequentemente, a linguagem humana são um efeito da aquisição da postura ereta ao longo da evolução da nossa espécie. Inconsciente e linguagem apresentam uma estrutura homóloga — simbólica —, mas o núcleo do inconsciente é constituído pela perda do instinto animal, pela falta radical — real — produzida pelo objeto perdido, e sua estruturação se dá por meio da linguagem que se constrói em torno desse furo central. O que está em jogo aqui não é outra coisa senão a tripartição real, simbólico e imaginário.

Uma aplicação da noção de paradigma na psicanálise que merece atenção é a de Jean Allouch, que pondera que, com os conceitos de R.S.I., Lacan deu à psicanálise seu próprio paradigma e substituiu a concepção binária de Freud pela ternária.[23] Allouch observa que, para Kuhn, existem três casos possíveis de introdução de um novo paradigma: 1) Essa introdução cria uma disciplina num campo que até então só era balizado por discussões de escola, o que corresponde ao corte epistemológico; 2) Essa introdução substitui um paradigma antigo por um novo, no quadro de uma disciplina já constituída; 3) Essa introdução é uma reelaboração de um paradigma já estabelecido, que subsiste como ordenador da disciplina através e graças a essa própria reelaboração.

Para Allouch, os casos 1 e 3 não correspondem à articulação entre Freud e Lacan; segundo ele, Lacan não fundou a psicanálise, nem reelaborou um paradigma inventado por Freud. Para ele, a tripartição R.S.I. não está em Freud, embora se possa ver em Freud alguns equivalentes locais de R.S.I.

Allouch acrescenta que se trata não só de uma substituição, como ainda de uma substituição metonímica, pois Lacan desloca Freud. Segundo ele, o paradigma em Freud reside em cada um dos casos relatados, incluindo nessa categoria de caso o famoso exemplo do chiste "familionário". Allouch cita Lacan, que, no seminário *As formações do inconsciente*, afirma que se trata de elevar o caso à categoria de paradigma, fórmula que para ele dá o exato teor de sua articulação com Freud.

Não estou de acordo com Allouch e acho mais correto situar a relação de Lacan com Freud no terceiro tipo de paradigmas: ainda que não haja em Freud uma teoria R.S.I., é sobre segmentos precisos da teoria freudiana que Lacan constrói o seu paradigma. Ele deu um nome a cada um dos três grandes segmentos nos quais podemos repartir toda a obra de Freud: o inconsciente, com suas formações, é associado por Lacan à estrutura da linguagem, isto é, ao sujeito e ao simbólico; o narcisismo, à imagem do corpo, ou seja, ao imaginário e ao eu; o real, às pulsões e ao além do princípio de prazer.

## A tensão essencial

Foi no artigo "A tensão essencial", de 1959 — precisamente aquele no qual introduziu pela primeira vez o termo paradigma, apresentado em Utah, num colóquio organizado por psicólogos sobre o problema da identificação do talento na pesquisa e na criação científicas —, que Kuhn tratou da questão da tradição e da inovação na investigação científica. Nele, vemos como o modo de abordagem kuhniano se assemelha ao psicanalítico pelo menos em um determinado aspecto fundamental.

Acompanhar a argumentação de Kuhn é extremamente instrutivo e serve mais do que tudo a nosso propósito de indicar como sua construção teórica é claramente atravessada pelo laboratório do psicanalista, senão bastante idêntica a ele.

Ex-físico que acabou se dedicando à história da ciência e, mais essencialmente, à filosofia da ciência, Kuhn adverte seus interlocutores nesse colóquio — psicólogos interessados nessa questão tão original quanto complexa — que se limitará a tocar num aspecto que ele percebe estar presente em muitas comunicações feitas ali. Ele cita três delas que, a seu ver, resumem o problema: a de Hans Selye, segundo a qual o cientista "deve carecer de preconceitos a um grau em que possa olhar para os fatos mais autoevidentes sem que os aceite necessariamente e, ao invés, deve permitir que a sua imaginação jogue com as possibilidades mais improváveis"; e as de Jacob Getzels e Phillip Jackson, que enfatizam, ambos, "o pensamento divergente, [...] a liberdade de ir em direções diferentes, [...] rejeitando a velha solução e arrancando numa nova direção qualquer". Kuhn afirma que concorda com essa ideia de que o pensamento divergente está "no próprio cerne dos episódios mais significativos do desenvolvimento científico". Contudo, salienta que considera que a flexibilidade e a abertura de espírito foram excessivamente acentuadas como as características da investigação científica básica. Kuhn não discorda em absoluto de que as "revoluções" nas descobertas e invenções científicas são intrínsecas e revelam que "o antigo precisa ser reavaliado e reordenado quando se assimila o novo".[24]

A noção de revolução científica foi criada por Alexandre Koyré em 1939 e se refere ao nascimento da ciência moderna no século XVI. De todo modo, no campo da epistemologia da ciência Kuhn fala em revoluções científicas e menciona precisamente as mesmas revoluções repertoriadas por Freud, mas substitui a psicanálise por Einstein.

É interessante porque nesse ponto ele menciona enquanto formas extremas e facilmente reconhecíveis as revoluções introduzidas pelas obras de Copérnico, Darwin e Einstein. O uso do termo "revolução" por Kuhn em sua obra-mestra é significativo, pois deriva exatamente dessas grandes revoluções já apontadas historicamente como decisivas. A mesma analogia foi feita por Freud duas vezes em sua obra (no artigo sobre "Uma dificuldade no caminho da psicanálise" e no ensaio *Mal-estar na cultura*) em relação à descoberta psicanalítica, embora Freud inclua na série não Einstein mas a psicanálise, pois para ele trata-se de ressaltar os diferentes descentramentos operados por essas descobertas científicas quanto à posição ocupada pelo homem no universo (Copérnico), na evolução das espécies (Darwin) e na autonomia subjetiva (com a descoberta do inconsciente, o Eu não é senhor de sua própria casa).[25]

Desprezando a potência dessas analogias, Lacan, na primeira das conferências sobre "O saber do psicanalista",[26] afirma, não se entende bem por quê, que "essa referência de Freud foi realmente mal inspirada", que Freud "incorreu numa falha", a qual residiria na consideração de que o narcisismo do homem foi abalado nesses três golpes nomeados por ele de golpes no narcisismo, e que, ainda, as resistências à psicanálise consistiriam no repúdio ao descentramento do sujeito. A crítica de Lacan não faz muito sentido, posto que, ao contrário do que ele afirma, Freud não utiliza o termo "revolução".

Kuhn retifica a ideia de Getzels e Jackson segundo a qual o "pensamento divergente", ou seja, a flexibilidade e a abertura de espírito, seria a característica primordial para a investigação básica, acrescentando que, por outro lado, uma espécie de "pensamento convergente" desempenha aí um papel igualmente importante e representa "a outra face da mesma moeda".[27] Para ele, a flexibilidade e a abertura não são suficientes, pois as alterações revolucionárias são raras e somente "as investigações firmemente enraizadas na tradição científica contemporânea podem provavelmente quebrar essa tradição e dar origem a uma nova".[28] O cientista (e seu grupo) deve, simultaneamente e em igual grau, estar empenhado em relação à tradição e aberto para o novo, deve ser ao mesmo tempo um tradicionalista e um iconoclasta.[29] Assim, pensamento convergente e pensamento divergente devem estar combinados de tal modo que resulte entre eles aquilo que Kuhn chama de uma tensão essencial: "a capacidade para suportar a tensão que pode ocasionalmente se tornar insuportável é um dos principais requisitos para o melhor gênero de investigação científica".[30] Kuhn falou dessa mesma tensão em outro contexto, ao mencionar a tensão que é produzida pelo enorme contraste existente entre as habilidades profissionais que são ensinadas ao cientista, por um lado, e os ideais de caráter dos exploradores e inventores que lhes são igualmente incutidos, por outro.[31]

É surpreendente constatar que surge aqui uma forma de operar semelhante à do psicanalista, que, na clínica, se defronta com o "real enquanto impossível de se suportar".[32] Formulando em outros termos a concepção freudiana de que na psicanálise a pesquisa e o tratamento coincidem, para Lacan o psicanalista ocupa, na direção do tratamento, uma posição de douta ignorância: "A análise só pode encontrar sua medida nas vias de uma douta ignorância".[33] O analista opera por meio de um não-saber, mas apresenta uma relação muito intensa com o saber.

Assim como Kuhn postula que, além da abertura para a criação do novo, a referência à tradição e ao saber da ciência é igualmente imprescindível para o cientista, Lacan afirma que o não-saber por meio do qual o psicanalista opera "não é uma negação do saber, porém sua forma mais elaborada".[34]

Trata-se, em suma, também para o psicanalista, da tensão essencial produzida entre a necessidade de saber e a de poder prescindir desse saber. Tudo se passa como se aquilo que o cientista precisa sustentar como método em toda investigação que se pretenda inovadora, tal como Kuhn o formula, é o que o psicanalista opera em cada uma das sessões com seus analisandos.

E, se tomarmos a obra de Freud, podemos tentar detectar os momentos privilegiados em que ele próprio opera por meio da tensão essencial entre o saber e o não-saber. O momento em que abandona a hipnose é um ponto de quebra de paradigma, assim como o abandono da teoria da sedução.

Podemos observar também, na obra de Kuhn, uma perspectiva que se aproxima da dinâmica psicanalítica (baseada na luta entre o desejo e o recalque, duas forças opostas que se dilaceram), para a qual o sintoma é a resultante de um conflito que aponta para a verdade do sujeito, quando ele desenvolve a ideia de que "embora o preconceito e a resistência às inovações possam muito facilmente pôr um freio ao progresso científico, a sua onipresença é, porém, sintomática como característica requerida para que a investigação tenha continuidade e vitalidade".[35] Um exemplo dessa evolução que se produz ao se superarem preconceitos pode ser evidenciada na teoria freudiana da pulsão. Nascida em 1905, juntamente com o conceito de perversão polimorfa, que visa dar condições teóricas precisas para que se possa circunscrever a sexualidade humana em sua mais absoluta especificidade a teoria da pulsão se desdobra em direções inéditas e, pode-se até mesmo dizer, surpreendentes, chegando ao narcisismo e à pulsão de morte. Quanto a esta última, o próprio Freud mencionou a tenacidade com que sua resistência recusara durante bastante tempo as hipóteses de Sabina Spielrein sobre o assunto: "Recordo minha própria atitude defensiva quando a ideia de uma pulsão de destruição emergiu pela primeira vez na bibliografia psicanalítica, e quanto tempo demorou até que eu me tornasse receptivo a ela".[36]

## Ciência e universidade

Já se foi o tempo em que a presença da psicanálise na universidade era alvo de uma crítica ferrenha da parte de muitos psicanalistas. O que se alegava em tais críticas era, grosso modo, o curto-circuito que a titulação e a hierarquia universitárias poderiam produzir em relação à formação do psicanalista, concebida desde sempre, por Freud e todos depois dele, como uma tarefa que só pode ser assumida no âmbito das instituições psicanalíticas, através do tripé clássico da formação: análise pessoal, ensino teórico, supervisão clínica.

Hoje, o medo desse curto-circuito ainda persiste, embora com menos intensidade, e é até mesmo provável que esse temor não possa ser eliminado; talvez, inclusive, não deva sê-lo. Fato é que os próprios psicanalistas que ensinam na universidade se encarregaram, ao longo do tempo, de sublinhar e sustentar a diferença do âmbito universitário e do psicanalítico. No primeiro, o estudo e a pesquisa teóricos podem encontrar um lugar propício, e no segundo, a formação do psicanalista encontra a elaboração dos problemas que ela coloca através de dispositivos particulares, construídos com essa finalidade.

Não faz muito tempo, organizei um livro com artigos de vários autores sobre as contribuições de Lacan a cada um dos elementos do tripé da formação,[37] para mostrar que o ensino de Lacan incidiu sobre as concepções clássicas da formação do analista, dando a elas maior rigor e atravessando-as pelas descobertas da própria psicanálise — ou seja, fazendo com que o discurso do psicanalista opere decisivamente na formação dos analistas e não seja totalmente eclipsado pelo discurso do universitário e pelo discurso do mestre. Um exemplo disso: a não obrigatoriedade de supervisão, introduzida por Lacan, não significou a retirada da importância da supervisão, mas sim, ao contrário, submeteu a necessidade de supervisão a fatores analíticos e não a disposições protocolares ou até mesmo de caráter burocrático.

Podemos retomar essa questão neste momento, em que proponho algumas reflexões pontuais e referentes a dimensões heterogêneas, reflexões que caberia reunir sob o fio condutor representado pelo ensino de Lacan.

Em primeiro lugar, vale sublinhar que a presença da psicanálise na universidade é tributária do ensino de Lacan, que ultrapassou as fronteiras de uma instituição ou escola de psicanálise e foi pioneiro em ensejar a fundação — em 1969, por seu aluno Serge Leclaire — de um departamento de psicanálise numa universidade, em Vincennes. Pois é preciso lembrar que o seminário de Lacan não estava circunscrito — mesmo fisicamente — ao âmbito de ensino de sua Escola; ao contrário, ele se dirigia à intelligentsia de uma maneira muito ampla e geral.

Sabe-se, por outro lado, que o modo de funcionamento das sociedades psicanalíticas ligadas à IPA mantinha os analistas extremamente voltados para seus consultórios e suas sociedades fechadas. Essa entrada da psicanálise na universidade foi acompanhada de um voto de Lacan, voto reticente de que "talvez em Vincennes venham a se reunir os ensinamentos em que Freud formulou que o analista deveria apoiar-se, reforçando ali o que extrai de sua própria análise, isto é, saber não tanto para que ela serviu, mas de que se serviu".[38] O voto lacaniano era nomeadamente o de renovar a experiência analítica com as ciências propagadas na universidade, em especial a linguística, a principal delas, e também a lógica, a topologia e o que ele chama de antifilosofia.

É preciso não perder jamais de vista, também, que a presença dos psicanalistas na universidade pode ser considerada como refletindo algo que faz parte de sua formação e das conquistas inerentes à sua análise pessoal:

o despertar do desejo de saber, no qual Lacan centrou um dos elementos primordiais inerentes à experiência da análise, e até mesmo de seu fim, nos dois sentidos do termo — de término e de finalidade. Constata-se, assim, que um legítimo desejo de saber emerge quando há uma perda de gozo como a que ocorre na experiência analítica, veiculada em sua essência pela posição de não-saber própria ao psicanalista.

Dito de outro modo, a presença dos analistas na universidade pode ser considerada como efeito do empuxo ao estudo e à pesquisa inerentes à própria experiência psicanalítica. Se dermos ênfase, como já o fizemos anteriormente, ao desejo de saber como sendo o que propicia o mais genuíno laço entre os analistas, a universidade pode contar como um lugar que só estimula esse vínculo.[39]

A ampliação da transferência de trabalho entre analistas no âmbito acadêmico favorece o aprimoramento da psicanálise. Pode-se conjeturar que, ao se apresentar com rigor na universidade, a psicanálise reforça a transferência com a própria psicanálise e permite que se ultrapasse minimamente, ou pelo menos se suspenda positivamente, as rivalidades entre psicanalistas de diferentes escolas. A psicanálise pode ter muito a ganhar se os psicanalistas se mostrarem de forma mais clara em sua diversidade discursiva, embora apontando para um horizonte transferencial comum.

Porque não se pode esquecer que, antes da transferência que um analisando estabelece com um analista, existe a transferência com a psicanálise enquanto tal, que vigora — ou não — no seio de determinada cultura. E que os analistas são igualmente responsáveis por essa transferência com a psicanálise em seu sentido mais amplo, antes de serem responsáveis pela transferência de seus analisandos nas análises que conduzem.

Talvez essa seja uma das traduções práticas possíveis da articulação entre saber e verdade que especifica a forma de comparecimento do saber no discurso psicanalítico: não um saber sabido e coagulado, mas um "saber dinâmico".[40] Trata-se de um saber constantemente renovado pela emergência da verdade, o que Lacan, ao comentar o diálogo *Mênon*, de Platão, denominou de verdade em seu estado nascente, e da qual falou nos seguintes termos: "Há em todo saber, uma vez constituído, uma dimensão de erro, que consiste em esquecer a função criadora da verdade em sua forma nascente. [...] Mas nós, analistas, que trabalhamos na dimensão dessa verdade em estado nascente, não podemos esquecê-la".[41]

Como ressaltou Éric Laurent, o saber no discurso psicanalítico, instalado no lugar da verdade, "não trabalha, mas se revela".[42] Esse saber conjugado à verdade tem a característica principal de jamais poder ser fechado, já que a verdade — sempre parcial, sempre não-toda, como formulou Lacan — barra a aspiração a qualquer completude do saber. Isso já fora apontado por Freud, que enfatizou o quanto não deve ocorrer, no ensino da psicanálise, o mesmo encobrimento das dificuldades e imperfeições que ocorre em outras formas de ensino. A severa crítica que Lacan dirigiu à IPA dizia respeito igualmente ao ensino de um "saber pré-digerido", que era promovido nos institutos de formação. Moustapha Safouan, por sua vez, comentou com humor mordaz que, nesses casos, o ensino engana a ignorância ao invés de dela se servir.[43] Foi precisamente nessa direção que Lacan se valeu do sintagma douta ignorância para se referir ao lugar do psicanalista.

Por outro lado, a presença dos psicanalistas na universidade e a decorrente proliferação de referências de mestrias diversas no campo psicanalítico só faz corroborar a ênfase, posta pela experiência da análise, no real enquanto verdadeiro mestre para o psicanalista em sua prática, conforme formulou certa vez Alain Didier-Weill.

Retomando-se as fórmulas lacanianas dos discursos, se compararmos o discurso do psicanalista e o do universitário, pode-se dizer que, no caso deste último, o saber pretende se apoderar do real, e por isso Diana Rabinovich chama a atenção para o fato de que o saber, a dominante do discurso universitário, nele se inscreve como totalidade.[44] Tal palavra, "totalidade", sublinha ela igualmente, está ausente da obra de Freud, exceto no contexto do narcisismo.[45] Assim, se no discurso da universidade o saber pretende se apoderar do real ($S_2 \rightarrow a$), no discurso do psicanalista, ao contrário, o saber está submetido ao real, ao que escapa a toda e qualquer forma de saber ($a/S_2$) , e que é, portanto, continuamente atravessado pelo não-saber.

Discurso do analista

$$\frac{a}{S_2} \xrightarrow{} \frac{\$}{S_1}$$

Discurso do universitário

$$\frac{S_2}{S_1} \xrightarrow{} \frac{a}{\$}$$

No âmbito acadêmico, o confronto discursivo entre analistas de diferentes escolas pode ser salutar ao pulverizar o escudo protetor invisível que na maioria das vezes funciona dentro das instituições protegendo-os das críticas que, de outro modo, são inevitáveis. Ensinar no âmbito universitário — ou no âmbito de outras instituições ou escolas de psicanálise, em que efeito semelhante ocorre — favorece o engajamento do sujeito na experiência de transmissão, uma vez que não está ali falando o jargão comum a todos os colegas que o ouvem, mas sim um discurso que exige que ele apresente algo de singular.[46] Já afirmei em outro texto que considero que a transmissão se dá quando um analista ensina a psicanálise movido essencialmente pela experiência de sua própria análise, assim como pela travessia da teoria que a travessia analítica da fantasia lhe impõe. Na universidade, o cinturão discursivo imaginário que reúne os analistas de uma mesma sociedade está sujeito a uma interrogação simbólica constante, atendendo ao postulado de Lacan de que a psicanálise é a manutenção viva da questão "O que é a psicanálise?". A psicanálise ganha com isso, ganha ao ter seu saber interrogado. Dito de outro modo, a universidade pode contribuir, com novas formas de transferência de trabalho, para o psicanalista expandir a sua travessia da teoria[47] para além do âmbito de sua escola:

| Analisando | Analista |
|---|---|
| Trabalho de transferência | Transferência de trabalho |
| Travessia da fantasia | Travessia da teoria |

Em decorrência, pode-se conceber que há formas distintas de ensinar psicanálise. Há um estilo dogmático, no qual o saber de cunho universitário não admite brechas na assim chamada "ortodoxia" lacaniana. Há também um estilo de questionamento,[48] no qual o saber é atravessado pelos enigmas que a experiência apresenta. E, mesmo quando se trata de abordar algo já estabelecido com rigor pelo saber psicanalítico — porque existe inegavelmente um saber psicanalítico estabelecido que constitui a dimensão propriamente científica da psicanálise —, cabe ao analista inventar a sua forma pessoal de fazer a transmissão daquele elemento teórico, com seus exemplos, sua experiência, suas pesquisas e suas próprias interrogações: um saber fazer que é da ordem do artístico.

Considerando-se a formação do psicanalista como permanente e sempre inacabada, seria possível incluir a presença da psicanálise na universidade, em seus diversos níveis, como uma expressão das possibilidades inerentes a esse inacabamento? O risco que surge aí é o de incluir o grau universitário no âmbito da formação do psicanalista, heterogêneo a ele. E considerar que a universidade pode preencher as condições inerentes a este "... e alguns outros" aos quais Lacan se refere quanto à autorização do psicanalista, fornecendo um pseudoacabamento doutoral a esse inacabamento estrutural. A universidade estaria, nesse caso, a serviço da impostura.

Mas há na universidade distintos níveis de ensino: em primeiro lugar, para o aluno de graduação (em psicologia e em medicina), o ensino realiza a tarefa proposta por Freud em seu artigo "Deve-se ensinar a psicanálise na universidade?", qual seja, a de introduzir, sensibilizar e evocar a dimensão do inconsciente que a psicanálise trouxe à baila. Percebe-se, com frequência, o fascínio dos alunos de graduação em psicologia quando confrontados com formulações psicanalíticas, cuja consistência teórica abre para eles as portas de uma forma nova de reflexão e compreensão do sujeito e da clínica. E também no caso de estudos mais avançados podemos depreender as formas de favorecimento que a universidade aporta ao avanço da psicanálise.

Posto que os discursos postulados por Lacan não correspondem a lugares geográficos, a psicanálise só tem a ganhar estando presente na universidade, desde que o psicanalista não abra mão do discurso que lhe é próprio e que, a cada vez que lhe for necessário ocupar outras posições discursivas (sabemos que o sujeito muda de discurso), faça sempre incidir sobre ele o real em jogo na psicanálise. Assim, barrará a posição de dominação acéfala e arrogante própria ao discurso do mestre, que pode se insinuar — inclusive nele mesmo — pelo próprio caráter inebriante inerente à potência do saber psicanalítico; barrará também a fascinação imaginária do discurso do universitário pela obra do mestre que o faz operar para transmitir a sua ordem, fascinação da qual ele também não está totalmente livre.

O analista poderá, por outro lado, se nutrir frequentemente em seu ensino do discurso da histérica, através do que ele pode rememorar e ressignificar a experiência de busca da verdade de seu desejo efetuada em sua experiência analítica. Através do discurso da histérica, torna-se patente o fosso existente entre o saber produzido e o real em jogo na verdade que sustenta o desejo do sujeito: $a//S_2$. Pois, como formula Lacan, "ao se oferecer ao ensino, o discurso psicanalítico leva o psicanalista à posição do analisando, isto é, a não produzir nada que se possa dominar, malgrado a aparência, a não ser a título de sintoma".[49]

Nesse sentido, voltar à articulação entre os quatro discursos de Lacan pode ser ilustrativo de certa dinâmica que eles mantêm entre si. Considerando-se as dominantes discursivas, situadas por Lacan no lugar do agente de cada discurso, podemos destacar que cada uma delas se dirige a um outro em particular, o que pode ser considerado como aquilo que define o laço social de cada discurso: o mestre se dirige ao universitário ($S_1 \rightarrow S_2$), a histérica se dirige ao mestre ($\$ \rightarrow S_1$), o psicanalista se dirige à histérica ($a \rightarrow \$$) e o universitário se dirige ao psicanalista ($S_2 \rightarrow a$).

Muitas inferências interessantes podem ser obtidas a partir desses laços específicos, espécie de escolhas primordiais de cada discurso em relação a outro. Por exemplo, o laço discursivo estabelecido pelo mestre é estritamente linguageiro, o que permitiu a Lacan situá-lo como o discurso de fundação do sujeito do inconsciente. O laço discursivo instaurado pelo psicanalista, ao contrário, é essencialmente tributário da fantasia que une o sujeito ao objeto causa do desejo. Lacan fala do discurso do mestre como o avesso da psicanálise por essa radical antítese existente entre ambos: o primeiro aciona o simbólico na relação com o outro, ao passo que o segundo aciona o real. Ambos concentram, contudo, uma radicalidade discursiva.

A histérica, por sua vez, questiona a radicalidade do mestre em alme-jar recalcar o real em jogo em sua divisão subjetiva. Vê-se por que o par constituído pela histérica e pelo psicanalista é, no fundo, correlato ao par analisando e analista. Ainda que pareça fazer par com o mestre, a histérica, no fundo, está transferida com o psicanalista. E o universitário, regido pelo saber, questiona a radicalidade do psicanalista em pretender colocar em cena um real indomável. Essa tendência do discurso universitário pode adquirir feições violentas, o que levou Lacan a afirmar, no belo prefácio que redigiu para a primeira tese universitária feita sobre sua obra, que Freud tivera "a felicidade de não ter em seu encalço a matilha universitária".[50]

Para concluir, voltemos à ideia de tensão essencial, que, a partir do ar-tigo de Thomas Kuhn, aparece no título do presente capítulo e o permeia de ponta a ponta. Em *A estrutura das revoluções científicas*, Kuhn se refere a seu artigo do seguinte modo:

> Embora seja improvável que a história registre seus nomes, indubitavelmente alguns homens foram levados a abandonar a ciência devido a sua inabilidade para tolerar crises. Tal como os artistas, os cientistas criadores [é preciso dar toda atenção a esse sintagma kuhniano] precisam, em determinadas oca-siões, ser capazes de viver em um mundo desordenado — descrevi em outro trabalho essa necessidade como "a tensão essencial" implícita na pesquisa científica.[51]

Aquilo que Kuhn formula como sendo o *modus operandi* do cientista em sua busca de produzir saber sobre o real é, a meu ver, precisamente o que qualifica a posição do psicanalista em cada uma das sessões de análise que ele conduz: a tensão psicanalítica essencial entre saber verdadeiro e saber constituído. Como Freud não se cansou de enunciar, no laboratório do analista o tratamento e a pesquisa coincidem.

# 2. Testemunhos do inconsciente

É renovando laços com a arte e a criação artística que poderemos retomar a via de reinvenção na psicanálise.

CHAWKI AZOURI

SABE-SE O QUANTO A CRIAÇÃO de Freud — a psicanálise — deve à arte. Ele próprio o afirmou várias vezes, por exemplo no ensaio sobre a *Gradiva*, no qual rende aos escritores uma vibrante homenagem: "Os poetas são aliados muito valiosos, cujo testemunho deve ser levado em alta conta, pois costumam saber toda uma vasta gama de coisas entre o céu e a terra, sobre cuja existência nossa sabedoria acadêmica nem mesmo sonha. E na ciência da alma se adiantaram muito em relação a nós, homens comuns, pois se nutrem de fontes que ainda não tornamos acessíveis à ciência".[1]

Todo esse ensaio freudiano é, na verdade, pontilhado de observações que se empenham em realçar a aliança velada, embora fundamental, existente entre o trabalho do artista e as descobertas do psicanalista.

Na esteira de Freud, que reverenciava Shakespeare afetuosamente como "o grande psicólogo", Lacan reconheceu que "os poetas, que não sabem o que dizem, como é bem sabido, sempre dizem, no entanto, as coisas antes dos outros",[2] elevando assim essa percepção freudiana à sua máxima potência. Manifestou ainda a sua contínua aversão à psicologização, cujo risco a psicanálise está sempre correndo, sobretudo talvez na sua relação com a arte: "A única vantagem que um psicanalista tem o direito de tirar de sua posição, sendo-lhe esta reconhecida como tal, é a de se lembrar, com Freud, que em sua matéria o artista sempre o precede e, portanto, ele não tem que bancar o psicólogo quando o artista lhe desbrava o caminho".[3] Trata-se, para ele, não de psicanalisar a arte, mas sim de aprender com ela. Como resume François Regnault, "Lacan não aplicará a psicanálise nem à arte nem ao artista. Mas aplicará a arte à psicanálise, pensando que, porquanto o artista preceda o psicólogo, sua arte deve fazer avançar a teoria psicanalítica".[4]

Além de Freud e Lacan, muitos psicanalistas renderam homenagem à arte e à criação literária, reconhecendo nelas uma contribuição sem a qual a psicanálise não seria tão rica. Por isso mesmo, o próprio Freud e muitos outros analistas já afirmaram igualmente que a literatura e a arte são disciplinas que fazem parte da formação do psicanalista, uma vez que Freud parece ter extraído sua própria "formação" em grande parte dos ensinamentos trazidos pelos artistas com suas obras. Trata-se de um saber sobre o inconsciente ou, como afirmou Lacan, uma espécie de "testemunho do inconsciente".[5] A ideia do testemunho surge aqui de modo a nomear a experiência subjetiva do artista: o que é o testemunho senão a associação do saber com a verdade? Senão uma fala que se especifica por enunciar algo que ninguém mais poderia enunciar em seu lugar?

## O artista e o inconsciente

O artista parece, com efeito, ter um contato proximal com o inconsciente, ou pelo menos parece deixar-se atravessar mais poderosamente por ele. Enquanto na neurose o inconsciente se presentifica de forma indireta através de suas diversas formações — sonhos, sintomas, chistes, lapsos de linguagem e atos falhos, todas elas rebentos derivados da fantasia — e na psicose aparece "a céu aberto", isto é, sem as deformações impostas pela censura para que o recalcado possa retornar, na manifestação artística ele tem outro destino. Retomarei esse ponto adiante.

São múltiplas as maneiras com que o artista revela seu contato com o inconsciente. Muitos parecem ser mais ou menos cientes disso e falam sobre a questão com maior ou menor fluência. Outros nem tanto. Mas em muitos a recorrência dos jogos de palavras — jogos de significantes ou letras — dá mostras de um saber sobre o inconsciente linguageiro: o *fuc-bulous* de Frida Kahlo; o *ManWoMan*, de Rubens Gerchman; o Rrose Sélavy e o *L.H.O.O.Q.*, de Marcel Duchamp.

Nesse sentido, caberia interrogar o quanto os próprios artistas concebem a sua atividade criativa como sendo em algum grau inconsciente, mesmo que não utilizem esse termo, como a escritora e ensaísta norte-americana Susan Sontag ao afirmar que só descobria o que pensava quando escrevia.[6] Significativamente, Marguerite Duras afirmou a mesma coisa ao dizer que "a escrita é o desconhecido. Antes de escrever, nada se sabe do que se vai escrever. E em total lucidez".[7] Nada mais próximo aqui da atividade de escrita do que a regra da associação livre da psicanálise, que é instaurada para dar acesso ao inconsciente — mais precisamente aos derivados do recalcado — e fazer o analisando perceber que é falando que o sujeito se estrutura. É falando que ele tem acesso ao que sabia e não sabia que sabia. E, ainda, que é falando que ele tem acesso ao que não sabia e acreditava que sabia!

As afirmações de Sontag e Duras não deveriam surpreender, pois é de se perguntar de saída de onde vem a criação humana, de onde ela brota. O pianista Keith Jarrett colocou essa questão ao perguntar: "De onde vem a música?". E prosseguiu, aludindo à questão que é colocada, segundo Freud, pela criança: "Ela não vem da música. Como os bebês não vêm dos bebês".[8] Assim, talvez um dos pontos em que o artista mais se aproxima do psicanalista seja nessa percepção, com a qual ele lida de uma forma particular, de que em grande parte seu ato criador lhe escapa e possui, para ele próprio, algo de incontrolável. Dir-se-ia inclusive que algo é criado no artista através dele e até mesmo à revelia dele. O artista talvez possa ser considerado como um sujeito que não coloca obstáculos — ou os coloca o menos possível — para que o inconsciente se apresente através da fantasia que vela o real. Sempre há, ainda assim, algo de assustador na criação, de obscuro ou mesmo terrível, que é mencionado por muitos artistas, como Marguerite Duras: "O escrito é o grito das feras noturnas, de todos, seu e meu, os gritos dos cães".[9]

Num grande esforço de teorização, Anton Ehrenzweig dedicou-se por mais de dez anos a tentar entender a relação entre a criação artística e o inconsciente, e introduziu a noção de um escaneamento inconsciente — que corresponde a uma varredura da totalidade do campo visual inúmeras vezes mais potente que o exame consciente — situado na base de toda criação artística. Para ele, "um verdadeiro artista reconhecerá com o psicanalista que nada do produto do espírito humano pode passar como insignificante ou acidental. [...] Um detalhe aparentemente insignificante ou acidental pode muito bem carregar o mais importante simbolismo inconsciente".[10] É assim que ele considera que "a complexidade de toda obra de arte, mesmo simples, ultrapassa, de longe, os poderes da atenção consciente que, com sua focalização pontual, só pode se apegar a uma coisa de cada vez".[11] Lembro um analisando que, surpreso, se deu conta de que criara a entrada do edifício, cuja planta desenhara, segundo as formas do relógio que ficava junto ao divã onde transcorria sua análise.

Considerando que a obra possui uma vida autônoma e que essa autonomia requer ser aceita com uma humildade que é parte essencial da criatividade, Ehrenzweig formula que a criatividade "está sempre ligada a esse momento feliz em que se pode esquecer todo controle consciente";[12] e, ainda, que a criação depende do escaneamento inconsciente que, ao contrário do pensamento consciente — o qual tem necessidade de padrões de *Gestalt* fechados —, procede ao manejo "de estruturas abertas, de fronteiras indistintas, que só encontrarão traçados realmente precisos num futuro desconhecido".[13] Por isso, Ehrenzweig observa com agudeza esse espetáculo espantoso que é "ver os artistas, uma vez findo seu trabalho, começar às vezes a examiná-lo em todos os seus detalhes, como se não tivesse sido feito por eles".[14]

## Associações livres

É instrutivo assinalar que Freud publicou em 1920, curiosamente assinando apenas como F,[15] um artigo intitulado "Para a pré-história da técnica analítica", no qual questiona Havelock Ellis, que afirmara que os seus escritos constituíam uma criação artística e não científica. Ellis fornece como argumento sua descoberta de que um autor chamado J.J. Garth Wilkinson — médico que era, contudo, mais conhecido como místico swedenborguiano e poeta — havia preconizado um método segundo o qual um tema era escolhido para ser objeto de associações que se revelavam coerentes com ele e que, deixando de lado a razão e a vontade, o desdobravam de modo a que as moções inconscientes mais profundas se expressassem. A conclusão de Ellis é de que "Wilkinson usou esse método com fins religiosos e literários, e nunca científicos ou médicos; mas é fácil ver que essencialmente se trata do método da psicanálise, que toma por objeto a própria pessoa: uma prova a mais do quanto o método de Freud é o de um artista".[16]

Freud pondera que, muito tempo antes de Wilkinson, na correspondência com Christian Gottfried Körner, o grande poeta Friedrich Schiller já recomendara a todos os que desejam ser produtivos que adotassem o método da associação livre. Freud considera, assim, que sua aplicação sistemática na psicanálise não é tanto uma prova de sua suposta natureza artística, mas sim de sua "convicção, equivalente quase a uma opinião preconcebida, de que todos os fatos mentais são completamente determinados".[17] Chama a atenção que Freud não fale aqui de determinação inconsciente: será porque toda ideia de sobredeterminação ("completamente determinados") não é, ela mesma, a suposição do inconsciente?

Em seu comentário, Freud conclui, contudo, que as influências de Wilkinson e de Schiller podem não ter sido as que mais contribuíram para a técnica psicanalítica: um breve ensaio de Ludwig Börne pode — este sim, diz Freud — ter desempenhado um papel importante na criação da regra da associação livre como a técnica fundamental da psicanálise. Freud afirma ter ganhado o livro com os ensaios de Börne quando tinha catorze anos e conservado o exemplar durante toda a vida. Diz ainda que ele "fora o primeiro autor em cujos escritos penetrara profundamente". Num dos ensaios, intitulado "A arte de tornar-se um escritor original em três dias", Börne sugere ao leitor a fórmula para que escreva sem falsidade ou hipocrisia tudo o que lhe vier à cabeça, e acrescenta que o resultado o surpreenderá, pelos novos e inauditos pensamentos que terá. Patrick Mahony acrescenta que a influência de Börne sobre Freud foi bem extensa, se considerarmos que a chamada autoanálise de Freud foi feita predominantemente através da escrita.[18]

A psicanálise e a arte passaram desde muito cedo a funcionar numa via de mão dupla: se a literatura deu aportes a Freud para a sua concepção essencial da técnica da associação livre, a psicanálise, por sua vez, contribuiu para o método surrealista da escrita automática, central para o modo de operação surrealista. O próprio André Breton fornece a fonte freudiana onde fora capturar o seu método:

> Tão ocupado estava eu com Freud nessa época, e familiarizado com seus métodos de exame, que eu tivera alguma ocasião de praticar em doentes durante a guerra, que decidi obter de mim o que se procura obter deles, a saber, um monólogo de fluência tão rápida quanto possível sobre o qual o espírito crítico do sujeito não emita nenhum julgamento, que não seja, portanto, embaraçado com nenhuma reticência, e que seja tão exatamente quanto possível o pensamento falado.[19]

Procedendo à passagem da fala à escrita, como método surrealista a escrita automática implica igualmente a escuta daquilo que o inconsciente traz à tona em sua espontaneidade e, abolindo toda forma de censura, supõe o advento de um discurso autêntico, livre do controle consciente.[20]

## Crio onde não penso

Como afirmou Octavio Paz, "talvez os dois pintores que exerceram maior influência em nosso século sejam Pablo Picasso e Marcel Duchamp. O primeiro pelas suas obras, o segundo por uma obra que é a própria negação da moderna noção de obra".[21] De fato, Duchamp se insurgiu contra o que chamava de "pintura retiniana", por ele considerada como meramente decorativa; mostrou, com seus famosos *readymade*, o quanto o objeto simples e utilitário pode ser elevado à categoria de obra de arte, desde que o olhar do espectador se disponha a isso; introduziu o acaso real como fonte de surpresa partícipe da criação (quando o trabalho *La mariée mise à nu par ses célibataires, même*, realizado sobre vidro, caiu ao ser transportado para ser exibido e se quebrou, Duchamp exclamou que só então ele estava pronto); anunciou que preferia viver a trabalhar, e que a sua arte seria a de viver, cada respiração sendo uma obra que não é nem visual nem cerebral, e que não se inscreve em lugar algum.[22]

Em um breve e magistral artigo de 1957, Duchamp assinalou o quanto de inconsciente está presente na atividade criativa do artista e introduziu a ideia de um "coeficiente artístico pessoal". Para ele, quando cria, o artista "passa da intenção à realização através de uma cadeia de reações totalmente subjetivas".[23] Duchamp acrescenta ainda que a luta do artista pela realização é constituída por uma "série de esforços, sofrimentos, satisfações, recusas, decisões que também não podem e não devem ser totalmente conscientes, pelo menos no plano estético".[24] O resultado desse verdadeiro conflito é a "diferença entre a intenção e a sua realização, uma diferença de que o artista não tem consciência".[25]

O que Duchamp qualifica de coeficiente artístico pessoal contido numa obra de arte é, assim, a diferença entre o que o artista quis realizar e o que, de fato, realizou; ele consiste na inabilidade do artista em expressar integralmente a sua intenção. Ou, mais essencialmente, o coeficiente artístico é a resultante do trabalho inconsciente do artista. Ele é "como que uma relação aritmética entre o que permanece inexpressado embora intencionado, e o que é expresso não-intencionalmente".[26] Poder-se-ia dizer que ao realizar sua obra, o artista, tal como na leitura lacaniana do cogito cartesiano, "pensa onde não cria" e "cria onde não pensa". Picasso se associa a esse argumento duchampiano ao dizer sobre seu trabalho artístico: "Se se soubesse exatamente o que se vai fazer, para que fazê-lo? Se se souber, não terá o menor interesse. Valeria mais a pena fazer outra coisa".[27]

Assim como o *readymade* de Marcel Duchamp é uma forma de objeto encontrado e não produzido ou buscado pelo artista, Picasso igualmente dizia: "Eu não procuro, acho". Se procurar visa encontrar o que se conhece,

achar algo implica a surpresa e o não-sabido — em suma, a serendipidade.
Lacan se refere a esse dito de Picasso para ver nele uma verdadeira metodologia psicanalítica: o psicanalista também não procura o que sabe
nas análises que conduz, mas acha aquilo que não sabia que encontraria
e, como Freud já recomendara, deve abordar cada novo caso como se
fosse o primeiro, esquecendo tudo o que sabe. Como tratado no capítulo
anterior, a chamada tensão essencial — preconizada por Thomas Kuhn
como necessariamente existente no cerne da criação no campo da ciência,
enquanto tensão contínua entre duas formas de pensamento que se opõem,
o convergente e o divergente —,[28] parece residir também na interseção
entre o saber e o não-saber que se observa no seio da criação artística e na
escuta do psicanalista.

Em seus *Escritos sobre a arte da pintura*, Leonardo da Vinci procede a
uma comparação sistemática entre a pintura e as outras artes — música,
escultura, poesia —, considerando-as inferiores à primeira. Sua comparação com a escultura o leva a fazer uma analogia que será muito cara a
Freud quando este definir o que é a interpretação para a psicanálise. Essa
analogia tornou-se clássica: "Enquanto o escultor só tira, o pintor sempre
põe".[29] O escultor, para Da Vinci, retira do bloco de mármore (matéria
privilegiada por Michelangelo, que o considerava mais "vivo") o excesso
que encerra a obra que só o artista pode ver em seu interior. Ela já está ali
e trata-se, para o escultor, de "despojar do bloco de mármore ou de outra
pedra qualquer o que excede à figura que naquele está encerrada".[30]

Para Freud, a interpretação do psicanalista é homóloga ao ato do escultor: o psicanalista também não coloca nada de seu em seu ato — por
isso no ato analítico ele paga com a sua pessoa, diz Lacan —, mas apenas
retira aquilo que encobre o desejo do sujeito e que se revela na própria
fala deste, e apenas nela. Além disso, há outra homologia entre a criação
artística e a escuta do psicanalista. Se a regra que rege sorrateiramente a
interpretação psicanalítica é a de que o sentido do que o sujeito diz provém sempre daquele que escuta, a obra de arte é igualmente — veremos
adiante — tributária do olhar do espectador, sem o qual ela nem mesmo
chega à existência enquanto obra.

## Indicar o real

Em "Formulações sobre os dois princípios do funcionamento mental", ensaio que encerra o que denomino de ciclo da fantasia,[31] que abrange o período de sua obra entre 1906 e 1911, Freud postula que ciência, religião, educação e arte são formas de articulação entre princípio de prazer e princípio de realidade. Se a religião tem no cerne de seu discurso uma promessa de prazer constantemente postergada para o futuro — como expresso na estupenda fórmula de Pierre Legendre, "Amanhã, cadáveres, vocês gozarão" —, a ciência conquista parte do princípio de prazer para o princípio de realidade ao mesmo tempo que oferece, em troca, algum prazer ao longo desse árduo trabalho de conquista. A educação infantil promove essa mesma conquista e oferece o amor dos educadores como o prêmio mais valioso. De fato, Freud é bastante enfático ao enunciar que a ameaça de perda do amor dos pais é o único freio potente o suficiente para brecar o empuxo ao gozo da criança, o que foi sintetizado por Lacan ao enunciar que "só o amor pode fazer o gozo condescender ao desejo".

Quanto à arte, Freud fala de uma reconciliação entre os dois princípios: por um lado, através de sua intensa atividade fantasística, o artista se afasta da realidade e da insatisfação pulsional que ela exige; por outro, "encontra o caminho de volta desse mundo de fantasia para a realidade, fazendo uso de dons especiais que plasmam suas fantasias num novo tipo de realidades efetivas que os homens reconhecem como cópias valiosas da própria realidade objetiva".[32]

A alteração que o artista produz na realidade é diversa daquela produzida pelo cientista: se este efetua modificações reais no mundo externo, o artista, por sua vez, recria o mundo externo e acaba por inventar um mundo novo, seu, no qual concede um espaço privilegiado para os objetos de sua fantasia e que pode, além disso, ser compartilhado pelos outros sujeitos. O valor que a produção artística tem para a cultura reside precisamente no fato de os sujeitos que sentem a mesma insatisfação exigida pelas renúncias impostas pela realidade poderem partilhar desse mundo recém-criado. Se a ciência "vence" o real pelo princípio de realidade, a arte faz o mesmo pelo princípio de prazer, e a religião consegue, paradoxalmente, se afastar o mais possível do real através do domínio exorbitante que o princípio de realidade exerce sobre o princípio de prazer, exigindo a renúncia completa do prazer e adiando-o para um futuro totalmente distante, paradisíaco, e, por isso mesmo, ilusório, o que se condensa na fórmula freudiana "o futuro de uma ilusão". Por isso a arte ocupa um lugar privilegiado entre as nobres atividades humanas, pois ela "oferece satisfações substitutivas para as mais antigas e mais profundamente sentidas renúncias culturais, e, por esse motivo, serve, como nenhuma outra coisa, para reconciliar o homem com os sacrifícios que tem de fazer em benefício da civilização".[33]

No seminário *A ética da psicanálise*, dialogando nitidamente com esse ensaio freudiano, Lacan desenvolve uma reflexão sobre a função do real, do vazio na estrutura psíquica. Valendo-se da conhecida metáfora de Heidegger em sua conferência "A Coisa", ele se refere ao vaso feito pelo oleiro, que corresponde à circunscrição do vazio, ao em torno do vazio.

Lacan tematiza a sublimação na relação com a Coisa. A arte seria para ele uma das formas de lidar com o vazio, mas não a única. Se a arte se caracteriza "por um certo modo de organização em torno desse vazio", a religião consiste "em todos os modos de evitar esse vazio" e a ciência rejeita, foraclui o vazio da Coisa. Dito de outro modo, a ciência foraclui a Coisa e o impossível, a religião os recalca e a arte os põe em evidência. Assim, a arte pode ser definida como sendo a própria indicação do vazio da Coisa, e se Lacan fala da organização desse vazio é porque a arte se vale do objeto para evidenciar o vazio para além dele: para além do objeto, mas valendo-se dele, evidenciar a Coisa — como no célebre exemplo, fornecido por Lacan, das caixinhas de fósforo alinhadas de modo especial por Jacques Prévert e tornadas, por esse ato, objetos de arte.

Talvez possamos supor que há diferentes formas de a arte, organizando-se em torno desse vazio, indicar o real, isto é, diferentes formas de, através do processo mesmo de sublimação, elevar o objeto à dignidade da Coisa. Para retomar alguns exemplos tratados em outros volumes desta série,[34] há obras em que essa tendência é expressa ostensiva e sistematicamente, como nas diversas pinturas de Leonardo da Vinci (o *Baco*, o *São João Batista*, a *Última Ceia* e outras) em que o elemento que atrai o olhar do espectador é o dedo indicador voltado para o exterior da própria tela, como a sugerir que o que importa não é o que está na obra, mas sim o que se situa mais além dela mesma — para além do objeto e de suas representações fascinantes, é preciso não perder jamais a dimensão da Coisa impossível. Tal estratégia parece incluir o olhar do espectador na própria pintura, o indicador imantando esse olhar e o redirecionando para algo que não pode ser visto e que, contudo, é considerado pelo próprio movimento inerente à obra como o essencial.

Ou, à sua maneira, Edward Hopper, que aponta igualmente para uma exterioridade real situada além da representação (simbólico-imaginária) da tela. O procedimento desse artista parece ser o de indicar, através do olhar das figuras retratadas e de uma certa demarcação muito nítida entre o simbólico e o real, o lugar êxtimo da Coisa como o vazio central paradoxalmente exterior e, ao mesmo tempo, interno a ela.

O mesmo pode ser dito, como vimos, de muitas obras de Duchamp que tornam visível aquilo que não se vê no cotidiano e indicam a Coisa a partir do objeto. Duchamp eleva à máxima potência a formulação de Paul Klee segundo a qual "a arte não reproduz o visível, mas torna visível". Tal assertiva se coaduna com a visão duchampiana da arte que *faz ver* o urinol, o porta-garrafas, a roda de bicicleta, cujas formas permanecem sempre encobertas para nosso olhar pelo sentido utilitarista que o véu da vida cotidiana joga sobre os objetos. Duchamp nos leva a deparar com os objetos do cotidiano para podermos apontar, também neles, escondida mas onipresente, a dimensão da Coisa.

Na radical operação artística promovida por ele, trata-se, no fundo, de alterar o olhar do espectador, do qual depende o sentido último da obra de arte. Para Duchamp, com efeito, a obra de arte possui dois polos distintos: é feita em parte pelo artista e em parte pelo espectador. Prova disso são os artistas que jamais conseguem ser reconhecidos enquanto vivos e só adquirem um lugar no mundo da arte quando são postumamente "descobertos" pelo olhar de alguém. É o célebre caso — mas de forma alguma o único — de Vincent van Gogh.

Duchamp radicaliza mais ainda essa mesma argumentação e chega a imaginar o extremo em que a melhor arte de todas é aquela que desapareceu completamente e jamais foi apreciada por ninguém, tendo sido destruída pelo tempo e não tendo encontrado alguém que fizesse a parte capital que cabe ao espectador realizar: "A história da arte é o que resta de uma época num museu, mas não é forçosamente o que havia de melhor nessa época, e, no fundo, é até, provavelmente, a expressão da mediocridade da época, pois as coisas belas desapareceram, o público não querendo guardá-las".[35] Nesses casos, o artista fez a sua parte, mas o espectador não completou o ato criador que cabe a ambos, artista e espectador, realizar. A "melhor arte" teria sido, assim, tão singular e, de certo modo, tão traumática para aquela época que não pode ser vista. Paradoxalmente, a verdadeira arte seria aquela que teria se tornado, por sua própria virulência de apontamento do real, invisível.

Outra forma de indicar o real da Coisa, e oposta à anterior, parece ser a utilizada por artistas como Christo e Jeanne-Claude, que, ao cobrirem (literalmente) a realidade, a representação simbólico-imaginária — através dos seus chamados empacotamentos seja de construções monumentais como o Parlamento alemão, a Pont Neuf parisiense ou o Museu de Arte Contemporânea de Chicago; seja de formas da natureza, como a costa australiana de Little Bay ou um vale no Colorado —, reintroduzem nela o enigma do real. Trata-se aqui, ao contrário, de tornar o visível invisível e despertar o desejo liberando o olhar do objeto. Como Christo e Jeanne-Claude afirmam: "Todo o nosso trabalho é sobre liberdade".[36]

## O objeto e a Coisa

É inegável que, por sua qualidade essencialmente sublimatória, a arte corresponde à definição mesma que Lacan fornece da sublimação — ela visa, como vimos, "elevar o objeto à dignidade da Coisa". O objeto, essencialmente sexual e constituído pela trama de imagens (imaginário) e palavras (simbólico) que lhe dão consistência e materialidade na fantasia, é aqui alçado à dignidade do real da Coisa, *das Ding*, situado mais além do sexual.

A arte do escultor Anish Kapoor pode ser tomada como um ótimo exemplo disso, no sentido de que ele mesmo afirmou que ela caminha rumo à desmaterialização do objeto — ainda que isso pareça irrealizável —, como engajamento na condição humana.[37] Sua escultura de fumaça *Ascension*, que se altera de acordo com a presença ou a ausência das pessoas na sala da exposição, é uma realização bastante satisfatória desse objetivo. O artista brasileiro Nelson Felix, apontando para o que é sugerido por Anish Kapoor, afirmou por sua vez: "O que me interessa é essa coisa indefinidamente sugestiva".[38] Como na definição lacaniana da virtude alusiva da interpretação psicanalítica, nesse caso a arte parece ser feita para produzir ondas...

Há ainda, na arte contemporânea, uma dimensão de insistência em desconstruir a fantasia do espectador a partir da exibição de uma posição des-fantasiada (logo, pulsional, nua e crua) ou mesmo delirante do artista. São obras que querem, assim como a obra pictórica clássica e moderna, indicar o real, mas não mais pela fantasia e sim por sua destituição violenta, por seu abalo traumático. Nesse sentido, Marília Panitz já apontou que a abjeção e a repetição são dois elementos presentes hoje na arte.[39]

Assim, algumas obras de arte contemporâneas parecem produzir um movimento avesso ao da sublimação. Ao invés de elevar o objeto à dignidade da Coisa, conduzem a Coisa a seu rebaixamento abjeto: aviltam-na e degradam-na — em suma, não só rebaixam a Coisa à banalidade do objeto, mas vão ainda além: elas forçam a visão do que não pode ser visto — carnes apodrecidas, corpos suspensos por ganchos de açougue. Uma arte que, ao expor o horror, paradoxalmente parece forçar o olhar a se desviar dela mesma.

Uma arte assim pode ser qualificada de psicótica, no sentido de que implica a perda dos limites simbólicos — que, na arte em geral, bordejam o real da Coisa — e faz a Coisa invadir o campo dos objetos. Se para Salvador Dalí, que segundo ele próprio veio "salvar a arte moderna da preguiça e do caos", o sublime só pode ser inspirado pelo corpo humano, a arte contemporânea, ao presentificar o corpo despedaçado, traz à tona o antissublime, o horror do corpo quando reduzido à matéria que o constitui e destituído do simbólico que porta, no fundo, a alma humana e o amor de que ela é capaz. Pura carne, como a do cadáver que é tornado carniça jogada ao léu quando não recebe seu ritual de enterramento — precisamente aquilo contra o que Antígona se rebelou.

Resta dizer ainda uma palavra sobre o lugar que é preciso atribuir ao minimalismo na arte contemporânea. Ele parece vir interpretar, esvazian-do-a, a pletora de objetos que avassalam a vida no mundo pós-moderno. Nesse sentido, o minimalismo possui uma ambição muito radical: a de presentificar o vazio enquanto tal e fornecer um testemunho sobre o nú-cleo real do inconsciente.

## A ciência da literatura

É imprescindível observar que a literatura de alguma maneira acompa-nhou a psicanálise desde a sua fundação, oferecendo a ela, como nenhuma outra arte, formidáveis testemunhos do inconsciente. Logo após a primeira exposição científica feita por Freud sobre a etiologia sexual das neuroses, em 21 de abril de 1896, na Associação de Psiquiatria e Neurologia de Viena, cuja recepção foi péssima, um psiquiatra muito famoso reagiu à hipótese da sedução apresentada por Freud replicando tratar-se de um "conto de fadas científico". Tal expressão implica a tentativa de desqualificar o cará-ter científico da contribuição de Freud fazendo referência à sua qualidade literária, como se ciência e literatura fossem opositivas e pudessem des-qualificar uma à outra. Na perspectiva freudiana, ao contrário, trata-se de poder conjugar a ciência com a literatura. Por isso Freud fala da "ciência da literatura"[40] e, ao adotar essa expressão, mostra que para ele a arte não se opõe de modo algum à ciência. Para a psicanálise, a literatura é uma fonte contínua de fecundas revelações.

Outro elemento histórico interessante para essa temática é relatado por Ernest Jones na sua biografia do criador da psicanálise: a primeira e praticamente a única pessoa que apreciou as primeiras contribuições de

Freud foi um escritor chamado Alfred von Berg. Do mesmo modo, se nós observarmos de que modo se deu a entrada da psicanálise nos diferentes países, podemos observar que na França, através do movimento literário e artístico surrealista, e no Brasil através do movimento modernista, a psicanálise foi acolhida com bastante entusiasmo. Não foram os estratos propriamente científicos ou ditos científicos da cultura que acolheram a psicanálise de início, e sim os círculos literários e artísticos.

Podemos acrescentar ainda um terceiro elemento biográfico curioso, que está numa carta escrita por Freud a sua esposa, Martha, em 15 de abril de 1884, na qual ele diz que percebia uma intensa agitação literária que acontecia dentro dele, tendo, inclusive, chegado a planejar escrever um romance junto com ela, em dois volumes, intitulados *Pobreza* e *Riqueza*.

Se a relação entre psicanálise e literatura pode ser abordada sob vários aspectos, talvez devamos valorizar de modo especial a importância da literatura na formação do psicanalista. Percorrendo os diferentes prismas pelos quais Freud deixou claro que os poetas são aliados valiosíssimos, Laéria Fontenele ponderou com agudeza que Freud "coloca os escritores no lugar de sujeito-suposto-saber".[41]

Ela nos oferece uma chave de leitura essencial, que se coaduna inteiramente com o que desenvolvemos aqui sobre a posição singular de Freud na construção do saber psicanalítico — entre ciência e arte. Para Fontenele, a experiência de Freud como leitor

> foi determinante em sua trajetória em, pelo menos, três sentidos: dela resultaram as suas qualidades estéticas como escritor; o acento particular que marcará os estudos que realizará tendo por objeto a própria obra literária; e a criação de um novo gênero, a ficção teórica: um novo modo de escrever a teoria dos processos psíquicos, criando um gênero híbrido entre a escrita científica — fundada em fatos objetivos — e a escrita ficcional — que resultou na forma do caso clínico e da metapsicologia.[42]

Trata-se, para a autora, de mostrar como Freud teve que inventar esse novo gênero literário para dar conta da transmissão da "particularidade e singularidade da experiência neurótica para com o sintoma".[43]

O texto de Freud "O poeta e o fantasiar", publicado originalmente numa revista literária chamada *Neue Revue*, parte da constatação de que a criação literária é um enigma e procura aproximá-la de atividades psíquicas vizinhas que esclareçem as condições mínimas em jogo nessa criação. Freud localizou os primeiros traços da atividade poética na brincadeira infantil, que representa o antecessor ilustre do fantasiar do adulto. Brincar é a atividade mais intensa das crianças, e Freud estabelece um paralelo luminoso entre o lúdico e o poético, na medida em que ambos criam um mundo próprio ou, mais exatamente, dispõem as coisas do mundo em uma nova ordenação que lhes agrada mais. Por isso, Freud presta grande atenção à língua, aos provérbios populares, às expressões idiomáticas, à etimologia das palavras — em suma, à palavra e à linguagem. Se Lacan chegou a dizer que o inconsciente é estruturado como linguagem foi porque Freud mostrou isso muito antes, evidenciando que é exclusivamente nas palavras que o inconsciente se revela.

Ao abordar a criação literária como reordenação do mundo e estabelecimento de um mundo autônomo, conforme ocorre no mundo infantil da brincadeira e do jogo, Freud também estabelece entre ambos uma distinção: enquanto a criança liga diretamente a brincadeira com a realidade, conecta os objetos em situações imaginadas àqueles visíveis e tangíveis na realidade, o escritor mantém uma separação nítida entre o mundo da fantasia e o da realidade. Vimos que, de modo semelhante, o sonho da criança pequena mostra a realização direta de um desejo, enquanto o do adulto jamais expressa diretamente o desejo. Toda evidência, nesse caso, é enganosa, e é preciso um trabalho de associação que acaba revelando que o que se manifestou de forma direta tinha raízes de outra ordem — sexuais, edipianas —, que remetem a outros desejos nada claros.

É conhecida a formulação de Freud segundo a qual "o oposto da brincadeira não é o que é sério, mas a realidade".[44] A criança quando brinca dá a impressão de que está imersa no jogo e que adere a ele como sendo a própria realidade, mas ela preserva uma distinção entre a realidade que ela imagina e a realidade propriamente dita. O adulto, ao invés de brincar, fantasia. Para Freud, a fantasia do adulto é um substituto direto e imediato da brincadeira da criança, e o escritor é o que fica mais próximo da atividade de fantasiar, que a leva mais a sério, de modo que não é difícil localizar a atividade do escritor como o elo intermediário entre a criança que brinca e o adulto que fantasia. Observando que as pessoas quando crescem param de brincar e parecem renunciar ao prazer que obtinham do brincar, Freud chama a atenção para um aspecto importantíssimo: "Contudo, quem compreende a mente humana sabe que nada é mais difícil para o homem quanto abdicar de um prazer que já experimentou. Na realidade, nunca renunciamos a nada, apenas trocamos uma coisa por outra".[45] Essa é uma frase fundamental da obra freudiana. O que parece ser uma renúncia na verdade é a formação de um substituto, o que remete à evidência mostrada pela psicanálise de que as pulsões apresentam uma imperiosa exigência de satisfação e jamais cedem quanto ao objetivo de conquistá-la, daí a re-petição, pedido que se repete ininterruptamente.

Contudo, surge uma diferença significativa nessa comparação: enquanto a criança não esconde suas brincadeiras, o adulto se envergonha das suas fantasias e as esconde das outras pessoas, ao mesmo tempo que as acalenta como o seu bem mais íntimo. Em geral, o adulto prefere confessar suas faltas a confiar a um outro as suas fantasias, retendo-as de todos os modos e agarrando-se a elas.

Encontramos na obra de Freud duas surpreendentes hipóteses: primeiro, que a pessoa feliz nunca fantasia, somente a insatisfeita; segundo, que a análise revela que todos os sujeitos fantasiam continuamente. A conclusão a ser tirada ao colocarmos ambas as hipóteses lado a lado é simples: todas as pessoas são insatisfeitas. Situando a motivação da fantasia nos desejos insatisfeitos, Freud define com muita precisão a fantasia como a correção de uma realidade insatisfatória — podemos acrescentar: continuamente insatisfatória.

Recordemos a gênese da fantasia: uma impressão aciona o trabalho mental, que retrocede a uma experiência anterior e cria uma situação por vir que representa a realização do desejo. O desejo utiliza uma ocasião do presente para construir, segundo moldes do passado, um quadro do futuro. Desse modo, uma insatisfação de um desejo no presente se conecta a uma realização satisfatória do passado e faz um voto de que isso volte a ocorrer no futuro. Assim, a fantasia é uma espécie de fio do desejo que entrelaça passado, presente e futuro.

De alguma forma, a fantasia abole o tempo, na medida em que faz essa articulação do presente com o passado projetando-a no futuro. Ao abolir o tempo, ela impede o sujeito de viver o presente — não há nada mais difícil do que vivenciar o presente, que sempre nos escapa. Em *Alphaville*, obra-prima de Jean-Luc Godard, em todos os lugares onde as pessoas caminham na cidade do futuro que dá nome ao filme há alto-falantes que emitem uma voz tenebrosa, que repete o tempo todo: "O presente é irreversível". Godard concebeu ali um mundo soturno no qual a fantasia é curto-circuitada, porque no espaço do fantasiar do sujeito a voz lhe clama que ele está perdendo o presente, e as pessoas parecem robôs andando nas ruas, sem possibilidade da subjetivação desejante que a fantasia implica.

Mário Quintana ilustra a vertigem em jogo quando se põe a ênfase no presente:

> No banco verde do parque, onde eu lia distraidamente o *Almanaque Bertrand*, aquela sentença pegou-me de surpresa: 'Colhe o momento que passa'. Colhi-o, atarantado. Era um não sei que, um flapt, um inquietante animalzinho, todo asas e todo patas: ardia como uma brasa, trepidava como um motor, dava uma angustiosa sensação de véspera de desabamento. Não pude mais. Arremessei-o contra as pedras, onde foi logo esmigalhado pelo vertiginoso velocípede de um meninozinho vestido a marinheira. "Quem monta num tigre (dizia, à página seguinte, um provérbio chinês) quem monta num tigre não pode apear."[46]

Freud não apenas se referia à literatura como uma ciência mas também enfatizava a legitimidade de a psicanálise intervir no campo da cultura para além da doutrina das neuroses. Nascida no solo médico, a psicanálise é um elo de articulação entre a psiquiatria e as ciências do espírito. Freud sublinha que a psicanálise é a única dentre as disciplinas científicas que mantém relações amplas com as ciências do espírito, e que atribui a mesma importância à história das religiões e da civilização, à mitologia e à ciência da literatura que à psiquiatria.[47] Sublinho aqui um ponto fundamental, que é a adoção que a psicanálise faz da literatura para o seu próprio campo.

Lacan retomou essas indicações de Freud em várias intervenções ao longo de seus escritos e seminários, tendo afirmado, por exemplo, que o psicanalista deve ser letrado, e recomendando, assim, que a literatura ocupe um lugar importante na formação do analista. Essa é uma afirmação que resume as diretrizes que devem estar presentes no programa de ensino de uma associação de psicanálise. Em 1918, em seu artigo "Sobre o ensino da psicanálise nas universidades", Freud assevera que

> na investigação dos processos mentais e das funções do intelecto, a psicaná-lise segue o seu próprio método específico. A aplicação desse método não está de modo algum confinada ao campo dos distúrbios psicológicos, mas estende-se também à solução de problemas da arte, da filosofia e da religião. Nessa direção já produziu diversos novos pontos de vista e deu valiosos es-clarecimentos a temas como a história da literatura, a mitologia, a história das civilizações e a filosofia da religião. Assim, o curso psicanalítico geral seria também aberto aos estudantes desses ramos do conhecimento. Os efei-tos fecundadores do pensamento psicanalítico sobre essas outras disciplinas certamente contribuiriam muito para moldar uma ligação mais estreita, no sentido de uma *universitas literarum*, entre a ciência médica e os ramos do saber que se encontram dentro da esfera da filosofia e das artes.[48]

Nessa passagem, a ênfase de Freud recai sobre a contribuição da psi-canálise para a literatura. Mas a relação entre elas é na verdade uma via de mão dupla. E o próprio Freud assinalou a mão contrária, isto é, as con-tribuições da literatura à psicanálise. Em Freud, a literatura é a ocasião de fazer os grandes achados, de se deparar com as verdades que dificilmente seriam passíveis de serem alcançadas pelo discurso da ciência. É nesse sen-tido que o ensaio sobre "O estranho" — escrito no período imediatamente anterior à virada teórica de 1920, em que Freud introduz a categoria da pulsão de morte — aciona uma nova e original investida na conexão entre a psicanálise e a ciência da literatura.

## O estranho: do simbólico ao real

Para depreender a guinada que a obra de Freud dá em 1920 com "Além do princípio de prazer" — que nomeamos como sendo a passagem da abordagem do inconsciente simbólico para o inconsciente real —,[49] tomemos os textos que, em minha compreensão, participam ativamente dela, tendo sido escritos naquele mesmo período: "O estranho" e "Bate-se numa criança", ambos de 1919.[50]

É incontestável que o ensaio de Freud sobre "O estranho" cabe na moderna definição de um hipertexto: apresentação de informações escritas, organizada de tal maneira que o leitor tem liberdade de escolher vários caminhos, a partir de sequências associativas possíveis entre blocos vinculados por remissões, sem estar preso a um encadeamento linear único. No caso do hipertexto freudiano, as diferentes linhas associativas, tal como numa análise, vão se articulando de modos mais ou menos sub-reptícios e se imbricando até atingirem um ponto, ou mesmo alguns pontos, matricial. "O estranho" anuncia a retomada da rota original aberta por Freud na direção da estrada perdida do inconsciente, que será concretizada um ano depois com o advento da pulsão de morte.

A história desse texto traz surpresas. A pesquisa erudita de Lionel F. Klimkiewicz trouxe aportes inéditos para o estudo da obra, dando sentido à afirmação de Paul-Laurent Assoun de que "a exegese freudiana entrou na era das edições críticas. Estas devem prestar atenção, com alguma minúcia, a cada detalhe do texto".[51] Klimkiewicz mostrou que a edição alemã original desse ensaio foi bastante *sui generis*, com algumas consequências significativas. A mais importante foi a não inserção de trechos de verbetes conforme orientado por Freud em seu manuscrito. Ele havia marcado nas páginas dos dicionários que cita na primeira parte do ensaio verbetes que deveriam ter sido copiados tal qual, mas não o foram; o resultado é que as citações dos dicionários ficam às vezes confusas.

"O estranho" pode ser lido sob variados prismas: primeiro, como a imersão mais espantosa de Freud no campo da literatura e a apreensão mais cabal de suas afirmações reiteradas de que o poeta antecipa o psicanalista. Num espaço de menos de quarenta páginas, Freud cita 21 obras literárias, numa contabilidade feita com cuidado, mas sem pretensão de ser exaustiva. Contos, novelas, romances são citados explícita e implicitamente, na íntegra ou fragmentariamente, numa sucessão desenfreada e surpreendente.

Para sua confecção, a importância do artigo "Sobre a psicologia do estranho" do psiquiatra alemão Ernest Jentsch, escrito em 1906, não deve ser minimizada, pois o texto de Freud mantém um diálogo direto com ele. Falando de "semiconsciente" e "semi-inconsciente", e de "consciência latente" dos histéricos,[52] Jentsch deu ao *Unheimlich* o status de categoria psicológica e chamou a atenção, num estilo bastante freudiano, para a particularidade do termo na língua alemã. Algumas assertivas iniciais de seu texto são bastante enfáticas sobre a importância do idioma: "Cada língua oferece exemplo do que é psicologicamente correto, ou pelo menos do que é importante na maneira pela qual forma suas expressões e conceitos". E ainda: "Com a palavra '*Unheimlich*', a língua alemã parece ter produzido uma formação particularmente feliz".[53] Dito de outro modo, trata-se do enraizamento significante de cada língua, que lhe dá um acesso singular ao inconsciente.

Foi Jentsch ainda quem abordou o estranho pela via da literatura fantástica e alucinante de E.T.A. Hoffmann e ali desvelou alguns temas que circunscrevem o estranho numa espécie de lugar fronteiriço entre a vida e a morte; por exemplo as incertezas psíquicas, dentre as quais Jentsch isola uma como sendo capaz de "desenvolver um afeto geral, regular e forte do sentimento de estranheza — a dúvida sobre se um ser aparentemente vivo está realmente vivo e, em oposição, a dúvida se um objeto sem vida talvez de fato esteja com vida".[54] Essa faceta do estranho tem sido muito explorada e parece revelar, como veremos, a associação com um aspecto que considero essencial desse ensaio: seu lugar na sequência da obra geral de Freud.

"O estranho" também pode ser abordado como uma refinada e definitiva apreensão da estrutura do inconsciente-linguagem, linha de pesquisa freudiana iniciada com os três grandes livros que abrem sua obra, considerados por Lacan como obras "canônicas em matéria de inconsciente":

*A interpretação dos sonhos*, *A psicopatologia da vida cotidiana* e *Os chistes e sua relação com o inconsciente*. Embora as bases do inconsciente-linguagem tenham sido estabelecidas nesse período fulgurante da produção teórica de Freud, a busca por apreender a relação entre inconsciente e linguagem atravessa sua obra do início ao fim, e encontra pontos de apoio fecundos em três textos que marcarão balizas para os avanços teóricos de Lacan: "A significação antitética das palavras primitivas", "A denegação" e, justamente, "O estranho".

Em 1919, com o *Unheimlich*, Freud está às voltas com os mesmos achados que lhe foram apresentados em 1911 pelo trabalho do filólogo Karl Abel sobre a significação antitética das palavras primitivas. Esse artigo de Abel teve uma ressonância enorme na obra de Freud, funcionando como uma espécie de *turning point* a partir do qual tudo muda de modo irreversível — uma "descoberta triunfante", nas palavras de Freud numa carta a Ferenczi. E suas obras posteriores são invariavelmente referidas a esse artigo, assim como as reedições das obras anteriores passam a incluir, com bastante frequência, notas que remetem a ele.

Mas talvez o mais surpreendente seja a apreensão de que "O estranho" é um ensaio sobre o recalque. E é impossível não aproximar duas afirmações de Freud feitas no espaço de alguns anos: em 1919, em "O estranho", ele diz que "o prefixo *Un-* é o sinal do recalque" e em 1925, em "A denegação", assevera igualmente que a partícula *Ver-* é a marca registrada do recalque, pois "um juízo negativo é o substituto intelectual do recalque".[55] Ambos os prefixos, *Un-* e *Ver-*, designam a negação e em ambos os comentários Freud frisa que, tal qual um selo, um carimbo de *Made in Germany*, onde há a partícula negativa existe a ação recalcante: "Negar algo em um julgamento é, no fundo, dizer: 'Isso é algo que eu preferiria recalcar'".[56]

Sabemos que a função estruturante do *não* foi alçada à categoria de conceito por Lacan ao salientar a homofonia absoluta, na língua francesa — como já sublinhei, cada língua tem suas portas de entrada para o inconsciente —, entre o *Nom-du-Père*, Nome-do-Pai, e o *Non-du-Père*, Não-do-Pai. O Nome-do-Pai é o significante que agencia a operação do recalque originário de modo a produzir a instauração da fantasia fundamental, que constituirá doravante um poderoso freio para a ação devastadora da pulsão de morte.[57]

Mais essencialmente — e esse é o ponto para o qual quero chamar a atenção — o ensaio sobre o *Unheimlich* pode igualmente ser tratado como o desvelamento do núcleo do recalcado originário, hipótese que se impõe se levarmos a sério a afirmação do poeta Schelling repetida por Freud três vezes ao longo do texto: *"Unheimlich* é o nome de tudo que deveria ter permanecido secreto e oculto, mas veio à luz".[58] É a esta conclusão que Freud parece chegar na segunda parte do ensaio, quando desenvolve duas "considerações acerca da essência desse breve estudo"[59] e formula que a natureza do estranho parece derivar do fato de que o recalque de uma moção pulsional transforma seu afeto em angústia. Assim, o que é estranho não é algo novo, e sim algo familiar que se afastou da mente pelo processo do recalque.

O que causa o sentimento de estranheza não é mais algo externo, e sim a insinuação de algo interno que, no entanto, ainda que seja supostamente familiar, causa estranheza. Aqui surge a dimensão propriamente analítica do ensaio, e Freud ultrapassa Jentsch: o desconhecido, o surpreendente não é mais oriundo do mundo externo (como a boneca Olímpia no conto de Hoffmann, figura de cera que parece viva e que fascina pela ambiguidade vida/morte). A direção sub-reptícia que o ensaio toma é a tematização, em dois momentos, do incesto e do desejo incestuoso, que se revela o verdadeiro núcleo do ensaio — é ele que deveria ter permanecido oculto mas veio à luz.

Freud primeiro, em sequência à série de exemplos literários, menciona a sensação de estranheza causada em muitas pessoas pela fantasia de ser enterrado vivo por engano. Tal fantasia representa a transformação de outro pensamento "que originalmente nada tinha de aterrorizador, mas caracterizava-se por uma certa lascívia — a fantasia da existência intrauterina".[60] Depois, quando ele encerra a segunda parte do texto, traz um exemplo que frisa ter sido "tirado da experiência psicanalítica":

Acontece com frequência que os neuróticos do sexo masculino declaram que sentem haver algo estranho no órgão sexual feminino. Esse lugar *Unheimlich*, no entanto, é a entrada para o antigo *Heim* [lar] de todos os seres humanos, para o lugar onde cada um de nós viveu certa vez, no princípio. Há um gracejo que diz "O amor é a saudade de casa"; e sempre que um homem sonha com um lugar ou país e diz para si mesmo, enquanto ainda está sonhando, "Esse lugar me é familiar, estive aqui antes", podemos interpretar o lugar como sendo os genitais de sua mãe ou o seu corpo. Nesse caso, também, o *Unheimlich* é o que uma vez foi *heimisch*, familiar; o prefixo *"un-"* é o sinal do recalcamento.[61]

É inegável que se trata de dois exemplos bastante inesperados e surpreendentes: tanto a fantasia da existência intrauterina quanto a evocação do lar originário de todos os seres humanos surgem de forma disruptiva no texto, como se irrompessem abruptamente do inconsciente. Ao atravessarem o ensaio subitamente, eles sugerem evidenciar que o epicentro da argumentação do ensaio é a questão do desejo incestuoso — desejo indestrutível —, considerado como o desejo que imanta, como núcleo mesmo do recalcado, todas as moções desejantes.[62]

Nessa direção, pode-se depreender que há uma forte ligação entre os três ensaios de Freud dessa época. Se avaliarmos a cronologia de escrita e publicação, levando em conta os eixos principais que norteiam a pesquisa freudiana naquele momento, isso ajuda a entendermos essa ligação. Parece que Freud está tratando de uma mesma questão em todos esses escritos, que posteriormente vão adquirir um relevante valor em sua obra. Pode-se deduzir dessa cronologia, iluminada pela evolução do pensamento freudiano, que a virada da teoria freudiana é o que imanta esses escritos: virada do primeiro dualismo pulsional para o segundo, com o surgimento da pulsão de morte. Isso implicou a formulação do além do princípio de prazer e, logo, numa concepção que, sem desconstruir o que fora apresentado antes, vai mais longe e situa o pulsional sobre a base da pulsão de morte.

É preciso entender por que Lacan formula reiteradas vezes que toda pulsão é no fundo pulsão de morte:[63] até precisamente 1919, é para a fantasia que convergem todos os achados clínicos e toda a construção teórica sobre o sintoma, a transferência e a repetição. A partir de 1919, com "O estranho" e "Bate-se numa criança", algo bascula na direção do além do princípio de prazer, para encontrar sua consolidação no ensaio homônimo de 1920.

Em "Bate-se numa criança", a abordagem da fantasia se dá através de uma nova lente, como atesta a seguinte passagem do artigo, que trata do masoquismo com uma visão antecipatória das interrogações que seriam colocadas um ano depois pela introdução da pulsão de morte: "A passividade não corresponde ao masoquismo em sua inteira dimensão; falta-lhe a característica de desprazer, tão estranho na satisfação de uma pulsão".[64] A fantasia aqui não surge mais, como no ciclo da fantasia, regendo o princípio de prazer, mas sim articulada a seu mais além, qual seja, o vínculo entre o gozo e a dor.[65] Além disso, a fantasia de que há alguém batendo numa criança é essencialmente a fantasia incestuosa recalcada. Posteriormente elevado por Lacan à categoria de fantasia fundamental, o "bate-se numa criança" foi destacado por Freud, que isolou suas três fases e identificou que a fantasia incestuosa recalcada só aparece transfigurada por deformações sintáticas bem estruturadas na primeira e na terceira fases; a segunda fase, em que o pai bate na criança que está fantasiando, permanece secreta e oculta e só pode vir à luz pela construção analítica.

Em "O estranho", chama a atenção aquela passagem que faz conexão direta com o "Além do princípio de prazer" através da noção de compulsão à repetição:

> Pois é possível reconhecer, na mente inconsciente, a predominância de uma "compulsão à repetição", procedente das moções pulsionais e provavelmente inerente à própria natureza das pulsões — uma compulsão poderosa o bastante para prevalecer sobre o princípio de prazer, emprestando a determinados aspectos da mente o seu caráter demoníaco. [...] Todas essas considerações nos preparam para a descoberta de que o que quer que nos lembre essa íntima "compulsão à repetição" é percebido como estranho.[66]

"O estranho", como sublinha Paul-Laurent Assoun, aparece como um "ponto de báscula da teoria psicanalítica".[67] Para situar qual é essa báscula, diríamos simplesmente que esse é o texto que finaliza a saga freudiana em torno do simbólico e opera sua passagem à abordagem do real; mais precisamente, tematiza a passagem da noção do inconsciente como recalcado — com seu núcleo de desejo incestuoso — para o inconsciente não recalcado, isto é, a passagem da pulsão sexual para a pulsão de morte.

A localização desse artigo na cronologia da obra de Freud marca um lugar singular que constitui uma articulação entre a primeira e a segunda tópicas, entre o primeiro dualismo pulsional e o segundo. Mas para realizar essa báscula foi preciso tratar do núcleo do recalcado, o desejo incestuoso, em sua instância mais elementar, ou seja, no advento do sentimento do estranho que é sua presentificação mais legítima. É nesse sentido que Lacan desenvolverá sua apreensão da angústia como sendo correlata à proximidade da Coisa.

A consequência lógica imediata de "O estranho" (no qual o objeto incestuoso é a mãe) e do "Bate-se numa criança" (no qual o objeto incestuoso é o pai) será o ensaio sobre o "Além do princípio de prazer", com a pulsão de morte entrando em cena e o surgimento do inconsciente não mais limitado ao recalcado. É precisamente isso que Freud tematiza no famoso terceiro capítulo de "Além do princípio de prazer", elevado por Lacan à categoria de legado sobre a história da evolução da técnica psicanalítica deixado por Freud.[68]

O que deveria ter permanecido oculto e secreto é de duas ordens distintas: é em primeiro lugar o desejo incestuoso, núcleo do recalcado originário e da fantasia fundamental; mas é igualmente o desvelamento da pulsão de morte, do que está mais além do princípio de prazer — da pulsão sexual e da fantasia. Dito de outro modo, o desvelamento do real, mais além do simbólico e do imaginário; de *das Ding* mais além do objeto sexual.

$$
\begin{array}{ccc}
& \text{Pulsão} & \text{Pulsão} \\
& \text{sexual} & \text{de morte} \\
\text{Pulsão} \longrightarrow & \text{Objeto} \dashrightarrow & \textit{das Ding} \\
& \text{(proibido)} & \text{(impossível)}
\end{array}
$$

O neurótico não acede ao real, ao impossível, que fica velado para ele pela interdição simbólica. A interdição vela o impossível inerente ao incesto e, dessa forma, sustenta o desejo na relação com a proibição. Como formula Lacan no seminário *A ética da psicanálise*, a mãe não é *das Ding*, pois *das Ding* não existe. Para ele, o grande erro de Melanie Klein na condução do tratamento analítico foi ter situado a mãe no lugar de *das Ding* e concebido o tratamento analítico como uma retificação da relação do sujeito com o objeto materno. A relação sexual é impossível e a mãe apenas desempenha o papel do lugar-tenente do Outro — o que fica bem explicitado pelo jogo inglês *mOther*.

Se levarmos em conta a hostil recepção que a teoria freudiana da pulsão de morte teve por uma expressiva parte da comunidade psicanalítica, talvez possamos afirmar que "aquilo que deveria ter permanecido secreto e oculto, em estado latente, e jamais ter vindo à luz" é a pulsão de morte. Próximo ao final da segunda parte de "O estranho", Freud comenta, quase jocosamente, que não se admiraria de "ouvir que a psicanálise, ocupada em pensar essas forças misteriosas, tornou-se ela mesma estranha para muitas pessoas".[69] Esse ensaio torna transparente o quanto o estranho está presente no cerne da experiência psicanalítica e constantemente pede ao analista que abra espaço a ele em seu laboratório privado.

# 3. Lacan e o Barroco

> O corpo, ele deveria deslumbrá-los mais.
>
> JACQUES LACAN

A PALAVRA "BARROCO", no século XVI, pertencia ao campo da ourivesaria, tanto em português quanto em castelhano. Designava as pérolas que não apresentavam uma forma arredondada e que, por isso mesmo, tinham valor inferior às perfeitas. O barroco era então o imperfeito, o que foge à harmonia e à beleza estética. A partir do século XVIII, o termo começou a ser usado para denominar uma prática artística, inicialmente na música e, em seguida, na arquitetura e nas artes plásticas. Um significado pejorativo — de algo desmedido, confuso e extravagante — veio se adscrever à palavra, e passou-se a chamar de barrocas as construções consideradas ridículas e bizarras, assim como os quadros decadentes que rompiam com o ideal estético do Renascimento. Somente em 1860 o vocábulo e o conceito de barroco foram também aplicados à literatura.[1]

## Wölfflin e a nomeação de um estilo

No campo da história da arte, foi com Heinrich Wölfflin que o Barroco surgiu, inicialmente designando um período da arquitetura romana entre

---

Este capítulo é a reprodução parcial e revista de texto escrito com Denise Maurano e apresentado em evento do Instituto de Psicologia da Uerj em 2018.

1525 e 1630. Se em sua obra *Renascimento e Barroco*, de 1888, ele se refere ao Renascimento como a origem da qual deflui o Barroco, em *Conceitos fundamentais da história da arte*, de 1915, ele dará ao barroco um valor francamente positivo, opondo-o ao clássico, como as duas "grandes forças antagonistas que ritmam o movimento geral das artes constituídas".[2]

Wölfflin desenvolve um sistema classificatório no qual opõe o Clássico ao Barroco por meio de cinco categorias antinômicas para o reconhecimento da diferença entre esses dois estilos.[3] Na comparação entre obras clássicas e barrocas, podemos destacar algumas dicotomias do ponto de vista formal. Por exemplo, às regras da simetria e proporcionalidade clássicas se opõem a descentralização nas composições, a marcada presença do exagero, certas torções e distorções na perspectiva, o vigor do movimento que, diante do vertical e do horizontal, privilegia o diagonal. O Barroco apresenta-se não como reprodução da realidade, como pretendia o classicismo, mas como exploração da expressão, dissolvendo a concretude. A ilusão de óptica tem sua presença marcada tanto na pintura como nas artes plásticas em geral. A luz na pintura deixa de ser absoluta, aquela com que se pretende dar tudo a ver, e se constitui como luz focal, na tarefa de impressionar. Os fundos são turbulentos, revelando o contexto conturbado de toda tematização. E, sobretudo, a obra não se apresenta mais como resposta, com seu sentido fechado, mas sim como enigma, obra aberta.

Na literatura, fica evidente o quanto o Barroco se serve de temas contraditórios, de uma percepção sensorial da realidade, do paradoxo, do uso de metáforas, da incidência de inúmeras figuras de linguagem que expressam uma visão conflituosa do mundo. Estamos a léguas de distância do mundo tomado como ideal.

## A estrutura

A história do conceito de barroco na arte atingirá um de seus pontos culminantes nas formulações de Eugeni d'Ors, que irá buscar mais além das obras, da arte e da época barrocas "a definição essencial do barroco através da pluralidade específica de suas manifestações históricas e locais".[4] Para ele, sempre que encontrarmos "num único gesto várias intenções contraditórias, o resultado estilístico pertence à categoria do barroco".[5] Ao confrontar as leis substanciais de estilos que correspondem nada mais nada menos que a duas concepções da vida nitidamente opostas, D'Ors oporá o Clássico ao Barroco, situando o primeiro no campo da economia e da razão, com suas "formas que pesam", e o segundo no campo da música e da paixão, grande agitador das formas que voam.[6]

Assim, com D'Ors encontra-se a noção de algo além do mero estilo artístico de uma época: toca-se na dimensão estrutural inerente à arte. Nessa mesma direção, Germain Bazin afirmará posteriormente que "a arte barroca se baseia na liberdade de criação e foi oprimida pelos doutos eruditos". E conclui dizendo: "Se a arte clássica mostra, a arte barroca demonstra".[7]

De fato, Eugeni D'Ors teve o mérito de fornecer as bases de uma explicação "estrutural" da noção de Barroco, com a qual a abordagem da dimensão temporal se desfaz, em proveito da averiguação de oposições sincrônicas entre o barroquismo e o classicismo, que designariam, na verdade, dois modos de orientação do psiquismo. Segundo ele, o classicismo seria um feito da civilização fundado sobre a ordem e a disciplina, produzido pelo equilíbrio apolíneo e situado do lado do que se designa por *animus*, em referência ao universo masculino. Em contraposição, o barroco seria uma reapresentação da vida selvagem e do paraíso natural e se identificaria ao feminino, à *anima*. Entre eles estaria sempre presente tanto uma oposição natural quanto uma aliança "conjugal".[8]

Para caracterizar essa oposição, D'Ors serve-se ainda de outras metáforas, como Cosmo e Caos, caminho e floresta, homem civilizado e homem selvagem. Ele ressalta, porém, que nossa barbárie profunda seria a garantia de nossa civilização. Não é difícil ver nessas formulações o eco das bases do pensamento freudiano, segundo o qual as conquistas culturais da humanidade são devidas à sublimação das mesmas forças pulsionais responsáveis pela violência e pela destruição. Para D'Ors, o barroco funciona como a voz do inconsciente que protesta contra a ditadura da racionalidade consciente. É exatamente nessa perspectiva, da afinidade entre a expressão barroca e as leis do inconsciente, que ele se articula com a proposta ética da psicanálise, tal como apresentada por Lacan em seu sétimo seminário.

## Freud e o inconsciente

De fato, há uma impressionante correlação entre aquilo que o Barroco demonstra e os desenvolvimentos fundamentais estabelecidos por Freud sobre o conceito de inconsciente. Podemos reuni-los todos num conjunto que sem dúvida alguma faz jus à aproximação entre a psicanálise e o Barroco. Uma aproximação que não se reduz ao campo da analogia, mas que implica uma afinidade do ponto de vista estrutural, no modo como o sujeito é concebido nessas duas perspectivas, com todas as implicações éticas daí derivadas.

Embora a estrutura do barroco, tal como concebida por Eugeni D'Ors, possa ser identificada em obras presentes em diferentes épocas da história da arte, o período nela designado como Barroco — que vai do século XVI a meados do XVIII — se justifica pela revolução nas concepções de mundo e de sujeito que acompanham as novidades advindas das grandes cruzadas, do descobrimento de novas culturas e das novas formas de troca geradas pelas transformações econômicas. Ou seja, o fundo turbulento das obras barrocas, as torções voluptuosas que tendem ao infinito, as sedutoras ilusões de óptica, assim como toda a abundância expressiva que caracteriza suas produções, parecem testemunhar a memória de tempos efetivamente efervescentes, quando tudo estava em franco movimento.

O nascimento da psicanálise obedece à mesma lógica, pois ela não surge por acaso, da exclusiva genialidade de seu criador, que é igualmente fruto de uma época. Nascido em 1856, Freud viveu a agitação do final do século XIX e foi afetado pelas consequências das reviravoltas do Império austro-húngaro, assim como pelas duas tradições dominantes que perpassam a história austríaca moderna: o Barroco e o Iluminismo. De um lado, a tradição barroca da graça, do teatro, exorbitando em emoções e beleza, sensualidade e esteticismo; paralelamente, a tradição da palavra, própria às Luzes, voltada à pesquisa da ética e da verdade.[9] Como analisou Alain Didier-Weill, "a singularidade de Freud foi a de ser exposto a paradoxos que não o clivaram — como à maioria de seus contemporâneos —, na medida em que ele foi posto em posição de integrá-los sem recalcamento, de ultrapassá-los enquanto passador de uma nova mensagem".[10]

Eis que se instala o terreno fértil para o surgimento desse sujeito dividido entre a arte e a verdade e que, não por acaso, aplica o terceiro golpe
narcísico às mais enraizadas ilusões humanas. Além de confrontar-se com
sua origem animal, exposta na teoria da evolução de Darwin, e com o fato
de a Terra não se encontrar no centro do Universo, como o demonstrou
Copérnico, a humanidade nesse momento teve que se haver com a evidência de que a consciência não é a instância soberana da mente humana.
Ao contrário, ela é apenas um epifenômeno, a ponta de um iceberg cuja
grandiosidade começa a ser mapeada por Freud. É a partir dessa matriz
conturbada que podemos compreender a questão do dualismo — não na
via da contradição, mas do paradoxo, do dinamismo — que sempre foi vital
para a psicanálise e não parou de estruturar seu pensamento.[11]

## Um mundo de paradoxos

Na pintura, o Barroco é o universo do *chiaroscuro*, técnica que contrasta
luz e sombra, explorada de forma soberba nas telas de Caravaggio. Na
arquitetura, o Barroco exibe a pletora de elementos ornamentais que se
acumulam num vórtice, cujo paradigma maior são as colunas do dossel
realizado por Bernini para a basílica de São Pedro — e que surgem re-
produzidas aqui e ali, por exemplo, na igreja de La Compañía, em Quito,
no Equador. Do mesmo modo, o inconsciente é o universo do paradoxo.
Nele não existe nem a negação nem a inscrição da diferença sexual; nele os
contrários coexistem, sem por isso instaurar uma contradição, e a partícula
de linguagem que lhe é própria é a aditiva — *e* —, e não a exclusiva — *ou*.
No inconsciente, trata-se sempre de somar e incluir, jamais excluir: nunca
se tem *ou* uma coisa *ou* outra, mas sim uma *e* outra — como na imagem
da cabeça de Jano, divindade da mitologia romana.

As cabeças de Jano fascinaram Freud enormemente. Ele possuía uma
coleção delas e mantinha uma sempre ao alcance de seu olhar na mesa
em que escrevia. Não é difícil supor que elas lhe serviram para fornecer
a figuração — de outro modo impossível — do sujeito do inconsciente:

dividido, conflitivo, ambíguo, ambivalente. Jano é a própria imagem de uma unidade clivada pela dualidade: uma cabeça com duas faces, em que cada uma delas representa o oposto da outra; masculino e feminino, belo e feio, jovem e velho etc. Na Antiguidade, imagens de Jano eram colocadas sobre os portais de entrada das cidades, direcionadas para tomar conta tanto de seu interior quanto do exterior, zelar pelo bem-estar de seus habitantes e afastar os perigos que os ameaçavam. O mês de janeiro — do latim *januarius* — deve igualmente seu nome a ele, uma vez que Jano se situa precisamente na fronteira entre passado e futuro, como uma ponte que liga o ano que termina e o ano novo que inicia.[12]

Na linguagem, Jano surge na estrutura de duplo sentido própria ao simbólico, levando Freud a observar a homologia entre as línguas arcaicas e o inconsciente, em ambos comparecendo as palavras de significação antitética.[13] E não somente nas línguas arcaicas como também no linguajar cotidiano, no qual o duplo sentido formiga e a significação antitética não é nada rara.

Retomando a designação de "arte do grotesco" e citando uma passagem de Karl Borinski, Walter Benjamin defende, na *Origem do drama barroco alemão*, que a finalidade do Barroco seria nos instruir quanto aos mistérios. De fato, em seu surgimento, o Barroco foi frequentemente identificado à arte do grotesco, com toda a carga pejorativa, sobretudo antes de Wölfflin tê-lo reconhecido como estilo na arte para redimir o termo "grotesco" e apontar a verdade que sua etimologia comporta. Borinski observa que, em sua origem, esse termo não derivava "de *grotta* no sentido literal, mas de oculto e cavernoso — significações contidas nas palavras 'caverna' e 'grota'... Para isso, ainda havia no século XVIII o termo *Verkrochene*. O elemento *enigmático* estava presente desde o início".[14]

É notável que o Barroco, na sua forma própria de manejar a questão da verdade, sempre sublinhou a dimensão obscura, enigmática, da relação do homem com o saber sobre a verdade. O furo aí existente, impossível de ser transposto — dado que não é contingencial, mas inerente à condição humana —, precisa ser contornado pelos recursos disponíveis. Recursos estes que não o obturam nem deixam de revelá-lo na dimensão mesma de sua fecundidade, pois, como nos instrui Maffesoli, "as grutas úmidas remetem, no imaginário social, aos mistérios do vazio inquietante mais fecundo".[15] Talvez não seja anódino o fato de que é no interior das cavernas, nesse lugar não iluminado pela luz do sol, que o homem primitivo escolhe pintar. Sobre essa questão, Giselle Kosovski, retomando Lacan, destaca a finalidade da arte como "afirmação e sustentação do espaço constituído pela Coisa",[16] ou seja, pelo enigma fundamental do qual emerge o objeto no lugar do vazio. A arte se faz suporte de uma realidade, que não é senão realidade do vazio da Coisa, diante do qual resta criar.

Cabe aqui lembrar o oleiro do Vale do Jequitinhonha (MG) citado por Mauro Santayana que, ecoando surpreendentemente certas formulações de Heidegger exploradas por Lacan em seu seminário *A ética da psicanálise*, ilustra com simplicidade essa questão:

> Você sabe que, na verdade, o que o oleiro faz é cobrir o vento, o nada, porque uma peça de barro é isso: uma separação no vazio. Eu, quando estou trabalhando, não penso no vaso, na vasilha, penso no espaço que estou tapando. Não foi o que Deus fez? O que ele fez foi isso: mudar a forma do vazio. Ou não foi mesmo? Aí eu não penso no barro, mas [em] como vai ficar o canto de lugar que eu vou cobrir.[17]

O mesmo vazio, o mesmo furo que presentifica o abismo do qual o sujeito não escapa, também pode, quando abordado por recursos eficazes, ser contornado de modo a revelar a fecundidade do côncavo, do não proeminente, do não fálico, como emblemáticos de um nicho potencialmente tranquilizador. Por essa via, o furo não precisa ser negado, nem recalcado, mas pode ser acolhido por certas expressões da cultura.

Trata-se, em última instância, de acolher a desordem da vida, a evidência da impossibilidade de sua unidade, a dimensão de imperfeição presente numa das acepções originais da palavra "barroco", a pérola irregular que, ao se desenvolver no lado côncavo da ostra, porta em sua irregularidade a particularidade responsável por sua própria designação. É nesse ponto que se aloja o estilo, e é nessa imperfeição natural que ele pode ser apreendido.

## O feminino e o gozo Outro

"Qualquer retorno a Freud que dê ensejo a um ensino digno desse nome só se produzirá pela via mediante a qual a verdade mais oculta manifesta-se nas revoluções da cultura. Essa via é a única formação que podemos pretender transmitir àqueles que nos seguem. Ela se chama: um estilo."[18] Essa proposição de Lacan, no texto "A psicanálise e seu ensino", vem ao encontro de nossa concepção do laboratório do analista. Se um estilo é a única formação que podemos pretender transmitir, cabe aos analistas engajados na transmissão da psicanálise estender as pesquisas nesse campo. Cabe nos perguntarmos sobre o que é o estilo, ou no que a questão do estilo se articula à experiência psicanalítica. Obviamente, o estilo ao qual estamos nos referindo não designa meramente uma época, mas uma marca, uma estrutura pautada pela verdade do desejo.

Lacan agregará ainda: "O estilo é o Outro". Nossa própria mensagem, nós a recebemos do Outro, afinal não inventamos a língua, mas sim a apreendemos do Outro, e é com isso que tecemos o que somos. Esse Outro, essa alteridade é, portanto, o que vigora no centro de nós mesmos. Resta-nos, entretanto, tomar essa alteridade ao nosso modo — e será exatamente esse o trabalho do sujeito do inconsciente.

Vale lembrar uma passagem do seminário *As formações do inconsciente* na qual, referindo-se a seu estilo renomadamente complicado, Lacan afirma que lamenta e que não pode fazer nada quanto a isso.[19] Pede então que as pessoas façam um esforço para entendê-lo e pondera que, nas dificuldades desse estilo, há algo que diz respeito não a ele, Lacan, mas ao objeto do qual se trata. Acrescenta que é preciso falar de maneira válida da função criadora que o significante exerce sobre o significado, o que implica falar "no fio da fala".[20] Convidando-nos a explorar a função criadora do significante, Lacan alerta que há necessidades internas de estilo que se impõem e anuncia que retomará certo estilo cujo nome não hesita em evocar — o *maneirismo*. E atribui a esse estilo uma função insubstituível.

Na história da arte, o movimento Maneirista se situa no século XVI, entre o Renascimento e o Barroco. É a arte da *belle manière*, referindo-se à arte de imitar, por exemplo pintar à maneira de alguém, de Rafael ou algum outro. Imitar não a realidade, mas um modelo já trabalhado. Trata-se, portanto, como salienta Erik Porge reportando-se a Claude-Gilbert Dubois, de "uma imitação diferencial", uma imitação que faz valer a sua própria maneira.[21]

Embora levando em consideração esses aspectos do Maneirismo implicados na discussão sobre o estilo de Lacan (a qual desemboca na reflexão acerca do estilo na psicanálise), não podemos deixar de observar também o fato de Lacan — em um momento tardio, precisamente quinze anos depois da citação acima exposta — ter afirmado no seminário _Mais, ainda_, na lição intitulada "Do Barroco": "Como alguém percebeu recentemente, eu me alinho — quem me alinha? Será que é ele ou será que sou eu? Finura da alíngua — eu me alinho mais do lado do Barroco".[22] Ele acrescenta mais adiante: "Não é à toa que dizem que meu discurso participa do Barroco... De tudo que se desenrolou dos efeitos do cristianismo, principalmente na arte — é nisto que encontro o barroquismo com o qual aceito ser vestido — tudo é exibição de corpo evocando o gozo".[23]

Para Lacan, o estilo representa a maneira particular de o sujeito traduzir em seus próprios termos — em seu jeito — o que lhe vem de fora, da alteridade, configurando as bases de sua subjetivação. O deslizamento operado por ele em sua pesquisa sobre o estilo, na direção de uma investigação que focalizará o gozo e aspectos relativos à dessubjetivação (valendo-se para isso da expressão barroca), é a razão pela qual distinguirá, tardiamente em sua obra, o campo do desejo do campo do gozo. Delegando a Freud o campo do desejo e a si mesmo o campo do gozo, Lacan opera nitidamente um deslocamento do enfoque dado ao desejo e à subjetivação para as questões relativas ao gozo e à dessubjetivação.

Nas interpretações sobre o Barroco, encontramos frequentemente a ênfase na relação deste com a ideia — e a imagem — de um mais-além que, surpreendendo os sentidos, provoca o fervor das multidões, o que foi muito bem aproveitado pela Igreja Católica na Contrarreforma. Essa aspiração, ou apelo à evasão, assim como a abordagem do corpo na produção barroca, não escapa às observações de Lacan e incita que se averigue sua fecundidade para "bem-dizer" algo da complexa relação do sujeito com o gozo. Sobretudo com um gozo Outro, visado em função do caráter de insuficiência do gozo obtido, que atesta uma defasagem em relação a uma cota de gozo que acreditamos nos pertencer, mas que não sabemos como obter.

Assim, para além da complexa relação do sujeito com seu desejo, os avanços da clínica psicanalítica, sobretudo por meio da contribuição de Lacan, se deram no sentido da ampliação do estudo da relação do sujeito com o gozo. Na relação do sujeito com o seu sintoma, por exemplo, trata-se de investigar não apenas a mensagem que ele porta acerca da verdade do desejo inconsciente, mas também qual o gozo que nele opera, para além de toda e qualquer relação com o saber. Obviamente, o conceito de pulsão de morte, apresentado em "Além do princípio de prazer", é a referência indispensável para se pensar o que escapa à possibilidade de ser circunscrito no universo da representação e exige uma satisfação de outra ordem, uma satisfação paradoxal.[24]

O Barroco entra, nesse contexto, como um instrumento que serve sobretudo à transmissão da complexidade da relação do sujeito com o gozo, tal como ela se revela na experiência comum, ganha expressão em certas manifestações da arte e se atualiza na experiência psicanalítica. Como sublinha Jacques Adam, "a arte barroca compensou a insuficiência de gozo do ser falante. Ela a compensou com o obsceno espetacular da representação do gozo do corpo, até fazer disso uma doutrina estética [...]. Assim como a cópula está sempre fora do campo do quadro barroco, a relação sexual está fora do sentido do inconsciente. É essa verdade que o gozo limita ao saber inconsciente".[25]

A obra-prima escultural de Gian Lorenzo Bernini *O êxtase de santa Teresa* impressiona pelo fato de que nela o êxtase espiritual se alia claramente a uma dimensão de gozo corporal, exibindo as características do estilo Barroco: "movimento e energia teatral", "intensidade emocional, às vezes no limiar da histeria".[26] Junto à escultura, aninhada numa "reclusa capela",[27] nessa "alcova"[28] da Igreja Santa Maria della Vitoria, em Roma, encontra-se o trecho do texto de santa Teresa no qual ela fala do gozo extático. Foi a partir dele que Bernini, escultor e arquiteto cujo espírito tumultuado trabalhava num estado de "divino frenesi", muitas vezes dançando, teria se inspirado para realizar sua obra. Nessa escultura, como postula Sergio Paulo Rouanet, "se apagam as fronteiras entre o gozo e o êxtase místico, na medida em que as duas experiências se situam além dos limites tanto da religião oficial quanto da sexualidade".[29] Camille Paglia assinala que o próprio Bernini considerava essa obra, que apresenta "a combativa freira espanhola a expirar em êxtase enquanto seu coração é trespassado pela seta de um anjo",[30] sua mais bela escultura.

Como vimos acima, Lacan trata do Barroco no seminário *Mais, ainda*, cujo título em francês, *Encore*, é homofônico com *un corps*, um corpo.[31] Não à toa, Lacan enuncia em determinado momento: "O corpo, ele deveria deslumbrá-los mais".[32] No Barroco, o que se evidencia é o corpo, pois como assevera Lacan "o Barroco é a regulação da alma pela escopia corporal".[33] É impossível não ver que, no gozo místico, o corpo é evidenciado em seu potencial de gozo, mas o gozo místico não é o gozo fálico, sexual, gozo limitado pela linguagem. Ao visitar em Recife algumas igrejas barrocas do período colonial português, o psicanalista argentino Isidoro Vegh refletiu que "se o Barroco é a regulação da alma pela escopia corporal, ele nodula a alma do crente com o corpo sofredor e exposto do Senhor [...] [A] exposição da dor de um corpo é também a de um gozo que se dá a ver para enaltecimento e consolo do crente".[34]

O gozo místico fica do lado do feminino, é um gozo que se situa mais-além da linguagem e se relaciona com aquilo que é da ordem de um furo na linguagem, o significante da falta de pelo menos um significante no campo do Outro: S($\cancel{A}$). É precisamente essa a novidade que Lacan introduz nesse seminário sobre o feminino, articulando-o com o não-todo: "O não-todo é o novo sobre a sexualidade feminina".[35]

Lacan estabelece uma articulação que parte de seu aforismo "Não há relação sexual" para abordar a questão da diferença sexual de modo inédito, qual seja, relacionando-a à questão do gozo. Ele formula a diferença entre o gozo fálico, gozo masculino regido pela linguagem (pelo significante falo), e o gozo Outro, gozo feminino que é regido pelo mais-além

*O êxtase de santa Teresa*, de Bernini.

do falo. As mulheres participam igualmente do gozo fálico, mas não o fazem como os homens, porque elas também frequentam o gozo Outro e por isso se situam do lado do não-todo. Poder-se-ia fazer uma equivalência entre o clássico e o masculino, assim como entre o barroco e o feminino, e Lacan fornece como exemplos do feminino precisamente os discursos dos grandes místicos, Santa Teresa d'Ávila e São João da Cruz, acrescentando que a obra deles é o que de melhor já se escreveu.

As poesias desses místicos fabulosos revelam o porquê dessa reverência solene manifestada por Lacan sobre sua escrita. Clamando pelo encontro com o divino, elas abrem, pela linguagem, a sensação de acesso ao mistério do real: "Penetrei onde não soube/ e fiquei não o sabendo,/ toda ciência transcendendo".[36] Falam de um amor absoluto com uma doçura infinita: "Mostra tua presença/ e mate-me tua vista e formosura./ Lembra-te que a doença/ de amor nunca se cura/ senão com a presença e a figura".[37] Evocam um mundo onde a beleza e o enigma da criação fazem um apelo à união extática com a natureza: "Que bem sei eu a fonte que brota e corre,/ mesmo se é noite!/ Aquela eterna fonte está escondida,/ mas bem sei onde tem sua guarida,/ mesmo se é noite!".[38] O testemunho dos místicos aponta para um gozo que está mais além do fálico, o gozo feminino, que anuncia que há o inconsciente, que há algo que transcende — "que transcende verdadeiramente, e que não é outra coisa senão aquilo que essa espécie habita, a linguagem".[39]

# *Notas*

PARTE I: O lugar do Outro

1. Freud e Leonardo: Entre ciência e arte [pp.19-44]

1. E. Roudinesco, *Sigmund Freud na sua época e em nosso tempo*, p.187.
2. J. Lacan, *O seminário*, livro 4, *A relação de objeto*, p.434. Há em seus escritos igualmente uma rápida e fecunda alusão à derradeira tela pintada por Leonardo, o *São João Batista*, e ao dedo indicador da figura, ao qual Lacan associa a "virtude alusiva" da interpretação em psicanálise. J. Lacan, "A direção do tratamento e os princípios de seu poder", in *Escritos*, p.648.
3. E. Roudinesco, *Sigmund Freud na sua época e em nosso tempo*, p.188. Os grifos são meus.
4. S. Freud, "Un fantasme de Léonard de Vinci". O título do ensaio publicado é "Uma lembrança da infância", mas a apresentação feita originalmente na Sociedade das Quartas-feiras era mais precisa do ponto de vista analítico: uma *fantasia* de Leonardo da Vinci. Importante lembrar que Freud estava em pleno período de sua obra dedicado ao estudo da fantasia, que denominei de "ciclo da fantasia". Cf. M.A.C. Jorge, *Fundamentos da psicanálise de Freud a Lacan*, vol.2, *A clínica da fantasia*, capítulo 2.
5. R.A. Paskauskas, *The Complete Correspondence of Sigmund Freud and Ernest Jones, 1908-1939*, p.51.
6. P. Gay, *Freud, uma vida para o nosso tempo*, p.253.
7. G. Vasari, *Vidas dos artistas*, p.443.
8. Ibid., p.445.
9. Cf. E. Roudinesco, *Da Vinci Freud*.
10. S. Freud, "Leonardo da Vinci e uma lembrança de sua infância", in *AE*, vol.XI, p.71; *ESB*, vol.XI, p.71.
11. C. Azouri, *"Tive êxito onde o paranoico fracassa": Teoria e transferência(s)*, p.87.
12. J. Lacan, "De uma questão preliminar a todo tratamento possível da psicose", in *Escritos*, p.575.
13. S. Freud, "Moral sexual 'civilizada' e doença nervosa moderna", *AE*, vol.IX, p.170; *ESB*, vol.IX, p.195.
14. S. Freud, "Fragmento da análise de um caso de histeria", *AE*, vol.VII, p.45; *ESB*, vol.VII, pp.47-8.
15. Cf. S. Freud e C.G. Jung, *Correspondência completa*, p.165. Carta de Freud a Jung, 17 fev. 1908.

16. S. Freud e S. Ferenczi, *Correspondência*, p.281.

17. Interpretando o próprio sonho em que via Freud nu diante dele, Ferenczi disse se tratar da "simbolização transparente 1) da tendência homossexual inconsciente e 2) do desejo de franqueza absoluta". Ver a carta de 3 out. 1910 em S. Freud e S. Ferenczi, *Correspondência*, vol.1, p.277.

18. S. Freud, *Cartas de Freud a sua filha*, p.339.

19. S. Freud, "Leonardo da Vinci e uma lembrança de sua infância", in *AE*, vol.XI, p.122; *ESB*, vol.XI, p.119. As resenhas desse livro feitas na época de sua publicação revelam uma recepção polarizada em elogios extremados e vazios, ou críticas devastadoras e odiosas. Cf. N. Kiell, *Freud without hindsight*, pp.367-86.

20. R.A. Paskauskas, *The Complete Correspondence of Sigmund Freud and Ernest Jones*, p.51.

21. S. Freud e L. Andreas-Salomé, *Correspondência completa*, p.123.

22. Lacan atribuiu uma importância significativa a esse ponto do ensaio: a introdução da noção de mãe fálica e mulher fálica para a criança. J. Lacan, *O Seminário*, livro 4, *A relação de objeto*, p.441.

23. Cf. M.A.C. Jorge, "Apresentação", in A. de Daldis, *Sobre a interpretação dos sonhos*.

24. Cf. o belo ensaio de J. Hullebroeck, "L'antiquité classique dans l'œuvre de Freud".

25. S. Freud, "Sobre psicoterapia", *AE*, vol.VII, p.250; *ESB*, vol.VII, p.244. Pode-se conjecturar que a comparação da psicanálise com a escultura — a qual, ao retirar o excesso da pedra, deixa ver a forma oculta que está em seu interior — parece manter uma relação íntima com a ambição de Freud de fazer ciência: a escultura introduz na realidade um novo elemento tridimensional com o material de que é feita. A pintura, ainda que informada pela técnica da perspectiva, não introduz algo concreto no real, apenas aponta para o real a partir da tela.

26. S. Freud, "Recomendações aos médicos que exercem a psicanálise", *AE*, vol.XII, p.118; *ESB*, vol.XII, p.158.

27. E. Carreira (Org.), *Os escritos de Leonardo da Vinci sobre a arte da pintura*, p.94.

28. S. Freud, "Leonardo da Vinci e uma lembrança de sua infância", *AE*, vol.XI, p.75; *ESB*, vol.XI, p.74.

29. Algumas versões do ensaio de Freud acrescentaram ao sintagma "homossexualidade ideal" a palavra "[sublimada]", assim entre colchetes. Trata-se de um acréscimo explicativo dos tradutores (e/ou dos editores) ingleses ao que Freud está dizendo, mas não está presente no original alemão.

30. S. Freud, "Leonardo da Vinci e uma lembrança de sua infância", in *AE*, vol.XI, p.75; *ESB*, vol.XI, p.74. O grifo é meu.

31. Cf. D.S. Merejkovski, "O romance de Leonardo da Vinci", e o estudo sobre ele "O andrógino russo e o andrógino florentino", feito por S.P. Rouanet em *Os dez amigos de Freud*, pp.181-235.

32. S. Freud, "Leonardo da Vinci e uma lembrança de sua infância", in *AE*, vol.XI, p.68; *ESB*, vol.XI, p.67.

33. E. Roudinesco, *Sigmund Freud na sua época e em nosso tempo*, p.189.

34. W. Isaacson, *Leonardo da Vinci*, p.90.

35. Ibid., pp.91-2.

36. S. Freud, "Recomendações aos médicos sobre o tratamento analítico", in *AE*, vol. xii, p.118; *ESB*, vol.xii, p.158.

37. Cf. M.A.C. Jorge, *Fundamentos da psicanálise de Freud a Lacan*, vol.2, *A clínica da fantasia*, capítulo "Nijinski, um deus enlouquecido".

38. As diversas fases da libido repertoriadas por Freud — oral, anal, fálica — não correspondem a uma evolução biológica inata, mas, ao contrário, como mostrou Lacan, à incidência do Outro, da linguagem, sobre certas zonas privilegiadas de troca do bebê com o Outro. Há ainda as pulsões escópica, invocante e olfativa, que atuam como pulsões componentes às anteriores. A pulsão de dominação ou de apoderamento está adscrita ao aparelho muscular e seu objeto não é o típico objeto pulsional. É inegável que a dependência absoluta do *infans* à forma de recepção do Outro parental desempenha um papel ilimitado.

39. "O gozo se apresenta não pura e simplesmente como a satisfação de uma necessidade, mas como a satisfação de uma pulsão." J. Lacan, *O Seminário*, livro 7, *A ética da psicanálise*, p.256.

40. Cf. A. Koyré, *Estudos de história do pensamento científico*.

41. S. Freud, "Leonardo da Vinci e uma lembrança de sua infância", in *AE*, vol.xi, p.72; *ESB*, vol.xi, p.71.

42. D. Arasse, "L'invention de la perspective", in *Histoires des peintures*, p.65.

43. Arasse chama a atenção para o fato de que a relação entre perspectiva e cartografia é muito íntima. Cf. ibid., p.60.

44. L.B. Alberti, *Da pintura*, p.71.

45. W. Isaacson, *Leonardo da Vinci*, p.301.

46. R. Friedenthal, *Leonardo da Vinci, uma biografia ilustrada*, p.113.

47. A. Koyré, "Leonardo da Vinci 500 anos depois", in *Estudos de história do pensamento científico*, p.92.

48. S. Bramly, *Leonardo da Vinci*, p.126.

49. S. Freud, "Leonardo da Vinci e uma lembrança de sua infância", in *AE*, vol.xi, pp.71-2; *ESB*, vol.xi, pp.70-1.

50. Ibid., *AE*, vol.xi, p.72; *ESB*, vol.xi, p.71.

51. A. Freud, "L'institut idéal de psychanalyse: une utopie", in *L'enfant dans la psychanalyse*, p.333.

52. S. Freud, "A questão da análise leiga", in *AE*, vol.xx, p.230; *ESB*, vol.xx, p.278.

53. Ibid., *AE*, vol.xx, p.230; *ESB*, vol.xx, pp.278-9.

54. Cf. o belo ensaio de I. Stengers, *La volonté de faire science*.

55. S. Freud, "Neuroses de transferência: uma síntese".

56. S. Freud, "Dois verbetes de enciclopédia", in *AE*, vol.xviii, p.235; *ESB*, vol.xviii, p.291.

57. J. Lacan, *O mito individual do neurótico*, p.13.

58. S. Freud, "Dois verbetes de enciclopédia", in *AE*, vol.xviii, p.249; *ESB*, vol.xviii, p.307. O grifo é meu.

59. S. Ferenczi, "Sobre a história do movimento psicanalítico", in *Obras completas, Psicanálise I*, pp.145-54. Na França como no Brasil, os movimentos artísticos — os surrealistas no primeiro caso e a Semana de Arte Moderna no segundo — foram os primeiros responsáveis pela divulgação da psicanálise na cultura.

60. C. Azouri, "Testemunhos de um encontro com o vazio", p.30.

61. A. Didier-Weill, "O artista e o psicanalista questionados um pelo outro", p.25.

62. J. Lacan, *O Seminário*, livro 21, *Les non-dupes errent*, lição de 9 abr. 1974.

63. E. Roudinesco, *Da Vinci Freud*.

## 2. A interpretação em Freud [pp.45-83]

1. J. Lacan, "C'est à la lecture de Freud…", in R. Georgin (Org.), *Lacan*, pp.15-6.

2. J. Lacan, "Conférences et entretiens dans des universités nord-américaines", p.53.

3. J. Lacan, "A direção do tratamento e os princípios de seu poder", in *Escritos*, p.600.

4. Elas foram abordadas no volume 3 desta obra, pp.317ss.

5. J. Lacan, "A direção do tratamento e os princípios de seu poder", in *Escritos*, p.595.

6. J. Lacan, "Conférences et entretiens dans des universités nord-américaines", p.53.

7. L. Fontenele, *A interpretação*, pp.53-4.

8. Ibid., pp.49-50.

9. C. Drummond de Andrade, *Poesia e prosa*, p.84.

10. J. Lacan, *O Seminário*, livro 8, *A transferência*, p.77.

11. J. Lacan, *O Seminário*, livro 20, *Mais, ainda*, p.146.

12. J. Lacan, *Televisão*, p.20.

13. Cf. A. Green, *O discurso vivo*.

14. M. de Barros, *Livro sobre nada*, p.51.

15. C. Melman, "Interpretação", in P. Kaufmann, *Dicionário enciclopédico de psicaná-lise*, p.279.

16. B. Fuks, *Freud e a judeidade*, em especial o capítulo v: "Interpretação: errância e nomadismo da letra".

17. H. Sperber, "Sobre la influencia de los factores sexuales en la génesis y evolución del lenguaje".

18. S. Freud, *A interpretação dos sonhos*, in *AE*, vol.iv, p.138; *ESB*, vol.iv, p.127.

19. Ibid., in *AE*, vol.iv, p.141; *ESB*, vol.iv, p.130.

20. Ibid., in *AE*, vol.iv, p.132; *ESB*, vol.iv, p.119.

21. Ibid., in *AE*, vol.iv, p.519; *ESB*, vol.iv, p.560.

22. Trabalhada por Claude Conté no livro *O real e o sexual*.

23. T. Kuhn, "A tensão essencial", p.276. Cf. o capítulo "A tensão psicanalítica essen-cial" desta obra.

24. M.A.C. Jorge, "Apresentação à edição brasileira", in A. de Daldis, *Sobre a interpre-tação dos sonhos*, pp.9-13.

25. M. Safouan, "Conferências cariocas", p.81.

26. Cf. M.A.C. Jorge, "Apresentação à edição brasileira", in A. de Daldis, *Sobre a interpretação dos sonhos*.

27. Escuela de la Orientación Lacaniana, "A invenção de um método", in AMP, *Os poderes da palavra*, p.24.

28. J. Lacan, "A instância da letra no inconsciente ou a razão desde Freud", in *Escritos*, p.526.

29. Apud J.L. Borges, *Livro dos sonhos*, p.139.

30. O. Mannoni, "Sobre a interpretação", in *Isso não impede de existir*, p.82.

31. J. Wortis, *Psychanalyse à Vienne, 1934*, p.22.

32. J. Lacan, "A direção do tratamento e os princípios de seu poder", in *Escritos*, p.626.

33. S. Freud, *A interpretação dos sonhos*, in AE, vol.v, p.597; *ESB*, vol.v, p.647. O grifo é de Freud.

34. J. Lacan, "A direção do tratamento e os princípios de seu poder", in *Escritos*, p.629.

35. Ibid., pp.630-1.

36. S. Freud, "Dificuldades e abordagens iniciais", in *AE*, vol.xv, p.77; *ESB*, vol.xv, p.107.

37. J. Lacan, *O Seminário*, livro 20, *Mais, ainda*, p.52.

38. J. Lacan, "A psicanálise e seu ensino", in *Escritos*, p.446.

39. S. Freud, "Dificuldades e abordagens iniciais", in *AE*, vol.xv, p.81; *ESB*, vol.xv, p.113.

40. J. Lacan, "Conférences et entretiens dans des universités nord-américaines", pp.54, 22.

41. J. Lacan, "A metáfora do sujeito", in *Escritos*, p.906.

42. P. Gay, *Freud, uma vida para o nosso tempo*, p.339.

43. A. de Daldis, *Sobre a interpretação dos sonhos*, p.216.

44. S. Freud, "Incertezas e críticas", in *AE*, vol.xv, p.216; *ESB*, vol.xv, p.282.

45. J. Lacan. "Conférences et entretiens dans des universités nord-américaines", p.22.

46. Ibid., in *AE*, vol.xv, p.110; *ESB*, vol.xv, p.148.

47. S. Freud, "Sonhos de crianças", in *AE*, vol.xv, p.116; *ESB*, vol.xv, p.154.

48. Ibid., in *AE*, vol.xv, p.119; *ESB*, vol.xv, p.158.

49. J. Lacan, *O Seminário*, livro 3, *As psicoses*, pp.259ss.

50. S. Freud, "Sonhos de crianças", in *AE*, vol.xv, p.121; *ESB*, vol.xv, p.160.

51. S. Freud, "Dificuldades e abordagens iniciais", in *AE*, vol.xv, p.78; *ESB*, vol.xv, p.109.

52. Ibid., in *AE*, vol.xv, p.80; *ESB*, vol.xv, p.111.

53. Ibid.

54. Ibid., in *AE*, vol.xv, p.81; *ESB*, vol.xv, p.112.

55. J. Lacan, *Televisão*, p.31.

56. S. Freud, "Dificuldades e abordagens iniciais", in *AE*, vol.xv, p.86; *ESB*, vol.xv, p.119.

57. Ibid., in *AE*, vol.xv, p.87; *ESB*, vol.xv, p.119.

58. Ibid., in *AE*, vol.xv, p.89; *ESB*, vol.xv, p.122.

59. S. Freud, "Premissas e técnica de interpretação", in *AE*, vol.xv, p.91; *ESB*, vol.xv, p.125.

60. Ibid., in *AE*, vol.xv, p.92; *ESB*, vol.xv, p.126.

61. Ibid.

62. Ibid.

63. M.A.C. Jorge, *Fundamentos da psicanálise de Freud a Lacan*, vol.1, *As bases concei-tuais*, p.87.

64. J. Lacan, *O seminário, livro 23, O sinthoma*, p.127.

65. S. Freud, "Premissas e técnica de interpretação", in *AE*, vol.xv, p.96; *ESB*, vol.xv, p.131.

66. Ibid., in *AE*, vol.xv, p.97; *ESB*, vol.xv, p.133.

67. S. Freud, "O conteúdo manifesto dos sonhos e os pensamentos oníricos latentes", in *AE*, vol.xv, p.104; *ESB*, vol.xv, p.140.

68. Ibid., in *AE*, vol.xv, p.105; *ESB*, vol.xv, p.142.

69. S. Freud, "A negação", in *AE*, vol.xix, p.254; *ESB*, vol.xix, p.297.

70. S. Freud, "Aspectos arcaicos e infantilismo dos sonhos", in *AE*, vol.xv, p.184; *ESB*, vol.xv, p.241.

71. Ibid., in *AE*, vol.xv, p.186; *ESB*, vol.xv, pp.244-5.

72. Ibid., in *AE*, vol.xv, p.187; *ESB*, vol.xv, pp.245-6.

73. Ibid., in *AE*, vol.xv, p.187; *ESB*, vol.xv, p.246.

74. Ibid., in *AE*, vol.xv, pp.188-9; *ESB*, vol.xv, pp.247-8.

75. Ibid., in *AE*, vol.xv, pp.190-1; *ESB*, vol.xv, p.250.

76. Ibid., in *AE*, vol.xv, pp.192-3; *ESB*, vol.xv, p.252.

77. S. Freud, "Realização de desejo", in *AE*, vol.xv, pp.197-8; *ESB*, vol.xv, pp.258-9.

78. S. Freud, "A censura dos sonhos", in *AE*, vol.xv, pp.129-30; *ESB*, vol.xv, p.171.

79. S. Freud, "A elaboração onírica", in *AE*, vol.xv, p.157; *ESB*, vol.xv, p.206.

80. Ibid., in *AE*, vol.xv, p.159; *ESB*, vol.xv, pp.208-9.

81. Cf. M.A.C. Jorge, *Fundamentos da psicanálise de Freud a Lacan*, vol.1, *As bases con-ceituais*, pp.142ss.

82. S. Freud, "A elaboração onírica", in *AE*, vol.xv, p.163; *ESB*, vol.xv, p.213.

83. Ibid., in *AE*, vol.xv, p.164; *ESB*, vol.xv, p.214.

84. Ibid., in *AE*, vol.xv, p.166; *ESB*, vol.xv, p.217.

85. Ibid., in *AE*, vol.xv, p.167; *ESB*, vol.xv, p.218.

86. J. Lacan, "Conférences et entretiens dans des universités nord-américaines", p.34.

87. M.A.C. Jorge, *Fundamentos da psicanálise de Freud a Lacan*, vol.1, *As bases conceituais*, pp.168ss.

88. S. Freud, "Simbolismo nos sonhos", in *AE*, vol.xv, pp.137-8; *ESB*, vol.xv, p.181.

89. J. Lacan, *O Seminário, livro 6, O desejo e sua interpretação*, p.166.

90. E.F. Sharpe, *Análise dos sonhos*, p.32. Cf. M.-L. Lauth, *Ella Sharpe lue par Lacan*.

91. S. Freud, "Séance du 1er mars 1911", p.189.

92. W. Stekel, *El lenguage de los sueños*, p.27.

93. S. Freud, "Séance du 26 avril 1911", p.232.

94. Esse ensaio foi republicado numa versão ampliada quarenta anos depois, em 1952, sob o título "Símbolos da transformação. Análise dos pródromos de uma esquizofrenia".

95. S. Ferenczi, "Crítica de *Metamorfoses e símbolos da libido*, de Jung", in *Obras com-pletas*, vol.ii, p.87.

96. Ibid., p.88.
97. Ibid., p.91.
98. Ibid., p.90.
99. Ibid.
100. Ibid., p.170.
101. Ibid., p.26.
102. S. Freud, "Leonardo da Vinci e uma lembrança de sua infância", *AE*, vol.xi, p.82; *ESB*, vol.xi, p.81.
103. C.G. Jung, *Símbolos da transformação*, p.26.
104. E. Roudinesco, *Sigmund Freud na sua época e em nosso tempo*, p.173.
105. S. Freud, "O horror ao incesto", in B.B. Fuks, C. Basualdo, N.A. Braunstein (Orgs.), *100 anos de Totem e Tabu*, p.35.
106. J. Lacan, "Situação da psicanálise e formação do psicanalista em 1956", in *Escritos*, p.471.
107. Cf. E. Jones, "La théorie du symbolisme".
108. J. Lacan, "O simbólico, o imaginário e o real", in *Nomes-do-Pai*, p.36.
109. Ibid., p.47.
110. J. Lacan, "Função e campo da fala e da linguagem em psicanálise", in *Escritos*, p.295.
111. S. Freud, "Dois verbetes de enciclopédia", in *AE*, vol.xviii, p.235; *ESB*, vol.xviii, p.291.

## 3. Lacan: R.S.I. e a interpretação [pp.84-122]

1. S. Freud, "Incertezas e críticas", in *AE*, vol.xv, p.212; *ESB*, vol.xv, pp.276-7.
2. Ibid.
3. S. Freud, "Premissas e técnica de interpretação", in *AE*, vol.xv, p.91; *ESB*, vol.xv, p.125.
4. S. Freud, *A interpretação dos sonhos*, in *AE*, vol.v, p.517; *ESB*, vol.v, p.558.
5. S. Freud, "Observações e exemplos da prática psicanalítica", in *AE*, vol.xiii, p.199; *ESB*, vol.xiii, p.233. Em alemão, *Mann* significa homem.
6. Cf. a esse respeito M.A.C. Jorge, "Apresentação à edição brasileira", in A. de Daldis, *Sobre a interpretação dos sonhos*.
7. Ver a esse respeito a seção "O inconsciente é um saber", de M.A.C. Jorge, *Fundamentos da psicanálise de Freud a Lacan*, vol.1, *As bases conceituais*, pp.87-91.
8. S. Freud, "Incertezas e críticas", in *AE*, vol.xv, p.218; *ESB*, vol.xv, p.284.
9. S. Freud, "Premissas e técnica de interpretação", in *AE*, vol.xv, p.92; *ESB*, vol.xv, p.126.
10. S. Freud, "O método psicanalítico de Freud", in *AE*, vol.vii, p.239; *ESB*, vol.vii, p.260.
11. Cf. a esse respeito M.A.C. Jorge, *Fundamentos da psicanálise*, vol.1, *As bases conceituais*, pp.170ss, onde ela é resumida.

12. J. Lacan, "Conférences et entretiens dans des universités nord-américaines", p.34.

13. J. Lacan, "A direção do tratamento e os princípios de seu poder, in *Escritos*, p.640.

14. Ibid., p.629.

15. Ibid., p.599.

16. Cf. M.A.C. Jorge, "Relatório do i Congresso de Convergência", p.24.

17. J. Lacan, "Respostas a estudantes de filosofia", in *Outros escritos*, p.218.

18. J. Lacan, "Função e campo da fala e da linguagem em psicanálise", in *Escritos*, p.270.

19. M. Duchamp, "O ato criador", p.74.

20. J. Lacan, "Variantes do tratamento-padrão", in *Escritos*, p.333.

21. Trata-se da criação de um espaço potencial no espaço linguístico materno, em que a mãe põe seu bebê desde o nascimento numa posição de sujeito suposto poder falar, o que mostra que o endereçamento a ele é crucial para a constituição do sujeito. Cf. J.M. Vivès, Seminário no Corpo Freudiano Seção Rio de Janeiro, 2018.

22. J. Lacan, "Conférences et entretiens dans des universités nord-américaines", p.36.

23. R. Chemama, "Sobre a interpretação ou A prova pelo significante", p.36.

24. S. Leclaire, *Psicanalisar*, p.93.

25. J. Lacan, "Função e campo da fala e da linguagem em psicanálise", in *Escritos*, pp.290-1.

26. São muitas as telas de Leonardo que apresentam esse dedo que aponta para o exterior delas mesmas. Cf. M.A.C. Jorge, *Fundamentos da psicanálise de Freud a Lacan*, vol.1, *As bases conceituais*, pp.211-4.

27. G. Ricci, *As cidades de Freud*, p.141.

28. J. Lacan, "Função e campo da fala e da linguagem em psicanálise", in *Escritos*, p.314.

29. Ibid., in *Escritos*, p.315.

30. J. Lacan, "Conférences et entretiens dans des universités nord-américaines", p.21.

31. Tratamos das construções em análise em M.A.C. Jorge, *Fundamentos da psicanálise de Freud a Lacan*, vol.3, *A prática analítica*, pp.171-4.

32. J. Lacan, "Instância da letra no inconsciente", in *Escritos*, p.202.

33. J. Lacan, "Situação da psicanálise", in Escritos, pp.192-3.

34. J. Lacan, *O Seminário*, livro 2, *O eu na teoria de Freud e na técnica da psicanálise*, p.307.

35. J. Lacan, *O Seminário*, livro 1, *Os escritos técnicos de Freud*, p.319.

36. J. Lacan, *O Seminário*, livro 11, *Os quatro conceitos fundamentais da psicanálise*, p.198.

37. Ibid., p.125.

38. S. Freud, "A questão da análise leiga", in *AE*, vol.xx, p.206; *ESB*, vol.xx, p.251.

39. J. Lacan, *O seminário*, livro 11, *Os quatro conceitos fundamentais da psicanálise*, p.201.

40. Cf. J. Lacan, "O aturdito", in *Outros escritos*, p.493.

41. J. Lacan, "Conférences et entretiens dans des universités nord-américaines", p.34.

42. Ibid., p.35.

43. J. Lacan, "O aturdito", in *Outros escritos*, p.492.

44. J. Lacan, "Variantes do tratamento-padrão", in *Escritos*, p.361.

45. O. Mannoni, "Sobre a interpretação", in *Isso não impede de existir*, p.79.

46. O. Mannoni, "O divã de Procusto", in *Um espanto tão intenso*, p.85.

47. O. Mannoni, "Sobre a interpretação", pp.79-80.

48. J. Lacan, *O Seminário*, livro 23, *O sinthoma*, p.67.

49. J. Lacan, *O Seminário*, livro 8, *A transferência*, p.109.

50. J. Lacan, "Situação da psicanálise e formação do psicanalista em 1956", in *Escritos*, p.464.

51. Ibid., p.474.

52. Ibid.

53. J. Hersch, *Karl Jaspers*, pp.11-2.

54. G. Iannini, *Estilo e verdade em Jacques Lacan*, p.96.

55. Cf. B. Fink, "Against understanding: Why understanding should not be viewed as an essential aim of psychoanalytic treatment", in B. Fink, *Against Understanding*, pp.5-26.

56. Abordei esse episódio no volume 1 desta obra, pp.95ss.

57. J. Lacan, *O Seminário*, livro 20, *Mais, ainda*, p.52.

58. Ibid., p.32.

59. J. Lacan, *O Seminário*, livro 11, *Os quatro conceitos fundamentais da psicanálise*, p.201.

60. J. Lacan, *O Seminário*, livro 22, *R.S.I.*, lição de 11 fev. 1975.

61. S. Faladé, "Sobre lo real", p.43.

62. J. Lacan, *O Seminário*, livro 22, *R.S.I.*, lição de 10 dez. 1974.

63. A. Didier-Weill, *Lacan e a clínica psicanalítica*, pp.23ss.

64. J. Lacan, "Da psicanálise em suas relações com a realidade", in *Outros escritos*, p.352.

65. J. Lacan, *O Seminário*, livro 5, *As formações do inconsciente*, p.97.

66. A. Didier-Weill, *Os três tempos da lei*, p.19.

67. J. Lacan, *O Seminário*, livro 20, *Mais, ainda*, p.137.

68. S. Freud, "O estranho", in *AE*, vol.XVII, p.246; *ESB*, vol.XVII, p.307.

69. S. Freud, "O estranho", in *AE*, vol.XVII, p.251; *ESB*, vol.XVII, p.314.

70. J. Lacan, "Conférences et entretiens dans des universités nord-américaines", p.63.

71. T. Reik, "No início é o silêncio", p.20.

72. Ibid., p.22.

73. Ibid.

74. S.L. Poulichet, "A ruptura do silêncio", pp.122-3.

75. O. Mannoni, "Le silence", pp.191-2.

76. C. Azouri, "Testemunhos de um encontro com o vazio", p.27.

77. M. D. Magno, *Senso contra censo da obra de arte*, p.68.

78. J. Lacan, *O Seminário*, livro 1, *Os escritos técnicos de Freud*, p.323.

79. Cf. A.S.S. Kuss, *As cabanas que o amor faz em nós*.

80. O. Borelli, "A difícil definição", p.XXI.

81. O. Borelli, "Clarice Lispector: esboço para um possível retrato", p.11.

82. A história da ciência traz alguns exemplos impressionantes de serendipidade, como a descoberta da penicilina, o primeiro antibiótico da história. Seu criador, o

pesquisador Alexander Fleming estudou o desenvolvimento de um antibiótico por anos sem sucesso e veio a descobrir, "por aparente acaso", a resposta que faltava. Ele saiu de férias por um tempo e, por esquecimento, deixou uma de suas culturas da bactéria estafilococos sobre a mesa. Quando voltou, viu que ela tinha sido contaminada por mofo (fungo). Sem descartar o experimento contaminado, ele observou que havia nas placas um círculo transparente em torno do mofo, isolando-o das bactérias. Essa observação levou Fleming a deduzir que aquele fungo produzia uma substância bactericida — a penicilina. Para outra pessoa, a contaminação das placas poderia ter sido um acontecimento qualquer. Mas Fleming estava preparado, tinha o conhecimento necessário para retirar algo novo desse evento casual.

## PARTE II: O lugar do objeto

### 1. Genealogia do objeto *a* [pp.125-83]

1. J. Lacan, *O seminário, livro 17, O avesso da psicanálise*, p.40.
2. Ibid., p.41.
3. J. Lacan, "O ato psicanalítico", in *Outros escritos*, p.375.
4. Cf. a esse respeito, o capítulo "El objeto *a*: la invención" da obra de E. Porge, *Transmitir la clínica psicoanalítica*, pp.214ss.
5. J. Lacan, "Respostas a estudantes de filosofia", in *Outros escritos*, p.218.
6. J. Lacan, "Alocução sobre as psicoses da criança", in *Outros escritos*, p.364.
7. J. Lacan, *O Seminário, livro 10, A angústia*, p.99.
8. P. Klautau, *Encontros e desencontros entre Winnicott e Lacan*, p.31; A. Vanier, "Winnicott et Lacan, Lacan et Winnicott", in Catherine Vanier e Alain Vanier (Orgs.), *Winnicott avec Lacan*, p.12.
9. J. Lacan, *O Seminário, livro 4, A relação de objeto*, p.35.
10. J. Lacan, "Discurso aos católicos", in *O triunfo da religião*, p.46.
11. J. Lacan, "Observação sobre o relatório de Daniel Lagache", in *Escritos*, p.689.
12. J. Lacan, "Jacques Lacan à Louvain", p.11.
13. M.A.C. Jorge, *Fundamentos da psicanálise de Freud a Lacan*, vol.1, *As bases conceituais*, pp.36ss, e vol.2, *A clínica da fantasia*, pp.35ss. Cf. igualmente os artigos M.A.C. Jorge "12 pontuações sobre a bissexualidade"; V. Pollo, "Desdobramentos freudianos da noção de bissexualidade"; S. Alberti, "Da bissexualidade ao impossível", todos in A. Quinet e M.A.C. Jorge (Orgs.), *As homossexualidades na psicanálise na história de sua despatologização*.
14. S. Freud, "O mal-estar na cultura", in *AE*, vol.xxi, p.103; *ESB*, vol. xxi, p.127.
15. J. Lacan, "A lógica da fantasia", in *Outros escritos*, p.326.
16. Conforme pondera L.A. Garcia-Roza, "próximo e não semelhante" é a melhor opção para traduzir o termo alemão *Nebenmensch*. Cf. L.A. Garcia-Roza, *Introdução à metapsicologia freudiana*, vol.1, p.162, n.121.

17. J. Lacan, *O Seminário*, livro 7, *A ética da psicanálise*, p.69.

18. Ibid., p.61.

19. Ibid., p.128.

20. Ibid., ver por exemplo pp.130-1; 133.

21. Ibid., p.134.

22. Ibid.

23. Cf. M.A.C. Jorge, *Fundamentos da psicanálise de Freud a Lacan*, vol.1, *As bases conceituais*, pp.200-14.

24. Ibid.

25. J. Lacan, *O Seminário*, livro 7, *A ética da psicanálise*, pp.134-5.

26. Cf. por exemplo M.A.C. Jorge, *Fundamentos da psicanálise de Freud a Lacan*, vol.2, *A clínica da fantasia*, capítulo "Sintoma e fantasia".

27. L. Israël, "La chose et le fantasme", p.63.

28. J. Lacan, *O Seminário*, livro 7, *A ética da psicanálise*, p.124.

29. Ibid., p.128.

30. Ibid., p.143.

31. Pode-se apontar hoje, em certas manifestações da arte contemporânea, uma tendência oposta que aparentemente inverte o ato sublimatório: a de rebaixar a Coisa para o nível do objeto e até mesmo do abjeto. Cf. H. Foster, *O retorno do real*, p.147.

32. M. Heidegger, "A coisa", p.145.

33. A.J. Lopes, *Estética e poesia*, p.80.

34. L. Tsé, *Tao Te King*, p.39.

35. L. Israël, "La chose et le fantasme", p.62.

36. Ibid., pp.62-3.

37. Ibid., p.63.

38. R. Georgin, "Lacan", in *Cahiers Cistre* n.3, p.26.

39. E. Jones, *A vida e a obra de Sigmund Freud*, vol.3, p.270.

40. M.A.C. Jorge, *Fundamentos da psicanálise de Freud a Lacan*, vol.2, *A clínica da fantasia*, capítulo "A pulsão de morte: Segunda subversão freudiana". Cf. igualmente "O terceiro passo de Freud", posfácio a S. Freud, "Além do princípio de prazer", pp.479-504.

41. R. Major e C. Talagrand, *Freud*, p.188.

42. S. Freud, "Carta a Fritz Wittels", in *AE*, vol.XIX, p.293; *ESB*, vol.XIX, p.361.

43. Esta última hipótese foi acrescentada somente em 1921.

44. Cf. J. Cabassut, *Écrire le réel en psychanalyse?*.

45. S. Freud, "Além do princípio de prazer", in *AE*, vol.XVIII, p.14; *ESB*, vol.XVIII, p.25.

46. Ibid.

47. J. Lacan, *O Seminário*, livro 1, *Os escritos técnicos de Freud*, lições de 5 maio, 12 maio 1954 e 2 jun. 1954.

48. Ibid., pp.196-7.

49. Ibid., p.197.

50. Ibid.

51. Ibid.

52. Ibid., pp.197-8.

53. Ibid., p.200.

54. Ibid.

55. R. Georgin, *Lacan*, p.26.

56. J. Lacan, "Função e campo da fala e da linguagem em psicanálise", in *Escritos*, p.320.

57. J. Lacan, "A direção do tratamento e os princípios de seu poder", in *Escritos*, p.601.

58. Para entender a importância cabal que o ensino de Saussure desempenhou para Lacan, importa recordar que a fórmula do signo articula o som (significante) com a ideia ou conceito (significado), ou seja, o referente não está incluído nela e pode ser considerado como da mesma ordem do objeto perdido tal como descrito por Freud.

59. J. Lacan, *O Seminário*, livro 1, *Os escritos técnicos de Freud*, p.206.

60. Ibid., p.250.

61. M. Kodama, "Sobre las fotografias (notas)", in Jorge Luis Borges e María Kodama, *Atlas*, p.101.

62. J.L. Borges, "Meu último tigre", in Jorge Luis Borges e María Kodama, *Atlas*, p.67.

63. Lições de 11 jan. e 15 fev. 1956.

64. J. Lacan, *O Seminário*, livro 4, *A relação de objeto*, p.67.

65. Ibid., p.184.

66. Ibid., p.185.

67. Ibid., p.186.

68. Ibid.

69. Ibid., pp.186-7.

70. Ibid., p.309.

71. J. Lacan, *O Seminário*, livro 6, *O desejo e sua interpretação*, p.445.

72. S. Freud, "O poeta e o fantasiar", in *AE*, vol.IX, p.128; *ESB*, vol.IX, p.151. Cf. também: M.A.C. Jorge, *Fundamentos da psicanálise de Freud a Lacan*, vol.2, *A clínica da fantasia*, p.45.

73. J. Lacan, *O Seminário*, livro 11, *Os quatro conceitos fundamentais da psicanálise*, p.63.

74. Ibid. O grifo é meu.

75. Ibid.

76. Ibid.

77. J. Lacan, "A metáfora do sujeito", in *Escritos*, p.903.

78. *Dasein* é um termo heideggeriano, e o ser humano é o único exemplo de *Dasein*. Ele é o único ser que se pergunta sobre o ser e sobre o sentido do ser. Diferentemente de Jaspers, que considera o *Dasein* como o ser enquanto algo dado. Cf. J.F. Mora, *Dicionário de filosofia*, verbete "Dasein".

79. A. Vanier, "Winnicott et Lacan, Lacan et Winnicott", in C. Vanier e A. Vanier (Orgs.), *Winnicott avec Lacan*, p.17.

80. D. Winnicott, "O papel de espelho da mãe e da família no desenvolvimento da criança", in *O brincar e a realidade*, p.153.

81. Para uma análise dessas cartas: R.B. Graña, *Lacan com Winnicott*, pp.119-30.

82. J. Lacan, "Lettre à Winnicott", in *Ornicar?*, n.33, p.8.

83. Ibid., p.9.

84. J. Lacan, "A direção do tratamento e os princípios de seu poder", in *Escritos*, p.618.

85. J. Lacan, "Alocução sobre as psicoses da criança", in *Outros escritos*, p.366.

86. J. Lacan, "O ato psicanalítico", in *Outros escritos*, p.376.

87. A.M. Arcangioli, "Introdução à obra de Winnicott", in J.-D. Nasio, *Introdução às obras de Freud, Ferenczi, Groddeck, Klein, Winnicott, Dolto, Lacan*, p.186.

88. M.E.C. Pereira, "O acalanto: entre o erotismo e o desamparo", in M.M. Dias, *A voz na experiência psicanalítica*, p.32.

89. Ibid.

90. M. Masud Khan, "Prefácio", in D. Winnicott, *Da pediatria à psicanálise*, p.15.

91. D. Winnicott, "Observações de bebês numa situação padronizada", in *Da pediatria à psicanálise*, p.129.

92. Ibid.

93. Ibid., p.125 n.1 e p.130.

94. Ibid., p.114.

95. Ibid., p.120.

96. Ibid., p.18.

97. Ibid., p.19.

98. Ibid., pp.129-30.

99. D. Winnicott, "Objetos transicionais e fenômenos transicionais", in *Da pediatria à psicanálise*, p.318.

100. Ibid.

101. Ibid., p.320.

102. Ibid., p.321.

103. M.A.C. Jorge, *Fundamentos da psicanálise de Freud a Lacan*, vol.3, *A prática analítica*, pp.133ss.

104. S. Freud, "Sobre a transitoriedade", in *AE*, vol.xiv, p.310; *ESB*, vol.xiv, p.346.

105. J. Lacan, "Alocução sobre as psicoses da criança", in *Outros escritos*, p.366.

106. Explorei a relação entre recalque originário, fantasia fundamental e pulsão de morte em M.A.C. Jorge, *Fundamentos da psicanálise de Freud a Lacan*, vol.2, *A clínica da fantasia*, capítulo "A pulsão de morte: Segunda subversão freudiana".

107. M. Wulff, "Fetishism and object choice in early childhood", in *Psychoanalytic Quarterly*, n.15, 1946, pp.451-2.

108. J. Lacan, *O Seminário, livro 8, A transferência*, p.40.

109. Ibid., p.15.

110. J.-L. Henrion, *La cause du désir*, pp.102-3.

111. J. Lacan, "Introdução aos Nomes-do-Pai", in *Nomes-do-Pai*, p.70.

112. "Se digo que o pequeno *a* é o que causa o desejo, isto quer dizer que ele não é seu objeto." J. Lacan, lição de 21 jan. 1975.

113. J. Lacan, "Subversão do sujeito e dialética do desejo no inconsciente freudiano", in *Escritos*, p.840.

114. Ibid., pp.11ss.

115. J. Lacan, *O Seminário*, livro 8, *A transferência*, p.137.

116. J. Lacan, *O Seminário*, livro 8: *A transferência*, p.160, e "Subversão do sujeito e dialética do desejo no inconsciente freudiano", in *Escritos*, p.840, respectivamente.

117. J. Lacan, "Subversão do sujeito e dialética do desejo no inconsciente freudiano", in *Escritos*, p.141.

118. P. Julien, *Le retour a Freud de Jacques Lacan*, p.117.

119. J. Lacan, *O Seminário*, livro 8, *A transferência*, p.153.

120. Platão, *Le banquet*, p.74.

121. J. Lacan, *O Seminário*, livro 8, *A transferência*, p.142.

122. P.-L. Assoun, *Lacan*, p.76.

123. J. Lacan, *O Seminário*, livro 8, *A transferência*, p.152.

124. Ibid., p.156.

125. Ibid., p.157.

126. Ibid., p.161.

127. Idem.

128. Ibid., p.150.

129. Ibid., p.147.

130. Ibid., p.150.

131. Ibid., respectivamente pp. 165, 171, 178 e 194.

132. Ibid., p.47.

133. Ibid., p.46.

134. F. Pessoa, "Eros e Psiquê", in *Ficções do interlúdio*, p.104.

135. R. Barthes, *Fragmentos de um discurso amoroso*, p.21.

136. Ibid., p.166.

137. São João da Cruz, "Cântico espiritual", pp.19-20.

138. M.A.C. Jorge, *Fundamentos da psicanálise de Freud a Lacan*, vol.1, *As bases conceituais*, pp.193ss.

139. R. Barthes, *Fragmentos de um discurso amoroso*, p.14.

140. J. Allouch, *Les impromptus de Lacan*, pp.73-4.

141. J. Lacan, "Proposição de 9 de outubro de 1967", in *Outros escritos*, p.259.

142. J. Lacan, "A lógica da fantasia", in *Outros escritos*, p.325.

143. E. Porge assinala que Lacan fala do objeto *a* como sua invenção em três oportunidades: na lição de 16 nov. 1966 de *O Seminário*, livro 14, *A lógica da fantasia*; na lição de 27 nov. 1968 de *O Seminário*, livro 16, *De um Outro ao outro*; e na conferência de Louvain de 13 out. 1972.

144. Na lição de 9 abr. 1974.

145. E. Porge, *Transmitir la clínica psicoanalítica: Freud, Lacan, hoy*, p.219.

146. Cf., por exemplo, a tradução brasileira do livro de A. Lemaire, *Jacques Lacan: Uma introdução*.

147. J. Lacan, *O Seminário*, livro 20, *Mais, ainda*, pp.85-6.

148. Cf. a esse respeito a deliciosa e instrutiva história do escândalo ocorrido em 1774 quando Christoph W. Gluck apresentou sua ópera *Orfeu e Eurídice*, narrada por Alain Didier-Weill em *Lacan e a clínica psicanalítica*, pp.39ss.

149. J. Lacan, "Nota italiana", in *Outros escritos*, p.314.

150. M.A.C. Jorge, *Fundamentos da psicanálise de Freud a Lacan,* vol.2, *A clínica da* fantasia, pp.94ss. Cf. também L. Israël, "La chose et le fantasme", p.65.

151. S. André, *Lacan: Points de repère*, pp.166-7.

152. S. Freud, "O estranho", in *AE*, vol.xvii, p.224; *ESB*, vol.xvii, p.281.

153. J. Lacan, *O Seminário*, livro 10, *A angústia*, p.51.

154. J. Lacan, "Introdução aos Nomes-do-Pai", in *Nomes-do-Pai*, p.60.

155. J. Lacan, *O Seminário*, livro 22, *R.S.I.*, lição de 21 jan. 1975.

156. J. Lacan, *O Seminário*, livro 11, *Os quatro conceitos fundamentais da psicanálise*, p.229.

157. J. Lacan, *O Seminário*, livro 22, *R.S.I.*, lição de 21 jan. 1975.

158. J. Lacan, "A lógica da fantasia", in *Outros escritos*, p.325.

159. J. Lacan, *O Seminário*, livro 10, *A angústia*, p.113.

160. J. Lacan, "Respostas a estudantes de filosofia", in *Outros escritos*, p.218.

161. J. Lacan, *O Seminário*, livro 11, *Os quatro conceitos fundamentais da psicanálise*, p.175.

162. J. Lacan, "A direção do tratamento e os princípios de seu poder", in *Escritos*, p.620.

163. F. Regnault, *Notre objet* a, p.35.

164. J. Lacan, *O Seminário*, livro 8, *A transferência*, p.363.

165. B. Rotman, *Signifying Nothing (The Semiotcs of Zero).*

166. G. Le Gaufey, *L'objet* a: *Approches de l'invention de Lacan*, p.138.

167. J. Lacan, "Pequeno discurso aos psiquiatras".

168. J.-A. Miller, "Mostrado em Prémontré", in *Matemas I*, p.151.

169. J.-M. Vivès, *A voz na clínica psicanalítica*, p.15.

170. J. Lacan, "Subversão do sujeito e dialética do desejo no inconsciente freudiano", in *Escritos*, p.841.

171. J. Lacan, "Introdução aos Nomes-do-Pai", in *Nomes-do-Pai*, p.60.

172. J. Lacan, "Respostas a estudantes de filosofia", in *Outros escritos*, p.214.

173. J. Lacan, "Prefácio a uma tese", in *Outros escritos*, p.395.

174. A. de Daldis, *Sobre a interpretação dos sonhos*, p.65.

175. J. Lacan, *O Seminário*, livro 11, *Os quatro conceitos fundamentais da psicanálise*, p.174ss.

176. Cf. minha retomada da categoria freudiana do recalque orgânico, que inclui a passagem do predomínio do olfato para o da visão. M.A.C. Jorge, *Fundamentos da psicanálise de Freud a Lacan*, vol.1, *As bases conceituais*, pp.49ss.

177. Referência às obras do artista Ian Stephenson. Cf. Albertina, *Blow Up: Antonioni's Classic Film and Photography*, p.216.

178. *To stroll on* significa passear, dar uma volta (a tradução hoje seria "dar um rolé"), mas é impossível não atentar que a palavra *stroll* contém *roll*, como *rock and roll* e *rolling stones*, símbolos da época.

179. A. Didier-Weill, *Os três tempos da lei*, pp.18-9.

180. A. Didier-Weill, "O circuito pulsional", in *Nota azul*, p.63.

181. A. Didier-Weill, *Lacan e a clínica psicanalítica*, p.31.

182. Ibid., p.32.

183. Cf. M.A.C. Jorge, *Fundamentos da psicanálise de Freud a Lacan*, vol.2, *A clínica da fantasia*, seção "O freio da fantasia".

184. A. Didier-Weill, *Lacan e a clínica psicanalítica*, p.34.

185. Ibid., p.35.

186. J.M. Masson (Org.), *A correspondência completa de Sigmund Freud para Wilhelm Fliess (1887-1904)*, p.137.

187. B. Milan, *O país da bola*, pp.65-6.

188. Winnicott fala igualmente de "uma bolinha de lã ou a ponta de um cobertor ou edredom"; cf. "Objetos transicionais e fenômenos transicionais", in *Da pediatria à psicanálise: obras escolhidas*, p.317.

189. J. Lacan. "Introdução aos Nomes-do-Pai", in *Nomes-do-Pai*, p.60.

190. M.A. Vieira, *Restos: Uma introdução lacaniana ao objeto da psicanálise*, p.83.

191. J. Lacan, *O Seminário*, livro 15, *O ato psicanalítico*, inédito. Lição de 28 fev. 1968.

192. Essa esplêndida instalação foi capa da revista *Art in America* em julho de 2000.

## 2. O discurso psicanalítico [pp.184-212]

1. "Não é necessário insistir muito na primeira impressão que tal lista pode dar: disparate, talvez apenas aparente, mas de que seria preciso dar conta". R. Chemama, "Algumas reflexões sobre a neurose obsessiva a partir dos quatro discursos", p.133.

2. J. Lacan, *O Seminário*, livro 17, *O avesso da psicanálise*, p.158.

3. S. Freud, "Prefácio a *Juventude desorientada*", in *AE*, vol.xix, p.296; *ESB*, vol.xix, p.341.

4. S. Freud, "Análise terminável e interminável", in *AE*, vol.xxiii, p.249; *ESB*, vol. xxiii, p.282.

5. J. Lacan, *O Seminário*, livro 17, *O avesso da psicanálise*, p.165.

6. Houve quem se perguntasse se Lacan não estaria com isso propondo a substituição da noção de ideologia, tão em voga naquele momento, pelo "fino mecanismo de quatro termos e quatro letras, instalados em quatro lugares". J.G. Godin, *Jacques Lacan: 5, Rue de Lille*, p.30.

7. E. Roudinesco e M. Plon, *Dicionário de psicanálise*, verbete "Matema".

8. A. Didier-Weill, *Inconsciente freudiano e transmissão da psicanálise*, p.127.

9. G. Lérès, "Lecture du discours capitaliste selon Lacan", in *Essaim*, n.3, p.91.

10. M.A.C. Jorge, *Fundamentos da psicanálise de Freud a Lacan*, vol.1, *As bases conceituais*, p.87.

11. M.A.C. Jorge, "Sexo e discurso", in *Sexo e discurso em Freud e Lacan*.

12. Por exemplo: J. Lacan, *O Seminário*, livro 11, *Os quatro conceitos fundamentais da psicanálise*, p.63, e *O Seminário*, livro 17, *O avesso da psicanálise*, p.12.

13. J. Lacan, *O Seminário*, livro 20, *Mais, ainda*, p.126.

14. J. Lacan, "Conférences et entretiens dans des universités nord-américaines", p.27.

15. Cf. M.A.C. Jorge, *Fundamentos da psicanálise de Freud a Lacan*, vol.2, *A clínica da fantasia*.

16. J. Lacan, "Subversão do sujeito e dialética do desejo no inconsciente freudiano", in *Escritos*, p.830.

17. J. Lacan, *O Seminário*, livro 20, *Mais, ainda*, p.161.

18. Ibid., p.193.

19. J. Lacan, *Televisão*, p.67.

20. J. Lacan, "Séminaire de Caracas", p.86.

21. J. Lacan, "Conférences et entretiens dans des universités nord-américaines", p.26.

22. Ibid., p.29.

23. J. Lacan, "Le malentendu", p.11.

24. J. Lacan, *O Seminário*, livro 20, *Mais, ainda*, p.119.

25. J. Lacan, "Ouverture de la section clinique", p.14.

26. J. Lacan, *O Seminário*, livro 17, *O avesso da psicanálise*, p.11.

27. J. Lacan, "A direção do tratamento e os princípios de seu poder", in *Escritos*, p.640.

28. J. Lacan, *O Seminário*, livro 20, *Mais, ainda*, p.194.

29. J. Lacan, *O Seminário*, livro 2, *O eu na teoria de Freud e na técnica da psicanálise*, especialmente a seção "Para além do imaginário, o simbólico ou do pequeno ao grande Outro", pp.219-342.

30. J. Lacan, *O Seminário*, livro 20, *Mais, ainda*, p.68.

31. Ibid., p.195.

32. J.-A. Miller, "Las respuestas del real", p.11.

33. F. de Saussure, *Curso de linguística geral*, p.139.

34. J. Lacan, *O Seminário*, livro 20, *Mais, ainda*, p.194.

35. J. Lacan, *O Seminário*, livro 17, *O avesso da psicanálise*, p.144.

36. Ibid., p.11.

37. R. Chemama, "L'envers de la psychanalyse (1969-1970)", p.204.

38. Ibid.

39. J. Lacan, *O Seminário*, livro 20, *Mais, ainda*, pp.111-2.

40. Ibid., p.111.

41. Ibid., p.13.

42. D. Rabinovich, "O psicanalista entre o mestre e o pedagogo", p.8.

43. J. Lacan, *O Seminário*, livro 20, *Mais, ainda*, p.43.

44. G. Wajeman, *Le maître et l'hystérique*, p.14.

45. J. Lacan, *O Seminário*, livro 20, *Mais, ainda*, p.45.

46. G. Bataille, *Théorie de la religion*, p.32.

47. Como uma série de telas de Edward Hopper parece querer revelar. Ver M.A.C. Jorge, *Fundamentos da psicanálise de Freud a Lacan*, vol.2, *A clínica da fantasia*, seção "A travessia de Edward Hopper".

48. J. Lacan, "O simbólico, o imaginário e o real", in *Nomes-do-Pai*, p.47.

49. G. Lérès, "Lecture du discours capitaliste selon Lacan. Un outil pour répondre au *Malaise*", p.90.

50. M.A.C. Jorge, *Fundamentos da psicanálise de Freud a Lacan*, vol.3, *A prática analítica*, pp.218ss.

51. J. Lacan, *O Seminário*, livro 17, *O avesso da psicanálise*, p.18. Não darei mais exemplos quanto a isso, para não ser exaustivo, mas sublinho que exemplos como esse aqui mencionado são inúmeros.

52. Cf. J. Lacan, "Conférences et entretiens dans des universités nord-américaines", p.63; *Televisão*, pp.29 e 40. Cf. também G. Wajeman, *Le maître et l'hystérique*, p.16.

53. Ver *O Seminário*, livro 17, *O avesso da psicanálise*, p.12, e *O Seminário*, livro 20, *Mais, ainda*, p.123. Ressalte-se que a publicação do *Seminário 20* se deu em 1975, quando Lacan ainda estava vivo.

54. J. Lacan, *O Seminário*, livro 18, *De um discurso que não fosse semblante*, p.24.

55. E. Laurent, *Lacan y los discursos*, p.31.

56. Ibid., p.33.

57. J. Lacan, *O Seminário*, livro 17, *O avesso da psicanálise*, p.40.

58. Ibid., p.99.

59. Ibid., p.41.

60. J. Lacan, "Radiofonia", in *Outros escritos*, p.445.

61. J. Lacan, *O Seminário*, livro 22, *R.S.I.* Inédito, lição de 8 abr. 1975.

62. Cf. J. Lacan, *O Seminário*, livro 17, *O avesso da psicanálise*, p.12.

63. J. Lacan, "Alocução sobre o ensino", in *Outros escritos*, p.305.

64. G. Wajeman, *Le maître et l'hystérique*, p.17.

65. J. Lacan, "Subversão do sujeito e dialética do desejo no inconsciente freudiano", in *Escritos*, p.822.

66. J. Lacan, "Proposição de 9 de outubro sobre o psicanalista da Escola", in *Outros escritos*, p.251.

67. J. Lacan, "Conférences et entretiens dans des universités nord-américaines", p.63.

68. J. Lacan, *O Seminário*, livro 17, *O avesso da psicanálise*, p.102.

69. Ibid., p.31.

70. Ibid., p.122.

71. M.A.C. Jorge e N.P. Travassos, *Histeria e sexualidade*, pp.53ss.

72. J. Lacan, *O Seminário*, livro 17, *O avesso da psicanálise*, p.50.

73. Ibid., p.188.

74. M.A.C. Jorge, "Lacan e a estrutura da formação do psicanalista".

75. R. Chemama, "Algumas reflexões sobre a neurose obsessiva a partir dos 'quatro discursos'", p.144.

76. Ibid., p.145.

77. J.-P. Cléro, *El vocabulario de Lacan*, p.36.

78. O. Mannoni, "O que é associar livremente?", in *Um espanto tão intenso*, p.79.

79. M.A.C. Jorge, *Fundamentos da psicanálise de Freud a Lacan*, vol.3, *A prática analítica*, pp.309ss.

80. Embora tenha mencionado o discurso do capitalista, sem lhe atribuir uma fórmula própria, já em *O Seminário*, livro 17, *O avesso da psicanálise*, p.103.

81. G. Lérès, "Lecture du discours capitaliste selon Lacan", p.89.

82. J. Lacan, *Televisão*, p.40.

83. Na conferência proferida na Universidade Columbia, Lacan reafirma essa proximidade entre o discurso da histérica e o científico e pondera que ambos se distinguem pela ordem na qual as letras se repartem. J. Lacan, "Conférences et entretiens dans des universités nord-américaines", p.48.

84. J. Lacan, "En guise de conclusion", p.166.

85. M.A.C. Jorge, *Fundamentos da psicanálise de Freud a Lacan*, vol.2, *A clínica da fantasia*, capítulo "Os dois polos da fantasia".

86. L. Fontenele e D. Franco, "De como se pretende convencer o escravo que ele pode vir a ser um cínico: considerações psicanalíticas sobre a literatura de autoajuda", p.393.

87. Consideremos por exemplo os templos evangélicos cada vez mais monumentais e os gigantescos shopping centers, afirmando cada qual sua onipotência narcísica, numa rivalidade verdadeiramente especular: a referência ao poder do amor divino que dá sentido a tudo (inclusive à morte) e a incitação à fetichização do objeto, a promoção da vida eterna e do imediatismo do gozo.

88. P. Legendre, *Jouir du pouvoir*, apud J.P. Ravoux, *Demain, cadavres, vous jouirez*.

## 3. O tempo da sessão analítica [pp.213-54]

1. J. Lacan. *O Seminário*, livro 11, *Os quatro conceitos fundamentais da psicanálise*, p.12.

2. E. Roudinesco, *História da psicanálise na França*, vol.2, p.467.

3. Ibid., p.279.

4. J. Lacan, *O Seminário*, livro 1, *Os escritos técnicos de Freud*, p.276.

5. Freud observa que nos chistes, por exemplo, isso é muito patente, sendo a força do chiste diretamente proporcional à rapidez, à quase instantaneidade, com que ele se produz.

6. Faz-se objeção, às vezes, ao uso do termo *insight* por sua metáfora visual, mas uma simples e útil definição desse termo não seria a de que se trata de uma abolição do recalque? Além disso, como observa Shoshana Felman, o *insight* jamais é puramente cognitivo e é sempre parcialmente inconsciente, ou seja, é produzido a partir das percepções endopsíquicas do sujeito. Cf. S. Felman, *Jacques Lacan and The Adventure of Insight*, p.15. Que Lacan não se opunha, como alguns acreditam, à utilização desse termo pode ser atestado por essa sua afirmação nas *Conferências norte-americanas*: "É fundamentalmente em torno do aprendizado mais inicial da criança que giram todas as etapas daquilo que Freud, com seu prodigioso *insight*, chama de sexualidade". J. Lacan, "Conférences et entretiens dans des universités nord-américaines", p.14.

7. J. Lacan, "Função e campo da fala e da linguagem em psicanálise", in *Escritos*, p.316.

8. S. Freud, "Inibições, sintomas e angústia", *AE*, vol.xx, p.116; *ESB*, vol.xx, p.144.

9. "Função e campo da fala e da linguagem em psicanálise", in *Escritos*, p.314.

10. Ibid.

11. J. Lacan, "O tempo lógico e a asserção de certeza antecipada: um novo sofisma", in *Escritos*, p.198.

12. M.A.C. Jorge, *Fundamentos da psicanálise de Freud a Lacan*, vol.2, *A clínica da fantasia*, pp.60ss, e vol.3, *A prática analítica*, pp.144ss.

13. Erik Porge comenta nesse sentido que "os três personagens se dirigem como um só homem em direção à porta". E. Porge, *Psicanálise e tempo*, p.115.

14. Por exemplo: "Essa miragem inconsistente que se chama relação de compreensão". J. Lacan. *O Seminário*, livro 3, *As psicoses*, p.15.

15. Mesmo quando a liberdade é retratada ou cantada na arte, como na canção "Free", de Iggy Pop, ela apenas ecoa o pedido que, por ser impossível, se repete: "*I wanna be free, I wanna be free*". A foto da capa do álbum, também chamado *Free*, ilustra igualmente o impossível em jogo na liberdade e o limite real para atingi-la — o artista está de pé diante do mistério do mar, à noite —, e o tom geral das belas melodias é o do luto profundo.

16. Desenvolvemos anteriormente a ideia de que a fantasia fundamental é uma espécie de prisão domiciliar. Sua travessia analítica leva o sujeito a se liberar da prisão fantasística, mas apenas passando para o chamado regime semiaberto, pois não existe liberação total da fantasia fundamental. M.A.C. Jorge, *Fundamentos da psicanálise de Freud a Lacan*, vol.2, *A clínica da fantasia*, pp.94ss.

17. L. Israël, "Un temps pour vivre", p.257.

18. S. Blanton, *Diario de mi análisis con Freud*, p.33.

19. Em francês *sujets*, termo que designa ao mesmo tempo assuntos, sujeitos e súditos. A riqueza do duplo sentido *assunto/súdito* desse mesmo termo foi explorada por Freud no chiste "*Le Roi n'est pas sujet*". Cf. S. Freud, *Os chistes e sua relação com o inconsciente*, in *AE*, vol.viii, p.37; *ESB*, vol.viii, p.53.

20. E. Roudinesco, *História da psicanálise na França*, vol.2, pp.446-7.

21. Ibid., p.447. O grifo é meu.

22. Ibid., p.449.

23. Ibid., p.450.

24. Há uma certa ingenuidade (mesclada, evidentemente, ao desejo de que assim ocorresse) no fato de alguns analistas suporem que uma ação externa — a chamada "função da pressa" ou o "acossamento" seriam exemplos disso — tenha efetivamente um poder tão grande assim sobre o sujeito. Além disso, tal crença é por excelência antianalítica, já que Freud considera, a partir da virada de 1920, que o inconsciente não resiste, e sim insiste.

25. E. Roudinesco, *História da psicanálise na França*, vol.2, p.451.

26. J. Lacan, "A direção do tratamento e os princípios de seu poder", in *Escritos*, p.598.

27. C. Clément, *Vidas e lendas de Jacques Lacan*, p.86.

28. J. Lacan, "A direção do tratamento e os princípios de seu poder", in *Escritos*, p.602.

29. Ibid., p.603.

30. E. Roudinesco, *História da psicanálise na França*, vol.2, p.447. O grifo é da autora.

31. C. Clément, *Vidas e lendas de Jacques Lacan*, p.86.

32. C. Soler, "Standards e não standards", pp.21-2.

33. A. Didier-Weill, "A formação ortodoxa", p.79.

34. C. Soler, "Standards e não standards", p.22.

35. J. Laplanche e J. B. Pontalis, *Vocabulário da psicanálise*, verbete "Regra fundamental".

36. Ibid.

37. Ibid.

38. S. Freud, "Recomendações aos médicos que exercem a psicanálise", in *AE*, vol. XII, p.112; *ESB*, vol.XII, p.150.

39. Ibid., in *AE*, vol.XII, p.115; *ESB*, vol.XII, p.154.

40. S. Freud, "Dois verbetes de enciclopédia", in *AE*, vol.XVIII, p.235; *ESB*, vol.XVIII, p.291.

41. M.A.C. Jorge, "Relatório do 1 Congresso de Convergência (Paris 2 a 4 fev. 2001)", in *Documentos 20*, p.24.

42. S. Freud, *A interpretação dos sonhos*, in *AE*, vol.V, p.585; *ESB*, vol.V, p.634. Ver igualmente a referência aos "pontos nodais" no verbete "Associação", in J. Laplanche e J. B. Pontalis, *Vocabulário da psicanálise*. Cf. pp.84ss. do presente volume.

43. S. Freud, *A interpretação dos sonhos*, in *AE*, vol.V; *ESB*, vol.V.

44. M. Safouan, *A transferência e o desejo do analista*, p.132.

45. S. Schneiderman, *Jacques Lacan: A morte de um herói intelectual*, pp.124-5.

46. Ibid., pp.126-7.

47. J. Lacan, "Função e campo da fala e da linguagem em psicanálise", in *Escritos*, p.254.

48. Ibid., p.270.

49. Conheço ao menos um caso de um sujeito que pediu análise a Lacan por escrito e ele recusou, solicitando que ele fosse a Paris encontrá-lo pessoalmente.

50. S. Schneiderman, *Jacques Lacan: A morte de um herói intelectual*, p.128.

51. Que há uma incongruência nesse tipo de abordagem fica bem explicitado noutro artigo de Soler, no qual defende, como Schneiderman, a associação livre entre as sessões. Ela afirma, por um lado, que o analista apenas recolhe o trabalho feito pelo analisando e é um depositário deste: "Lacan considerou o tempo da sessão como sendo o tempo da acolhida, o tempo onde [sic] chega ao analista o trabalho realizado". Por outro lado, a autora considera que o trabalho do analista é o de decidir sobre a significação: "A significação inconsciente só se produz se o analista a escuta e a pontua". C. Soler, "O tempo na análise". Difícil conciliar essas duas afirmações, pois como o analista pode ser apenas o depositário do trabalho realizado entre as sessões se a significação do discurso do analisando provém de sua escuta e de sua pontuação?

52. S. Schneiderman, *Jacques Lacan: A morte de um herói intelectual*, pp.128-9.

53. Ibid., p.123.

54. Ibid.

55. Não fiquei nada surpreso quando soube, algum tempo atrás, que o autor em questão teria abandonado a psicanálise.

56. G. Brodsky, "Short story", p.101.

57. C. Soler, "Uma prática sem tagarelice", p.116.

58. G. Brodsky, "Short story", p.101.

59. J.-A. Miller, *A erótica do tempo*, p.39.

60. F. Leguil, "Le passage aux séances courtes", p.133.

61. Ibid.

62. Ibid.

63. S. A. Grostein, "Falem mal, mas falem de mim", p.264.

64. S. Marret-Maleval, "Pas de standard pour la psychose", p.133.

65. C. Soler, "Uma prática sem tagarelice", p.113. Não se menciona quase nunca que a fama crescente de Lacan fazia com que fosse procurado por pessoas de todo o mundo e que, em seu laboratório privado, aparentemente não recusava novos analisandos.

66. Ibid., p.116.

67. Ibid., p.117.

68. Ibid., p.118.

69. Ibid., p.120.

70. O próprio Lacan indicou que seu uso de sessões de duração variável teve início especificamente com casos de neurose obsessiva, nos quais introduzia uma quebra no excessivo controle do tempo da sessão exercido pelo analisando.

71. J. Lacan, *O Seminário*, livro 22, *R.S.I*. Inédito, lição de 14 jan. 1975.

72. W. Beividas, "Sémiotique du discours onirique: le rêve de Freud", p.27.

73. C. Riolfi, "Quando está indicado o divã", p.52.

74. S. A. Grostein, "Falem mal, mas falem de mim", pp.268-9.

75. D. Rabinovich, *El deseo del psicoanalista*, p.138.

76. Ibid.

77. Ibid.

78. C. Bonningue, "La séance, c'est la coupure même", pp.168, 170, 180.

79. L. Isräel, *Boiter n'est pas pêcher*, p.246.

80. T. Merton, *Místicos e mestres zen*, p.232.

81. Ibid., p.230.

82. Ibid., p.231.

83. S. Freud, "O problema econômico do masoquismo", in *AE*, vol.XIX, p.169; *ESB*, vol.XIX, p.204.

84. W. Beividas, "Sémiotique du discours onirique: le rêve de Freud", p.23.

85. Ibid., p.24.

86. Ibid.

87. J. Lacan "O simbólico, o imaginário e o real", in *Nomes-do-pai*, p.13.

88. J. Lacan, *O Seminário*, livro 20, *Mais, ainda*, p.129.

89. S. Freud, "Psicanálise selvagem", in *AE*, vol.XI, pp.224-5; *ESB*, vol.XI, p.210.

90. Ibid., in *AE*, vol.XI, p.225; *ESB*, vol.XI, p.211.

91. Ibid.

92. L. Israël, *Boiter n'est pas pêcher*, p.256.

93. J. Gondar, "A multiplicidade de tempos na metapsicologia", p.74. Cf. igualmente sua obra *Os tempos de Freud*.

94. J. Gondar, "A multiplicidade de tempos na metapsicologia", p.74.

95. S. Freud, "Sobre a transitoriedade", in *AE*, vol.xiv, p.309; *ESB*, vol.xiv, p.345.

96. Ibid., in *AE*, v.xiv, p.310; *ESB*, vol.xiv, p.346.

97. Ibid.

98. Ibid., in *AE*, vol.xiv, p.241; *ESB*, vol.xiv, p.275.

99. Ibid., in *AE*, vol.xiv, p.243; *ESB*, vol.xiv, p.277.

100. Ibid., in *AE*, vol.xiv, p.252; *ESB*, vol.xiv, p.288.

101. Ibid., in *AE*, vol.xiv, p.254; *ESB*, vol.xiv, p.290.

102. Ibid., in *AE*, vol.xiv, p.252; *ESB*, vol.xiv, p.288.

103. samcda, Sociedade de Auxílio Mútuo Contra o Discurso Analítico, sigla forjada por Lacan para ironizar a ipa, International Psychoanalytical Association. Mas o embrião — mais do que o embrião, a exposição de motivos — dessa sigla está em Freud, quando este afirma: "Também me parecia desejável que os partidários da psicanálise se encontrassem reunidos para um intercâmbio amistoso e para um *apoio recíproco*, depois que a ciência oficial pronunciou seu solene anátema contra ela e declarou um fulminante boicote contra os médicos e institutos que a praticavam. Tudo isso, e nada mais que isso, queria eu alcançar mediante a fundação da Associação Psicanalítica Internacional. Era, provavelmente, mais do que podia se obter. Assim como meus opositores comprovaram que não era possível deter o novo movimento, aguardava-me outra experiência: não se deixava conduzir pelos caminhos que eu pretendia indicar-lhe". S. Freud, "História do movimento psicanalítico", in *AE*, vol.xiv, pp.42-3; *ESB*, vol.xiv, pp.56-7. O grifo é meu.

104. J. Lacan, *O Seminário*, livro 11, *Os quatro conceitos fundamentais da psicanálise*, p.11.

105. J. Lacan, *O Seminário*, livro 5, *As formações do inconsciente*, p.41.

106. J. Lacan, "Então vocês terão escutado Lacan", in *Meu ensino*, p.107.

107. Numa conferência sobre o Seminário de Caracas, pronunciada em 22 nov. 2000 no Instituto de Psiquiatria da ufrj (Ipub), Diana Rabinovich ressaltou que, entre as passagens do texto estabelecido desse seminário que não se encontram na fita gravada com a voz de Lacan, está precisamente este trecho: "Cabe a vocês serem lacanianos". Isso leva a supor que o trecho foi acrescentado depois, o que não afasta que o próprio Lacan o tenha feito.

108. Nesse sentido, a criação de Convergência — Movimento Lacaniano para a Psicanálise Freudiana, que reúne 49 instituições psicanalíticas do mundo inteiro, contemplou esse apego de Lacan ao adjetivo "freudiano" em sua própria denominação. Fui um daqueles que, com Alain Didier-Weill, sustentaram no Ato de Fundação de Convergência, realizado em Barcelona em 1998, a necessidade de incluir o termo "freudiano" na denominação dessa associação.

109. A. Didier-Weill, "L'esprit de l'Inter-Associatif", p.1.

110. J. Lacan, "Conferencia en Ginebra sobre el síntoma", in *Intervenciones y textos 2*, p.121.

111. J. Lacan, "Função e campo da fala e da linguagem em psicanálise", in *Escritos*, p.271.

112. J. Lacan, "Conférence de presse", 29 out. 1974.

113. J.-M. Vivès, "Lei, violência e supereu", in *A voz na clínica psicanalítica*, p.47.

114. A. Didier-Weill, "A formação ortodoxa", p.79.

115. L. Israël, "Un temps pour vivre", pp.243-62.

116. J. Lacan, "Conférences et entretiens dans des universités nord-américaines", p.53.

117. P. Guyomard, "O tempo do ato: o analista entre a técnica e o estilo", p.116.

118. J. Lacan, "A psicanálise e seu ensino", in *Escritos*, p.460.

119. J. Guimarães Rosa, *Tutameia*, p.149.

120. E. Porge, "Lacan, la poésie de l'inconscient", p.66.

121. Cf. o capítulo "Lacan e o Barroco" do presente volume.

122. S. Freud, "Dois verbetes de enciclopédia", in *AE*, vol.XVIII, p.235; *ESB*, vol.XVIII, p.291.

123. J. Lacan, "Abertura desta coletânea", in *Escritos*, p.11.

124. M.A.C. Jorge, *Fundamentos da psicanálise de Freud a Lacan*, vol.3, *A prática analítica*, seção "Amar, trabalhar, deliberar", pp.144ss.

PARTE III: **Ciência e arte**

## 1. A tensão psicanalítica essencial: Freud com Kuhn [pp.257-78]

1. T.S. Kuhn, "Um debate com Thomas S. Kuhn", in *O caminho desde a estrutura*, p.339.

2. M.A.C. Jorge, *O objeto perdido do desejo*. Tese de doutorado, Escola de Comunicação e Cultura, Rio de Janeiro, UFRJ, março de 1998. Cf. também M.A.C. Jorge, "Thomas Kuhn e a psicanálise: notas introdutórias".

3. Ela foi publicada em 2000 nos Estados Unidos e em 2006 no Brasil.

4. T. Kuhn, "A função do dogma na investigação científica", p.55.

5. J. Lacan, "Variantes do tratamento-padrão", in *Escritos*, p.351.

6. Cf. J. Lacan, *O Seminário, livro 20, Mais, ainda*, pp.118-9, 142, 193.

7. Cf. o instrutivo ensaio de A.L. de Oliveira Mendonça, "O legado de Thomas Kuhn após cinquenta anos".

8. T.S. Kuhn, *A estrutura das revoluções científicas*, p.255.

9. Entre outros: P.-L. Assoun fala de um "paradigma metapsicológico do sujeito"; J.D. Nasio, das "perdas corporais paradigmáticas do objeto *a*"; O. Mannoni, da "explicação do sonho como paradigma para a explicação dos sintomas".

10. J.P. Machado, *Dicionário etimológico da língua portuguesa*, vol.4, p.300.

11. J. Ferrater Mora, *Diccionario de filosofia*, vol.3, pp.2486-7.

12. F. de Saussure, *Curso de linguística geral*, pp.145-7.

13. I. Prigogine e I. Stengers, *A nova aliança*, pp.219ss.

14. T. Kuhn, *A estrutura das revoluções científicas*, p.13.

15. Ibid., p.13.

16. T. Kuhn, "A função do dogma na investigação científica", p.61.

17. T. Kuhn, *A estrutura das revoluções científicas*, pp.217ss.

18. R. Mezan, "Existem paradigmas na psicanálise?", in *A sombra de Don Juan e outros ensaios*, p.63.

19. Ibid., p.74.

20. Ibid., p.83.

21. Ibid.

22. R.E. Bernardi, "El poder de las teorías", nota 23.

23. Cf. J. Allouch, "Freud déplacé".

24. T. Kuhn, "A tensão essencial: tradição e inovação na investigação científica", in *A tensão essencial*, pp.276-7.

25. S. Freud, "Uma dificuldade no caminho da psicanálise", *AE*, v.xvii, pp.131ss; *ESB*, v.xvii, pp.174ss.

26. J. Lacan, *Le savoir du psychanalyste*, inédito, lição de 4 nov. 1971.

27. T. Kuhn, "A tensão essencial: tradição e inovação na investigação científica", in *A tensão essencial*, p.288.

28. Ibid., p.278.

29. Ibid.

30. Ibid., p.276.

31. T. Kuhn, "A função do dogma na investigação científica", p.78.

32. J. Lacan, "Ouverture de la section clinique", p.11.

33. J. Lacan, "Variantes do tratamento-padrão", in *Escritos*, p.364.

34. Ibid., p.360.

35. T. Kuhn, "A função do dogma na investigação científica", p.55.

36. S. Freud, *O mal-estar na cultura*, in *AE*, vol.xxi, p.116; *ESB*, vol. xxi, p.142.

37. Cf. M.A.C. Jorge, *Lacan e a formação do psicanalista*.

38. J. Lacan, "Talvez em Vincennes...", in *Outros escritos*, p.316.

39. M.A.C. Jorge, "O desejo de saber como laço entre analistas: um comentário sobre 'Nota italiana'".

40. D. Maurano, "Um estranho no ninho, ou A psicanálise na universidade", p.148.

41. J. Lacan, *O Seminário, livro 2, O eu na teoria de Freud e na técnica da psicanálise*, p.30.

42. E. Laurent, *Lacan y los discursos*, p.26.

43. M. Safouan, *Jacques Lacan e a questão da formação dos analistas*, p.43.

44. D. Rabinovich, "O psicanalista entre o mestre e o pedagogo", p.22.

45. Ibid., p.27.

46. Cf. M.A.C. Jorge, "Lacan e a estrutura da formação psicanalítica", p.100.

47. O fato de haver transferências positivas e negativas entre os psicanalistas na universidade é efeito de estrutura, mas não é exclusivo a ela.

48. A. Didier-Weill, "A formação ortodoxa", p.84.

49. J. Lacan, "Alocução sobre o ensino", in *Outros escritos*, p.310.

50. Apud A. Lemaire, *Jacques Lacan: uma introdução*, p.26.

51. T. Kuhn, *A estrutura das revoluções científicas*, p.109.

## 2. Testemunhos do inconsciente [pp.279-305]

1. S. Freud, *Delírios e sonhos na Gradiva de Jensen*, in *AE,* vol.IX, p.8; *ESB*, vol.IX, p.18.

2. J. Lacan, *O Seminário*, livro 2, *O eu na teoria de Freud e na técnica da psicanálise*, p.14.

3. J. Lacan, "Homenagem a Marguerite Duras pelo arrebatamento de Lol V. Stein", in *Outros escritos*, p.200.

4. F. Regnault, *Em torno do vazio: a arte à luz da psicanálise*, p.20.

5. J. Lacan, "Conférences et entretiens dans des universités nord-américaines", p.21.

6. S. Sontag, entrevista ao jornal *Estado de Minas*, 2 dez. 2002.

7. M. Duras, *Escrever*, p.47.

8. K. Jarrett, *The art of interpretation*.

9. M. Duras, *Escrever*, p.23.

10. A. Ehrenzweig, *L'ordre caché de l'art*, p.55.

11. Ibid., p.56.

12. Ibid., p.78.

13. Ibid., p.76.

14. Ibid., p.143.

15. Além desse breve ensaio, Freud publicou outros dois anonimamente, "Memórias encobridoras" e "O Moisés de Michelangelo". Cf. P. Mahony, *Freud como escritor*, p.196.

16. S. Freud, "Uma nota sobre a pré-história da técnica de análise", in *AE*, vol.XVIII, p.258; *ESB*, vol. XVIII, p.316.

17. Ibid.

18. P. Mahony, *Freud como escritor*, p.196.

19. A. Bréton, *Manifestos do surrealismo*, pp.40-1.

20. M.A.C. Jorge, "Psicanálise e surrealismo", in *Sexo e discurso em Freud e Lacan*, p.130.

21. O. Paz, *Marcel Duchamp ou O castelo da pureza*, p.7.

22. M. Duchamp, *Ingénieur du temps perdu*, p.126.

23. M. Duchamp, "O ato criador", p.73.

24. Ibid.

25. Ibid.

26. Ibid.

27. H. Parmelin, *Picasso disse...*, p.47.

28. T. Kuhn, "A tensão essencial", p.275.

29. E. Carreira, *Os escritos de Leonardo da Vinci sobre a arte da pintura*, p.78.

30. Ibid., p.75.

31. M.A.C. Jorge, *Fundamentos da psicanálise de Freud a Lacan*, vol.2, *A clínica da fantasia*, p.61.

32. S. Freud, "Formulações sobre os dois princípios do funcionamento mental", in *AE*, vol.XII, p.229; *ESB*, vol.XII, p.284.

33. S. Freud, *O futuro de uma ilusão*, in *AE*, vol.XXI, p.13; *ESB*, vol.XXI, p.25.

34. Cf. M.A.C. Jorge, *Fundamentos da psicanálise de Freud a Lacan*, vol.I, *As bases conceituais*, pp.211ss, e vol.2, *A clínica da fantasia*, p.311.

35. M. Duchamp, *Ingénieur du temps perdu*, p.116.

36. J. Baal-Teshuva, *Christo and Jeanne-Claude*, p.26.

37. A. Kapoor, "Vers la dématérialisation de l'objet", p.20.

38. N. Felix, "O que me interessa é essa coisa indefinidamente sugestiva", p.27.

39. M. Panitz, "O que os olhos não veem...", p.97.

40. S. Freud, "A questão da análise leiga", in *AE*, vol.xx, p.230; *ESB*, vol.xx, p.278.

41. L. Fontenele, "Serve a literatura à transmissão da psicanálise?", p.266.

42. Ibid., p.268.

43. Ibid.

44. S. Freud, "O criador literário e o fantasiar", in *AE*, vol.ix, p.127; *ESB*, vol.ix, p.149.

45. Ibid., in *AE*, vol.ix, p.128; *ESB*, vol.ix, p.151.

46. M. Quintana, "Aventura no parque", in *Sapato florido*.

47. S. Freud, "A questão da análise leiga", in *AE*, vol.xx, p.230; *ESB*, vol. xx, p.278.

48. S. Freud, "Sobre o ensino da psicanálise nas universidades", in *AE*, vol.xvii, p.171; *ESB*, vol.xvii, p.219.

49. Cf. M.A.C. Jorge, "O terceiro passo de Freud".

50. A cronologia de escrita desses textos fala por si só. Março de 1919: Freud termina "Bate-se numa criança" e inicia o primeiro rascunho de "Além do princípio de prazer", publicado no início de dezembro de 1920. Maio de 1919: conclui o primeiro rascunho de "Além do princípio de prazer", retoma um escrito antigo e finaliza a escrita de "O estranho", publicado no outono de 1919.

51. P.-L. Assoun, "Notes historico-critiques: commentaires", in S. Freud, *L'avenir d'une illusion*, p.159.

52. E. Jentsch, "On the Psychology of the Uncanny", pp.5-7.

53. Ibid., p.1.

54. Ibid., p.4.

55. S. Freud, "O estranho", in *AE*, vol.xvii,p.244; *ESB*, vol.xvii, p.305, e "A denegação", in *AE*, vol.xix, p.254; *ESB*, vol.xix, p.297, respectivamente.

56. S. Freud, "A denegação", in *AE*, vol.xix, p.254; *ESB*, vol.xix, p.297.

57. Cf. M.A.C. Jorge, *Fundamentos da psicanálise de Freud a Lacan*, vol.2, *A clínica da fantasia*, p.171

58. É digno de nota que Freud cite a frase de Schelling sem o aposto (em itálico a seguir) que parece dar à fórmula seu alcance eminentemente psicanalítico, isto é, inconsciente: "*Unheimlich* é o nome de tudo que deveria ter permanecido secreto e oculto, *em estado latente*, mas veio à luz". Cf. S. Freud, *Das Unheimliche: manuscrito inédito*, p.190.

59. S. Freud, "O estranho", in *AE*, vol.xvii, p.240; *ESB*, vol.xvii, p.300.

60. Ibid., in *AE*, vol.xvii, p.243; *ESB*, vól.xvii, p.304.

61. Ibid., in *AE*, vol.xvii, p.244; *ESB*, vol.xvii, p.305.

62. Não à toa, já em 1900 em sua obra sobre os sonhos, além de formular claramente que o sonho é a realização de um desejo, Freud salienta se tratar da realização de um desejo que se liga a um desejo infantil que permaneceu insatisfeito.

63. Desenvolvi isso detalhadamente em M.A.C. Jorge, *Fundamentos da psicanálise de Freud a Lacan*, vol.2, *A clínica da fantasia*, onde abordei a fantasia a partir dos dois dualismos pulsionais.

64. S. Freud, "Bate-se numa criança", p.56.

65. M.A.C. Jorge, *Fundamentos da psicanálise de Freud a Lacan*, vol.2, *A clínica da fantasia*, p.117.

66. S. Freud, "O estranho", in *AE*, vol.xvii, p.238; *ESB*, vol.xvii, pp.297-8.

67. P.-L. Assoun, *Dictionnaire des œuvres psychanalytiques*, p.663.

68. J. Lacan, *O Seminário*, livro 2, *O eu na teoria de Freud e na técnica da psicanálise*, em especial os capítulos i a vii.

69. S. Freud, "O estranho", in *AE*, vol.xvii, p.243; *ESB*, vol.xvii, p.303.

## 3. Lacan e o Barroco [pp.306-18]

1. N.P. Ferreira, *Cancioneiro da poesia barroca em língua portuguesa*, p.18.

2. G. Bazin, "O barroco: um estado de consciência", p.18.

3. D. Maurano, *Torções: A psicanálise, o barroco e o Brasil*, pp.62ss.

4. E. D'Ors, *Du baroque*, p.89.

5. Ibid., p.29.

6. Ibid., pp.89-90.

7. G. Bazin, "O barroco: um estado de consciência", pp.18-20.

8. E. D'Ors, *Du baroque*, pp.83-4.

9. C. Schorske, *De Vienne et d'ailleurs*, p.29.

10. A. Didier-Weill, "Freud et Vienne: des rencontres et des non-rencontres", p.8.

11. D. Maurano, *Torções: A psicanálise, o barroco e o Brasil*, p.85.

12. M.A.C. Jorge, *Fundamentos da psicanálise de Freud a Lacan*, vol.1, *As bases conceituais*, p.138.

13. Cf. S. Freud, "A significação antitética das palavras primitivas".

14. K. Borinski apud W. Benjamin, *Origem do drama barroco alemão*, p.193. *Verkriechen* significa rastejar em direção a um buraco.

15. M. Maffesoli, *No fundo das aparências*, p.205.

16. G. Kosovski, *Para que serve? Quanto vale? Reflexões da psicanálise sobre a crise na arte.*

17. I. Walty, *O que é ficção?*, pp.16-7.

18. J. Lacan, "A psicanálise e seu ensino", in *Escritos*, p.460.

19. J. Lacan, *O Seminário*, livro 5, *As formações do inconsciente*, p.33.

20. Ibid.

21. E. Porge, "Lire, écrire, publier: le style de Lacan", p.8.

22. J. Lacan, *O Seminário*, livro 20, *Mais, ainda*, p.145.

23. Ibid., p.154.

24. Cf. M.A.C. Jorge, "O terceiro passo de Freud".

25. J. Adam, "Lacan barroco", pp.13-4.

26. C. Paglia, "Chama da glória: Cátedra de São Pedro, de Gian Lorenzo Bernini", in *Imagens cintilantes*, p.59.

27. Ibid., p.60.

28. E. D'Ors, *Du baroque*, p.32.

29. S.P. Rouanet, "Apresentação", p.10.

30. C. Paglia, "Chama da glória: Cátedra de São Pedro, de Gian Lorenzo Bernini", in *Imagens cintilantes*, p.60.

31. Ou também *en corps*, no corpo. O título em português é um verdadeiro achado de M.D. Magno para a sua criativa versão brasileira desse seminário de Lacan.

32. J. Lacan, *O Seminário*, livro 20, *Mais, ainda*, p.149.

33. Ibid., p.158.

34. I. Vegh, "El barroco: arte del psicoanálisis", p.99.

35. J. Lacan, *O Seminário*, livro 20, *Mais, ainda*, p.79.

36. São João da Cruz, "Coplas feitas sobre um êxtase de alta contemplação", in *Cântico espiritual e outros poemas*, p.57.

37. São João da Cruz, "Cântico espiritual — canções entre a alma e o esposo", in *Cântico espiritual e outros poemas*, p.19.

38. São João da Cruz, "Cantar da alma que rejubila por conhecer a Deus pela fé", in *Cântico espiritual e outros poemas*, p.79.

39. J. Lacan, *O seminário*, livro 20, *Mais, ainda*, p.130.

# Referências bibliográficas

Adam, J. "Lacan barroco", *Heteridade*, n.2, 2001: *A odisseia lacaniana*. Internacional de Fóruns do Campo Lacaniano, out. 2002.

Alberti, Leon Battista. *Da pintura*. Campinas, Editora da Unicamp, 2014.

Albertina Gallery Vienna. *Blow Up: Antonioni's Classic Film and Photography*. Berlim, Hatje Cantz Publishers, 2014.

Allouch, Jean. "Freud déplacé", *Littoral*, n.14. Paris, Érès, 1984.

_____. *Les impromptus de Lacan*. Paris, Mille et Une Nuits, 2009.

Alvarez, D.E. de. "Sur le 'setting'", *Ornicar?*, n.31. Paris, Navarin, 1984.

Andrade, Carlos Drummond de. *Poesia e prosa*. Rio de Janeiro, Aguilar, 1988.

André, Serge. *Lacan: Points de repère*. Bordeaux, Bord de l'eau, 2010.

_____. *L'écriture commence où finit la psychanalyse*. Bruxelas, La Muette, 2015.

Arasse, Daniel. *Histoires de peintures*. Paris, Gallimard, 2006.

Arcangioli, Annie-Marguerite. "Introdução à obra de Winnicott", in Nasio, Juan-David (Org.). *Introdução às obras de Freud, Ferenczi, Groddeck, Klein, Winnicott, Dolto, Lacan*. Rio de Janeiro, Zahar, 1995.

Assoun, Paul-Laurent. *Dictionnaire des œuvres psychanalytiques*. Paris, Presses Universitaires de France, 2009.

_____. *Lacan*. Paris, Presses Universitaires de France, 2015.

Azouri, Chawki. "Testemunhos de um encontro com o vazio", in Didier-Weill, Alain (Org.). *Nota azul: Freud, Lacan e a arte*. Rio de Janeiro, Contracapa, 2014.

_____. *"Tive êxito onde o paranoico fracassa": Teoria e transferência(s)*. Rio de Janeiro, Contracapa, 2017.

Baal-Teshuva, Jacob. *Christo and Jeanne-Claude*. Colônia, Taschen, 2016.

Barros, Manoel de. *Livro sobre nada*. Rio de Janeiro, Alfaguara, 2016.

Barthes, Roland. *Fragmentos de um discurso amoroso*. Rio de Janeiro, Francisco Alves, 1981.

Bataille, Georges. *Théorie de la religion*. Paris, Gallimard, 1986.

Bazin, Germain. "O barroco: um estado de consciência", in Ávila, Affonso (Org.). *Barroco: Teoria e análise*. São Paulo, Perspectiva, 1997.

Beividas, Waldir. "Sémiotique du discours onirique: le rêve de Freud", *Langage & Inconscient: Linguistique et psychanalyse*, n.2. Limoges, Lambert Lucas, jun. 2006.

Benjamin, Walter. *Origem do drama barroco alemão*. São Paulo, Brasiliense, 1984.

Bernardi, Ricardo E. "The role of paradigmatic determinants in psychoanalytic understanding", *International Journal of Psychoanalysis*, n.70. Nova York, Wiley-Blackwell, 1988.

_____. "El poder de las teorías. El papel de los determinantes paradigmáticos en la comprensión psicoanalítica". *Revista Uruguayana de Psicoanálisis*, n. 79-80, 1994.

Blanton, Smiley. *Diario de mi análisis con Freud*. Buenos Aires, Corregidor, 1974.

Bonningue, Catherine. "La séance, c'est la coupure même", in Fondation du Champ Freudien, *La séance analytique*. Paris, Seuil, 2000.

Borelli, Olga. "A difícil definição", in Lispector, Clarice. *A paixão segundo G.H.* Ed. crítica, coord. de Benedito Nunes. Paris e Brasília, Allca-XX/ CNPq, 1988.

_____. "Clarice Lispector: esboço para um possível retrato", in Lispector, Clarice. *A paixão segundo G.H.* Ed. crítica, coord. de Benedito Nunes. Paris e Brasília, Allca-XX / CNPq, 1988.

Borges, Jorge Luis. *Livro dos sonhos*. São Paulo, Difel, 1986.

Borges, Jorge Luis e Maria Kodama. *Atlas*. São Paulo, Companhia das Letras, 2010.

Bramly, Serge. *Leonardo da Vinci (1452-1519)*. Rio de Janeiro, Imago, 1989.

Breton, Andre. *Manifestos do surrealismo*. Rio de Janeiro, Nau Editora, 2001.

Brodsky, Graciela. "Short story", *La Cause Freudienne*, n.56, *La séance courte*. Revista da L'École de la Cause Freudienne, 2004.

Cabassut, Jacques. *Écrire le réel en psychanalyse?*. Tese de H.D.R. Universidade de Nice / Sophia Antipolis, Nice, 2006.

Carreira, Eduardo (Org.). *Os escritos de Leonardo da Vinci sobre a arte da pintura*. São Paulo, Imprensa Oficial, 2000.

Chemama, Roland. "Algumas reflexões sobre a neurose obsessiva a partir dos quatro discursos", *Lugar* n.8. Rio de Janeiro, Editora Rio, 1976.

_____. "Sobre a interpretação ou A prova pelo significante". *Correio de APPOA*, n.77, 2000.

_____. *Elementos lacanianos para uma psicanálise no cotidiano*. Porto Alegre, CMC Editora, 2002.

_____. "L'envers de la psychanalyse (1969-1970)", in Moustapha, Safouan (Org.). *Lacaniana, Les séminaires de Jacques Lacan (1964-1979)*. Paris, Fayard, 2005.

Clément, Catherine. *Vidas e lendas de Jacques Lacan*. São Paulo, Moraes, 1983.

Cléro, Jean-Pierre. *El vocabulario de Lacan*. Buenos Aires, Atuel, 2002.

Conté, Claude. *O real e o sexual: De Freud a Lacan*. Rio de Janeiro, Zahar, 1995.

Daldis, Artemidoro de. *Sobre a interpretação dos sonhos*. Rio de Janeiro, Zahar, 2009.

Didier-Weill, Alain. *Os três tempos da lei*. Rio de Janeiro, Zahar, 1993.

_____. "Os três silêncios", in Didier-Weill, Alain (Org.). *Fim de uma análise, finalidade da psicanálise*. Rio de Janeiro, Zahar, 1993.

_____. "L'esprit de l'Inter-Associatif", *Bulletin de l'Inter-Associatif de psychanalyse*, n.3, Paris, set. 1994.

_____. *Inconsciente freudiano e transmissão da psicanálise*. Rio de Janeiro, Zahar, 1988.

_____. "Freud et Vienne: des rencontres et des non-rencontres", in Didier-Weill, Alain. *Freud et Vienne*. Paris, Érès, 2004.

_____. "A formação ortodoxa", in Jorge, Marco Antonio Coutinho (Org.). *Lacan e a formação do psicanalista*. Rio de Janeiro, Contracapa, 2006.

_____. *Lacan e a clínica psicanalítica*. Rio de Janeiro, Contracapa, 2. ed., 2012.

_____. "O artista e o psicanalista questionados um pelo outro", in Didier-Weill, Alain. (Org.). *Nota azul: Freud, Lacan e a arte*. Rio de Janeiro, Contracapa, 2014.

Didier-Weill, Alain. "O circuito pulsional", in Didier-Weill, Alain. (Org.). *Nota azul: Freud, Lacan e a arte*. Rio de Janeiro, Contracapa, 2014.

D'Ors, Eugeni. *Du baroque*. Paris, Gallimard, 2000.

Duchamp, Marcel. *Ingénieur du temps perdu*. Paris, Belfond, 1998.

_____. "O ato criador", in Gregory Battcock (Org.). *A nova arte*. São Paulo, Perspectiva, 2002.

Duras, Marguerite. *Escrever*. Rio de Janeiro, Rocco, 1994.

Ehrenzweig, Anton. *L'ordre caché de l'art*. Paris, Gallimard, 1982.

Escuela de la Orientación Lacaniana. "A invenção de um método", in Associação Mundial de Psicanálise (Org.). *Os poderes da palavra*. Rio de Janeiro, Zahar, 1996.

Felix, Nelson. "O que me interessa é essa coisa indefinidamente sugestiva", entrevista realizada por Lygia Pape, Nuno Ramos e Rodrigo Naves, in Naves, Rodrigo. *Nelson Felix*. São Paulo, Cosac Naify, 1998.

Felman, Shoshana. *Jacques Lacan and The Adventure of Insight: Psychoanalysis in Contemporary Culture*. Cambridge, Harvard University Press, 1989.

Ferenczi, Sándor. *Obras completas — Psicanálise I*. São Paulo, Martins Fontes, 1991.

_____. *Obras completas — Psicanálise II*. São Paulo, Martins Fontes, 1992.

Ferreira, Nadiá Paulo. *Cancioneiro da poesia barroca em língua portuguesa*. Rio de Janeiro, Eduerj, 2006.

Fink, Bruce. *Against Understanding, Vol.1: Commentary and Critique in a Lacanian Key*. Abingdon, Routledge, 2013.

Fontenele, Laéria. *A interpretação*. Rio de Janeiro, Zahar, 2002.

_____. "Serve a literatura à transmissão da psicanálise?", in Scotti, Sérgio et al. (Orgs.). *Escrita e psicanálise II*. Curitiba, CRV, 2020.

Fontenele, Laéria e Daniel Franco de C. Franco. "De como se pretende convencer o escravo que ele pode vir a ser um cínico: considerações psicanalíticas sobre a literatura de autoajuda", in Lima, Marcia Mello de e Marco Antonio Coutinho Jorge (Orgs.), *Saber fazer com o real: Diálogos entre psicanálise e arte*. Rio de Janeiro, Companhia de Freud, 2009.

Foster, Hal. *O retorno do real*. São Paulo, Ubu, 2017.

Freud, Anna. *L'enfant dans la psychanalyse*. Paris, Gallimard, 1976.

Freud, Sigmund. *Edição standard brasileira das obras psicológicas completas de Sigmund Freud*. Rio de Janeiro, Imago, 24 vols., 1972-80.

_____. "Séance du 26 avril 1911", in *Les premiers psychanalystes (Tome 3-1910-1911): Minutes de la Société psychanalytique de Vienne*. Paris, Gallimard, 1980.

_____. "Séance du 1ᵉʳ mars 1911", in *Les premiers psychanalystes (Tome 3-1910-1911): Minutes de la Société psychanalytique de Vienne*. Paris, Gallimard, 1980.

_____. *Obras completas*. Buenos Aires, Amorrortu, 24 vols., 1996.

_____. *Neuroses de transferência: uma síntese*. Rio de Janeiro, Imago, 2000.

_____. *L'avenir d'une illusion*. Primeira edição crítica de Paul-Laurent Assoun. Paris, Cerf, 2012.

_____. "O horror ao incesto", in Fuks, Betty Bernardo, Carina Basualdo e Néstor Braunstein. (Orgs.). *100 anos de Totem e Tabu*. Rio de Janeiro, Contracapa, 2013.

Freud, Sigmund. *Cartas de Freud a sua filha: Correspondência de viagem (1895-1923)*. São Paulo, Amarilys Editora, 2014.

_____. *Das Unheimliche: Manuscrito inédito*. Organização e comentários de Lionel F. Klimkiewicz. Buenos Aires, Mármol Izquierdo, 2014.

_____. *Obras incompletas de Sigmund Freud*. Belo Horizonte, Autêntica, 2017.

_____. "Bate-se numa criança", in Freud, Sigmund e Anna Freud, *Bate-se numa criança*. Rio de Janeiro, Zahar, 2020.

Freud, Sigmund e Lou Andreas-Salomé. *Correspondência completa*. Rio de Janeiro, Imago, 1975.

Freud, Sigmund e Carl Gustav Jung. *Correspondência completa*. Rio de Janeiro, Imago, 1976.

Freud, Sigmund e Sándor Ferenczi. *Correspondência*, vol.1, t.1, 1908-1911. Rio de Janeiro, Imago, 1994.

Friedenthal, Richard. *Leonardo da Vinci: Biografia ilustrada*. Rio de Janeiro, Ediouro, 2004.

Fuks, Betty B. *Freud e a judeidade: A vocação do exílio*. Rio de Janeiro, Zahar, 2000.

Garcia-Roza, Luiz Alfredo. *Introdução à metapsicologia freudiana*, vol.1, *Sobre as afasias (1891)*. Rio de Janeiro, Zahar, 1991.

Gaufey, Guy Le. *L'objet a: Approches de l'invention de Lacan*. Paris, Epel, 2012.

Gay, Peter. *Freud: Uma vida para o nosso tempo*. São Paulo, Companhia das Letras, 1989.

Godin, Jean-Guy. *Jacques Lacan, 5 rue de Lille*. Rio de Janeiro, Zahar, 1991.

Gondar, Jô. *Os tempos de Freud*. Rio de Janeiro, Revinter, 1995.

_____. "A multiplicidade de tempos na metapsicologia", in Katz, Chaim S. *Temporalidade e psicanálise*. Petrópolis, Vozes, 1996.

Graña, Roberto B. *Lacan com Winnicott: Espelhamento e subjetivação*. Curitiba, Juruá, 2017.

Green, André. *O discurso vivo: Uma teoria psicanalítica do afeto*. Rio de Janeiro, Francisco Alves, 1982.

Grostein, Sandra Arruda. "Falem mal, mas falem de mim: por que o analista lacaniano causa tanto impacto?", in Forbes, Jorge e Claudia Riolfi (Orgs.). *Psicanálise: A clínica do real*. São Paulo, Manole, 2014.

Guimarães Rosa, João. *Tutameia: Terceiras estórias*. Rio de Janeiro, José Olympio, 1979.

Guyomard, Patrick. "O tempo do ato: o analista entre a técnica e o estilo", in Mannoni, Maud. *Um saber que não se sabe: A experiência analítica*. Rio de Janeiro, Papirus, 1989.

Heidegger, Martin. "A Coisa", in *Ensaios e conferências*. Petrópolis, Vozes, 2006.

Henrion, Jean-Louis. *La cause du désir: L'agalma de Platon à Lacan*. Paris, Point Hors Ligne, 1993.

Hersch, Jeanne. *Karl Jaspers*. Brasília, UnB, 1972.

Hullebroeck, Joëlle. "L'antiquité classique dans l'œuvre de Freud". *Revue Belge de Psychanalyse*, n.42. Association pour les Publications et la Recherche Psychanalytiques, 2003.

Iannini, Gilson. *Estilo e verdade em Jacques Lacan*. Belo Horizonte, Autêntica, 2012.

Isaacson, Walter. *Leonardo da Vinci*. Rio de Janeiro, Intrínseca, 2017.

Israël, Lucien. "La chose et le fantasme", in *Boîter n'est pas pécher*. Paris, Érès, 2010.

Israël, Lucien. "Un temps pour vivre", in *Boîter n'est pas pécher*. Paris, Érès, 2010.

Jones, Ernst. "La théorie du symbolisme", in *Théorie et pratique de la psychanalyse*. Paris, Payot, 1969.

_____. *A vida e a obra de Sigmund Freud*, vol.3. Rio de Janeiro, Imago, 1993.

Jorge, Marco Antonio Coutinho. *Sexo e discurso em Freud e Lacan*. Rio de Janeiro, Zahar, 1988.

_____. "Relatório do I Congresso de Convergência (Paris, 2 a 4 fev. 2001)", *Documentos*, n.20. Corpo Freudiano Escola de Psicanálise, Seção Rio de Janeiro, 2001.

_____. "Thomas Kuhn e a psicanálise: Notas introdutórias", *Textura*, ano 5, n.5. São Paulo, 2005.

_____. "O desejo de saber como laço entre analistas: um comentário sobre 'Nota italiana'", in Jorge, Marco Antonio Coutinho (Org.). *Lacan e a formação do psicanalista*. Rio de Janeiro, Contracapa, 2008.

_____. "Lacan e a estrutura da formação do psicanalista", in Jorge, Marco Antonio Coutinho (Org.). *Lacan e a formação do psicanalista*. Rio de Janeiro, Contracapa, 2008.

_____. "A tensão psicanalítica essencial", in Caldas, Heloisa e Sonia Altoé (Orgs.), *Psicanálise, universidade e sociedade*. Rio de Janeiro, Companhia de Freud, 2011.

_____. "O terceiro passo de Freud", posfácio a S. Freud. *Além do princípio de prazer: Obras Incompletas de Sigmund Freud*. Belo Horizonte, Autêntica, 2020.

_____. *Fundamentos da psicanálise de Freud a Lacan*, vol.1, *As bases conceituais*. Rio de Janeiro, Zahar, 3ª ed. revista e ampliada, 2022.

_____. *Fundamentos da psicanálise de Freud a Lacan*, vol.2, *A clínica da fantasia*. Rio de Janeiro, Zahar, 2ª ed. revista e ampliada, 2022.

_____. *Fundamentos da psicanálise de Freud a Lacan*, vol.3, *A prática analítica*. Rio de Janeiro, Zahar, 2ª ed. revista e ampliada, 2022.

Jorge, Marco Antonio Coutinho e Natália Pereira Travassos. *Histeria e sexualidade: Clínica, estrutura, epidemias*. Rio de Janeiro, Zahar, 2021.

Julien, Philippe. *Le retour à Freud de Jacques Lacan*. Paris, Epel, 1985.

Jung, Carl Gustav. *Símbolos da transformação*, vol.5. Petrópolis, Vozes, 2013.

Kapoor, Anish. "Vers la dématérialisation de l'objet", entrevista a Caroline Smulders, *Art Press*, n.152. Paris, nov. 1990.

Kaufmann, Pierre. *Dicionário enciclopédico de psicanálise: O legado de Freud e Lacan*. Rio de Janeiro, Zahar, 1996.

Kiell, Norman. *Freud Without Hindsight: Reviews of His Work (1893-1939)*. Madison, International Universities Press, 1988.

Kosovski, Giselle Falbo. *Para que serve? Quanto vale? Reflexões da psicanálise sobre a crise na arte*. Tese de doutorado, Programa de Teoria Psicanalítica, Rio de Janeiro, UFRJ, 2003.

Koyré, Alexandre. *Estudos de história do pensamento científico*. Rio de Janeiro/Brasília, Forense Universitária/UnB, 1982.

Kuhn, Thomas Samuel. "A função do dogma na investigação científica ou Em desmistificando-se mistifica-se", in Deus, Jorge Dias de (Org.). *A crítica da ciência: Sociologia e ideologia da ciência*. Rio de Janeiro, Zahar, 1979.

Kuhn, Thomas Samuel. *A estrutura das revoluções científicas*. São Paulo, Perspectiva, 1987.

_____. *A tensão essencial*. Lisboa, Edições 70, 1989.

_____. *O caminho desde a estrutura*. São Paulo, Unesp, 2006.

Kuss, Ana Suy Sesarino. *As cabanas que o amor faz em nós*. São Paulo, Patuá, 2019.

Lacan, Jacques. "En guise de conclusion", *Lettres de l'École Freudienne*, n.7, 1970.

_____. "Conférence de presse", 29 out. 1974, *Lettres de l'École Freudienne de Paris*, n.16. Centre Culturel Français, Roma, nov. 1974.

_____. "Conférences et entretiens dans des universités nord-américaines". *Scilicet* 6/7. Paris, Seuil, 1976.

_____. "C'est à la lecture de Freud...", in Georgin, Robert (Org.). *Lacan. Cahiers Cistre*, n.3. Lausanne, L'Age d'Homme, nov. 1977.

_____. "Ouverture de la section clinique", *Ornicar?*, n.9. Paris, Lyse, 1977.

_____. *O Seminário*, livro 1, *Os escritos técnicos de Freud*. Rio de Janeiro, Zahar, 1979.

_____. *O Seminário*, livro 11, *Os quatro conceitos fundamentais da psicanálise*. Rio de Janeiro, Zahar, 1979.

_____. "Jacques Lacan à Louvain", *Quarto*, n.III. Bruxelas, École de la Cause Freudienne — Bruxelles, 1981.

_____. "Le malentendu", *Ornicar?*, n.22-3. Paris, Lyse, 1981.

_____. *O Seminário*, livro 20, *Mais, ainda*. Rio de Janeiro, Zahar, 1982.

_____. "Lettre à Winnicott", *Ornicar?*, n.33. Paris, Lyse, 1985.

_____. *O Seminário*, livro 2, *O eu na teoria de Freud e na técnica da psicanálise*. Rio de Janeiro, Zahar, 1985.

_____. *O Seminário*, livro 3, *As psicoses*. Rio de Janeiro, Zahar, 1988, 2ª edição.

_____. *O Seminário*, livro 6, *O desejo e sua interpretação*. Rio de Janeiro, Zahar, 2016.

_____. "Séminaire de Caracas", in *Almanach de la dissolution*. Bibliothèque des Analytica, Navarin, 1986. [Ed. bras.: "O seminário de Caracas", in *Nos confins do seminário*. Rio de Janeiro, Zahar, no prelo.]

_____. *Intervenciones y textos*. Buenos Aires, Manantial, vol.2, 1988.

_____. *O Seminário*, livro 7, *A ética da psicanálise*. Rio de Janeiro, Zahar, 1991.

_____. *O Seminário*, livro 8, *A transferência*. Rio de Janeiro, Zahar, 1992.

_____. *O Seminário*, livro 17, *O avesso da psicanálise*. Rio de Janeiro, Zahar, 1992.

_____. *Televisão*. Rio de Janeiro, Zahar, 1993.

_____. *O Seminário*, livro 4, *A relação de objeto*. Rio de Janeiro, Zahar, 1995.

_____. *Escritos*. Rio de Janeiro, Zahar, 1998.

_____. *O Seminário*, livro 5, *As formações do inconsciente*. Rio de Janeiro, Zahar, 1999.

_____. *O mito individual do neurótico*. Rio de Janeiro, Zahar, 2008.

_____. *Outros escritos*. Rio de Janeiro, Zahar, 2003.

_____. *Nomes-do-Pai*. Rio de Janeiro, Zahar, 2005.

_____. "O triunfo da religião" precedido de "Discurso aos católicos". Rio de Janeiro, Zahar, 2005.

_____. *Meu ensino*. Rio de Janeiro, Zahar, 2006.

_____. *O Seminário*, livro 10, *A angústia*. Rio de Janeiro, Zahar, 2006.

_____. *O Seminário*, livro 23, *O sinthoma*. Rio de Janeiro, Zahar, 2007.

Lacan, Jacques. *O Seminário, livro 16, De um Outro ao outro*. Rio de Janeiro, Zahar, 2008.

_____. *O Seminário, livro 18, De um discurso que não fosse semblante*. Rio de Janeiro, Zahar, 2009.

_____. *O Seminário, livro 21, Les non-dupes errent*. Inédito (mimeo).

_____. *O Seminário, livro 22, R.S.I.* Inédito (mimeo).

_____. *Le savoir du psychanalyste*. Séminaire de Sainte Anne 1971-2. Inédito (mimeo).

_____. "Pequeno discurso aos psiquiatras". Conferência proferida em 10 nov. 1967 no Cercle Psychiatrique H. Ey, Sainte Anne, Paris. Documento para circulação interna da Escuela Freudiana de Buenos Aires.

Laing, Ronald. *Knots*. Nova York, Vintage, 1970.

Laplanche, Jean e Jean-Bertrand Pontalis. *Vocabulário da psicanálise*. Lisboa, Moraes, 1976.

Laurent, Eric. *Lacan y los discursos*. Buenos Aires, Manantial, 1992.

Lauth, Marie-Lise. *Ella Sharpe, lue par Lacan: Textes choisis et commentaires*. Paris, Hermann, 2007.

Leclaire, Serge. *Psicanalisar*. São Paulo, Perspectiva, 2019.

Legendre, Pierre. *O amor do censor: Ensaio sobre a ordem dogmática*. Rio de Janeiro, Forense, 1983.

Leguil, François. "Le passage aux séances courtes", *La Cause Freudienne*, n.56, 2004.

Lemaire, Anika. *Jacques Lacan: Uma introdução*. Rio de Janeiro, Campus, 1989.

Lérès, Guy. "Lecture du discours capitaliste chez Lacan. Un outil pour répondre au malaise", *Essaim: Revue de psychanalyse*, n.3. Paris, Érès, 1999.

Lopes, Anchyses Jobim. *Estética e poesia: Imagem, metamorfose e tempo trágico*. Rio de Janeiro, 7Letras, 1995.

Machado, José Pedro. *Dicionário etimológico da língua portuguesa*, São Paulo, Horizonte, vol.4, 2003.

Maffesoli, Michel. *No fundo das aparências*. Petrópolis, Vozes, 2004.

Magno, M.D. *Senso contra-censo da obra de arte etc.: Arte e psicanálise*. Rio de Janeiro, Tempo Brasileiro, 1975.

Mahony, Patrick J. *Freud como escritor*. Rio de Janeiro, Imago, 1992.

Mannoni, Octave. "Le silence", in Verdiglione, Armando (Org.). *Psychanalyse et politique*. Paris, Seuil, 1974.

_____. *Isso não impede de existir*. São Paulo, Papirus, 1982.

_____. *Um espanto tão intenso: A vergonha, o riso, a morte*. Rio de Janeiro, Campus, 1992.

Marret-Maleval, Sophie. "Pas de standard pour la psychose", *La Cause Freudienne*, n.56, 2004.

Masson, Jeffrey Moussaieff (Org.). *A correspondência completa de Sigmund Freud para Wilhelm Fliess (1887-1904)*. Rio de Janeiro, Imago, 1986.

Maurano, Denise. "Um estranho no ninho ou A psicanálise na universidade", in Jorge, Marco Antonio Coutinho (Org.). *Lacan e a formação do psicanalista*. Rio de Janeiro, Contracapa, 2008.

_____. *Torções: a psicanálise, o barroco e o Brasil*. Curitiba, CRV, 2011.

Mendonça, André Luis de Oliveira. "O legado de Thomas Kuhn após cinquenta anos", *Scientiae Studia*, n.10, vol.3. São Paulo, Universidade de São Paulo, 2012.

Merejkovski, Dimitri. *O romance de Leonardo da Vinci: Ressurreição dos deuses*. Porto Alegre, Globo, 1960.

Merton, Thomas. *Místicos e mestres zen*. Rio de Janeiro, Civilização Brasileira, 1972.

Mezan, Renato. *A sombra de Don Juan e outros ensaios*. Belo Horizonte, Casa do Psicólogo, 2005.

Milan, Betty. *O país da bola*. Rio de Janeiro, Record, 1998.

Miller, Jacques-Alain. *A erótica do tempo*. Rio de Janeiro, Contracapa, 1980.

_____. "Las respuestas del real", in Assoun, Paul-Laurent. *Aspectos del malestar en la cultura*. Buenos Aires, Manantial, 1989.

_____. *Matemas I*. Rio de Janeiro, Zahar, 1996.

Mora, José Ferrater. *Dicionário de filosofia*. São Paulo, Loyola, vol.3, 2000.

Pacioli, Luca. *De divina proportione*. Milão, Silvana Editoriale, 2004.

Paglia, Camille. *Imagens cintilantes: Uma viagem através da arte desde o Egito a Star Wars*. Rio de Janeiro, Apicuri, 2014.

Panitz, M. "O que os olhos não veem...", in Rivera, Tania e Vladimir Safatle (Orgs.), *Sobre arte e psicanálise*. São Paulo, Escuta, 2006.

Parmelin, Helene. *Picasso disse*. Rio de Janeiro, Expressão e Cultura, 1968.

Paskauskas, R. Andrews. *The Complete Correspondence of Sigmund Freud and Ernest Jones (1908-1939)*. Londres, Churchill Livingstone, 1993.

Paz, Octavio. *Marcel Duchamp ou O castelo da pureza*. São Paulo, Perspectiva, 2008.

Pereira, Mario Eduardo Costa. "O acalanto: entre o erotismo e o desamparo", in Dias, Mauro Mendes (Org.). *A voz na experiência psicanalítica*. São Paulo, Zagodoni, 2015.

Pessoa, Fernando. "Eros e Psiquê", in *Ficções do interlúdio*. São Paulo, Companhia das Letras, 2009.

Platão. *Le banquet/Phèdre*. Paris, Garnier-Flammarion, 1964.

Plon, Michel e Elisabeth Roudinesco. *Dicionário de psicanálise*. Rio de Janeiro, Zahar, 1998.

Porge, Erik. *Psicanálise e tempo: O tempo lógico de Lacan*. Rio de Janeiro, Companhia de Freud, 1998.

_____. "Lire, écrire, publier: le style de Lacan", *Essaim: Revue de psychanalyse*, n.7. Paris, Érès, 2001.

_____. "Lacan, la poésie de l'inconscient", in Marty, Éric (Org.). *Lacan et la littérature*. Paris, Manucius, 2005.

_____. *Transmitir la clínica psicoanalítica: Freud, Lacan, hoy*. Buenos Aires, Nueva Visión, 2007.

Poulichet, Silve Le. "A ruptura do silêncio", in Nasio, Jean-David (Org.). *O silêncio na psicanálise*. Rio de Janeiro, Zahar, 1987.

Prigogine, Ilya e Isabelle Stengers. *A nova aliança*. Brasília, UnB, 1997.

Quinet, Antonio e Marco Antonio Coutinho Jorge (Orgs.). *As homossexualidades na psicanálise na história de sua despatologização*. São Paulo, Segmento Farma, 2013.

Quintana, Mario. *Sapato florido*. Rio de Janeiro, Globo, 2005.

Rabinovich, Diana S. "O psicanalista entre o mestre e o pedagogo", *Dizer: Boletim da Escola Lacaniana de Psicanálise*, n.4. Rio de Janeiro, 1991.

Rabinovich, Diana S. *El deseo del psicoanalista: Libertad y determinación en psicoanálisis.* Buenos Aires, Manantial, 2015.

Ravoux, Jean-Philippe. *Demain, cadavres, vous jouirez.* Paris, Mon Pétit Éditeur, 2012.

Regnault, François. *Em torno do vazio: A arte à luz da psicanálise.* Rio de Janeiro, Contracapa, 2001.

_____. *Notre objet* a. Lagrasse, Verdier, 2003.

Reik, Theodor. "No início é o silêncio", in Nasio, Juan-David. (Org.). *O silêncio na psicanálise.* Rio de Janeiro, Zahar, 1987.

Ricci, Giancarlo. *As cidades de Freud: Itinerários, emblemas e horizontes de um viajante.* Rio de Janeiro, Zahar, 2005.

Riolfi, Claudia. "Quando está indicado o divã: a análise lacaniana tem contraindicações?", in Forbes, Jorge e Claudia Riolfi (Orgs.). *Psicanálise: A clínica do real.* São Paulo, Manole, 2014.

Rotman, Brian. *Signifying Nothing: The Semiotics of Zero.* Redwood City, Stanford University Press, 1993.

Rouanet, Sérgio Paulo. *Os dez amigos de Freud.* São Paulo, Companhia das Letras, vol.1, 2003.

_____. "Apresentação", in Maurano, Denise. *Torções: a psicanálise, o barroco e o Brasil.* Curitiba, CRV, 2011.

Roudinesco, Elisabeth. *História da psicanálise na França: A batalha dos cem anos, vol.2: 1925-1985.* Rio de Janeiro, Zahar, 1986.

_____. *Da Vinci Freud.* Conferência inédita, Museu do Louvre, 19-20 set. 2015.

_____. *Sigmund Freud na sua época e em nosso tempo.* Rio de Janeiro, Zahar, 2016.

Safouan, Moustapha. "Conferências cariocas", *Revirão: Revista da Prática Freudiana*, n.1. Rio de Janeiro, Aoutra, 1985.

_____. *Jacques Lacan e a questão da formação dos analistas.* Porto Alegre, Artes Médicas, 1985.

_____. *Transferência e o desejo do analista.* Rio de Janeiro, Papirus, 1991.

São João da Cruz. *Cântico espiritual e outros poemas.* Lisboa, Assírio e Alvim, 1982.

Saussure, Ferdinand de. *Curso de linguística geral.* São Paulo, Cultrix, 1991.

Schneiderman, Stuart. *Jacques Lacan: A morte de um herói intelectual.* Rio de Janeiro, Zahar, 1989.

Schorske, Carl Emil. *De Vienne et d'ailleurs: Figures culturelles de la modernité.* Paris, Fayard, 2000.

Sharpe, Ella Freeman. *Análise dos sonhos: Um manual prático para psicanalistas.* Rio de Janeiro, Imago, 1971.

Soler, Colette. "O tempo na análise", *Falo*, n.1. Salvador, Fator, jul. 1987.

_____. "Standards e não standards. A propósito das entrevistas preliminares, do controle e da duração das sessões", in *Artigos clínicos: Transferência, interpretação, psicose.* Editora Fator, 1991.

_____. "Uma prática sem tagarelice", in Didier-Weill, Alain e Moustapha Safouan (Orgs.), *Trabalhando com Lacan: Na análise, na supervisão, nos seminários.* Rio de Janeiro, Zahar, 2009.

Sontag, Susan. Entrevista ao jornal *Estado de Minas*. Belo Horizonte, 2 dez. 2002.

Sperber, Hans. "Sobre la influencia de los factores sexuales en la génesis y evolución del lenguaje", in Koop, Guillermo (Org.). *El psicoanálisis y las teorías del lenguaje*. Buenos Aires, Editorial Catálogos, 1988.

Stekel, Wilhelm. *El lenguaje de los sueños*. Buenos Aires, Imán, 1954.

Stengers, Isabelle. *La volonté de faire science*. Paris, La Découverte, 2006.

Talagrand, Chantal e René Major. *Freud*. Porto Alegre, L&PM Pocket, 2007.

Tse, Lao. *Tao Te King: O livro do sentido e da vida*. Hemus, 2004.

Vanier, Catherine e Alain Vanier (Orgs.). *Winnicott avec Lacan*. Paris, Hermann, 2010.

Vasari, Giorgio. *Vidas dos artistas*. São Paulo, Martins Fontes, 2011.

Vegh, Isidoro. "El barroco: arte del psicoanálisis", in Didier-Weill, Alain et al., *El objeto del arte: Incidencias freudianas*. Buenos Aires, Nueva Visión, 1988.

Vieira, Marcus André (Org.). *Restos: Uma introdução lacaniana ao objeto da psicanálise*. Rio de Janeiro, Contracapa, 2008.

Vivès, Jean-Michel. *A voz na clínica psicanalítica*. Rio de Janeiro, Contracapa, 2018.

Wajeman, Gérard. *Le maître et l'hystérique*. Paris, Seuil, 1982.

Walty, Ivete Lara Camargos. *O que é ficção?*. São Paulo, Brasiliense, 1980.

Winnicott, Donald Woods. "O papel de espelho da mãe e da família no desenvolvimento da criança", in *O brincar e a realidade*. Rio de Janeiro, Imago, 1975.

_____. *Da pediatria à psicanálise: Obras escolhidas*. Rio de Janeiro, Imago, 2000.

Wortis, Joseph. *Psychanalyse à Vienne, 1934 notes sur mon analyse avec Freud*. Paris, Denoël, 1974.

Wulff, Moshé. "Fetishism and object choice in early childhood", *Psychoanalytic Quarterly*, n.4, vol.15, 1946.

## Filmes

*Alphaville* (*Alphaville, une étrange aventure de Lemmy Caution, 1965*), de Jean-Luc Godard.

*Aventura, A* (*L'avventura*, 1960), de Michelangelo Antonioni.

*Blow-up: Depois daquele beijo* (*Blow-up*, 1966), de Michelangelo Antonioni.

*Casa dos espíritos, A* (*The House of the Spirits*, 1993), de Bille August.

*Cidade dos sonhos* (*Mulholland Drive*, 2001), de David Lynch.

*Corpo que cai, Um* (*Vertigo*, 1958), de Alfred Hitchcock.

*Eclipse, O* (*L'eclisse*, 1962), de Michelangelo Antonioni.

*Esse obscuro objeto do desejo* (*Cet obscur objet du désir, 1977*), de Luis Buñuel.

*Noite, A* (*La notte*, 1961), de Michelangelo Antonioni.

*Persona: Quando duas mulheres pecam* (*Persona*, 1966), de Ingmar Bergman.

*Segredo dos seus olhos, O* (*El secreto de sus ojos*, 2009), de Juan José Campanella.

# Créditos das ilustrações

p.22: De Agostini Editore/ Easypix Brasil

p.35: Bridgeman Images/ Easypix Brasil (*esq. e dir. base*) e Agefotostock/ Easypix Brasil (*dir. topo*)

p.36: Album/ Easypix Brasil

p.317: De Agostini Editore/ Easypix Brasil

1ª EDIÇÃO [2022] 1 reimpressão

ESTA OBRA FOI COMPOSTA POR MARI TABOADA EM DANTE PRO E
IMPRESSA EM OFSETE PELA GRÁFICA PAYM SOBRE PAPEL PÓLEN DA
SUZANO S.A. PARA A EDITORA SCHWARCZ EM ABRIL DE 2024